国家社科基金项目成果

中国企业家的职业化市场化

Zhongguo Qiyejia de Zhiyehua Shichanghua

杨朝仁 著

人民出版社

前　言

　　企业家是市场经济舞台上最活跃的主角。从宏观的层面看，企业家对一个地区、一个国家起着至关重要的影响作用，企业家的质量和数量占优的地区和国家，经济增长率明显要高于处于劣势的地区和国家；有着有利于企业家成长的政策、制度环境的地区和国家，经济增长率也明显要高于其他地区和国家。从微观的层面看，一个优秀的企业家能把濒临破产的企业带向辉煌，而一个平庸的厂长足以搞垮一家大工厂。我国跨进新世纪和加入了WTO之后，面临着全方位竞争，在市场经济的竞争中，归根结底就是人才的竞争，造就一支高素质的中国特色职业化企业家队伍，是面临的现实和理论问题。

　　近10多年来，国内诸多学者对企业家问题进行了多角度、多维度的研究，出现了许多可喜的成果。对企业家问题的研究方式基本上是两种。一是思辨式的理论研究，这部分学者对企业家的概念、职能、供给、选择、激励、约束进行深入的理论剖析，单是讨论"企业家"的含义就已经非常之热烈和深入，这种"百家争鸣"的学术氛围，把我国的企业家理论研究水平推上了新的台阶。二是实证研究，这部分学者更关注现实中企业家的活动和成长环境，采取了问卷、访谈、实地考察等调研手段，收集大量的第一手数据和资料，经过统计分析，提出解决问题的对策性建议。管理学、经济学的学者们孜孜不倦的努力，使人们对企业家理论和实践有了更深的认识。企业家的实践活动是一个动态的、发展变化的过程，对企业家理论的研究永远不会到头。目前所取得的阶段性的成果离实践的要求仍然是不够的，我们有待对过去的问题进行回顾整理、归纳总结，对现在的问题需要分析研究、提出对策，对将来的问题要未雨绸缪、预测判断。

本书重点研究国有企业制度改革中建设中国特色职业化企业家队伍问题。国有企业人事制度改革未到位现象，国有资产的出资人、法人、经营者身份缺位错位现象，市场竞争中国有企业家队伍的数量和质量并无优势现象，以上的现实性问题是本书研究的背景。本书研究的线路和框架如下：首先，分别对西方国家、我国国有企业、我国民营企业三种企业制度变迁和企业家职业化过程进行了较大篇幅的考察，抽象出企业家职业化过程的一般规律、企业家职业化成长的机制需求和职业化机制优化的条件。其次，从理论上分析企业家角色、职能与职业素质的关系，提出企业家职业素质要求的标准，提出了构建企业家评价标准体系的设想，构建了"职业化素质——行动——绩效结构模型"。再次，实证考察了我国企业家市场与西方国家企业家市场的主要类型，从中分析出"他山之石，可以攻玉"的经验，对企业家市场化与"党管人才"关系这个敏感区域，审慎而积极地提出了"党管人才"的实现形式。复次，在对企业家激励监督机制的研究中，通过对国内外委托代理、企业契约理论的梳理，提出了以年薪制和股票期权制为主的企业家激励机制和企业家内部、外部监督机制。最后，选择了我国市场经济的发育和企业家队伍成长较早的深圳市作为对象，对该市的企业家职业化市场化发展现状、国有企业经营者年薪收入问题、国有企业经营者选拔机制问题进行了调查研究，为课题的理论研究提供了佐证。

对企业家问题的研究已是百花盛开，要在这百花园里栽下一株有自己特色的花，绝非易事。力虽不至，心想往之。本课题选择了实证研究、理论研究和经验研究相结合的研究范式，力图更多地关注企业家的活动现象和实践过程，从观察中去得出结论。为了增加课题的实证性，从2000年初至2004年底，追踪采集了深圳市企业家成长的有关数据和资料，对326名企业家（中国企业家调查系统的采样是3192名，我们有意取1/10的比例进行可比性研究）的成长状况进行了分析，掌握了不少具有可持续性研究价值的材料。课题组几年来一直致力参与当地政府对国有企业改革的调查活动和政策制定过程，理论研究能参与到现实活动中，使我们感到欣慰。对企业家职业化市场化过程中存在的选择、评价、激励、约束等现实问题，我们通过实证分析提出的对策性建议，在理论和现实方面有着一定的积极意义。在理论探索方面，力求有所创新，对企业家职业素质标准提出了职业潜质、职业道德、个性特质、职业胜任力4大方面19项指标，提出的构建企业家评价标准体系的设想、"职业化素质——行动——绩效结构模型"等，也属一家之言。

本书研究是集体成果，全书约34万字，各章节作者如下：第一章（杨朝仁），第二章（杨朝仁），第三章（沈天鹰），第四章（杨朝仁），第五章（杨朝仁：第一、二节，马欣川：第三节），第六章（杨朝仁），第七章（林祥），第八章（报告一：杨朝仁、何明，报告二：伍先铎、曾宇青，报告三：张岩鸿、杨朝仁）。

本书的研究基于学界已有的研究成果上，享受到诸多学者的辛勤劳动果实，在研究过程中所引用、参考的文献，我们尽可能注明和附录，在此对作者们致以谢意。本书是国家社科基金项目，该项目研究过程中由于课题组成员同时参与了当地政府的几个调研课题，这些课题的内容与本书联系非常紧密，把这些调研成果运用到本书中无疑是有益的，故此本书研究比原定计划时间有所推迟，也可谓是有所得，有所不足。在研究过程中，得到了国家社科基金规划办、广东省社科基金规划办以及所在单位有关领导、工作人员和同事们的关切和支持，使我们备感国家社科基金课题的社会影响力，以及作为课题承担者的责任和荣幸，在此对以上的同志们表示敬意和感谢。限于我们的水平和研究条件的局限，本书研究难免有不足、错误和遗漏，恳请同行专家和实践家提出宝贵意见，通过建设性的讨论，共同推进和提高我国企业家问题的研究水平。

本书是国家社科基金项目成果。

作者

2005 年 3 月 8 日

目　录

第一章 绪 论

第一节 课题研究的背景和意义

本书重点研究国有企业制度改革中建设中国特色职业化企业家队伍问题。问题的背景是进行研究的前提。迈进21世纪，我国的经济体制改革进入了新的历史阶段，经济体制改革与行政体制、科教文化以及其他领域的改革交织在一起，范围之广阔、性质之深刻、任务之艰巨，都将凸显出来。国企改革经过了20多年的风风雨雨，每前进一步都可谓历尽艰辛，如果要做一个总的评价，可以说是闯过了万水千山，但前途仍然曲折艰难，面临不少亟待解决的问题。企业家是市场经济舞台上最活跃的主角，关注这支队伍的成长，研究他们所需要解决的问题，是改革时代赋予的使命。

一、政府"老板加婆婆"角色得到弱化，"政企分开"和企业人事制度仍亟待深化改革

政府是社会公共权力的执行者，从理论上来说，它对社会政治、经济、文化、教育、生活各个领域的公共事务都有管理的责任，也就是说政府不但可以管，也应该管。但在复杂多变的社会面前，任何一个政府都显得是那么的力不从心，这就形成了"大社会""小政府"的巨大反差。既然政府的能力是有限的，如何用有限的能力管好庞大复杂的社会，特别是如何进一步处理好与市场、与企业的关系更是政府面临的重大问题。我国经过多年的改革，在如何改进政府与市场关系方面，至少取得了两项突破性的成就：一是放弃了计划经济体制。计划经济体制根本的问题是，在资源配置上政府的主观命令代替了经济运行的客观规律，政府工作人员不可能准确、及时地认清市场变化做出正确、及时的指导。所以，政府对企业的计划指导，往往造成错误的指导，在不断的错误指导中，企业的巨额投资付诸东流，大量的财富被浪费。在计划经济体制下，企业和企业家、员工都必须按政府指令运转。导致创造精神、进取心、智慧、才能被压抑，企业发展的内在动力被扼杀，放弃了计划经济体制是解放企业羁绊的最重要前提。二是选择了市场经济道路。党的十四大明确提出了我国经济体制改革的目标就是要建立社会主义市场经济体制，十五大再次强调"要坚持社会主义市场经济的改革方向，使改革在一些重要方面得到突破"，十六大进一步提出要"健全现代市场体系"，这充分表明了我国走社会主义市场经济道路的决心。选择了社会主义市场经济道路为企业获得活力打下了牢固的基础。

虽然放弃了传统的计划经济，开始走上了社会主义市场经济道路，但改革不是一蹴而就的，要真正实现"政企分开"还有相当大的距离。我国改革的路线图是先经济市场化后政治民主化，这种先易后难的改革路径应该说是符合实际的，改革成本低、风险小。但随着改革的深入，由于政治体制改革越来越滞后于经济体制改革，使之长期并存着新旧不同的两种体制，市场的活跃性与政府强制性的矛盾越来越表露出来。政府改革滞后，直接制约了国企改革的推进，长期呼吁的"政企分开"的改革目标一直难以真正得到实现。在改革的压力下，虽然"老板加婆婆"角色已经不能堂而皇之留在台上，但政府一些部门为了自身的利益，很不情愿放弃手中的权力，仍变相地用不同的方式施加着"老板"和"婆婆"的作用力。面对市场的竞争千变万化，坐在家中的"老板"和"婆婆"对企业的指挥很大程度上是一种瞎指挥。纪检部门在分析和国企有关的腐败现象屡禁不绝的原因时，发现国企的案件大多数与政府官员的腐败牵连在一起，其背后原因就是与政府权力制度不完善有关，特别是政府对企业人事权控制的"度"的把握，对企业兴衰成败的影响最大。

二、国有资产的出资人、法人、经营者身份缺位错位现象尚未得到彻底解决

国有资产出资人的身份缺位。表现为国有资产代表非人格化，造成国有资产流失严重。国有资产是国家所拥有的资产，或称为全民所拥有的资产。但谁来代表国家、代表全民去管理资产？现行的国有资产管理体制下，国有资产的代表是政府通过层层委托代理产生的各类机构，本身并非真正意义上的国有资产的所有者，这些机构对国有资产的关切度和责任心以及实际效果，无论是主观的角度或是从客观的角度来评价，都无法令人满意。对于国有企业改革的过程中国有资产流失现象，只能找到理论上的出资人，而真正对国有资产流失是没有自然人去负责的，这种国家出资，无人负责的现象，原因就是国有资产出资人身份缺位。公安部发言人公布数据表明，至2004年5

月止，我国尚有 500 多犯罪嫌疑人外逃，涉及资金 700 多亿，其中与国企有关的资金占据大部分。2004 年中航油事件暴露出的对国有资产和经营者存在监督缺位现象发人深思，中航油事件直接原因是当事人的责任，但背后原因，主要还是由于企业出资人代表的身份没有到位，缺乏权责明晰、监督有力的制度。①

国有企业法人身份缺位错位。按现代公司制度，公司在法律上具有独立的法人地位，公司并不是由出资人或出资人代表去经营管理的，而是由一个公司的法人治理结构去经营管理的，按照市场经济运行的规律，企业只有拥有法人财产权，成为独立的市场主体，自主经营、自负盈亏，出资人不越权干预，才可能真正放开手脚参与市场的激烈竞争。但长期以来，由于国有资产管理体制的原因，国有企业一直没有真正意义的法人资格，企业没有独立的财产权，重大的投资决策甚至经营管理决策，都得听从于政府的指令。地方政府领导往往认为自己代表着政府和全体人民去监管国有资产，国有资产放在企业里，就有责任也有权力对企业进行监管，所以往往在缺乏充分调研和科学论证的情况下，随意对企业提出这样那样的"要求"和

---

① 中国航油（新加坡）股份有限公司是中国航油集团公司海外控股子公司，总裁陈久霖兼任集团公司副总经理。他们擅自扩大业务范围，2003 年开始从事石油衍生品期权交易，这是如"押大押小"一样的金融赌注行为。陈和日本三井银行、法国兴业银行、英国巴克莱银行、新加坡发展银行和新加坡麦戈利银行等在期货交易场外，签订了合同。陈久霖买了"看跌"期权，赌注每桶 38 美元。没想到国际油价一路攀升，陈久霖"押了小点开盘后却是大点"。根据合同，需向交易对方（银行和金融机构）支付保证金。每桶油价每上涨 1 美元，新加坡公司要向银行支付 5000 万美元的保证金，导致新加坡公司现金流量枯竭，自 2004 年 10 月 26 日至 12 月 9 日，被迫关闭的仓位累计损失已达 3.94 亿美元，正在关闭的剩余仓位预计损失 1.6 亿美元，账面实际损失和潜在损失总计约 5.54 亿美元。此事国内各大报章均有报道。

"指示"，而企业经营者也只能坚决"拥护"和"执行"，结果是由于领导要求、领导指示加上银行无原则的支持，不少著名的国有企业因盲目投资、决策失误而从顶峰跌至谷底，甚至破产。明显地，在国有资产不占控制权的股份公司中，这样的现象几乎没有，产权多元化的股份公司在重大决策问题上不可能由政府领导人说了算。

国有企业经营者身份缺位错位。在计划经济体制下，我国一直把国企的经营管理者当做行政干部来看待的，国有企业也赋予一定的行政级别。经过多年政企分开的改革，从中央到地方的国有企业基本都取消了企业的行政级别，企业与政府脱钩，企业领导人员不再套行政干部级别。应该承认，这些改革取得了比较好的效果，对放开对企业手脚的束缚，促进企业健康发展起到了重要的作用。但是，面对市场经济激烈竞争的国有企业来说，这方面的改革还远远没有"解渴"，目前存在的问题是，企业虽然取消了行政级别，企业领导人员不再套行政干部级别，但很大程度上还是流于形式，并没有真正地体现企业经营者与行政干部彻底划清界限。国有企业领导人在人们中的印象是：既没有风险压力、年薪又远远高于公务员，还有职务消费等种种优越待遇。深圳市国资办公布深圳实行年薪制的35家国有企业老总2003年度最低年薪为10.8万元，最高年薪为96万元，平均为51.6万元；① 本课题组2004年10—12月对深圳市326名企业家调查问卷的数据表明，2003年度深圳国企老总的年薪平均为32.7万元；② 深圳市的处级、局级公务员的年收

---

① 丁时照等：《国企老总薪酬公布》，《深圳商报》2004年2月7日。

② 本课题组对深圳国企的调查面大于35家，统计对象包括了国企副总经理层面，故平均薪酬低于年薪制的总经理。

入大体在 8 万—12 万元左右,与国企老总的收入相比,公务员普遍来说在一定层面上存在不平衡心理,所以"国企老总"是目前公职人员最向往的、也是社会公认的"肥缺",不少科长、处长、局长仍然千方百计想法找门路"调"到国有企业当老总。党委和政府都在力图选拔最合适的人选去担任当地重要企业的领导人,但由于缺乏公开、公平、公正的竞争机制、缺乏严格的法律意义的制度保证,现实中往往不能如愿以偿。当企业经营者呕心沥血经营一个企业使之起色之后,谁又能保证他还能在这个位置待上几天呢?所以社会上有企业老总位置是"人才逆流"的说法:你经营的企业越好,就越意味着你这个位置是个好位置、是个肥缺,越意味着你这个位置不稳了,上级领导可能安排一个更合适的人来替代你,你得交流调任了。经营者与官员的角色经常客串的现象没有得到真正的解决,导致在这种人事体制之下的企业经营者虽然坐在企业总经理的位置上,大多数人在经营活动中只能听命于决定自己去留的行政领导和组织部门,他们无论是主观或是客观上,都很难能真正肩负起企业经营的职责,造成了企业经营者的缺位现象。

此外,国企的领导人是企业经营者,履行着企业经理人的职责,同时又得完成政府交给的许多与企业并不相关的任务。也许有人会认为,这种双重角色只要处理得当,并不会产生矛盾,而且既能让企业的所有者——代表国家的政府放心,同时又搞好了企业,有如私营企业的"老板"既是企业所有者同时又是经理人一样,岂不是一举两得的好事吗。这种一相情愿的想法在现实中是根本行不通的,因为作为政府官员,对党和政府的指令要求绝对的服从,主要职责就是使党和国家的方针政策在当地得到不折不扣的贯彻、执行和落实,这是他的"主业"；而作为企业经营者，面对的是市场激烈的竞争和拼搏，即使是同属于某地方政府管辖的同行业企业，也无法回避这种残酷的面对面的搏杀，这就需要按市场的游戏规则去行事，需要灵活机动不断地创新。一个要求绝对服从，一个要求灵活创新，这本身就是无法克服的矛盾，很难想象，集两者于一身的国有企业经营者，如何能扮演好这两个要求差距极大的角色。

三、国有企业在激烈的市场竞争中亟须建设一支高素质的职业化企业家队伍

我国的市场经济发育正在日益成熟，企业要不断发展、壮大，在核心竞争力的诸要素中关键的就是人才，而企业人才层次中最为重要的就是企业家。企业的资金和技术最终都是掌握在企业的人才手中的，什么样的人才对资金和技术的运用就会有什么样的结果。企业可以通过专利购买获得最先进的技术，但如果它在市场分析、营销策略方面的失误，也避免不了最终陷于破产的困境，这种遭遇说明技术的先进并不能保证商业上的必然成功。企业也可以通过银行贷款或其他方式获得资金，但资金经营水平同样是必不可少的，如果投资决策失误，投入资金越大，企业面临破产的危险系数越高。这只有那些眼光锐利，分析计算准确的企业家才能做出正确的决策。

企业家的作用一般不容易准确地衡量出来，一方面虽然一个企业的成功肯定与企业家的贡献分不开，但完全归功于企业家个人无疑也很难令人信服；另一方面企业家对企业的影响力很难准确地量化出来。有学者在研究中得出了这样的结论："拥有较多企业家的经济比拥有较少企业家的经济有更高的增长率。一国影响企业家数量以及企业家活动范围的政策和相关的制度

环境都会最终影响一国的增长率。"① 研究成果和现实观察都表明，人们坚信企业家对企业的作用是十分巨大的，从正面来说，企业的成功取决于企业家的决策和管理水平，一个亏损的企业往往由于换了一个能干的企业家而起死回生；从负面来说，如日中天的企业也往往因企业家的决策失误、管理不善或财务问题而江河日下，一个厂长就足以搞垮一个工厂，一个总经理足可以搞垮一个公司。改革开放初期有一个很普遍的现象，就是很多企业乃至一个地区往往就靠一两个人的带领下发达起来，这就是人们通常称为的"能人经济"。这里就产生出一个问题，假如有同行业同区域同规模的两个条件相近的企业，派两个能力差异很大的人分别担任总经理，其收益肯定是不一样的，那么对于多出来的那一部分企业利润是谁带来的呢？我们既不能归之于资本，也不能归之于劳动，因为两个企业的前提条件基本是相同的，经营好的那一个企业的多余利润，只能说是由于该企业家的才能比另一企业家强，所以该企业的业绩自然比另一企业好。这样一个事实已被人们所公认：企业在市场中的竞争实际上就是人才的较量，人才之间的较量实质上就是企业的领军人物企业家之间的较量。

在市场经济条件下国有企业与外资企业、民营企业在人才竞争中的状况如何？本课题的判断是：国有企业拥有的经营管理人才的数量和质量并不输于其他企业，但在竞争力中却处于劣势。

应该承认这样一个事实：国有企业拥有最多的专业技术人员和高学历人员，享受着政府给予的多方面优惠，但却业绩平

---

① 庄子银：《南方模仿、企业家精神和长期增长》，《经济研究》2003年第1期。

平，甚至连年亏损，而许多民营企业一没有政策优惠，二缺乏专业技术人才，由于积极进取而生机勃勃。原因何在？多年来国有企业的经营者已习惯于资金不够向政府要，产品销不出也向政府要的惰性模式，改革开放前一直是躺在国家和银行的怀里吃大锅饭，产权重组以后，也并没有从根本上改变这种依赖政府的思想观念，仍然认为国有企业的大股东是国家和政府，它能见死不管、见死不救吗？产权股份化改造基本上是换汤不换药，社会民谣对国有企业的讽刺是"吃了财政吃银行，吃了银行吃股民"。凡是企业，无论国企还是外企、民企，最后的奖赏与惩罚的关卡就是市场，谁轻视市场谁就会先失去市场，"市场无父子"，"市场不相信眼泪"。市场决策的自由与不自由，也是国企与其他企业同样面临的最严重的问题。现在是体制转轨时期，多种所有制企业并存，无论民企、外企或国企，都应该有忧患意识。应该说民企、外企的忧患意识很强，因为赔赚都是他们自己的，而国企的忧患意识则淡薄得多，理由不证自明。国企人事体制中缺少领导人职务行为的制度化，一个领导一个风格是正常的，但常见到的是换一个领导就换一套政策，而不管这个政策有没有合理性、可操作性、是利是弊，都是为领导服务的短期行为，后果是很可怕的。国企领导人不能走马灯似的折腾，稍有成绩或上级赞赏就升迁调任。国企经营者要能定下心去，不能盯着官位，要把搞好企业看成自己毕生的事业，如果不在这一点上超越民企外企，国企就无法进入市场竞争的真正境界。当然，国企的经营者也有委屈，多数经营者都有一个共同的感慨，就是国有企业的领导人会多，政府什么事情都找董事长、总经理，社会上的应付也多，仿佛企业是国家的就应该什么事都管，这也是国企所面临的最大问题之一。企业家应该主抓经营，务虚的形式主义一定要戒，政府什么事情都要国企的总经理出面，那么由谁去搞经营，企业效益不好谁负责？难怪有的国企经营管理者强烈地呼吁，国企老总能不能享受像民企老总不开会、少开会的风光。当然，如果是政府的招商引资会，不但要参加，而且希望越多越好。另一种委屈是，国企不能搞得太好，你这个企业办好了，就成了"肥缺"，如果你的"后台"不硬，你很快就得挪位了，这是很奇怪近乎天方夜谭的故事，可我们的现实中却存在。

四、对企业家职业化市场化的研究既是理论问题也是现实问题

从以上分析来看，体制的改革不到位导致国有企业经营者尚未具备独立发展企业的充分条件；企业经营者的产生实质上还是以行政任命的居多，对经营者的管理，基本上还是套用党政干部的标准；尽管不少企业开始采用年薪制，但企业家还没有形成市场，年薪标准缺少市场的公平"度量"，有很大的随意性；职业企业家的地位缺少社会的认同；过多的政治学习、各种会议、接待应酬、社会活动，占据了企业领导人的大量时间和精力，导致他们很难聚精会神去办企业，去潜心提高自己的职业能力。

国资委的成立为解决上述的矛盾和问题提供了新的契机：国资委的基本职能是：（1）继续推进国有经济的布局调整和国有企业的公司化改制；（2）在已经实现改制的公司（包括国有独资公司、国有控股公司和国有参股公司）中代表国家行使所有者权利，在这些企业中建立起所有者与经营者之间的制衡关系，使得这些企业的法人治理结构（即公司治理结构）有效地发挥作用。① 国资委的成立为解决上述的问题提供了组织上的保证，但并不意味着问题很快就能得到彻底的解决，而是意味着更需要以此为契机，更需深入研究如何进一步推进国企改革。

没有优秀的企业家，就没有成功的企业，尽快造就一批职业化企业家，是国企改革中当务之急要解决的实践问题。至今，理论界对企业家职业化市场化问题的研究成果已经不少，但其深入程度和达成共识程度尚远远不足，理论上的百家争鸣、各抒己见仍是十分必要的。国有企业经营者如何从现有的角色不明、职业不专的状况中走出来，造就一支高素质的职业化企业家队伍，既是理论问题也是现实问题。

第二节　研究的思路、企业家概念 含义和本书结构安排

一、本书研究的思路

研究企业家问题大体有两种范式，一是理论研究范式，或称思辨研究范式；二是实证研究范式。

企业家问题采用理论研究范式的特点是：研究目标是具有普遍性的理论问题；材料来源是通过他人言论观点、学术著作、政策法规、新闻媒体等间接获得的；研究人员的研究活动大部分是在图书馆、资料室、网络上进行资料收集和分析；从材料到结论的过程强调逻辑起点、概念范围，是一个思辨、推理式

---

① 吴敬琏：《对国资委成立后国有经济改革若干建议》，《中国经济时报》2003 年 7 月 24 日。

的过程；研究成果表现为个人思辨性、主张性的结论；研究成果对实际工作的指导意义主要是宏观的、间接性的。

实证研究范式是 20 世纪以来逐渐为研究人员所广泛运用的一种学术研究范式。企业家问题采用实证研究范式的特点是：研究目标具体而现实，本着实事求是的精神，强调从现实存在的问题出发；材料来源大多通过用实验、调查取样、访谈等方式获得；从材料到结论的过程致力于运用数学定量化方法，是一个量化分析、验证的过程；研究成果具有针对性、直接性的特点。

研究企业家问题的两种范式表面上看起来很不一样，但实际上却拥有着共同目标：都强调寻找普遍的、一致的、准确的解决企业家问题的答案，都力求从客观的、外在的企业家现象中揭示内在的、普遍的规律，追求一个真理性的结论。任何一种学术研究范式都是各有优点和缺陷的，关键在于根据研究的对象的特点去选择适合的研究范式。本书研究的对象是如何建设中国特色的职业化企业家队伍，研究的牵涉面有：企业制度变迁对企业家的产生发展影响；企业家的职能和素质要求标准；企业家成长的外部环境和内部环境；企业家激励和监督的机制等问题。由于课题研究的对象面广，既有理论的问题也有现实性的问题，显然，采用单一的理论研究范式或单一的实证研究范式都难以达到理想的结果。所以，本课题选择了实证研究与理论研究相结合的思路：

（1）在对企业家成长机制的研究中，本书认为不同国家、不同所有制企业的企业家职业化过程具有一定的共性，为此分别对西方国家、我国国有企业、我国民营企业三者的企业制度变迁和企业家职业化过程进行了较大篇幅的考察，抽象出企业家职业化过程的一般规律、企业家职业化成长的机制需求和职业化机制优化的外部内部条件。（2）在对企业家职能、素质和评价的研究中，从理论上分析了职能与职业素质的关系，在对学术界有代表性的职业素质观点进行了梳理的基础上提出了本课题的观点，并构建了"职业化素质——行动——绩效结构模型"；企业家的评价是企业家职业化不可缺少的手段，本书提出了建立企业家评价标准体系的构想，归纳了当前企业家评测的理论和操作方法。（3）在对企业家市场化的研究中，从理论上阐述了市场化与职业化的关系，实证地考察了我国企业家市场与西方国家企业家市场的主要类型，从中分析出"他山之石、可以攻玉"的经验；企业家市场化与"党管人才"的关系是一个敏感的现实问题和政策问题，本课题审慎而积极地提出了"党管人才"的实现形式。（4）在对企业家激励监督机制的研究中，借鉴了西方委托代理、企业契约理论等研究成果，归纳国内有关观点，提出了以年薪制和期权制为主的企业家激励机制，提出了企业家外部和内部监督机制。（5）本书特别关注对诸问题研究中的实证研究分量，为了更好地观察我国企业家职业化的现状，特别以企业家职业化市场化发育较早的深圳市为个案进行了实证研究，并与《中国企业家队伍成长与发展十年调查总报告》进行了对比分析，指出了企业家职业化过程中存在的问题，提出了相关的对策性建议。

二、有关企业家概念内涵的不同注释

经济学界一种流行观点认为中国没有企业家，这种观点实质上是沿用西方国家的企业家特征去对照中国国有企业的经营者，认为必须是拥有企业所有权的企业经营者才能称为企业家，

而中国国有企业的经营者，不过是一无所有的国家"打工者"而已，所以不能称为企业家。其实，就是西方国家对企业家的界定也是众说纷纭，并无统一、权威的定义，强调拥有企业产权才算是企业家的观点也不过是一家之言。我国官方最早正式使用"企业家"一词是在 1987 年 10 月党的十三大的报告中："无论实行哪种经营责任制，都要运用法律手段，以契约形式确定国家与企业界之间、企业与企业经营者之间的责权利关系；都要通过竞争产生合格的经营者，以企业经营成果包括资产增值作为奖惩经营者的主要依据，促进大批精明强干、勇于开拓的企业家在市场竞争中涌现出来。"近年来国内对企业家概念的研究越来越深入，出现了各种不同的见解。比如在"2001 年企业家理论与企业成长国际研讨会"上，我国经济学者李新春就认为，把企业家等同于老板、所有者这本身就是很模糊的，研究企业家不能简单地把企业家具体化、职业化，判断是否是企业家应该着眼于他在企业中发挥的作用，国有企业中也有企业家，只不过是企业家发挥作用的方式不同而已。① 目前对"企业家"一词的运用，比如"中国企业家调查系统"、"××企业家协会"、"企业家俱乐部"、"××年度优秀企业家"以及官方文件中对企业家的称谓，都明显地不把是否拥有企业产权作为企业家的判别标准。概念是一个符号，一个事物用什么符号去表示并不是最重要的，重要的是大家在讨论问题时对该符号所表示的内容是否有一个统一的认定。学术研究中对概念的运用要比日常称谓严格，为了不至于产生误会，本书对与"企业家"

---

① 李新春：《"企业家理论与企业成长国际研讨会"综述》，《经济研究》2002年第 1 期。

有关的几个概念内涵作出以下的注释：

1. 企业经营者

含义比较明确，指负责对企业进行管理和负责具体经营活动的企业主要领导人，如企业的厂长、总经理都属于企业经营者。如果进一步细究，企业的副厂长、副总经理，下属一级企业的厂长、总经理或部门经理算不算企业经营者范畴，看法就不相一致了，有人认为所有在企业里从事管理层面工作的人员（包括副总经理、部门经理）都是企业经营者，有人认为只有经营企业的主要领导人才算经营者，其他人员只能称为职业经理人。本书认为企业经营者含义有广义和狭义的理解，广义的理解包括所有从事企业经营的领导班子中的成员，比如许多有关国有企业改革的文件中就把企业所有人员称为"员工"，把从事管理工作的"企业领导人员"称为"企业经营者"；狭义的理解只包括具有一定规模的企业董事长、总经理，比如目前许多企业实行"经营者年薪制"就只是对企业董事长和总经理而言。

2. 企业家

含义的理解有比较大的分歧，国内外经济学界对企业家所下的定义很多，至今还没有一个公认的、权威的说法。西方的经济学者最早在经济学意义上使用"企业家"（Entrepreneur）一词的是康替龙（Cantiiion），他认为企业家就是按照固定价格购买和按照不确定价格出售的风险承担者，这个观点影响了以后的许多人，都认为企业家必须是与企业风险共承担的人。关于企业家定义有不同的论述，影响最大的是美国著名经济学家熊彼特，他用创新理论对企业家进行了解释：认为只按传统模式经营管理企业的人是与创新利润无缘的，只有获得了超过正常利润的"创新利润"的人，才能称为企业家；企业家与只想赚钱的普通商人与投机者不同，个人致富不是主要目的，以创新为主的"企业精神"才是他的动机；企业家以创新为主要职能，这种职能本身是不能继承的；单凭持有股票不是企业家而是资本家，企业家与资本家是有区别的。我国经济学界对企业家的理解大约有这几种观点：一是认为企业家的本义就是企业资本的所有者、企业所有权的控制者，所以国有企业的厂长、总经理只能称为企业经营者而不能称为企业家，这种观点有一定的影响面，以至于有"中国没有企业家"一说，把经营者同企业的契约关系看做区别企业家与企业经营者的唯一标准是缺乏说服力的，美国的杰克·韦尔奇同 GE 的关系、中国的倪润峰同国企长虹集团的关系实际上也是属于雇佣关系，但谁都无法否认他们的企业家称号。二是认为企业家就是拥有厂长、总经理头衔的企业领导人，这是对企业家的泛化理解，比如许多企业家协会、企业家俱乐部的成员都是以此为标准吸收成员的，以职务作为企业家的标准也是缺乏说服力的，一些靠行政关系任命的总经理，把一个企业搞垮了又调任到另一个企业上马，这样的总经理又有谁承认他是企业家呢？三是认为只有获得了劳模、先进工作者、优秀分子称号的企业领导人才是企业家，这是把企业家等同于由政府赋予的行业先进分子称号的观点。四是认为具有以下特点的企业经营者就是企业家：愿意以经营管理企业为终身职业、具有较高的经营素质和才能、在任职中能够实现企业资产的保值增值的优秀者。显而易见，以上前三种观点都是有失偏颇的，第四种观点得到了更多人的认同。本书认为：企业家是指有超人的优秀素质和经营能力，专门从事企业战略性决策和经营管理，对企业资产的保值、增值负主要责任，并做出了杰出贡献的优秀企业经营领导人。这里要特别强调的三层含义是：一是企业家既可以是也可以不是企业产权所有者；企业家既可以是企业的产权所有者兼企业经营者，也可以不是企业的产权所有者而只是专门的企业经营者；企业家一定是企业的经营者，但并非所有的企业经营者都能称为企业家。二是企业家必须是以企业经营为终身职业，并有超乎普通企业经营者的特殊素质和职业能力。三是企业家必须是在经营管理中做出了杰出贡献、获得了超乎一般企业经营者所达不到的显著成就，并为同行和社会所认可的优秀企业经营者。

3. 职业化企业家

辨析了企业家的内涵外延后，对职业化企业家的理解就清楚了。所谓职业，是指专门的行业，该行业有自身特有的环境、它的发展有其自身的特殊规律，对从事该行业的人有专门的素质要求、能力要求。职业化企业家则是指专门以从事企业经营管理为自己终身奋斗的职业，具有自主经营、参与市场竞争的创新权力和能力，对企业资产的保值、增值风险负有主要责任的企业主要领导人。什么样的人才算是职业化的企业家呢？即使是大型企业的领导人，如果只是出于换位当官才到企业，说不定哪一天又回到政府当官了，尽管在管理企业期间有短暂的辉煌业绩，但他不是以企业经营为自己的职业奋斗目标，这样的企业领导人不能算是职业化的企业家；即使是一辈子都在企业里操劳，终身忙碌，但所经营的企业并无突出成就，企业品牌打不响，资产增值甚微甚至亏损，这样的企业领导人只能称为职业企业经营者而不能算是职业化的企业家。只有那些以企业经营管理为终身奋斗职业，以企业的发展为自己天职和人生追求目标，具有经营管理企业的特殊优秀素质和能力，具有长期丰富的企业经营管理经验，并对企业的发展做出了杰出成就贡献的企业领导人，才能称为名副其实的职业化企业家。

4. "中国特色"的职业化企业家队伍

提出"中国特色"的概念是与我国的国情有关的，在相当长的一段时期内"中国特色"对我国企业家的影响仍将存在。由于我国的社会主义所有制与西方资本主义国家不同，我国国有企业家所处的社会地位、职责权利、分配制度必然与西方国家的企业家有所区别。"中国特色"的主要表现是：（1）从企业资产所有权的角度来看，企业家是国家通过国有资产管理部门聘用的企业经营者，他面对的是一个特殊的老板——国家，他最终要对国家资产负责；（2）从人事管理的角度来看，国家既然是企业资产所有者、是股东，必然要拥有企业的人事权，原有的企业人事制度在经济体制改革的过渡时期内还不能一下子彻底改变，党管干部、党管人才的原则在国有企业中仍必须坚持，以保证党和国家对国有资产的监管；（3）从职业素质要求的角度来看，中国特色的职业化企业家除了必须具备敏锐的决策眼光、超人的创新能力、丰富的管理经验、强烈的事业心和成就感、卓越的敬业精神等企业家所应具备的共性以外，还应具备坚持以马克思主义、毛泽东思想、邓小平理论和"三个代表"重要思想为指导，保持艰苦奋斗的作风，能够依靠工人阶级的政治素质，在政治风云变幻、大是大非的问题上能坚决站在党和国家的立场上，自觉捍卫党和国家利益，为民谋利，为国分忧。

提出建设"中国特色"的职业化企业家队伍的意义何在？这不但是一个理论问题，也是重大意义的现实问题。它的意义在于：在目前深化国有企业人事制度的改革中，要建设一支高素质企业家队伍，就得回答需要建设的是一支什么样的企业家队伍？这是前提，关系到队伍建设的方向性，提出建设"中国特色"的职业化企业家队伍正是对此进行的回答。经济总是与政治分不开的,上层建筑总是要反作用于经济基础,因为我们选择的是走中国特色的社会主义道路,我国现行的政治制度、所有制制度、人事制度等,无不打上"中国特色"的烙印,这是改革的大环境,不考虑环境制约的改革,就是脱离国情的改革。有些观点动辄以西方发达国家的企业家们拿数千万元的年薪作为参照系,疾呼我们的国企老总年薪数十万元太少了,这种不考虑国情差别的观点去指导改革,显然不利于消除日益加大的贫富差别的社会矛盾,不利于和谐社会的建设。国企人事制度改革的方向,必须要适应中国的国情,否则改革就会偏离社会主义的方向,提出建设"中国特色"的职业化企业家队伍,能使国企人事制度改革的目标更加明确,更有利于把握企业家队伍建设的正确方向。国有企业的经营者队伍建设要朝职业化方面发展,而且这个发展必须是要适合中国国情的、带有"中国特色"的,一方面有利于避免盲目照搬西方国家的做法,另一方面有利于促进对"官商不分"、对经理与官员"双面人"现状改革的彻底性,对建立职业化企业家的评价标准体系具有重要现实意义。

5. 本书对几个同义概念的态度

企业经营者、职业经理人、企业家、职业化企业家等概念要从学术上严格分清其含义是困难的至少也是繁琐的,以至有的学者为了不被读者误会特别在文中加以"企业家(经营者)"字样的注释。① 本书认为上述的几个概念在很大程度上是一个对

---

① 比如经济学家、西安交通大学李垣教授在其专著《转型时期企业家机制论》(中国人民大学出版社 2002 年版)中,即有"企业家"以及"企业家(经营者)"的不同表述。

象的不同角度、不同层面的表述，并不会从本质上影响到人们对它的理解。当你说"企业家"时，如果联系到具体的语义环境，人们则可以知道是指创业型并拥有企业产权的企业主或是指做出了杰出成就的、有影响力的优秀职业经理人。经济生活是多变的、丰富多彩的，对概念的运用也往往是交融、变化、发展着的，概念是一个符号，它的运用是一个发展的和约定俗成的过程。比如"演绎"一词本意是指逻辑学的一个推理方式，而香港的娱乐界一直把它当成"表演"的含义来使用，传入内地后，渐渐也被人们接受演化成为表演的同义词。此外，许多自然科学中的词语也被运用到社会科学中来并赋予了新的含义。所以，对企业经营者、职业经理人、企业家、职业化企业家等概念的界定也应是一种开放的、动态的、宽容的和约定俗成的态度。为了表述简便，如本书中前后出现企业经营者、职业经理人、企业家、职业化企业家等概念，如无特别说明，均视为同义概念，不再一一作严格界定。

三、本书结构安排

本书共分八章，结构安排如下：

第一章绪论中，首先分析了本书研究的背景，国有企业制度经过了20多年的改革闯过了万水千山，目前仍面临着企业人事制度、国有企业法人结构治理、企业家队伍建设等亟待解决的问题，指出研究国有企业经营者如何从现有的角色不明、职业不专的状况中走出来，造就一支高素质的职业化企业家队伍，既是理论问题也是现实问题。然后，论证了研究的思路，对与企业家同义的几个概念的含义作出了注释，并介绍了本书的结构安排。

第二章对西方企业制度变迁的历史过程进行了梳理，并就伴随着企业制度变迁的企业家出现和走向职业化的过程进行了分析，阐述了西方企业家职业化制度供给以及启示意义；本章特别地考察了现代西方国有企业人事制度的几种主要形式，归纳了其成功的经验及启示意义。对西方国家企业家成长过程的分析和归纳，为本书对国内企业家职业化市场化的研究提供了间接的实证支持。

第三章对我国国有企业制度变迁的过程进行了回顾，通过观察，总结出变迁过程的基本特征和存在的不足，从而推论出国有企业的性质对企业家职业化发展的不利影响，在此基础上论证了国有企业家职业化成长的机制需求与成长的机制优化，并联系现实中存在的问题提出了政策性的建议。

第四章专门讨论了我国民营企业的发展历程和民营企业家出现、成长的过程，通过考察分析，论证了民营企业家的成长有着与国有企业家的成长既相同又有区别的职业化机制需求，并指出了目前民营企业家职业化机制中存在的缺陷；为了加强课题实证研究的分量，特别地对我国民营企业发育比较早的深圳市民营企业家职业化市场化发展过程进行了考察，并提供了调研报告。

第五章运用企业家职能理论分析，概括了我国企业家的角色定位，阐述了企业家的职能、职业化程度与职业素质之间的关系，归纳了关于企业家素质的各种观点，从而得出了本课题对企业家素质要求的标准体系，探索性地提出了"经营者职业素质——行动——绩效结构模型"，探索性地提出了建立职业化企业家评价标准体系的构想；本章归纳、阐述了企业家测评的理论与操作方法。

第六章研究企业家市场化机制问题，联系现实进行分析，指出了市场化是企业家走向职业化的必由之路，通过把我国的企业人才市场建设的过程和主要类型与西方国家企业家市场的分别考察，总结了西方国家企业家市场建设中可以借鉴的成功经验；企业家市场化是一个现实性很突出的问题，牵涉到各方面特别是人事政策的敏感因素，课题从实证的角度，提出了在企业家市场化的过程中"党管人才"的实现形式。

第七章对企业家的激励和监督进行了理论性的讨论，在此基础上对目前实行激励机制的适用模式进行了分析，提出了年薪制和股票期权制是在我国适用的激励方式；分析了对企业家进行监督的外部监督和内部监督两种机制；理论最终是为了解决实践中的问题，本章最后对我国企业经营者违法乱纪、违法违规案件现象进行了分析，并提出了对策性建议。

第八章是关于企业家问题的实证研究报告。我国企业家队伍是伴随着企业制度的变迁过程成长起来的，这是一幅波澜壮阔的画卷，数量之大、范围之广、问题之多、情况之复杂，要进行全国性的调查研究显然不是一件容易的事。一叶落而知秋，某一地区的典型现象就是全国的一个缩影，本书选择了我国市场经济的发育和企业家队伍的成长都较早的深圳市作为研究对象，对该市的企业家职业化市场化发展现状、国有企业经营者年薪收入问题、国有企业经营者选拔机制问题进行了调查研究，这些调查研究从 2000 年至 2004 年底，既是本书理论研究的基础，也为本书研究提供了有力的实证。

第二章　西方企业制度变迁
与企业家职业化

　　企业家在推动社会经济发展过程中具有十分重要的作用，在一定意义上说来，现代经济是"企业家经济"。然而，企业家不是凭空产生的，企业家作为一个职业阶层群体的出现离不开特定的企业制度及其他制度环境的供给。本章试图在阐明西方企业制度变迁过程和原动力的基础上，以制度变迁为背景，对西方企业家职业化问题进行比较系统的分析，以说明西方企业家职业化成长的制度因素，并进一步探讨西方企业家职业化成长之路对中国企业家职业化的启示意义。本章还对现代西方国家的国有企业制度进行了梳理，并总结了其人事制度的经验，对我国当前国有企业的深化改革有一定的借鉴意义。

第一节　西方企业制度变迁过程
及其原动力

　　西方企业制度是现代社会比较成型并运作良好的企业制度，其经历了比较漫长的演变过程，而在制度演变进程的背后，具有共同的推动力量。本节首先阐明西方企业制度的主要类型，进而重点地说明美、日企业制度变迁的过程，最后分析推进这一变迁过程的基本力量。

一、西方企业制度变迁的主要类型

概括起来说，在组织形态上可以把西方企业制度划分为个人业主制、合伙制和股份制三种不同的类型。需要强调的是，三种企业形态的变迁并不意味着后者的出现而前者必然消亡，在 21 世纪的今天，三种企业形态仍是同时存在着的。

1. 业主制企业

所谓业主制企业，本质上就是个体企业，企业由业主个人出资兴办，并归业主个人所有，业主直接经营和控制，业主享有企业的全部经营所得，同时业主对企业的债务承担无限责任。这是一种自然人企业，不具有法人资格。虽然说个体企业是一种最简单的企业形式，但它已经是一种独立的生产经营组织，突破了传统的家庭经济组织形式，将生产经营和家庭生活相对区别开来，标志着生产领域经济近代化的起点。

历史地看，业主制企业在 19 世纪中叶以前，在资本主义商品经济中，一直占据着主导地位，是企业普遍的组织形态。这是由当时生产技术的状况和商品经济发展水平等因素所决定了的。一方面，由于当时的生产技术水平低下，技术装备简单，不可能进行现代意义上的大批量生产和销售，与这种生产技术状况相匹配的，只能是建立规模狭小的个体业主制企业；另一方面，由于尚处于商品经济发展的初级阶段，社会分工还很不发达，市场具有狭隘性和封闭性的特点，企业社会化、市场化程度都极其低下，因而也只适宜建立规模狭小的个体业主制企业。

业主制企业除了企业规模小、经营产品单一的特征之外，还具有一些其他明显的特征，主要是：（1）产权占有主体是唯一的，产权结构是完整统一、未被分解的，即企业主作为投资者享有对其财产的所有权、占有权、使用权、处置权和收益权，产权界定十分清晰；（2）企业自负盈亏，业主对企业经营即期债务负有无偿清偿的责任，他的一切财产在法律上都是可以用来抵偿债务的；（3）企业主具有强烈的投资冲动和利润目标导向，其行为表现就是兢兢业业、精打细算和对利润的不倦追逐；（4）在企业治理方面，对企业内部成员行为的约束，主要依靠习惯势力和伦理道德规范，企业经营的成败主要取决于企业主的个人素质。

2. 合伙制企业

单一业主制企业不能适应大规模生产经营，同时，个人投资的风险也较大。随着生产规模的扩大，这就需要更多的资本投入。与其他人共同投资经营，既可以解决资本不足的问题，同时又能分散投资风险，于是就产生了合伙经营的企业。合作制企业是指由两个或两个以上的出资者以一定的形式共同出资、共同经营、共同所有和控制、共同分享企业剩余，各出资人对企业债务承担连带无限责任的企业。

"合伙制企业在企业制度变迁过程中，是处于个人业主制企业和股份制企业之间的一种企业制度。"[①] 一方面，在产权主体问题上，合伙制企业较之业主制企业已经呈现多元化的发展，产权结构已不是单一的而是相对复杂的了；但是，从另一方面看来，较之股份制的产权结构，无论是在多元化方面还是可流

---

① 戴歌新：《中国国有企业制度创新研究》，西南财经大学出版社1999年版，第6页。

动性方面，合伙制企业都是低水平的。因此，尽管合伙制企业相对于业主制企业是一种进步，但相对于股份制企业却不能不说存在巨大的历史局限性。

合伙制企业的主要特征是：（1）企业的产权占有主体有多个，但产权结构仍是完整统一的。企业财产是由若干私人资本的联合，是若干私有者的共同财产，合伙人共同拥有企业财产的所有权、占有、使用、处置和收益权，所有权、经营权、收益权是统一的。（2）合伙人原则上都应该从事企业的经营管理，每个合伙人对企业的债务均负有无限的责任，而且合伙人之间的责任是相互连带的。（3）当合伙人超过两个以上时，难免会发生决策扯皮现象和搭便车的道德风险，同时，当合伙人人数较多时，彼此间的相互监督问题也很会相当突出。（4）由于合伙性质，企业规模总是有限的，企业寿命一般较短。

3. 股份制企业

以股份有限公司和有限责任公司形式出现的股份制企业是现代企业制度的主要形态。一般说来，股份制企业是指由两个或两个以上的出资者以一定形式共同出资和组成的法人企业，出资者既可以是法人也可以是自然人。

近代公司制的真正发端是 16 世纪末 17 世纪初荷兰和英国的"特许贸易公司"。地理大发现的结果，使英国、荷兰成为当时的重要的贸易中心。为了适应远洋贸易发展的需要，客观上需要建立大型的贸易企业。于是，在重商主义理论的指导上，许多欧洲国家的政府在获得王室特许后，逐步建立了一批"特许贸易公司"，如 1600 年英国女王伊丽莎白特许成立了"东印度公司"。这些特许公司已经具有近代公司制的某些特点，比如可以募集股金成立、具有法人地位、由董事会领导下的经理人员来经营等。特许贸易公司由于获得了贸易垄断权，并通过募股集资发展壮大，在一个多世纪的发展过程中，获得了十分丰厚的利润。18世纪初，一些聪明的商人，在没有政府特许的情况下，模仿特许公司的形式组建"合股公司"。通过发行可转让的股票来吸引投资者，股东只承担有限责任，公司由股东及其授权的经理人员来经营。这种合股公司既不同于特许贸易公司，也不同于普通的合伙制企业，已经初具现代公司制的某些特征。1856年，英国议会正式确认注册的公司对债务只负有限责任，公司具有法人地位。这样，公司制就真正开始产生了。

现代企业制度意义上真正典型的公司制的演进则同19世纪铁路建设有关。铁路运输的准确性、整体性、连贯性等特点，不仅要求巨额的长期投资，而且要求专业性很强的管理，从而使企业制度的创新成为必要。与传统的古典企业相比，铁路企业的建设有两个显著不同的特征，一是铁路业的筹资方式采取的是股份有限制度。铁路企业规模巨大，其建设过程需要投入巨额资本，这既不是一个企业所能承担的，也不是合伙企业能直接投资的，只能采取股份筹集方式。二是铁路企业的管理需要专门的技能和训练。由于铁路经营的技术专业性，从事铁路管理需要专门的知识和技能，非训练有素的人不能胜任，众多的出资者及股东往往不能胜任铁路的直接管理和经营，这就使铁路的经理人员越来越把自己的工作看成是一种专门的职业，从而使资本所有权和经营管理权逐渐分离开来。铁路业的发展以及与此相关的电报等现代通信业的兴起，很快引起了商场营销方式的革命。到了19世纪末20世纪初，一批公司制企业迅速崛起，公司的发展进入了一个新的阶段。第一次世界大战以后，大公司的股权迅速分散化，股东人数大量增加，所有权与经营权进一步分开，现代企业制度终于成熟起来。

作为现代企业制度主要形态的股份制企业的特征主要表现在三个方面：（1）股份制企业规模很大，具备多种经济功能，经营多个系列产品，在不同地区经营，用钱德勒的话说，就是"多单位企业"①，它们在国民经济中占据了绝对统治地位；（2）企业所有权和经营权发生了显著分离，企业的高、中级管理人员成为"支薪管理人员"，不再是资本所有者；（3）企业运作对法律的完备性提出了很高的要求，需要通过法律体系确立公司的法人地位并维护公司运行的契约关系。

不过，应该指出的是：业主制企业、合伙制企业与股份制企业这三种企业制度形态的顺序演进，不是绝对进化意义的优胜劣汰。实际上，在西方国家中，三种企业制度形态都是同时存在着的，并在各自的范围发挥应有的作用。要说划分和认识这三种企业制度类型的意义，可能还需要我们具体地回顾、审视西方主要国家企业制度变迁的历史过程。

二、西方主要国家企业制度变迁的历史过程

西方企业制度变迁的历史起源地是荷兰和英国，但变迁进程中具有典型意义和特色的则是以美国和日本为代表。美国企业制度基本上是伴随着市场经济发展而自然演化成型的，而日本企业制度变迁则在一定程度上被赋予政府主导的色彩。所以，要说明西方现代企业制度的形成，必须了解美国和日本的企业制度变迁过程。在这里就以美国、日本为例来说明西方主要国

---

① 钱德勒：《看得见的手——美国企业的管理革命》，商务印书馆 1987 年版，第 3 页。

家企业制度变迁的历史境况。

1. 美国企业制度变迁的过程

钱德勒对美国企业制度演进过程进行过系统的研究。根据他的分析，现代企业的诞生要回溯到 19 世纪 40 年代的美国。在此之前，生产单位都是家庭小作坊式生产，生产动力一般是水力、风力、人力及牲畜拉动，生产效率很低，在这种情况下，现代意义上大规模的生产企业是很难诞生的。而到 19 世纪 40 年代，交通与通讯业的发展给当时大工业的发展提供了持续不竭的动力。铁路工业首先兴起，标志着大规模企业的诞生。而后，在商业流通领域、化工领域、重工业领域，美国企业通过专业化、横向多角化、纵向一体化、跨国经营与多元化经营等发展战略，实现了规模经济与范围经济的扩张，大大提升了美国企业的组织能力。正是在现代企业组织结构变迁的过程中，美国企业管理革命顺利完成，实现了企业所有权与管理权的分离，最终建立了现代企业制度。

（1）U 型组织结构的出现

19 世纪 40 年代，这时的企业一般称为古典企业，或单人业主制与合伙制企业。在这种情况下，组织往往是扁平型结构，组织的每一个成员常常身兼数职。比如一人兼会计与采购，公司所有者同时是生产者。这时的企业组织结构是金字塔形结构。为了保证效率，企业需要 U 型结构。

（2）专业化战略与 H 型组织结构（科层制结构）的发展

当组织的规模越来越大，为了进一步提高效率，组织的科层化便产生了。这里的结构即 H 型结构，马克思·韦伯称为"科层制结构"。钱德勒在《看得见的手——美国企业的管理革命》这本关于企业史的经典名著中描述了组织的科层化是如何产生的。在19世纪50年代，铁路与电报的使用，促进了企业组织协调控制的能力。当时的铁路企业为安全可靠地运营，出现了第一批受过专业训练的职业经理人，从而出现了管理层级，这里是组织的纵向结构化。但这时所有权并没有完全分离，公司的所有者仍然是公司的管理者，掌握着最主要的决策权。但这时的公司组织结构是最典型的职能化形式。

（3）大企业出现与现代企业制度革命

因交通通讯革命而带来的市场扩张与技术的变化不仅使贸易量增加，而且使贸易生产的速度也大大加快，19世纪70—80年代，单个工商企业的规模因进行大批量分配与生产已经迅速扩大。在1880年左右，单个企业把大批量分配结合进自己的经营过程，现代工商企业——今天的巨型企业——由此诞生。这种企业的成长主要是通过两种方式进行的：一是规模较小的单位企业向前结合与向后结合，即企业的纵向一体化战略；二是稍微大型的企业先通过横向合并，许多家族企业或个人拥有的单位的企业合并为一个全国大企业，从而实现了管理的集中化；然后，再通过向前与向后结合，总之，合并企业管理的集中化趋势与纵向结合使美国工业中第一次出现了大规模管理的企业。

诺思与威廉姆森都认为，企业是对市场的替代。企业之所以诞生，都是为了节省交易费用。而纵向一体化战略对于节省交易费用的作用是最为明显的。在美国的19世纪80年代，洛克菲勒创立的标准石油公司被称为当时最大的"托拉斯"，就是先通过横向兼并众多石油精炼小企业，然后，再向石油产业这条价值链的前端与后端延伸，通过铺设石油输油管道（前向一体化战略）与收购采油企业（后向一体化战略），培养了无比强大的竞争能力，直到今天还是美国企业史上的传奇。

与此同时，我们认为，此阶段结束后，到 19 世纪 90 年代，美国现代企业的管理革命开始完成：企业所有权与管理权的分离进一步扩大，从而出现如下特征：广泛持股者很少有机会参与一级管理决策，而经理中也只有少数人拥有大量股份。在此基础上，受过专业训练的职业经理对企业的实际控制最终导致了家族世袭管理的废弃。随着早期领导人的退休，他们的职位被领取薪水的职业经理所取代，而拥有企业的家族只领取红利，如洛克菲勒家族甚至不干预董事会。与前者相比，组织的金字塔尖更加隆起，因为这时的企业金字塔尖上有了董事长与总经理两层结构，具有现代企业制度的典型形态。到 19 世纪末，美国企业革命正式完成，现代企业制度已经完全诞生①。

2. 日本企业制度变迁的过程

日本从 1868 年实行明治维新，进入近代资本主义社会。此时，欧、美等先进资本主义国家已处于垄断资本主义前夜。为了消除被西方列强侵吞的危险，日本资本主义从一开始就带有浓厚的国家资本主义性质。政府充分发挥干预经济的作用，建立国有工厂，扶植私人特权资本，输入国外先进技术和装备，推进资本主义工业革命。同时不断侵略中国和朝鲜，强行掠夺，仅用不到半个世纪的时间就迈入资本主义列强行列。至第二次世界大战，日本军国主义垄断经济发展到了顶点，各方面的危机和矛盾也充分暴露出来。1945 年 8 月日本无条件投降后，日本经济全面崩溃。从那时起，日本陷于巨大的社会动荡和剧烈的制度变革之中，但在政府主导下，很快形成了日本的法人资

---

① 参见刘海建：《美国大型企业制度变迁与我国民企转型》，2003 年 6 月 25 日 10：21 搜狐财经。

本主义制度和颇有特色的日本企业制度。

从 1945 年到 1965 年，日本现代企业制度的形成大约经过了以下两个阶段。

（1）现代企业制度奠基阶段（1945—1955 年）

这一时期是日本经济的恢复时期。日本战败后，实际被美军占领，1948 年 9 月美国发表"关于投降后美国初期的对日方针"，在美国控制下实行新旧体制的转换，其目的是完全破坏日本的军事力量和军国主义，实现"非军事化"以及相关的"民主化"。主要政策包括三个方面，一是土地改革；二是解散财阀；三是劳动改革。其中后两项直接涉及企业制度，为日本创立现代企业制度奠定了重要基础。

解散财阀的措施主要包括：其一，解散构成财阀机构支柱的控股公司。持股公司整理委员会指定 83 家为"控股公司"，解散了其中的三井、三菱、住友、安田等 28 家公司。强制转让和处置了这 83 家公司的资产，至 1950 年 3 月转让掉有价证券总额为 689773 亿日元，约占指定公司有价证券总额 75%。其二，消除财阀家族对企业的统治。56 个家族被指定为财阀家族，其所有有价证券被强行转让；将被指定为财阀家族的人员全部开除公司董事职务；同时规定各公司不得使用财阀的商号、商标；此外对持股公司的子公司等指定公司（"限制公司"）中的 468 家的股份进行处置，切断了财阀资本支配关系。其三，防止被解散财阀的复活。制定了《禁止垄断法》（1947 年 4 月 14 日公布），对限制公司持股、限制董事兼任等方面作了严厉规定。但在 1949 年作了大幅度修改。其四，分割大企业，消除经济力量的垄断。最初指定了 325 家企业为"排除过度集中"的对象，这些企业包括了各产业部门所有的大公司，占日本全部股份公

司资本总额的 66%。由于美国最终改变了政策，实际仅执行了
18 家，巨大的金融机构得以原样保留。

解散财阀、排除垄断具有重要意义，使旧财阀的中枢支配
机构彻底崩溃，消除了原军国主义经济基础；对以后公司的持
股结构和证券市场产生了很大影响；对以后日本的技术革新、
巨大垄断企业的重新发展等创造了有利条件。

劳动改革的主要内容则是公布了工会法、劳动关系调整法、
劳动标准法等法律，承认了建立工会、工会与资方交涉及罢工
等权利，基本上实现了日本劳资关系的民主化，为建立日本的
财产关系模式、日本的工会体制、促进日本新型企业制度的发
展打下了良好的基础。

（2）现代企业制度确立阶段（1956—1965 年）

这一时期是日经济振兴时期。日本政府确立以汽车、石油
化工、合成纤维等重、化工业为主导产业，强化国际竞争力，
采取出口导向政策，并以此为中心实现经济增长。日本式的企
业制度在这一时期得以全面地确立，主要表现在，六大财团型
企业集团（也称环形企业集团）的重组和建立；产业型企业集
团（也称锥形企业集团或独立系企业集团）的兴起；对劳动者
支配体制的确立；经营者控制局面的形成；转包中小企业体制
的完善等。为了防止美国等外国资本对企业的收购和兼并，从
20 世纪 50 年代初开始广泛推行"稳定股东工作"，从而形成了
日本独具特色的企业财产关系形式，即所谓的法人资本主义。

首先是财团型企业集团的建立。由于 1953 年对"禁止垄断
法"的修改，放宽了持有竞争关系的公司的股份及兼职的限制，
如金融机构持股限制由 5% 扩大至 10%；缓和了对卡特尔的限
制等。三井、三菱和住友三大旧财阀原来的企业很多又重聚起

来，当然其特点与原旧财阀有很大的不同。战后的一些"新财阀"也相互结合，形成芙蓉、第一劝业银行及三和三大新型财团企业集团。这就是日本著名的六大财团型企业集团，这些集团具有许多特点，但最显著特点便是以金融机构为中心，集团内各企业环形持股，即银行与企业、企业与企业之间交叉持股。从20世纪50年代中期日本就进行了"稳定股东工作"，由于美国的敦促，日本在1960年通过了"贸易、汇兑自由化计划"，对外开放贸易和汇兑。1964年日本加入国际货币基金组织（IMF）和经济合作与发展组织（OECD），这些组织都要求日本实行资本自由化。日本政府和企业表面上承诺资本自由化，但实际上却加快实施阻碍资本自由化对策的"稳定股东工作"，即由集团内部或有关系的银行和企业相互持股，形成长期稳定的股东。这样，市场上流通的股票很少，股价高昂，无论是国内还是国外的企业都很难通过购买股票达到兼并的目的，促进了股东的法人化发展。到1965年法人持股比率已达41.8%，到1990年更是增加到72.1%。这就是日本学者奥村宏所总结的日本企业最显著的特点——"法人资本主义"。

其次是产业型企业集团的兴起。产业型企业集团与财团型企业集团的不同，其最主要的特征是形成紧密联系的垂直型产业集团生产体系。这一时期日本的产业型企业集团在制造、运输、电信、贸易等行业都得到较大发展，最著名的约有40家企业，如丰田、日本电气、松下、日立、索尼、东芝、日产汽车、本田等。

尽管在以后随着国际形势和日本经济的发展变化，上述两大类企业集团也有很大的发展变化，但是，日本企业产权制度最核心、最显著的内容和特点主要在这一时期已经得到了确立。可以说六大财团型企业集团和产业型企业集团的出现，标志着日本式企业制度基本形成。[①]

三、西方企业制度变迁的主要原动力

西方企业制度变迁的具体过程在不同国家不尽相同，但企业制度变迁过程得以展开的背后，都同样存在一种推动变迁的基本力量，或者说是主要的原动力。马克思主义经典作家和西方经济学家从各自的学术体系出发，分别对这种力量予以了揭示和说明。

1. 马克思主义经典作家的分析

历史地看，西方现代意义上的股份公司制度（也就是现代企业制度）是从19世纪中叶以后逐步生长，直至进入19世纪末20世纪初才真正成熟起来的。可以说19世纪中下半叶在西方企业制度变迁进程中居于十分关键的时期，而马克思、恩格斯就生活在这一时期，直面企业制度的变迁，他们不能不给出他们独特的解释。

马克思、恩格斯首先对股份公司制度出现所引起的社会经济关系的变化进行了仔细分析和研究，认为股份公司实现了"资本在股份形式上的巨大的结合"[②]，使"那种本身建立在社会生产方式的基础上并以生产资料和劳动力的社会集中为前提的资本，在这里直接取得了社会资本（即那些直接联合起来的个人的资本）的形式"[③]；并进一步指出在这样的企业制度安排下，"实际执行职能的资本家转化为单纯的经理，即别人的资本的管理人，而资本所有者则转化为单纯的所有者，即单纯的货

---

① 王东：《美国日本企业的历史比较制度分析》，《经济评论》2002年第2期。
② 《马克思恩格斯全集》第25卷，人民出版社1974年版，第292页。
③ 《马克思恩格斯全集》第25卷，人民出版社1974年版，第493页。

币资本家"。① 实际上马克思、恩格斯已经洞察到西方企业制度从业主制、合伙制过渡到股份公司制，企业产权关系已经变化为以资本的所有权和使用权相分离为基础的契约化产权关系。

那么是什么原因引起了股份公司制度的出现呢？马克思、恩格斯从唯物史观、生产力和生产关系原理出发，认为西方企业制度的这一革命性的变革，根源在于生产力的发展和商品经济关系在广度和深度上的扩展。在他们看来，19世纪中下半叶正是"第二次产业革命"从孕育到逐渐完成的时期，由于机器大规模生产已经成为生产的主体，商品货币关系拓展也使得全球市场进一步形成，资本积累与生产集中的进程不断加快，这样就促进了劳动和资本的社会化发展，而业主制、合伙制企业劳动和资本都是"单纯私有性"的，显然已不合时宜，这时必然有新的企业制度能够容纳一定程度上已经社会化了的劳动和资本关系，股份公司制度的出现可谓是水到渠成。

同时，马克思、恩格斯认为，股份公司制度的形成同资本主义竞争和信用的"杠杆作用"是联系在一起的。按照他们的分析，资本主义竞争加深了社会生产供给与市场需求的矛盾，加剧了资本积聚和生产集中，最终导致了资本主义企业由集中走向垄断，形成了股份大企业在联合基础上垄断，在垄断基础上竞争的格局。而资本主义信用对股份企业的产生也是极其重要的，"信用制度是资本主义私人企业逐渐转化为资本主义的股份公司的主要基础"②。在这里，马克思、恩格斯实际上已经触及信用制度对作为现代企业制度主要组织形式的股份制企业的

---

① 《马克思恩格斯全集》第25卷，人民出版社1974年版，第493页。
② 《马克思恩格斯全集》第25卷，人民出版社1974年版，第498页。

本质意义：一方面，信用在股份公司的形成之初，通过强化生息资本的增值效应为资本的两权分离找到了制度规范，促进了资本的集中和垄断，有利于股份大企业的发展；另一方面，信用又已经从信用集中的银行扩展到信用集中的企业法人，即现代企业制度的信用性，信用不再简单地表现为借贷关系，而且也表现为以信用筹集社会资本的证券资本关系。[①]

2. 西方经济学家的分析

西方经济学家对企业制度变迁原动力的解释，可以分为两个高低不同的层次：其一，是从根本上来笼统地探寻企业制度变迁的动因，一部分经济学家提出，企业制度变迁可以分为强制性变迁和诱致性变迁；其二，是从不同企业制度比较的角度来具体地探讨企业制度变迁的动因。

将制度变迁划分为诱致性变迁与强制性变迁是制度经济学关于制度变迁研究的成果之一。诱致性制度变迁指的是现行制度安排的变更或替代，或者是新制度安排的创造，它由个人或一群（个）人，在响应获利机会时自发倡导、组织和实行。与此相反，强制性制度变迁由政府命令和法律引入和实行。换言之，诱发性制度变迁的动力是个人或组织的利益引诱及在此基础上的自愿行动，而强制性变迁的基础却是政府以规章、法令为载体的意志。从美国、日本等西方国家企业制度变迁的具体过程来看，西方企业制度变迁的主要原动力是诱致性变迁，因为在从最初的业主制企业形态进化为合伙制企业形态，再从合伙制企业进化为股份公司制企业的过程中，正是对自身利益的算计和追求，发挥了基本的"引力"作用，促使企业制度发生

---

① 赵国良：《现代企业制度论》，西南财经大学出版社1996年版，第34页。

了不断的变迁。比如，在制度主义经济学家阿尔钦和登姆塞茨1972 年发表的《生产、信息费用与经济组织》一文中，对企业制度演变的"利益"诱因予以了高度的强调。在他们看来，企业是一个具有联合生产特性的班组，在联合生产的条件下，每个参加者都有"搭便车"的企图，这样就产生了监督的需要。但是，监督者本身也会产生"偷懒"问题，如何解决监督监督人的问题呢？最好的解决之道在于赋予监督者企业剩余索取权，使监督者减少产生偷懒的动机和偷懒的程度，从而提高团队生产的效率。[①] 在这里，"团队"可以看做是人数较多的企业。这意味着从古典型的业主制和合伙制企业向现代股份制企业演进的企业制度安排必须考虑成本/收益关系的。

如果说阿尔钦和登姆塞茨等人的解说还有点过于笼统和一般化，对我们理解现代股份企业制度的出现还有一些隔阂，那么，我们可以按照制度主义经济学家的分析逻辑，将西方企业制度"诱致性变迁"的性质阐述得更为清晰。这就是：随着劳动分工的发展，机器生产在提高生产率方面的重要性日益明显，新技术需要巨额的投资以获取规模经济，同时，资本所有者需要通过投资组合来避免非系统性风险——业主制企业和合伙制企业的特征是有限的寿命和无限的责任，它们在等额融资上受到极大限制，在执行资本分散以降低非系统性风险方面存在高昂的交易费用——于是，满足上述要求的具有无限寿命和有限责任的股份公司就应运而生了。[②] 对此，阿尔钦解释道：因为

---

① 阿尔钦、登姆塞茨：《生产、信息费用与经济组织》，科斯等：《财产权利与制度变迁》，上海三联书店、上海人民出版社1994 年版，第59—95 页。

② 参见贾根良：《劳动分工、制度变迁与经济发展》，南开大学出版社1999 年版，第96 页。

"合作性的生产过程高度依赖于私有产权各组成部分的分割与专业化"，所以，"权利各部分的自愿分割与让渡能在以下方面实现有利的专业化（有时称之为'分离'）：（a）实施决定资源使用的权利；（b）承担作为结果的市场或交换价值。前者有时称为'控制'，后者则称之为'所有'。"①

在更为具体的层面上，一些西方经济学家从企业规模扩张度亦即企业替代市场的效率边界方面对企业制度变迁的"诱致性"进行了说明。在他们看来，股份制企业在三个方面都具有对业主制企业、合伙制企业这些古典企业制度无可比拟的优越性：一是股份制企业可以更好地实现规模扩张；二是可以实现两全分离提升专业化水平；三是企业内部可以形成不同管理层级。股份制企业在这些方面的进展的"共同特点是：都有助于降低其市场交易成本，因此，也可以说是企业对市场绩效的追求导致了现代企业的成长"②。

需要指出的是，西方经济学家尽管大都认为企业制度变迁的主要源动力在于利益的"诱致性"，但他们也承认法律法令等规章在不同时期不同的国度中对企业制度变迁过程也具有相当重要的影响力。这是因为，现代股份公司的一个典型特征是所有权与经营权的相分离，所有权与经营权的分离使得包括搜寻成本、谈判成本和履约成本在内的交易成本不可能为零，因而，如何按照分权和制衡的原则来管理公司，以较低的成本费用来协调公司内部各方面的关系以及外部相关者的利益，就成为对

①　阿尔钦：《产权：一个经典注释》，科斯等：《财产权利与制度变迁》，上海三联书店、上海人民出版社1994年版。
②　戴歌新：《中国国有企业制度创新研究》，西南财经大学出版社1999年版，第22页。

39

股份企业进行法律规制的基本要求。正如科斯所指出的："当我们从一项交易成本为零的制度转向一项有确定的交易成本的制度时，法律的决定性作用就变得很明显了。"① 就此而言，西方企业制度变迁也具有强制性变迁的性质，西方国家的公司法等法律法规对促进企业制度的演变也发挥了不可忽视的作用。

第二节　西方企业制度变迁进程中的企业家职业化

西方企业制度变迁的伟大成果之一就是引致了职业化企业家的出现。从逻辑上说来，职业化企业家的出现是以企业家的存在为前提的，事实上，西方企业制度变迁的历史过程也清楚地表明：企业家职业化是一个伴随企业制度演进始终的渐进性过程，并不是一蹴而就的。

一、西方企业制度变迁与早期"内隐性"企业家的出现

企业家的出现与企业制度有着先天性的联系，但在西方企业制度变迁的进程中，最早出现的企业家却是藏而不露的——他们"内隐"于企业所有者的身份之下，只有通过历史的观察和逻辑分析，才能识别早期企业家的存在。

1. "内隐性"的企业家

无论是在逻辑上说来还是历史地看来，西方企业制度变迁的起点都是业主制企业。早期的业主制企业一般以家庭为单位，虽然也雇佣一些工人甚至监工，但其内部产权关系是极其简单

---

① "Corporate Governance: A Defence of Status", *Modern Law Review*, No. 6, 1995.

明了的，企业由业主个人举办，企业的所有权、经营决策权与剩余收益权都归业主个人，相应地，企业经营中的风险也全部由业主来承担，并且，业主承担风险是"无限责任"，不以投入企业的资本为限度。如前所述，业主制企业在技术水平、规模经济等方面都存在明显的弱势，不能适应技术进步、生产扩大的要求，从而在企业制度演进的过程中出现了新的企业形态——合伙制企业。合伙企业至少有两个自然人共同投资共同经营企业，所有权、剩余索取权等权益都由合伙人分享，同时，企业经营风险由合伙人共担。从技术角度看，合伙企业具有相对的规模优势，但企业内部在合伙人之间是否形成了明确的专业分工，却是不一定的，主要是由外生因素决定的，不是由合伙制度内在给定的。历史事实是，在西方主要国家，绝大部分合伙制企业里，经营决策权、监管权等都是在合伙人之间分享的，也就是说，合伙人身份平等、共同决策的特点仍然是很明显的。

在业主制企业与合伙制企业内，企业家的身份是不外显的，因为这时在企业内，所有者、经营管理者是"两位一体"的，所有权与经营权没有分离，所有者就是经营者、管理者，所有者职能与经营管理者的职能没有明确划分，这就使得所有者与经营管理者的身份无从区别。但实际上，在业主制企业和合伙制企业，企业的生产经营管理活动仍然是离不开计划、组织、指挥、协调和控制的，通过企业决策对企业内部条件和外部环境变化做出反应的必要性也仍然是存在的，无论是以什么方式来满足企业经营管理这些方面的需要，总得有人能够满足这些方面的需要，发挥实际的企业家的职能作用，否则企业生存和发展将无从谈起。因此，在我们看来，那种认为在早期企业制度安排下不存在企业家的说法是不太正确的，正确的说法应该是这时不存在职业化的企业家，但这时存在"内隐性"的企业家，即以所有者身份出现的企业家。

即使西方企业制度进化到早期的股份制企业的出现，这种企业家的"内隐性"也没有完全褪去，因为在早期的股份制企业内，虽然专门设置了一些经营管理的专职岗位，出现了企业的管理者与所有者的身份的一定分离，但由于这时股份制企业中不是所有者的管理者不过是企业常规事务的处理者，在授权方面有限，不能拥有对重大事项的决策权，顶多只是拥有相当于今天现代股份公司的中下层管理者的权限，可见企业对他们的"才能"的需求并不高。相反，在重大事项的决策、管理上，作为这时股份公司所有者的股东们仍然是沿袭了以前的事必躬亲的传统，与业主制、合伙制企业制度下的"老板兼经理"的做法没有什么区别。因此，他们依然是一群业主或合伙人，只是承担的责任较为有限罢了。

2. 企业家"内隐"的原因

这一时期企业家的身份之所以是内隐性的，主要是由于这样一些主要因素的影响：

首先，是企业家人力资本的专有专用性尚未为人所知，而这一点在很大程度上又同人力资本本身"内隐"于人体之中不无关系，只有实践进展和科学研究达到一定阶段，人力资本的这种"内隐性"才能被揭示出来，才能为人们所认识。在传统的经济理论分析中，外显的生产要素如劳动、资本、土地，都被很早地得以论述，而内隐性的"企业家才能"这一要素只是到了马歇尔时代才正式被提及，并被提升到与劳动、资本、土地相提并论的高度，这从一个侧面正好反映了人们对企业家人力资本专用性的认识是逐步深化的，需要一个时间过程。

其次，是这时的企业规模有限，市场范围、生产边界和人员雇佣数量都是相对固定的，没有提供实现进一步专业化分工的经济基础和必要性。业主制企业，不管它的称谓是工匠、手工业者、自我雇佣者，还是所谓的个人企业，其生产规模都是有限的，面向的市场也是近距离的，所雇佣的工人也是很少的，内部的层级关系十分简单，因而，企业所有者可以直接经营管理企业，所有者与管理者的职能是同化在一起的；到了合伙制企业，尽管在产权主体方面呈现了多元化的变革，生产规模和市场范围有所扩大，人数也会相对增多，但这些都还不至于引起企业所有者与管理者进行实质性分工的质变。

最后，节省交易费用方面的考虑也很重要。在业主制企业和合伙制企业占主导形态的时期，由于交易业务规模本身比较有限，市场范围又相对狭隘，人与人之间的信用关系简单，这样，为完成市场交易而发生的搜寻成本、谈判成本和履约成本都比较低廉。因此，利用企业机制代替市场机制进行资源配置而得以节省的交易费用并不是很多的，如果在业主制和合伙制企业里，在企业所有者之外，引入一个"支薪"的专业经理阶层，将使企业运作成本加大，而一旦企业组织生产和交易的成本大得超过通过市场机制完成生产和交易的费用，企业将无从存在。只有在市场扩大、关系更趋复杂、交易成本高昂时，才为企业一些方面的成本增加提供了相应的空间。到了股份制企业时代，市场边界不断扩展，市场关系日益复杂，发现和搜寻客户的成本不断上升，讨价还价过程更为激烈，履约纠纷大量增加，通过市场机制完成交易的费用上升，利用大型企业的机制进行资源配置的必要性和可能性都提高了，为企业内部的专业管理人员支付较高的报酬也才具有可行性。科斯就曾这样指出："伴随着交易的复杂，市场结构被企业家所取代，由企业家指挥生产。"①

当然，就另一层面而言，企业家身份的内隐性质，也是由于传统的企业治理文化使然。企业治理文化是社会文化的一个重要方面，同时也构成了企业文化的灵魂和精髓。狭义地看，企业治理文化一般是指企业运作过程中所依赖的有关企业治理的基本理念、道德伦理或价值取向，而从广义的角度看，企业治理文化还包括直接建立在基本价值观基础上的制度规则以及主要由制度规则所规范的企业相关各方的行为。由于谁投资——谁管理——谁受益的传统治理文化的影响，形成了在业主制、合伙制企业治理中所有者"独霸天下"和"一切权力归所有者"的格局，淡化了乃至消除了将所有者职能与经营管理者职能进行区分的可能性。

二、西方企业制度变迁与"职业化"企业家的产生

将"内隐性"的企业家身份显性化，是西方企业制度变迁的必然趋势，在现代股份制企业成型时，独立的企业家群体也走上了历史舞台，其标志就是在西方社会所出现的职业化的企业家阶层。"职业化"企业家的出现经历了两个明显的发展阶段，期间还在一些企业出现了短暂的"逆转"。

①　科斯：《论生产的制度结构》，上海三联书店 1994 年版，第 3 页。

1. 近代公司制下的职业经理人的出现

进入 19 世纪中叶以来，资本主义社会生产力发展势头明显加快，钢铁、煤炭、铁路运输等重工业开始成为重要的新兴的产业部门，进入这些部门的企业经营规模和资金需求空前膨胀，市场范围不断扩展，传统的业主制企业、合伙制企业形态已难以满足社会化生产和市场经济发展的新需要，一种新型的股份制企业制度应运而生，这就是近代的股份公司制。

近代公司制直接导致了职业经理人的出现，使得原有企业制度下的"内隐性"的企业家身份开始了第一步的显性化过程。具体情况还得从美国企业制度变迁进程中发生的一件历史性事件说起。

1841 年 10 月 5 日，在美国马萨诸塞州通往纽约西部的一段铁路上发生了一起事故：两列客车迎头相撞，造成 1 名列车员和 1 名乘客死亡，另有 7 人受伤。这起事故在当时社会反响极大，人们纷纷进行尖锐批判，认为事故的真正原因是铁路运输企业的业主没有能力管理这种现代化企业，矛头直指古典业主制的经营模式和家长式的管理方式。于是在马萨诸塞州议会的推动下，对企业管理制度进行了改革。他们选择有管理才能的人来担任企业的领导，负责企业的经营管理；在企业内部建立多级责任制，企业内部各机构及其负责人都有明确的职责；而企业财产的所有者则只拿红利，不再参与企业日常的生产经营业务。这是美国第一家、也是世界第一家由全部拿薪水的经理人员受企业所有者委托，通过正式管理机构对企业进行管理的新型企业——公司制企业。由此，这起并不算十分严重的事故，却引发了企业管理制度的重大变革。这个变革的结果是在企业发展史上，第一次实现了企业财产所有权和经营控制权的分离，而使企业制度开始了由业主家长式的"一体化"管理模式向公司制的"经理控制型"模式的转变。① 至此，长期"内隐"于所有者身上的专业管理者的职能开始独立出来，使职业经理人浮出水面。

近代公司制企业在管理体制上大体都采取了"直线参谋制"，其特点之一就是企业的经营决策权集中在企业的最高层领导层，企业的管理人员实际上形成了两大类：一类是指挥人员，他们拥有对下级发布命令的权力，并在自己的权限范围内对组织负责；另一类是职能管理人员，他们是直线指挥人员的参谋，只对下级部门进行业务指导，本身没有指挥权。因此，尽管近代公司制企业的出现，导致了专业化从事企业管理职能的职业经理人的产生，但在这样的"直线参谋制"管理体制下，实际上每个企业真正拥有经营决策权限的职业经理人的数量还是比较有限的，职业经理人群体的形成还受到一定程度的束缚。

2. 现代企业制度下的"职业化"企业家群体的崛起

经过 19 世纪下半叶的发展，特别是进入 20 世纪后，近代公司制企业日益向现代企业发展，有限责任公司和股份有限公司作为主导的企业形式开始在西方主要国家得到普及。在所有权和控制权分离基础上产生的职业化经理人控制企业的现象进一步流行开来。根据 1933 年伯勒和米斯对当时 42 家铁路公司、52 家公用事业公司和 106 家制造业公司等美国最大的 200 家公司的调查，由经理控制的公司数量大约是 44%，所控制的资产已占到 58%。② 可见，职业化的经理人群体有了很迅速的发展，在社

---

① 沈荣华：《中国"经理革命"》，上海交通大学出版社 2000 年版，第 30 页。
② 张军：《现代产权经济学》，上海三联书店 1991 年版，第 166—167 页。

会经济系统中已经作为一支很重要的力量而存在。

为什么职业经理人数量在这一时期会有大的发展呢？除了公司制企业数目不断增加而引致企业高级经理人岗位数量增加之外，在企业内部通过分权所形成的经理群体共同决策经营企业的机制，也发挥了关键性作用。而这一点又是由企业组织结构变革所引起的。这是因为，随着企业组织的扩张，传统的以科层制结构为特征的 H 型结构已经变得不合时宜。有关学者这样描述过 H 型结构的致命缺陷："象河马一样笨重，它的头脑在匹兹堡处理所有事务，却无法告诉俄亥俄州的制造终端应该怎么做……企业的工程师完成了某些产品，企业的促销员却经常错过销售这种产品的时机……这种产品是可靠的，但外观是不可救药的……这些都是集权管理过重的大大小小的征兆。"[1] 这样，随着公司高层经理决策的复杂性与多样性，高层经理的负担越来越重，当公司开展多产品多地区化运营时，这种特征愈加明显。1920 年，阿尔弗雷德·斯隆在通用汽车公司开展了分权化尝试，获得巨大成功。从此，分权制组织结构出现了，H型结构转变为 M 型结构。M 型结构的特征之一是拥有一个公司总部和大量以产品或地区划分的分部的组织结构，这表明公司的组织结构演变逐渐更强调横向部门化，不仅高层经理需要作出决策，而且部门经理也能得到很好的授权，这就使有决策话语权的经理管理人员大大增加了，从而有利于形成一个庞大的职业化的经理人阶层。

而庞大的职业化的经理人阶层的出现，对"职业化"企业

---

[1] 刘海建：《美国大型企业制度变迁与我国民企转型》，2003 年 6 月 25 日 10：21 搜狐财经。

家群体的崛起具有极端的重要性。这是因为：

其一，大量的职业化经理人的存在为职业化企业家的生成提供了客观基础。不是所有的经理人员都可以成为企业家，但企业家必须来自经理人员。那些在企业经营管理实践中，切实履行过企业管理权限的经理人员通过不断累积管理技能，培养品性，开阔视野，练就决断果敢、勇于创新的行为风格，就必然具备企业家素质和才能，自然而然地成长为一名合格的企业家。一旦他们把发挥自己的"企业家才能"作为终身的职业选择，他们也就自然而然地作为"职业化"企业家群体而崛起于世人面前。

其二，"职业化"企业家成为大量职业化经理人员人力资本价值实现的最高目标，这也激励着经理人员向职业化企业家身份的转型。俗话说：不想当元帅的士兵，不是一个好士兵。同样，不想做一个职业化的成功的企业家，也不是一个好的职业经理人。通过自己不懈努力，成为一个职业化的企业家，实际上是每一名在职经理人员实现人生价值升华的目标，为职业经理人提供了强大的精神动力，鼓舞着他们百折不挠，永不言败，不断进取，去实现自己更高的人力资本价值。

从西方主要国家看来，"职业化"企业家群体的崛起也基本上是与大量的职业化经理人的出现相吻合的，很难在时间上做更细致的区别。

值得指出的是，现代企业制度下的"职业化"企业家群体的崛起，意味着作为现代企业制度公司制核心的企业治理结构出现了革命性变化：作为"企业家才能"的特质人力资本终于走出了非人力资本所有者的母体，获得了自己独立的存在，并形成了作为特质人力资本所有者的企业家与作为非人力资所有者的企业投资人共同分享企业剩余索取权的新格局。这开辟了现代企业发展的新时代。

第三节　西方企业家职业化的制度
供给及其启示意义

上述分析说明：没有古典企业制度向现代企业制度的演进，就不可能产生"内隐性"企业家向职业经理人的转变，而没有职业经理人也就没有企业家的职业化。因此，在一定意义上说来，是西方企业制度变迁为企业家职业化成长提供了不可或缺的空间，是西方的现代企业制度造就了职业化的企业家，西方企业制度变迁进程中出现企业家职业化现象具有必然性。但是，如果从更广阔的视野看待这一问题，则不难发现：企业家职业化不是单一的现代企业制度供给下的"新生事物"，而是包括企业制度在内的西方整个社会经济制度供给的"产物"。没有这些有利于企业家职业化成长的制度供给环境，西方国家不可能出现职业化企业家群体，而没有职业化企业家群体，西方国家经济的迅速发展及其在国际经济的强大竞争力是无从想象的。为什么西方国家有那么多职业化的企业家？为什么我国企业家职业化总是步履维艰？从西方企业家职业化的制度供给分析中，我们可以获得许多有益的启示。

一、西方企业家职业化制度供给的兴起

现代企业制度供给从企业层面说明了企业家职业化的原因，此外，西方企业家职业化成长也离不开企业外部的社会文化制度、教育培训制度以及市场经济制度的支撑。

1. 企业制度供给

前述分析业已表明，西方企业家的职业化成长是西方企业制度进化到现代企业制度时期的现象，这表明现代企业制度已成为企业家职业化成长的最适宜的土壤。但是，为什么现代企业制度能够在促进企业家职业化方面具有如此重要的制度保障作用呢？这不能不从现代企业制度所具有的复合体的性质说起。

现代企业制度最典型的形式是 19 世纪末 20 世纪初发展起来的现代股份公司，而随着现代股份公司制度在 20 世纪以来的加速发展，现代企业制度也进一步趋于完善和成熟。与古典企业制度不同，现代企业制度具有几个方面的显著特征：一是现代企业拥有由出资者出资所形成的独立的法人所有权，并取得由法律所规定的企业法人地位；二是企业投资者对企业债务只承担有限责任；三是现代企业一般都是具有管理层级的科层组织，在组织内部实行专业化分工和协调；四是出现了代表所有权的所有者与掌管经营权的经理层的外在性对立与合作，或者如我们在前面所指出的，出现了代表物质资本所有者的企业投资人与代表特质人力资本所有者的企业家的内在分化，其背后实质是企业所有权与经营权的"两权分离"。

现代企业制度的这些特征充分说明现代企业制度不是一种简单企业形态，而是一种已经能够适应现代市场发展需要的复杂的企业形态，由此，现代企业的制度复合性也表现得淋漓尽致。首先，它是一种新型的产权制度，真正体现了现代产权的基本属性，表现为是所有权、经营权、支配权、控制权和收益权的"权利束"。其次，它是一种新型的企业治理制度。股东会、董事会和经理层的权力配置及运用，形成了公司治理的基本架构和规范，体现了现代公司的"政治文明"。最后，它又是一种新型的分配制度，不仅满足了物质资本所有者股东的利益追求，而且也开始在经济上着力实现企业家的特质人力资本的所有权，通过高额薪酬设计和股权安排等渠道，给予了企业家很好的价值实现途径，体现了现代企业是一个"利益共同体"的契约性质。

现代企业制度的这种复合性，比古典企业制度更好地满足了企业家职业化对多重制度安排的需求。比如，产权多元主体的引入，使得企业规模扩张，产生了对职业经理的需要，进而为职业经理成长为职业企业家提供了可能；而企业治理制度保障了包括企业家各方的权益，是实现企业内部分工的根本基础；企业家特质人力资本所有权在经济上的实现，为企业家职业化提供了强大的物质刺激和精神刺激，加速了企业家才能的社会供给，使现代企业分配制度变成了职业化企业家的"加速器"。因此，在我们看来，不是职业化的企业家"发明"或"创造"了现代企业制度，而是相反，是现代企业制度"发明"或"创造"了职业化的企业家。

2. 社会文化制度供给

西方企业家职业化不是出现在资本主义生产方式萌芽或发展的初期，而是在自由竞争资本主义向垄断资本主义过渡的19世纪末期和20世纪初期，除了经济方面的原因之外，同西方文化制度的发展成型也有很大的关联性。这表明，西方的社会文化制度供给也是企业家职业化不可缺少的制度平台。

大体说来，一国的社会文化可以解析为三个不同的层面，具体如图2—1所示。

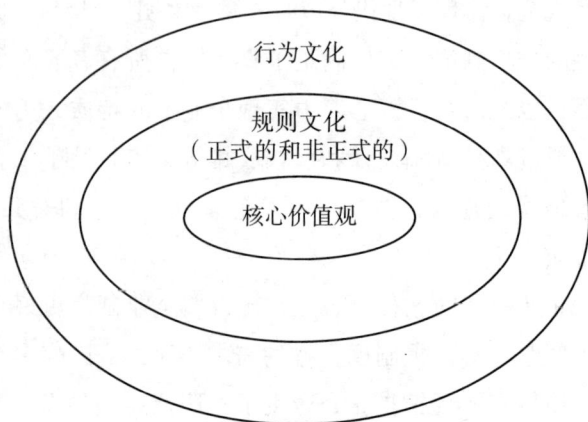

图2—1 社会文化的分层结构

（图中文字：行为文化；规则文化（正式的和非正式的）；核心价值观）

从图 2—1 中可见，社会核心价值观处于社会文化的中心层，是社会文化的基石和内核。核心价值观决定了企业治理的宗旨、治理目标和基本理念。规则文化层处于中间层，是在核心价值观约束下形成的具体规章和制度，它包括正式的制度和非正式的制度两方面的内容。所谓正式制度，就是正式的契约安排，狭义的正式制度主要指适用于特定个人或组织的章程、规则和合同等，而广义上的正式制度则是指适用于一切个人和一切组织的"通用契约"，包括政府颁布的一整套法律法规。至于非正式制度，则指非正式契约，即长期中自发形成并被人们无意识所接受或认同的行为规范，这些规范虽然没有在正式的契约中载明，不具有法律上的可操作性，但作为约定俗成的惯例，实际上却实实在在地影响人们的行为。包裹在中间层外围的就是社会文化的行为文化层，它是社会实践的最终外在表现。

西方社会文化如果从个别国家的角度观察，我们会发现各个国家的社会文化制度内涵及其历史都是各各不同的、丰富多彩的，但是，如果从泛化的角度观察，则不难发现西方国家社会文化制度是有共同的特性的，这就是以个人主义为基点，以理性和科学为核心，鼓吹人文主义，倡导个人奋斗，重视人与自然关系，并由此形成了崇尚自由、民主和法制，勇于冒险进取，看重实现自我价值等核心价值观念和精神，并且以此为文化底蕴，在包括经济在内的全部社会领域内形成了特定的制度和规则文化，进而据此表现为整个社会行为文化。企业家精神的培育，企业家职业化的行为选择，企业家职业化的社会地位获得，都是这种内在的西方文化制度的"供给效应"。

3. 教育培训制度供给

企业家是具有优秀企业经营才能的人。企业家才能作为一种特殊的生产要素，其"供给"离不开一定的教育培训制度。好的教育培训制度可以促进企业家的社会供给，而不好的教育培训制度，则会阻碍企业家的社会"生产"，影响企业家的供给能力。实际上，西方职业化企业家阶层的出现及其发展、壮大，不仅仅是上述的现代企业制度、社会文化制度发挥作用的结果，同时也是西方特定的企业家教育培训制度的重大收获。

西方企业家教育培训制度在两个主要方面发挥了对企业家职业化的支撑性作用：一方面，是西方的教育制度具有很高的"生产性"，许多新学科在实践发展的推动下，在理性精神的追求下，应运而生，为企业家教育培训提供了十分厚实的专业内容。例如，企业管理作为一门科学，自从泰罗的科学管理理论以来，经过不断的理论创新和实践总结，已发展成为一个融经济学、管理学、社会学、心理学、统计学等不同学科为一体的综合性的学科，这就大大充实了企业管理教育的内容，为企业家教育培训提供了直接的学科支持。另一方面，伴随着管理教育重要性的提高，西方的教育制度也在进行相应的变革和创新，以适应企业家特质人力资本投资的新需求。例如，在西方主要国家完成现代企业制度变革的同一时期，以现代管理学院成立为标志的西方企业家教育培训制度也告走上历史前台，而"现代管理学院的成立，对于新的多单位工商企业中管理的职业化有着最重要的意义"①。从1881年沃顿商学院创办到20世纪80年代，美国已有600多所大学设立了与企业管理相关的院、系、所或相关专业，美国大中型企业的高级管理人员几乎都是各类现代管理学院的毕业生。时任美国管理协会会长的阿普莱先生在谈到西方教育培训制度对企业家职业化的影响时，曾感叹道："从前医务工作者得出了药铺里工作不能训练出医生的结论。如今管理工作者也有了类似的认识。"② 也就是说，职业化的企业家是不能脱离企业家教育培训制度而凭空产生的。"天上掉下个林妹妹"，但天上绝不会掉下个企业家。

4. 市场经济制度供给

西方国家与发展中国家一个明显的区别就在于前者的市场经济制度比较完善、成熟，而后者的市场经济制度是不健全、不完善的。市场经济制度作为企业的重要的外部环境，对企业经营和企业家成长不能不产生特定的作用。西方企业家职业化群体的崛起，也受到了西方市场经济制度的积极影响。

一般而言，市场经济制度有三大支柱：一是独立的企业制

---

① 钱德勒：《看得见的手——美国企业的管理革命》，商务印书馆1987年版，第550页。

② 转引自中国工商行政管理代表团考察报告：《美国怎样培养企业管理人才》，中国社会科学出版社1980年版，第43页。

度；二是健全的市场体系；三是规范的政府职能定位。西方市场经济制度的相对完善和成熟，也主要表现在这些方面。下面我们就结合所讨论的问题进行些许分析：

首先，从独立的企业制度看来，西方主要国家都通过长期的企业制度变迁而进化到现代企业制度时代，而现代企业制度是独立的企业法人制度，企业以投资者的出资为自己的法人财产，自主决策，自主经营，自负盈亏。这种独立的企业制度极大地扩张了企业边界，使得企业的经营范围和资本规模都超出了传统的古典业主制企业和合伙制企业，有利于形成所有权和企业经营控制权的分离，从而直接刺激了职业化经理阶层的生成，并为高级经理成长为职业化企业家提供了可能性。

其次，从健全的市场体系看来，产品市场、资本市场和经理市场的存在和发展，也为解决对企业家行为的约束—激励问题提供了现实基础。职业经理或企业家作为代理人，是存在行为约束—激励难题的，这个问题不解决，企业家职业化就无从谈起：一方面，可能是约束不到位，企业家行为失控，侵占股东或相关者利益，企业家因"犯事"干不长就被"拿下"；另一方面，则可能是企业家激励不充分，企业家没干劲，不好好干。但是，由于西方国家的市场体系比较完善，不仅有高度发达的产品市场，也有比较成熟的资本市场、经理市场，而且这些市场释放给社会的信息比较真实和完全，因而在企业控制权争夺、企业家价值的市场定位等方面都具有重要作用，有利于通过市场化方法和手段解决对企业家约束—激励难题。

最后，从政府的职能定位看来，西方国家政府职能定位是明确的，主要是担负国家安全、私有财产保护、基础设施建设及必要的宏观经济调控职能。在这样的政府职能定位之下，没有政企不分的问题，没有对企业过多干预的问题。因此，政府也就不可能介入私人企业领导人的配置环节，即使是对国有企业领导人的选择，也主要是依靠经理市场对候选人员进行企业家能力的甄别，不会对企业领导职位进行"政治性配置"，也不会搞企业领导职位的终身化，仍然是通过市场来遴选和配置企业家资源。显然，政府的这种职能定位，为社会经济系统中企业家职业化提供了基本的前提。

二、西方企业家职业化对中国企业家职业化成长的启示意义

西方企业家职业化过程是在西方企业制度、社会文化制度、教育培训制度以及市场经济制度等多重制度供给的基础上完成的，充分说明了企业家职业化对"制度供给"的需求。比照西方企业家职业化的制度供给状况，不难发现我国企业家职业化面临着十分明显的制度供给"缺失"；借鉴西方企业家职业化的制度保障经验，则不难获得关于推进我国企业家职业化进程的诸多启示。

1. 我国企业家职业化成长的制度供给"缺失"

我国企业家职业化进程十分缓慢，已经引起社会有关方面的严重关切。但企业家职业化进程之所以缓慢，却有着深刻的制度性原因：这就是企业家职业化所必需的相关的制度供给是"缺失"的，具体表现在我国的企业制度、文化制度、教育培训制度及整个国家的市场经济制度都是很不完善的，基本上都是处于转型过程之中，没有建设到位，具有明显的转轨经济的特征。

首先，我国的企业制度是不健全的，大部分还没有形成现

代企业制度。在中国现有的 3000 户国有及国有控股大中型骨干企业中，超过 70% 的企业依照《公司法》实行了公司制改革，但这些改革还是初步的。从表面上看，现代企业制度所需要的股东会、董事会、监事会等企业内部机构倒是按照公司法的要求建立起来了，但实际上，在出资人到位、企业治理结构运作及人事任免等方面，都存在着问题，并没有体现现代企业制度的内在要求；而在民营企业的发展过程中，又有一种错误的认识，以为建立现代企业制度只是国有企业的使命，民营企业一"出生"就天生具备现代企业制度了，从而多年来我们并没有重视对民营企业进行现代企业制度改造，这样的结果就是我们今天不得不面对大量的"夫妻店"式、家族式经营的民营企业。在这样的企业制度约束下，即使是职业经理人都难以生存，企业家职业化更是无从谈起了。

其次，我国传统文化制度根深蒂固，对企业家阶层的发育和职业化成长也形成了消极的影响。中国传统文化制度的根基是儒家文化，而儒家文化崇尚中庸、和谐，这与市场经济要求的企业家必须具备的创新意识、风险意识等，是有许多差距的。尽管儒家文化所倡导的"仁、义、礼、智、信"并非与市场经济完全矛盾或对立，在一定范围内可以兼容（如诚信或信用），但儒家文化向来重精神轻物质的，注重道德修养，却忽视对金钱财富的追求，更是在社会主流文化意识上对工商人士一向予以骨子里的贬斥：虽说中国改革开放已经 20 多年了，但在相当一部分人心目中，"修身、齐家、治国、平天下"的最好的方式仍然是追求仕途升迁。正如有关学者所指出的，"当前我国仍有一部分人把读书、经商当做从政的前奏和铺垫，对企业家从内心深处抱有歧视，不愿把企业家作为一种长期的职业和身份，从而限制了企业家和企业家市场的发展。"①

再次，企业家的教育培训制度严重滞后于实际需要，对企业家能力的建设难以发挥实质性的促进作用。西方发达国家对企业家人力资源开发十分重视，形成了以院校教育和以 MBA 教育为重点的现代教育和培训体系，使具有天赋企业家素质的潜在的企业家人选普遍接受现代管理理论的熏陶，为他们成为企业家提供了很好的专业基础训练。而在我国，许多企业经营管理者往往是注重实践摸索而不看重专业理论学习，对现代企业管理理论和国际企业管理情况多是不甚了了，没有在企业战略制订、组织决策、人力资源开发与利用、企业治理等方面形成系统的认知，经营管理企业基本上还是"跟着感觉走"，使企业在经营发展中面临更大的不确定性风险。

最后，市场经济制度环境难如人意，不能形成企业家职业化所需要的广泛的社会经济制度背景的支持。企业家的成长，特别是企业家职业化成长，是与比较成熟和完善的市场经济制度联系在一起的，可以说，包括现代企业制度在内的现代市场经济制度是企业家职业化成长的不可或缺的土壤。而我国目前的市场经济制度还是不成熟、不健全的，仍然处于社会主义市场经济制度完善时期，从计划经济体制向市场经济体制转型的任务还没有最终完成。即使按照出于回击国外对我国实施反倾销制裁特殊目的需要而进行的中国市场化进程的评估，中国目前的市场化程度也只有69%。② 从当前现实情况看，由于市场经

① 范省伟、白永秀：《中国企业家发展的制约因素及化解对策》，《经济纵横》2004 年第 4 期，第 53 页。
② 北京师范大学经济学资源管理研究所：《2003 中国市场经济发展报告》，对外经济贸易出版社 2003 年版，第 21 页。

济制度不完善，健全的市场经济制度所带来的整个社会经济系统中的根本性变革还远未出现，政府经济管理体制的变革，社会资源配置方式的变革，就业和社会保障制度的变革，企业产权的变革，劳动人事制度的变革等，都有待进一步推进，企业家职业化成长所需要的广泛的社会经济制度支持背景才有可能形成。

2. 几点启示

西方企业家职业化成长有着多重的制度保障，而我国目前还不能对企业家职业化成长提供这些制度层面的强力支持，这是我国企业家职业化进程比较缓慢的根本原因。解决问题之道存在于问题之中。从西方企业家职业化成长的制度供给分析中，我们可以获得推进我国企业家职业化进程的某些启示。

第一，大力推进现代企业制度建设。现代企业制度是企业家职业化成长的"温床"。当前推进现代企业制度建设，着重要抓好两方面的工作：一方面，要在思想意识上树立明确的目标，不仅要在大中型国有企业建立现代企业制度，而且也要在大中型民营企业建立现代企业制度，以便在更大范围更多企业培养造就一支企业家专业队伍；另一方面，要采取果敢的行动，切实突破现代企业制度建设徘徊不前的局面。在我们看来，我国现代企业制度建设工作之所以打不开局面，主要是人们在思想上拘泥于"产权明晰，权责明确，政企分开，管理科学"的十六字内涵，没有寻找到具体实践的突破口。实际上，要能够做到"十六字"的要求，在行动上必须有三点突破：一是要通过产权改革，实施产权主体多元化，建立现代的产权制度；二是要加强企业治理结构建设，建立规范运作的企业管治体制；三是要承认人力资本所有权，给人力资本所有权以经济上的实现，为此，有必要对高级经营管理者实施以股票期权、虚拟股票等多种形式的长期激励。

第二，重塑有利于企业家职业化成长的文化制度环境。有利于企业家成长的文化制度重塑是推进中国企业家职业化成长的历史性重任，为此，当前要注意做好两方面的工作：一是，以国有企业干部人事制度改革为契机，积极推行公开招聘国有企业高级管理人员的试点工作，将党管干部的原则同市场遴选企业家的机能有机地结合起来，破除国有企业的"官本位"文化，在这个社会逐步树立企业内"企业家本位"的新文化；二是，大力宣传和弘扬企业家精神，对国有企业和民营企业的优秀企业家事迹进行多渠道、有力度的宣传、报道，让企业家的创新精神、冒险精神、求实精神和追求卓越的精神为全社会所知晓，并为社会舆论所接受，真正形成认同企业家、认同企业家职业化的社会文化。

第三，创新企业家教育培训制度。必须根据我国企业高级经营管理人员的实际情况，按照社会经济发展对企业家数量与质量所提出的需求，制订中长期的企业家教育培训计划，并着手对既有教育培训制度进行创新，探出一条既符合国际惯例又适应我国具体国情的新路子。从目前情况看，制度创新可以表现在这样一些方面：（1）实施岗位任职资格培训制度，对企业经营管理者进行短期脱产培训，并要求最终通过国家经理人员职业资格考试；（2）推进 MBA 学历教育，鼓励企业经营管理者在职攻读 MBA 学位，提高自身的专业素质和知识面；（3）建设多形式、多层次的企业家论坛，为企业家与企业家、企业家与一般管理人员之间的交流、对话提供经常性的机会；（4）加强对高等院校管理学科及相关专业的队伍建设，改进研究生教育培养制度，实施双导师制，除了由专家学者担任导师外，还可邀请具有实战经验的企业家担任导师，形成管理理论与管理实践并重的"双师"教育模式。

第四，完善社会主义市场经济体制。我国社会主义市场经济体制的进一步完善，无疑会为企业家职业化提供良好的宏观制度环境保障。而在完善社会主义市场经济体制方面，政府的推动作用是第一位的，政府行动至关重要。从当前实际情况看来，政府的任务主要是：（1）构建竞争性的市场体系，加速推进市场化进程。一方面，必须下大力气抓紧抓好产品市场体系的完善及地方分割性市场的全面整合这个基础性工程；另一方面，大力发展资本市场和经理市场，只有在资本市场、经理人才市场运作规范且具效率的前提下，企业家行为才能得以约束，企业家人力资本价值才能得以市场化定价。（2）破旧立新，构筑企业家职业化的法制保障体系。在今后一段时期内，必须结合企业家成长过程的实际，一方面对既有的相关法律法规进行系统的清理和调整，特别是其中的一些重要的法律法规如《公司法》、《证券法》等，必须尽快加以修改、完善；另一方面则必须制定一些新的有利于企业家成长的企业法律规章颁行天下，使企业家在企业管治过程中真正有法可依、有章可循，切实保护企业家的权益。（3）进一步转变政府职能，真正做到政企分开。在这个问题上，主要是要切实履行十六大报告中关于政府职能定位的要求，使政府的社会管理职能和资产管理职能分开，在企业层面进一步明确所有权与经营权的分离，使企业家成长拥有良好的外部环境和内部条件。

第四节　现代西方国有企业人事
制度及其启示意义

一、欧洲国家的国有企业人事制度

1. 北欧国家的国有企业人事制度

北欧诸国是典型的社会福利型国家，一直注重发展国有企业，特别是在20世纪80年代对国有企业进行了大规模的改革之后，优化了国有企业的结构，提高了质量，国有企业的规模以及在国民经济中的地位大大高于其他西方发达国家。

（1）北欧国有企业的状况

北欧国家的国有企业主要形式有三类：国家中央政府所属的非法人国有企业；国家中央政府所属的国有独资公司、国有（控股、参股）股份公司；地方政府所属的国有企业。近年来，北欧国家对国有企业逐步采取了公司股份制形式，比如瑞典约1000家国有企业中，国家独资的只有70—80家，其他绝大多数实行混合股份制。芬兰的国有企业也多数采取国家控制股、私人参股的形式。[①] 据有关专家估计，北欧国家的国有经济占国民经济总值的比重约为10%。

北欧国家的国有企业分布在有关国计民生的主要领域：社会基础设施和公共服务领域——如铁路、港口、航空、水务、供电、电讯、邮政等行业；基础工业和能源领域——钢铁、石

---

① 李俊江、何枭吟：《北欧国有企业的改革及对我国的启示》，《新长征》2003年第10期。

油、煤炭、电力等行业；国防工业和高科技领域——军工、电子通讯等行业。至于其他市场竞争性较强的领域，比如服务行业、制造行业、食品行业等，国有企业所占比例极少，例如瑞典是国有企业比重较大的国家，但瑞典的国有企业在制造业总产值中只占3%—4%。

（2）北欧国家的国有企业人事制度

特点一是政企分开，所有权与经营权真正分离。政府对企业的控制主要是通过任命董事会，由董事会决策企业的发展战略和经营策略，政府不直接对企业下指令，董事会负责公司的重大经营决策权，总经理负责公司具体的运营。董事会成员一般由1/3股东代表、1/3专家、1/3职工代表组成，股东代表体现了资产所有者的利益，一般都由政府官员担任。二是选拔高素质的企业界精英进企业领导班子，董事会中的1/3专家都是从全国范围甚至全球范围选拔在生产、经营、管理、销售方面有丰富的经验管理精英，大多数进国有公司的高层管理者都是从私人公司中过来的优秀企业家，能把最好的管理方式运用到国有企业中，给企业带来最好的效益。

最典型的是挪威和瑞典两家超大型国有企业的例子。

挪威国有独资的国家石油公司，是一家产值占全国GDP 17%的超大型公司，国家对其控制是由工业与能源部部长行使所有权，负责任命该公司的董事长，该公司董事会的9名成员，有7名由部长任命，其余两名由董事长选举产生。董事长负责任命总经理，一般都要从全国挑选最优秀的企业家担任；总经理再任命负责具体运营的经理阶层。整个企业人事制度除董事长由国家任命以外，其余的方式与私人公司完全一样。

瑞典的国家独资大瀑布公司前身称为国家电力公司，是全国最大的电力公司，在欧洲电力业中排名第 5，供电占全国的 50%。该公司的人事制度与挪威的国家石油公司情况基本相同，由国家工商部代表国家行使所有权，负责任命董事会，董事会任命总经理。1992 年改为有限责任公司后，政府只负责公司的重大人事任命，决策权交给董事会，经营权由总经理负责。[1]

2. 法国、德国的国有企业人事制度[2]

（1）法国的国有企业状况以及人事制度

法国的国有企业主要有两类：一类是垄断性和公益性的国有企业，主要分布在能源、交通、邮电等基础设施和基础产业领域，对这类企业，国家采取直接管理和间接控制结合的办法，企业自主权相对较少。另一类是竞争性国有企业，主要分布在制造、建筑、商业和服务业领域，国家对这类企业一般不直接控制，而是通过任命企业主要领导人，以及对企业的资产运营进行监督。

法国的国有资产由财政部负责管理，企业经营的管理由所属行业的主管部门负责，比如有名的雷诺汽车公司就是由工业部主管，国营航空公司和国营铁路公司由运输部主管。股份制是法国国有企业的基本形式，政府对企业控制的方式一是由财政部代表国家直接控股，二是由国有金融机构间接控股。政府对国有企业的管理是在比较完善的法律法规基础上实行规范化的管理，对政府与企业的关系、企业组织形式、企业人事领导制度、财务税收、工资劳保都有法律法规的明确规定。

在企业人事制度方面，国有股份制企业实行的是董事会下

---

① 郭才:《对北欧国有企业情况的考察与思考》,《经济纵横》1995 年 8 月。
② 尹宏斌:《德国、瑞典、法国国有企业管理》,《现代企业》1994 年 8 月。

的总经理负责制，董事会按"三方代表制"组成：国家代表由财政部和企业所在的主管政府部门代表担任，企业代表由企业职工和私人股东选举产生，专家和知名人士代表由政府任命。总经理由董事会任命，负责企业经营活动。国家设有审计法院对企业进行监督稽查，对违犯财经制度的企业领导人审计法院将给予惩治。

（2）德国的国有企业状况以及人事制度

德国的国有企业主要是通过中央、州、地方政府采取参股的形式进行控制的。中央政府参股的企业主要分布在影响到全国性的交通运输、邮电通讯等行业；州政府主要参与地方能源、公路港口等产业、地方政府主要参与居民生活相关的供水、供电、煤气等行业。德国法律规定国家与企业是一种法律关系，有《股份企业法》、《控股公司法》等法律法规规定了政府与企业的各种关系，各级政府的财政部门代表国家行使国有资产的所有权，但财政部门对国有企业的控制不能直接进行控制，只能通过监事会来监督企业。

德国的国有企业大部分是股份公司或有限责任公司，由政府控股并具有独立的法人地位。管理形式和人事组织包括三个层次：一是股东代表大会。股东代表大会作为产权代表，职责是审议企业的发展规划、战略方针；决定公司注册资本的增减和股票发行；选举、任命监事会成员。二是监事会。监事会是德国特有的企业监管制度，是公司的决策机构；有权任命董事会人员；对董事会进行监督，审查董事会的年度财务报告；监事会主席由股东选择但本人不是股东；作为国有企业的股东，政府有权向监事会提出成员人选，但不能对监事会成员发号施令。三是董事会。董事会作为企业代表和企业管理机构，负责企业的经营；董事会向监事会负责，上报年度的业务经营和财务报告；董事会成员由监事会任免，最多由 13 人组成。德国还注重保障职工的利益，法律规定职工有权参加企业的管理，主要渠道是进入监事会、董事会，法律规定职工人数在 2000 人以上的公司必须有 1 名董事，职工还通过成立企业委员会、职工代表大会、工会等组织参与企业的咨询和监督。

二、美国的国有企业状况以及人事制度

美国政府无论是民主党或共和党执政，一贯反对把国有化作为控制社会经济的手段，国有企业的创办和发展一直受到政府的严格限制，国有企业在整个经济比重中大约占 5%，国有企业约占企业总数量的 1%，是西方发达国家中比例最少的。美国为数不多的国有企业是用国家财政预算建立的，属于政府公司，它们实际上是代表政府，承担特定的社会职能，主要以公益性为经营目标的，而不是追逐利润，法律规定不纳税、不上缴利润，用于公益目的的项目，还可以从政府预算中获取拨款，不要求投资回报，国有企业的利润和政府拨款主要用于自我发展，投资新项目和公益事业。国有企业不参与市场竞争，美国政府认为在竞争领域，政府是第三方，是执法者，为了保护公平的竞争环境，能赚钱的行业或领域，政府公司就不应该进入经营，已经进入的也要私有化。比如世界上最大的国有企业之一美国的 Fannie Mae 公司，经营目标是"让更多的美国人拥有自己的住房"；美国的国家银行保险公司也是一个大型国有企业，唯一的业务就是为全民的银行存款提供保险业务，如果公民存款的银行破产了，该公司负责赔偿 20 万美元以下的额度。可以美国国有企业的主要职责，不以国有资产保值增值为目的，而是为

社会提供福利服务，保护弱势群体，维持社会稳定。当然，美国的这种国有企业制度是建立在私有经济充分发达以及美国特有的政治制度基础上的，对其他国家没有太多的可比性。

国家对国有企业的管理有以下几个特点：第一，由国会通过立法来控制国有企业，国会有权决定国有企业的建立和解散，凡是与国有资产有关的议案必须经过国会审议通过后才能实施。国会实际上控制着财权，制约着政府对国有企业管理的活动。第二，对国有企业的监督采取国会听证会监督、公民监督和政府审计机关监督相结合的办法。第三，经营方式主要有"出租经营方式"和"项目工程承包方式"。政府把国有企业出租给私人经营，承租方向国家定期交纳租金，承租人有比较大的自主权；对国家与私人混合型的国有企业广泛采取以主承包商为首的系统工程承包合同制方式，政府作为产品计划招标人，公开招标订货项目，主承包商投标后进行生产或分包生产。第四，是通过董事会对国有企业实施经营管理，国有企业的董事会视企业情况不同，有的全部由政府官员出任，有的由部分政府官员出任，有的由企业界人士组成，如美国的联邦证券银行、养老金利益担保公司、太阳能和能源保护银行的董事会成员全部由政府官员担任。美国联邦存款保险公司的三名董事长，一名为财政部官员，另两名由总统任命，参议院批准，任期 6 年。一些政府公司或混合型公司的董事会由总统指派的董事和股东共同选举的董事组成；州和地方的国有企业由辖地政府指派董事，组成方式与联邦管辖的政府公司相仿。①

---

① 叶祥松：《美国国有企业管理体制给我们改革的启示》，《东疆学刊》第 13 卷第 3 期。

三、新加坡的国有企业状况以及人事制度

新加坡是发达国家的国有企业发展得最成功的国家之一。
1965 年新加坡独立，政府在基础工业领域建立国有企业，20 世
纪 70 年代国有企业规模迅速扩大、领域拓宽。80—90 年代开始
对国有企业进行"国有民营化"模式的改革，并取得了显著的
成就。新加坡国有企业数量多、产值占 GDP 比重高，1993 年统
计的数据表明，国有企业经济活动成分占国内生产总值的
59%。① 新加坡的国有企业统称为"政府经济实体"，有"法定
机构"和"国联企业"两种组织形式。"法定机构"是带有企
业性质的政府所属部门，主要职能是向社会提供比较低廉价格
的公共性服务，并承担着一定的社会责任。比如国家发展部下
属就有房屋发展局、市区征建局，交通部下属有电信局、港务
局、宇航局等。"国联企业"是按公司法建立和运作，以国有资
产保值增值为目标进行经营，既受政府的控制，又拥有高度的
经营自主权。新加坡最有特色、最典型、最成功的国有企业是
淡马锡控股公司，它以国有控股公司的形式对国有资产进行经
营，其成效令世界各国所瞩目。

1. 新加坡"淡马锡"概况

"淡马锡"是马来语 Temasek 的音译，淡马锡控股（私人）
有限公司成立于 1974 年，是由新加坡财政部负责监管但以私人
名义注册的一家国有控股公司，性质上是民间法人，实际上是
财政部独资拥有的公司，淡马锡公司由财政部投资司负责监控

---

① 李俊江、刘洋：《新加坡与韩国国有企业改革及管理体制的比较》，《东南亚
论坛》2003 年 5 月。

公司的经营和操作。1975 年淡马锡公司所拥有的股份总值为
31.8 亿新元，到 2003 年已上升到 750 亿新元（折合 420 亿美
元），28 年增值 23.58 倍。2004 年淡马锡公司主要企业的资本
占新加坡国家资本总额的 19.4%，淡马锡公司直接控制着 23 家
企业，下属间接控制的企业约 2000 家，这些企业不再被称为
"国有企业"，而称为"国联企业"。淡马锡公司受财政部监控，
公司的重大决策以及大型的民营化项目必须向财政部咨询，但
财政部对公司给予极大的经营自主权。淡马锡公司每年从下属
的国联企业取得的利润中上缴 50% 给财政部。

政府对淡马锡公司的监管有四大措施：[①] 一是由财政部等部
门向公司直接派遣官员参加公司董事会；二是通过财务报告和
项目审批制度对公司进行监督，公司每年必须向财政部递交年
度财务报告，财政部每年都严格检查公司的经营业绩；三是不
定期派员到公司和下属的国联公司调查督察；四是加强舆论监
督，通过电视、报纸等媒体对公司相关的业务领域，如民航、
地铁、电信、港口的经营活动进行曝光，使全社会都关注着淡
马锡的一举一动，迫使公司对重大决策不能暗箱操作。

2. 淡马锡的人事制度

淡马锡公司的主要业务是资产投资经营和财务管理，属下
的国联公司（港口、地铁、航空等）则经营各种业务。淡马锡
公司及属下的国联企业的人事制度有如下特点：一是拥有一个
结构合理的董事会，董事会成员由非独立董事和独产董事组成，
并且规定独产董事的比例要达到或超过成员的 50%；董事会下
面设有执行、审计、薪酬等职责明确的专门委员会。各专门委

① 李经：《淡马锡进入国资委视线》，《上海国资》2004 年第 7 期。

员会起到制衡作用，主席一般由独立董事担任。二是政府牢牢
掌握淡马锡公司董事的任命权，公司章程规定，公司的高层管
理者如董事长、总裁的任命必须经财政部复审，然后报总统批
准。公司的 10 名董事中就有 4 名是政府从财政部等部门派出的
副部级、司（局）级官员，另 6 名也是政府任命的企业界精英，
公司董事长是财政部常务秘书长（相当于副部长），金融管理局
长、财政部总会计师、贸易发展局长都是公司董事。三是从社
会上聘请知名人士、业内专家和企业界精英担任独立董事，这
些成功型的社会公众人物除了专业知识精深之外，对自己的社
会形象也很刻意维护，从实践效果看，他们都能立场公正、努
力勤奋、审慎地为公司工作，不敢有丝毫的怠慢，客观上使公
司的决策更加科学、正确。

四、西方国家的国有企业人事制度的启示意义

1. 国有不国营，管人管钱不管事，政府监管企业省心省力

考察西方发达国家政府对国有企业的管理方式可以看到一
个比较一致的特点，就是政府所管辖的企业虽然资产是国家的，
但国家并不经营它，而是通过各种方式由企业自身进行运营。
比如，新加坡是采取国有企业民营化的方式，对淡马锡下属的
民营化国联企业一律采取政府控股，法律规定至少要有 30% 的
政府股本，而任何私人不能超过 5% 的股本；美国的国有企业虽
然不以营利为目的，但国家仍然不直接经营，而是采取经营权
出租、项目对外承包的方式；欧洲的国有企业则是政府与企业
彻底分开，所有权与经营权分离，政府只管人、管业绩，具体
运作由企业自主进行。由于政府不陷入企业的复杂的经营业务
中，就能腾出更多精力去管好企业为数不多的高层管理者，监

控好企业的经营效益；反过来，企业有了独立的自主权，就能更放开手脚，全力参与市场竞争，新加坡的例子证明国有企业在市场竞争中不一定就不如私营企业。我国国务院国资委原主任李荣融考察了新加坡淡马锡公司后说："把所有者和经营者从国有全资企业中分离开来是可以实现的，这在新加坡得到了很好的验证。据我们了解，新加坡在这方面还没有出现过重大失误。这对我们是一个很大的启示，同时也进一步坚定了我们改革的信心。"①

2. 企业组织结构制衡合理，人事监管效果事半功倍

西方国有企业的组织结构尽管形式差异较大，但其组织结构的相互制衡机制都设计得比较科学合理。比如德国和一些欧洲国家对企业人事的任免不是直接的，但并不影响政府对企业的人事控制权，法律对企业规定必须设置监事会，政府任命监事会人员，监事会有权任命董事会，对董事会的经营业绩进行监督，这种好处是政府不直接干涉企业经营层，但又通过对监事会的人事权间接地控制企业以达到放而不乱的效果；新加坡虽然直接任命企业的董事会，但是规定企业内部必须设置有不同的专门委员会，以对董事会进行制约。可以看出，企业的组织人事机构不一定非要有一个统一的模式，而关键在于其实质性是否科学合理。比如，我国目前许多国有企业也设有监事会，但监事会与董事会是平行机构而并非是上下级关系，甚至有些监事会实际上还得听命于董事会，导致制衡作用发挥不出来，此监事会非彼监事会，完全是两码事。

3. 人事制度立法保障，人为干扰因素降至最低程度

西方国家对企业的立法都比较注重，有的国家的企业法经

---

① 李经：《淡马锡进入国资委视线》，《上海国资》2004 年第 7 期。

过长达两三百年的不断修改，以至日臻完善。比如法国制定的"三方代表制"就从法律上规定死各种代表比例的构成，以达到各方互相制约以及保护各方面利益的目的，同时也起到了防止政府中高层人士对企业干扰的作用。美国国会更是通过种种不厌其烦的企业法律和法规，对国有企业的建立、撤销、投资等等进行严密控制，严格地防止政府中的高官或大企业主对国有企业进行干扰。相比之下，我国的企业法制定的时间还很短，有许多不成熟、不完善的地方，同时我国制定的法规和政策，观念上更多地受"不要搞繁琐哲学"的片面影响，只求省事简单，矫枉过正地把法规和政策制定得过于原则、过于笼统，执行起来有很大的自由裁量权，就给人为干扰留下了隐患。

4. 敞开门户招聘各路人才，放手给专业人士经营，发挥独立董事作用

西方国家的社会观念中一直认为企业经营是最复杂、要求最高的一种职业，企业家和企业高层管理人员也应该是社会中的精英分子，所以，无论是挑选董事长、总经理或是其他高层管理者，都力求唯才是用，力求挑选到最优秀的人才。最普遍的做法就是敞开门户招聘各路人才，无论采取何种任命的方式，政府直接任命也好或是董事会任命也好，都通过不同的渠道寻觅最优秀的、有实践经验的专业人才。比如，新加坡淡马锡公司的董事会成员虽然由政府任命，但除了 4 名董事是政府官员外，其他董事成员都是从经理市场或是从国外招聘而来。西方国家还非常注重独立董事的作用，独立董事都是由有身份的社会知名专业人士担任，都很注重自身社会影响和形象，独立董事与企业不发生直接的利益关系，所以大都能以公正的立场维护股东和职工的利益，并对企业的经营提出专业的意见。

5. 民主管理风气蔚然，职工代表参与维护权益

民主是西方国家提倡了几百年的口号，政府对企业的人事制度方面也很注重体现民主管理意识。比如，法国国有企业董事会构成的"三方代表制"，就规定三方中有一方是由职工和股东选出；德国法律规定职工人数在 2000 人以上的公司必须有 1 名董事，职工还通过成立企业委员会、职工代表大会、工会等组织参与企业的咨询和监督；北欧国家规定国有企业董事会成员一般由1/3 股东代表、1/3 专家、1/3 职工代表组成。无论哪种政治制度的国家，国有企业与私人企业都有着质的区别，从经营管理体制到组织人事体制都应该十分注重职工的利益，我国正处于国有企业深入改革阶段，从当前的实际情况看，民主管理和维护职工权益问题已经非常突出，借鉴西方国有企业中的一些民主管理的经验，对搞好国有企业深化改革，对落实中央提出的建设和谐社会的要求，有着积极的意义。

当然，在学习和借鉴西方国家的国有企业的经验时，应该注意到国情、制度、文化、企业、人员素质的因素，要根据我国的实际情况，根据企业的具体情况而进行。

第三章　我国国有企业制度变迁与企业家职业化

与前述的西方企业制度变迁过程中企业家职业化现象不同，我国国有企业一开始就是计划经济体制下的企业组织，这就决定了在国有企业根本不存在企业家职业化发展的基本要素。但是，自20世纪70年代末开始的中国改革开放的政策，使国有企业的发展方向在曲折中前进，逐渐步入市场经济要求的现代企业制度之中，国有企业企业家职业化的历史进程也在不知不觉中启动，尽管这一进程并不是一帆风顺的，也远未结束。本章在上一章分析的基础上，着重对我国国有企业制度变迁过程及其对国有企业企业家职业化发展的影响进行比较系统的分析和说明。

第一节　从国营企业制度到现代企业制度：国有企业制度变迁

我国国有企业在传统的计划经济体制下采取了国营企业制度形式，但伴随着我国由计划经济体制向社会主义市场经济体制的转轨，国有企业改革不断推进，国有企业向现代企业制度变迁的方向、进程愈来愈明显，对20多年来国有企业制度的演进可以一言以蔽之：从传统到现代。也就是，从传统的国有国营企业制度向现代企业制度转变。

一、传统的国有国营企业制度

新中国成立以后，根据当时特殊的政治经济条件，国家确立了社会主义计划经济体制，而国有企业被认为是实施和维护计划经济体制的必然基础，这一时期的国有企业清一色采取了国家直接经营的方式，形成了我国在传统计划经济体制下颇具特色的国营企业制度。然而，国营企业制度安排的理论依据何在？其治理结构特征如何？对这些问题的探讨，在当时无多大意义也是不必要的，但在今天回顾国有企业制度创新的历史进程时，却是必要的和有价值的。

1. 国有国营企业制度存在的理论依据

传统经济体制下的国营企业制度是我国经济发展进程中不可回避与不能抹杀的一个历史的存在，然而，如果我们以现代市场经济的逻辑去把握这一历史事实并试图找寻这一制度安排的依据时，却可能是缘木求鱼了——既然国营企业制度安排是一个历史的存在，我们就应该以历史的眼光来审视和解析。实际上，我们可以发现国营企业制度安排的依据是多重的，除了受到苏联"老大哥"实施国营企业制度的行为导向的作用以及老一辈集中全国之力追求国家早日实现工业化梦想的影响外，最主要的就是我们自己从革命导师书本中所寻找到的理论依据。

马克思主义经典作家通过科学的世界观和方法论在理论上清楚地阐明：生产的社会化同资本主义私人占有形式之间的矛盾，作为资本主义的基本矛盾，决定着资本主义经济运行中一系列其他矛盾，这一基本矛盾及由此引发的其他矛盾运动的结果，决定了资本主义必然灭亡，社会主义必然胜利。但作为一种新型社会制度的社会主义经济到底是什么样的呢？马克思、恩格斯并未作十分细致的分析和阐述，可是经典作家的追随者们却把社会主义经济简单地理解为是在财产占有关系上的"全社会占有"，在资源配置上的计划经济，在收入分配上的按劳分配。在所有制问题上，所谓的"全社会占有"又被简单地等同于国有国营，这样，在社会主义取得胜利的国家，国有国营企业制度被认为是合情合理的一种必然的选择。

现在我们已经知道，马克思主义经典作家在揭示资本主义基本矛盾时，论证了社会主义公有制取代资本主义私有制的必然性，但这并不包含公有制一定采取国有制、国有制并不一定采取国营制的必然性。但在当时的历史条件下，要在思想上彻底认识到这一点是不可能的，人们需要一个理论与实践双重层面的学习、体会的过程。可以说，如果没有对中国传统计划经济体制下的国有国营企业制度实践的负面效应的充分认识，没有对马克思主义理论本质的深入了解和科学把握，我国的改革开放路线便无法确立，国有企业改革与制度创新便无从进行。

如果对照西方国家国有企业存在的逻辑依据，我们可以很容易发现，我国传统计划经济体制下的国有国营企业制度存在的逻辑依据的特殊性。一般说来，在西方，人们倾向于把国有企业看做是政府政策选择的结果而不是社会制度选择的结果。西方的国有企业是被视为弥补市场失灵的一种特殊装置，是属于政府经济政策抉择的内容，其逻辑基础仍然是"市场逻辑"，即国有企业的存在是为了弥补市场的缺陷，校正市场功能，更好地发挥市场机制在社会资源配置方面的作用，以实现政府在社会经济政策方面的某些目标。国有企业不是某种社会制度所

"内生"的，并不存在"制度逻辑"；而在我国传统的计划经济体制下的国有国营企业，却不是一般政策的产物，而是在作为一种社会制度符号的意义上被加以选择的，其逻辑演绎的结果就是：在西方，随着市场功能越来越完善，国有企业数量及其存在的空间越来越小，而在传统的社会主义国家，国有国营企业在数量上及空间上的任何扩张，都在"心理上"表示了社会主义经济制度的根基更加坚实、社会主义经济力量更加壮大。在这个意义上说来，我国国营企业制度安排的依据之一就是：国营制度代表了社会主义。这种制度安排的逻辑依据现在看来是荒唐可笑、不值一辩的，但在当时却有其神圣性。

2. 传统的国有国营企业治理及其特征

我国改革前的国有企业采取了计划体制下的国有国营的集权模式，这种模式是从当时的苏联所引进的，1953 年第一个五年计划开始时，中国就直接"克隆"了苏联的国营企业模式，在全国建立起类似于苏联的从中央到地方、到企业的经济管理机构，推行苏联式的计划编制和企业核算制以及财务管理制度，使国有企业成为直接附属于国家政权机关的"工厂"。

当时的国有企业作为一个生产组织，也有自身的治理问题，只是在治理方面表现出了由计划经济体制所打上的烙印，呈现出与现代企业治理完全不同的特征。回顾自 20 世纪 50 年代初到 70 年代末改革开放为止的这段时期，我国国有企业的治理状况集中体现于其高度的行政治理的特色之中，即传统的国有企业治理结构是以国家行政机构为逻辑起点和归属的，是由行政机构和行政机制所支撑的。

这一点可以从这一时期国有企业治理结构的演变过程具体地得以反映。

（1）1949—1952年的"民主管理委员会"。这是全面引进苏联企业治理模式之前非常短暂的"幸福时光"。这时的企业治理有比较充分的民主色彩，民主委员会是企业的最高权力机关，厂长的权威得到尊重，厂长任民主委员会主席，工人代表占一半，委员会负责讨论和决定企业的重大事项，并对企业行政进行监督。

（2）1953—1957年的"一长制"。企业在这一时期实行行政领导负责制，具体做法是：一是分层次推行厂长—工段长—班组长的三级"一长制"，二是逐步建立总工程师制。突出技术问题上的专家负责制，三是建立企业管理制度，力争从经验型管理向科学管理转变。

（3）1958—1960年的"书记挂帅"。全国大炼钢铁的冒进热情冲昏了人们的头脑，党委开始直接管理企业，书记成为国有企业最高长官。

（4）1961—1965年的"党委领导下的厂长分工负责制"。根据当时颁布的《工业七十条》，对国有企业的领导体制进行了相应调整，开始实施党委领导下的厂长分工负责制，实际上仍然是党委书记挂帅，因为厂长没有实际的企业管理权。

（5）1966—1978年的"党的一元化领导"。"文化大革命"开始后，国有企业先后开始实行军管，军代表成为党和政府管理企业的代表，相当多的国企变成了"准军事组织"，劳动组织是按军事编制安排的，军代表是最高的企业治理权力主体。后来按国家统一部署，国有企业又成立革命委员会对企业实行全面领导。随着党组织在国有企业的恢复与组建，国企普遍地配备了比厂长级别高资格老的书记，使国企的治理主体仍然实质上由党委充当，以生产经营为中心的企业"经济型体制"仍然不能成型。①

由上可见，我国传统计划经济体制下的国有国营企业制度对企业治理的影响是负面的，因为在这样的制度下企业丧失了作为企业而存在的基本内涵，但我们不得不承认，这一时期的国有国营企业的治理也呈现了其鲜明的特点，甚至可以说是独一无二的。

首先，从治理的主体来看，改革前的国有企业治理主体是十分单一的，可以说是党政不分，政企不分，党组织实际上是国有企业治理的唯一主体，从而使治理结构的主体呈现高度的政治化特色。

其次，从治理的客体来看，改革前的国有企业基本上都是充当计划体制之下的"算盘珠子"，自身并没有经营自主权，也无须自负盈亏，特别是企业经营管理者都是国家干部的身份，其在当时的客观社会经济环境中并没有表现出明显的"代理人行为"问题，因而，对企业经营管理者的激励、约束问题并没有提上议事日程，自然也不会得到重视。可见，在企业治理主体安排之下，治理客体出现了明显的缺失。尽管这一时期盛行政治刺激和精神激励，但这些从本质意义上讲，基本都与企业治理无关。

最后，从治理的机制来看，是无所谓内部治理机制和外部治理机制之区别的，所有的国有企业都是依靠国家行政指挥系统来运转，指令性计划和政治控制是企业治理的中枢神经，也是驱动企业运行的两个轮了。

① 赵凌云：《1979—1999 年间中国国有企业治理结构演变的历史分析》，《中南财经大学学报》1999 年第 6 期。

二、改革开放以来国有企业制度变迁的过程

中国改革伊始就把国有企业改革当做经济体制改革的中心环节，为此，根据不同时期的历史条件和改革的基本思路，对国有企业进行了形式和内容都有所不同的改革探索和实践。自1979年至今，国有企业改革已经走过了整整25年的历程。在这期间，国企改革经历了放权让利——承包经营——公司制改造三个不同的阶段，由此，国有企业的治理结构也相应地发生着比较明显的变迁。

1. 放权让利阶段的国有企业制度（1979—1986年）

20世纪70年代末，在计划经济体制总体框架没发生变动的情况下，我国就开始进行以对企业放权让利和强化经济刺激为主线的国企改革。1979年5月，国家经济委员会、财政部等部门选择了首都钢铁公司等八家企业，进行扩大企业自主权的试点工作。随后，国家又颁布了《关于进一步扩大国营企业自主权的暂行规定》，扩大了企业在生产计划、产品销售、物资供应和利润留成等方面的自主权。这些改革措施的核心在于"放权"、"让利"，其结果则使国有企业的经营者获得了分享剩余索取权和控制权，企业经理和职工有了自身的经济利益，调动了企业员工的劳动积极性，企业也萌发了自我发展和争取创造利润的意识，推动了企业迈开了走向市场的第一步。

但是，"放权让利"改革的实质是把国家的部分经营权和收益权从政府转移给企业，而绝大部分的经营权和收益权仍然为国家所牢牢控制着。虽然"放权让利"通过对经营权和收益权的重新安排可以在一定程度上缓解传统计划体制下微观经济主体缺乏活力和效率低下的问题，但从治理结构的角度看来，其

局限性是十分明显的："它只是在管理层面上赋予企业更多的管理手段，并没有触及行政型治理模式的实质。"①

其一，企业治理的主体实质上仍然是国家行政机构，特别是经济计划和管理的职能部门，主体单一性和行政性色彩并未褪去，只是在表面上看来稍稍有所淡化。

其二，就治理的客体内容看，也存在着明显的缺陷。放权让利强化了对企业经营者和职工的激励，却没能建立起相应的约束机制，这一时期出现的"工资侵蚀利润"的现象很好地说明了这一点。此外，放权让利也没有涉及传统的国有企业经营者的选拔、评价和监督等内容。

其三，在治理的机制建设方面也是存在先天不足。我国当时的产品市场是卖方市场，产品供不应求；资本市场则很有限，人才难以流动，这决定了放权让利不可能在企业外部治理机制构造上有什么贡献。而在内部治理机制问题上，企业内部的决策机制、薪酬激励机制等都没有及时跟上。比如，在放权让利的改革中企业是获得了部分剩余索取权和剩余控制权，但这一部分权益如何在企业内部进行分配，却由于缺乏一个有效的内部治理机制的作用，使得这个敏感问题引发了种种内部的争斗，增加了企业治理的交易成本。

不过，应该指出，在放权让利阶段的国企改革在治理结构建设方面也有一定的积极意义，因为它重新确立了厂长（经理）负责制，厂长（经理）开始作为国有资产的受托经营者经营国有资产，国有资产的委托—代理关系初步形成，同时，随着企

---

① 李维安等：《现代公司治理研究》，中国人民大学出版社 2002 年版，第 223 页。

业职工代表大会在国有企业的普遍建立，职代会也成为企业治理的主体之一，在企业治理问题上赢得了一定的话语权。这些都说明传统体制下的国企治理结构开始有所松动，一场治理结构的现代演进似乎已呼之欲出。

2. 承包经营责任制阶段的国有企业制度（1987—1991 年）

放权让利的弊端在后期逐渐显现出来，国家财政收入不稳定，增长缓慢，而且由国家行政机构与经理共同分享剩余索取权和控制权无可避免地产生了摩擦。1987 年后，转而实行承包经营责任制。对国有企业实施承包经营责任制，一般被看做是受到农村经营承包责任制成功的启发，其实，不是这么简单。固然农村承包制的灵感很重要，但出于改善企业治理结构的努力也是不可或缺的。因为当时改革的理论思路是这样的：在放权让利中初步形成了委托—代理关系，但由于委托人和代理人之间的信息不对称，以及监督经理等代理人的成本过高，效率低下，国家作为所有者的利益反而无法保证，与其这样，还不如将国家作为所有者的权益固定化，将剩余索取权和控制权完全交由经理掌握，以调动代理人的积极性，从根本上来确保国有资产的保值增值。在这一思路的推进下，到 1989 年几乎所有的国企都实行了承包经营责任制。

承包经营责任制的基本原则是：包死基数，确保上缴，超收自留，歉收自补。显然，这种制度安排与前一阶段的放权让利是不同的。它用来刺激经营者的不再是部分剩余的索取权和控制权，而是突破以往企业所有者、经理和职工之间的责权利关系格局，赋予了企业经理人员（承包人）完全的剩余索取权和控制权，这有很大的激励作用。实际上，承包制实施后，承包人和员工的收入确实增加迅速，而国家财政收入也有了很大的增长。

但随着时间的推移，承包制在企业治理方面的缺陷也开始暴露出来。这主要表现在三个方面。

第一，对经营者的激励效应弱化。在新一轮承包谈判过程中，承包者明显地感受到所有权对经营权的侵蚀。因为承包条件是承包者与政府——谈判的格局中确定的，而政府和企业实际上地位不平等，政府既是运动员又是裁判员，同时还是裁判规则的制定者，特别是政府官员于公于私的"寻租"行为都使得承包人获得的剩余索取权和控制权的实际价值大打折扣，这不能不在很大程度上削弱承包制的预期的激励效应。

第二，对经营者的约束监督效应基本丧失。在承包制下，国家除了表面上对上缴利润有明确规定外，对经营者的行为没有形成有效的市场约束，也没有相应的财产、法律方面的实际约束，结果必然导致经营权对所有权的侵蚀，经营者承包国企普遍发生"包赢不包亏"和国有资产的流失，就是势所必然的了。

第三，对经营者的决策效应缺乏正面引导。由于承包制中的委托—代理关系只存在于承包期内，一般为3年，因而3年承包期中，委托—代理关系就是一次性的。而在一次性的委托—代理关系中，隐性激励机制（如经理市场）是不起作用的，起作用的只是显性激励机制，即把代理人的报酬和当前能获得的利润水平挂钩，这样必然使得承包制下的经理决策行为短期化。可以说，决策行为的短期化是承包制的必然的伴随物。

由此可见，这一时期实行的企业承包经营责任制只是在不改变国家所有制的前提下，对企业的经营权和剩余索取权、控制权以合约的形式在国家和企业之间作了新的安排，它没有从根本上真正触动企业的产权制度、组织制度和管理制度，因而也就不可能在国有企业治理结构演进过程中迈出更大的步伐。

3. 公司制改革阶段的国有企业制度（1993 年至今）

股份制改革试验可以追溯到 1983 年①，但对国有大中型企业实行规范化的股份制改造是在 1992 年邓小平南方谈话以后。1993 年《公司法》颁布实施，十四届三中全会也提出了要在国有企业建立现代企业制度的国企改革目标，国企改革由此进入了一个新阶段，而国企制度建设也终于迈出了关键性的一步。

公司制的核心是法人治理结构，推进国有企业的公司制改革，就要将法人治理结构的建设问题作为重点加以解决。这就使国有企业改革进入了一个以建立和完善国有企业治理结构为指向的新阶段。在这一阶段，国有企业治理结构的实践工作得到强化，高层重视，有关部门大力推动，改制的企业也纷纷按《公司法》要求建立起企业治理的组织架构，股东大会、董事会、监事会和传统的"老三会"（工会、职代会和党委会）一样出现在改制后的国有企业。2002 年 1 月国家经贸委和中国证监会联合下发的《上市公司治理准则》更是将治理结构建设问题提到了一个新的操作平台。在理论层面，国内关于企业治理结构研究的成果基本上都是在这一阶段出现的。从对治理结构问题的重视度看来，可以毫不夸张地说，最近的 10 年，是国有企业治理结构建设的 10 年。

这一阶段的国有企业改革将建立和健全法人治理结构作为核心目标，应该说是有很深刻道理的。对此，公司治理问题研究专家李维安教授颇具见地的分析。他认为"构建公司治理模

---

① 当时，深圳宝安联合投资公司在深圳首先公开发行股权证进行股票融资，这是中国改革开放以后最早进行的企业股份制改革试点。

式之所以会成为国有企业股份制改造的目标选择,关键在于它的本质特征,能够解决国有企业在企业制度改革中遇到的一系列问题。"① 在这里,我们择其要点指出以下几个方面:

第一,有利于制止国有资产加速流失、经营恶化的局势。虽然经过多年的企业改革,但国企内在的激励不足,产权界定不清的问题长期不能得以解决,使得国有资产受到多种方式的侵蚀,在社会上出现了普遍的企业内外部通过经营行为争相蚕食国有资产和国有资产加速流失的现象。建立规范的法人治理结构,可以明晰产权边界,形成科学的激励—约束机制,加强对所有者资产和权益的保护。

第二,有利于夯实国有企业进一步改革的基础。国有企业改革中遭遇的难题之一就是政企不分,政府对企业的行政干预太多。而法人治理结构所确立的法人地位使企业成为独立的经济实体,这就使行政控制和干预失去了经济依据和法律基础。国有企业作为一个法人具有独立存在的资格并拥有法人治理的各项权限,这是深化国有企业改革的一个不可或缺的基础。"基础不牢,地动山摇。"不能设想在缺乏企业治理结构基础的情形下,国有企业会起死回生。

第三,有利于解决国有企业遭遇的其他难题。在构建企业治理结构的过程中,需要重新进行股本——债务安排,需要重新考虑企业社会负担的分离等问题,这势必会为这些历年困惑国企改革的难题提供解决的新契机。②

---

① 李维安等:《现代公司治理研究》,中国人民大学出版社 2002 年版,第 227 页。

② 李维安等:《现代公司治理研究》,中国人民大学出版社 2002 年版,第 227 页。

如果说改革开放以来国企改革所经历的放权让利、承包经营没有找到国企改革的正确方向的话，那么，在这一阶段我国提出对国有大中型企业实施公司制改造，建立现代企业制度，无疑是定位准确、目标清晰的。因为这种改革抓住了企业生存和发展的根本——企业治理结构。只有大力推进企业治理结构建设工作，国有企业面临的许多问题才能迎刃而解。

然而，从实际情况看，在对国有企业实施公司制改革的这10年中，改革中的国企在治理结构建设方面虽然取得了一定的进展，但总体说来，进步不大，治理结构扭曲、畸形化的现象比较突出，从而在很大程度上影响了国企改革的成效。

三、国有企业制度变迁的基本特征

国有企业制度变迁的过程，即使不包括新中国成立至改革开放之前的那段历史，单算改革开放以来的这段进程，至今也25年了。1/4个世纪里，国有企业制度变迁呈现了什么样的特征？把握这些特征，对于我们在新时期深化国企改革，进一步健全国有企业制度都具有很现实的意义。遗憾的是，至今为止，既有的研究成果显然还没有对此予以足够的关注。

我们认为，做一个宏观层面的概括，改革开放以来国有企业制度的变迁具有较为鲜明的阶段性、强制性、不平衡性和冲突性等四大特征。

1. 变迁的阶段性

自1979年开始国有企业改革以来，在改革中出现了一个很奇特的现象：国有企业改革高潮迭起，新思维层出不穷。一开始是放权让利，在全国搞得轰轰烈烈，甚至可以说铺天盖地，声势浩大。在一个很短的时间内，全国绝大多数国有企业都投身到放权让利的改革大潮中。然而，到 1987 年，在所有权与经营权"两权分离"理论的指引下，放权让利的改革又迅速被对承包经营责任制的热情所淹没，国有企业的改革很快折入一个新的阶段，承包经营责任制在全国又以极快的速度推进。仅一年左右的时间，"到 1988 年，全国已有 82% 的大中型国有工业企业，61% 的大中型国有商业企业实行了承包制。"① 到 1992 年，国务院颁布实施《全民所有制工业企业转换经营机制条例》，在全国又出现了"转换经营机制"的改革热潮；1993 年 11 月中共十四届三中全会通过《关于建立社会主义市场经济体制若干问题的决定》，明确提出建立现代企业制度是我国国有企业改革的方向，至此国有企业改革又进入了一个"转机建制"的新时代。此后，国有企业改革的目标和思路才相对稳定下来。

国有企业改革中出现的一轮又一轮的改革高潮，实际上反映了我们在国有企业改革伊始缺乏一个明确的改革方向和一以贯之的操作思路，究其原因还在于我们当时"摸着石头过河"的总体思维，以历史的眼光看来，这也是无可避免的。但国有企业改革的一轮轮高潮实际上把连续的国有企业改革过程划分为明显的几个阶段，与国有企业改革的阶段性相适应，国有企业治理结构的演变也呈现了比较显著的阶段性。在放权让利阶段，传统体制下的国有企业治理结构开始出现松动，所有者对经营者的物质激励问题得到了初步考虑、企业作为一个组织所具有的"主体"意识得到了初步的刺激，这些都意味着国有企业治理结构建设进入了一个"朦朦胧胧"的"混沌"阶段；在

① 戴歌新：《中国国有企业制度创新研究》，西南财经大学出版社 1999 年版，第 53 页。

承包制阶段，通过"行政性契约"① 对国有企业治理的主体和客体的权利、义务与责任做了较明确的划分，虽然许多内容未必适当，但在形式上却符合企业治理结构的要求，从这点意义上说来，此一时期的国有企业治理结构建设进入了一个"萌芽"阶段；而到"转机建制"的阶段，国有企业治理结构建设已经成为国有企业公司制改革的核心问题，引起了全社会的关注和重视，对国有企业治理结构必要性、基本功能和基本内容的认识日趋深化，国有企业治理结构建设的实践工作也在不同层面得以推进，可以说国有企业治理结构进入了一个"成长"的阶段。在前面，我们说最近的 10 年是国有企业治理结构建设的 10年，基本含义也在这里。

不过，让人难以满意的是，经过 10 年的改革和建设，国有企业治理结构仍然没有从总体上"旧貌换新颜"，结构畸形、功能紊乱等问题仍然在许多国有企业存在着，从这个意义上讲，我们认为最近的 10 年，同时又是国有企业在治理结构建设方面"不足的 10 年"。国有企业治理结构建设仍是任重道远。

2. 变迁的强制性

国有企业治理结构变迁在性质上是一种典型的制度变迁。制度经济学的研究已经揭示制度变迁有诱致性变迁与强制性变迁之分。诱致性制度变迁指的是现行制度安排的变更或替代，或者是新制度安排的创造，它由个人或一群（个）人，在响应获利机会时自发倡导、组织和实行。与此相反，强制性制度变迁由政府命令和法律引入和实行。换言之，诱发性制度变迁的

---

① 这时的承包合同从表面看是经济性质的，但其发包人是政府机构，承包人与发包人签约时的地位并不平等，合同体现的还主要是作为发包人政府的行政意志。

动力是个人或组织的利益引诱及在此基础上的自愿行动，而强制性变迁的基础却是政府以规章、法令为载体的意志。与中国农村开始的土地承包责任制的改革不同，国有企业改革一直是在政府的操控之下进行的，多年来国有企业改革的局面是政府推一下，企业动一下，国有企业制度包括其治理结构的演变基本上也是在政府的意志之下进行的，表现了较鲜明的强制性制度变迁的特征。

国有企业治理结构变迁的强制性特征可以由"治理结构三角形"的三个方面得到说明。

其一，企业治理的主体结构变迁具有强制性特点。在20多年的改革中，国有企业治理结构的主体由单一走向多元，是依靠个人或企业组织追逐"私利"演进而成的吗？显然不是。1984年10月中共十二届三中全会提出，要使企业真正成为相对独立的经济实体，成为自主经营、自负盈亏的商品生产者和经营者，成为具有一定权利和义务的法人。正是由于党的文献第一次明确国有企业的法人地位，国有企业"法人治理结构"才找到自己的"主体"。1988年国家通过《企业法》，首次从法律上确立了国有企业的法人地位，明确规定国有企业必须实行法人治理。到1993年《公司法》颁布实施，则对国有企业公司制改革的治理结构作出了强制性的规定，比如股东大会、董事会和监事会等"新三会"的设置和运作，都有法定性要求。2002年1月国家经济贸易委员会和中国证券监督管理委员会联合下发的《上市公司治理准则》，则突出引入了"利益相关者"的概念，利益相关者实际上也成为"入主"企业治理结构的一个新的主体。而《准则》是介于法律法规和公司章程之间的具有一定强制性和约束性的制度文件。① 所有这些都表明国有企业治理的主体结构变迁具有强制性特征，它是在政府法律、法令和规章推动下演变而来的。

其二，企业治理的客体结构变迁也具有强制性特点。我国企业治理结构的客体内容一开始主要是对企业经营者行为的治理，这在放权让利和承包制阶段的国有企业改革时期表现得最为典型。虽说放权让利和实行承包制也有政企分开、从而规范政府作为所有者行为的意思，但在当时政府职能没实现转变时，要在企业治理中预先设计对政府作为所有者的行为进行治理的内容，是难以想象的，也是不切合实际的。随着政府主导的政府机构改革和政府职能转变工作的开始，特别是政府主导下对国有大中型企业进行股份制改造进程的展开，政府明确提出了"产权清晰、权责明确、政企分开、管理科学"的要求，使企业治理结构的客体内容超出了传统的对企业经营者行为治理的单一内容而过渡到对经营者行为治理和董事会行为治理并重的体系上来。《公司法》等法律法规则对公司制改造的国有企业的经理层行为和董事会行为规范都做了十分严格的规定。2002 年 11 月中国共产党十六大报告与 2003 年 10 月十六届三中全会所通过的《中共中央关于完善社会主义市场经济体制若干问题的决定》则进一步提出了完善国有资产管理体制、深化国有企业改革的要求，坚持做到政府公共管理职能和国有资产出资人职能相分开。可以

---

① 在国外，公司治理原则一般是指导性和非约束性的，而我国《上市公司治理准则》是由证监会和经贸委联合推出的，以行政权力为基础，因而具有一定约束力，这是区别于其他国家的特殊情况。

相信，国家作为所有者的行为将在新的国资体制安排下和新的国企改革思路下得到全面的规范，这是国有资产和国有企业权力重新配置后的必然要求。可见，国有企业治理结构的客体内容也是在政府主导下"灌输"的。

其三，从企业治理的机制结构变迁来看，同样具有强制性的特点。国有企业的治理机制长期以来注重的是内部治理机制，即主要依靠建立和健全企业内部的激励机制、约束机制和决策机制来确保对企业治理的有效性，对外部治理机制的重要性则在认识上不够充分不够到位，实践上有意无意加以轻视或排斥。比如，在对待债权人银行和消费者的问题上，许多国有企业都抵制债权人和消费者作为利益相关者介入企业治理，经常采取逃废债、制假售假等方式对银行和消费者的利益进行损害。国家通过实施强制性的相关法规和措施进行限制，保护债权人银行和消费者在企业治理方面的合法利益，这在事实上是引入了企业治理的外部机制，在一定程度上使国有企业的治理机制不得不从单一的内部治理机制过渡到内外机制共存、相互补充、相互协调的机制结构上。此外，由于中国的特殊国情，国有企业领导体制的变革必须在党和政府的主控之下，外部的经理市场机制对企业经理人员的选拔和甄别作用对国有企业说来到底有多大，不是一个自然而然的事情，而是取决于党和政府对经理市场机制的利用程度。由此看来，外部治理机制不是国有企业愿意不愿意选择的问题，而是它不得不为之的问题。就此而言，国有企业治理的机制结构变迁也是强制性的。

3. 变迁的不平衡性

变迁的不平衡性主要是指在国有企业治理结构演变的速度

上呈现出的"南国企"与"北国企"①不平衡、上市国企和非上市国企不平衡以及大中小型国企不平衡。

（1）"南北"国有企业治理结构演变的速度不平衡，"南国企"相对较快，而"北国企"相对较慢。尽管从目前情况看，"南国企"治理结构仍然存在着一些问题，也不是十全十美的，但相对而言，其治理结构变迁速度显著，已在许多方面有较大的进步：

第一，企业产权主体日益多元化，国有股所占比重比较合理，吸收了其他的产权主体，形成了董事会产权代表的多样性，有利于决策时的相互制衡；

第二，外部市场环境和地方政府职能定位已相对趋于合理，外部治理机制发挥作用的潜在能量比较大；

第三，对企业经理层和员工的激励形式多种多样，也比较灵活，尤其是新酬激励和股份激励比较到位，使企业治理中的激励问题得到了比较好的解决。

与此不同，"北国企"治理结构的变化则不显著，基本上还是传统体制下的企业运作模式，比如，在企业股权安排上，国有股占绝对的支配地位，甚至是国有独资，产权主体单一；对企业高管人员的激励和约束都不到位，决策机制也较僵化，不

---

① "南国企"、"北国企"借用了郭万达博士的概念。郭提出了一种划分国有企业类型新方法，将在传统计划经济体制下形成并运行的国有企业称之为"北国企"，而将在市场经济体制下形成并成长的国有企业称为"南国企"。"南国企"主要分布在市场机制得到较充分发育的沿海地区和我国的南方，有一定的地域性，但不受地域限制。具体参见郭万达：《"南国企"的改革之路及对"北国企"的借鉴》。本书所言的"南国企"、"北国企"在语义上稍有变换。"南国企"指那些比较适应市场经济体制要求、改革力度大的国有企业，而"北国企"则指那些不适应市场经济体制要求、改革力度小的国有企业。

能适应企业治理和市场经济发展形势的需要；特别是缺乏外部的治理机制，外部市场及其他利益相关者不能介入企业治理，等等。

从某种意义上说来，目前"南国企"与"北国企"治理结构状况有着很大的差异，"南国企"的治理结构仍是目前对"北国企"采取治理制度变革和市场环境改造所期望达成的目标和形态。

（2）上市国企与非上市国企治理结构演变的速度不平衡，上市国企相对较快，而非上市国企相对较慢。对上市公司治理结构建设现状的抨击之声这些年来可谓不绝于耳，媒体与中国证监会揭露和批评的事例都不是少数，然而，客观地看，上市公司——包括其中的国有控股上市企业——治理结构建设是有了一些改善的，公司治理水平是在不断提高的。这主要表现在这么几个方面：

第一，上市公司对治理结构问题普遍引起了重视，如在2002年度，许多上市公司在年报中都宣布该年为公司的"治理年"或"管理年"，这反映了在《上市公司治理准则》颁布后，在证监会等主管机关的推动和要求下，上市公司对治理结构建设的重要性有了很大的认识上的提高。

第二，上市公司对治理结构建设实践中存在的问题进行了自查和整改，特别是在公开企业治理相关信息方面有了较实在的进步，公司高管人员持股数量、薪金水平及企业关联交易等信息已有一定的公开性和透明度。此外，企业相关者的利益也开始进入一些上市公司治理的视野。

第三，上市公司在加强治理结构建设上有了一部《上市公司治理准则》的行为规范，该《准则》虽然简单，但大体也反映了企业治理基本精神的全貌。

第四，独立董事制度在一些公司已经发挥了初步的作用，像天大天财等企业的独立董事对大股东的意见敢于发表自己的看法，已经对企业决策机制产生了较好的制衡作用。

包括上市国企在内的上市公司的所有这些治理结构方面的变化都是值得注意和加以积极评价的，因为正是由于有了这些可喜的变化，我们才能对上市公司治理结构的未来拥有一份适当而合理的预期。

但是，当我们的眼光从台上投向台下，审视非上市国企的治理结构建设情况时，我们就不难发现：与上市国企相比，非上市国企在治理结构建设问题上有着更为漫长的道路。非上市国企在企业治理方面的进展十分缓慢，目前的问题很多，就其主要方面来说，有以下几点：一是对改善企业治理的认识不到位，没有把握现代企业治理结构的本质要求，企业治理结构建设还是"旧框框"的思路，致使企业治理进展缓慢，成绩微乎其微；二是动力、压力不足，由于缺乏证监会那样的一个明确而具权威的外部推动和监督的机构，非上市国企对治理结构建设可以采取"相机决策"，自己愿意改时就改一下，不愿意改时就不改；三是方向不清，非上市国企对究竟如何推进自身治理结构建设缺乏明晰的定位，不似上市国企有一《上市公司治理准则》的本本可以作为指引。由此说来，非上市国企与上市国企在治理结构建设上的不平衡性便是势所必然的。

（3）大中小不同类型的国企治理结构演变的速度不平衡，大型企业较慢，而中小型企业较快。大型国有企业的特点是国有股权比重极高，普遍分布于关系到国计民生和国家经济安全的重点行业和基础产业，国家对企业的控制力度比较大。相形之下，中小型国有企业的国有控股程度不及大型企业，其分布于各地区各行业，近些年来改革的力度比较大，产权主体多元化和跨所有制、跨地区、跨产业的联合和兼并活动比较普遍，企业相关者的利益相对说来能较好地得以反映，企业治理结构从传统模式向现代企业制度下的治理结构模式转变的速度就快一些。

当然，大型国有企业治理结构进展要慢于中小型国有企业，也许还有一些其他方面较为微妙的原因。比如说大型企业数量要少于中小型企业，中小型企业员工多，涉及面广，中小型企业治理结构建设的效应有"由点及面"的扩散效应和放大效应，容易为社会所直接感知，而大型国企受"条条块块"的体制束缚，即使某个大型企业在治理方面取得进展，企业治理结构建设的效应也难以扩散和放大到其他大型企业。这在一定意义说来，也影响了大型国企治理结构变迁的速度。

4. 变迁的冲突性

众所周知，企业治理结构的作用之一就是制衡企业相关各方的利益，使他们的矛盾和摩擦能够在企业治理框架下得以"内部化"的解决，而不至于演变为公开的利益对抗和冲突。然而，纵观我国国有企业治理结构变迁进程，我们很容易地就可发现这样一个很奇特的现象：由于国有企业治理主体利益诉求的不一致性而导致的治理主体之间的非常决策事件和行为事件比比皆是。这意味着在国有企业治理结构变迁的过程中存在着一个不容我们忽视的特征，那就是变迁的冲突性。

变迁的冲突性事件在上市国企和非上市国企都大量存在着。上市国企治理方面的冲突性事件往往有较多的记录，如最近两年股市上讨论得较多的"济南现象"① 中的一些上市国企，在企业治理过程中就经常爆发了非常决策事件和其他的非常行为事件，折射了企业治理结构变迁中的冲突性。如 ST 四砂的监事会就曾先后数次形成与董事会针锋相对的决议并予以公告，摆出与董事会"势不两立"的架势，最后发展到公司职工贴大字报、武力护厂，导致公司法人治理结构不能运行。另一家上市公司济南百货在与华建电子重组时期的公司治理也存在类似的情况，从企业各方在媒体上相互指责，到职工上访、贴大字报，再到董事会公开与地方政府叫板，演出了一场引起方方面面关注、可谓高潮迭起的"冲突性的活剧"。② 而非上市国企治理结构变迁中的冲突性丝毫也不亚于上市国企。在政府既派董事长又任命总经理的国有企业，董事长、经理同时向一个主管上级负责而同时又都不负责、负不起责，当"哥俩好"唱不到一块的时候就互不买账，互相拆台；你说你的，我做我的，阳奉阴违或公开争斗。在陕西一大型企业，党委书记通过党组织开除厂长党籍，厂长毫不示弱，当即回应开除书记的厂籍。③ 这样的企业控制权的争夺不能视为正常的权力制衡行为，它实际上已经使得国企治理难以为继。

冲突性有时候是以"平和"的形式展开的。在这方面，中国国有企业在治理过程中曾经上演了令人啼笑皆非的一幕。有谁听说过一个股东开股东会的情况？然而，一个人开会的咄咄

---

① "济南现象"指的是济南本地的上市公司大面积亏损，不少股票被戴上了 ST 帽子的这么一种很值得深思的情况。

② 参见《重组缘何纷争不断——对山东省上市公司重组问题的思考》，中国证券网 2001 年 9 月 27 日。

③ 周文广：《职代会维权效力探析——兼论国有控股公司的双向授权》，《工运研究》2002 年第 3 期。

怪事，却在我国股市发生了。2000 年 9 月 11 日，一家叫"伊煤 B"的上市公司，其举行的股东会出席的股东就只有 1 人，创下中国股市（恐怕也是世界股市）股东会人数的最低纪录。别看股东只有一个，代表的股权却不少，原来出席者就是公司国有股股东伊煤集团，代表股权 20000 万股，占总股本的 54.64%，因此股东会议"总表决票数"超过了出席会议股份总数的 1/2，符合《公司法》及《公司章程》的有关规定，合法有效。那么，这只有一个股东的股东会是怎么开的呢？实际情况是：参加股东会的自然人远不止 1 人，包括 9 名董事、7 名监事，还有鉴证律师，全部到会，因此，会议还是开得像模像样。在唯一的一名股东，也就是现任董事长代表国有股投票时，照样有"一致推举"的一名股东代表（又是董事长，因为除他之外谁也没有资格）、两名监事，担任投票表决的监票和清理工作，自己投票，自己监票，相信这又是世界会议史的吉尼斯纪录了。结果可想而知，所有议程都是"一言堂"、"一致通过"。伊煤 B 的这次"股东会"，共有两项议程：一项是给予董事每人每月 1000 元津贴，给予监事每人每月 600 元津贴，自己开会给自己津贴，当然无异议；第二项是审议董事会及高管人员年薪报酬的议案，包括基础报酬的效益报酬，也有具体的计算公式和发放方式，毫无疑问，也是"一致同意"。①

　　这种"平和"的冲突实际上比"济南现象"中的那些企业在治理中的公开冲突更具杀伤力，表明许多中小股东对企业治理都近乎绝望了，干脆选择了沉默和回避。实际上，伊煤 B 自

---

　　① 案例引自：http://finance.sina.com.cn，2000 年 9 月 18 日，《深圳商报》也刊发了相关消息。

1997 年 8 月上市以来，出席股东会的股东及股东代理人从来就没有超过 10 人，尽管据去年年报披露股东人数也有 4000 多人。如 1998 年股东年会，出席股东 5 人，到 2000 年这次干脆少到不能再少的 1 人！显然，公众股东对明知一切都由大股东说了算，自己只是充当摆设的角色，已彻底不感兴趣了。作为对这种治理结构的"回报"，公司 1997 年上市时，当年净利润还有 1.13 亿元，上市后的第二年，便迅速滑落到 2112 万元，下降 81%，第三年，再降 61%，滑落至 650 万元，第四年中期，又同比下降 58%，每股收益从上市那年的 0.31 元，如自由落体般地跌至 0.01 元。[①]

国企治理结构变迁的冲突性不仅已经极大地削弱了企业治理的绩效，而且也容易在社会上造成不良影响，必须加以解决。

第二节　国有企业性质及其对企业家职业化的影响

经过 20 多年的制度变迁，我国国有企业目前仍然存在许多问题。这对国有企业经营者职业化发展形成了一定的影响。

一、国有企业的复合性质

国有企业在世界各国都存在，对于什么是国有企业，国内外基本上持有几乎一致的认识。比如在国内，有学者做了一个概括，认为"国有企业（State Owned Enterprise，简称 SOEs）是

---

① 引自：http://finance.sina.com.cn, 2000 年 9 月 18 日。

指国家拥有、经营或者控制的生产经营单位。"[1] 而在国外，一些权威机构关于国有企业的认知也是大同小异。联合国有关部门认为，国有企业是公共所有或受公共控制的公共股份有限公司[2]；欧盟对国有企业的定义是"政府当局可以凭借它对企业的所有权、控制权或管理条例，对其施加直接或间接支配性影响的企业"[3]。世界银行前几年在其政策研究报告中也提出了对国有企业如何定义的问题，在其看来，国有企业不过是政府拥有或控制的经济实体，包括政府通过拥有所有权直接控制的企业，通过其他国有企业直接或间接持有大部分股份的企业以及虽然不能控股但能形成实际控制力的企业。[4] 可见，这些关于国有企业的认知，虽然也强调了国有企业所有者或控制者的特殊性是政府，但除此而外，没有涉及国有企业的特殊性问题，它们共同的基调是强调国有企业的经济属性，即国有企业也是企业，也是生产经营单位。

在一般意义上，国有企业的确可以被这样理解。但是，从严格意义上说来，这样的理解是远远不够的，尤其是在认识和分析国企治理结构问题时，这样简单化的理解会堵塞对问题的正确把握。实际上，国有企业不完全是一个"生产经营单位"，它负有特殊的社会目标，执行着特殊的社会经济功能，并因此表现出特殊性来。

---

① 李华民：《国企改革不能脱离国企性质》，《经济学家》1997 年第 3 期。

② L. P.，"Jones, Public Enterprise and Economic Development: The Korea Case", Korea Development Institute, 1975, 23.

③ 亨利·帕利斯等：《西欧国有企业管理》，东北财经大学出版社 1991 年版，第 3 页。

④ 转引自杨励等：《国有企业的特殊性与我国国有企业的布局定位》，《清华大学学报》（哲学社会科学版）2003 年第 2 期。

1. 复合性目标

国有企业不存在单纯的经济利益目标，而是拥有复合的多种目标，特别是超经济的社会目标。企业作为市场经济中的重要的微观经济主体，其活力来自于对经济利益的不倦的追求。如果说企业是市场竞赛中争先恐后奔跑着的猎犬，那么，一定是因为在它前面有着明确的待实现的利润目标。马克思曾引用英国工会活动家、政治家托·约·登宁的语句十分形象地刻画了资本主义体制下企业资本对利润目标的反应："一旦有适当的利润，资本就胆大起来。如果有10%的利润，它就保证到处被使用；有20%的利润，它就活跃起来；有50%的利润，它就铤而走险；为了100%的利润，它就敢践踏一切人间法律；有300%的利润，它就敢犯任何罪行，甚至冒绞首的危险。"[①] 抛开马克思、登宁对资本主义企业资本唯利是图的本性的批判不说，单纯从企业目标定位这个单纯的层面来讲，企业在一定的法律框架下对利润的追求其实是无可指责的。这是因为，任何一个组织的存在都必须有三个基本要素来维持，一是组织的目标，二是联系的渠道，三是成员共同努力的意愿。其中尤以组织的目标最为重要，因为它是区别不同组织的一个标杆。企业作为市场经济重要的微观主体，它以什么与社会其他组织相区别呢？当然在于其目标的定位，这就是它的经济上的营利性。虽然不能说企业有了对经济利润的目标认定，就一定会取得经营管理上的成功，但是，如果没有思想上和行为上对经济利益极其灵敏的反应，那企业实际上也丧失了其作为企业存在的资格。因此，从这个意义上说来，无论是西方国家还是我们国家的国有

---

① 《马克思恩格斯全集》第23卷，人民出版社1972年版，第829页。

企业，本质上都不是单纯的企业组织了。

　　在西方发达国家，国家通过购买或直接投资建立国有企业，其基本目的不在于企业本身的经济利益，相反，恰好是将国有企业作为一个必要的政策工具手段，来弥补市场缺陷，维护市场经济活动中其他各个主体的经济利益。国有企业在第二次世界大战后的西方国家被普遍地用做优化产业结构、贯彻产业政策、扩大社会就业、维护国家安全等多方面的调节社会经济运行的政策工具，与私人企业相比较，其组织对自身的经济利益目标是很低调的，甚至可以说，其只有宏观层面的经济利益而没有多少自身的利益。利益目标上的"大公无私"是西方市场经济中国有企业存在的逻辑基础和现实前提。大量来自实际的观察也可以证明，国有企业"作为私人经济的先锋和经济稳定的后盾为私人资本服务。而当社会目标实现后，或者原来的先导产业变成竞争性部门即私人企业可以进入时，国有企业则完成了历史使命，以'不与民争利'的原则，推出经营，或者由私人企业代替，还原为私人企业"①。

　　我国的国有企业与西方国家的国有企业在本质属性上有着由社会经济制度本身所决定的根本差异，不可相提并论。但是，就企业是不是一个纯粹的经济组织这一点说来，是大致相同的。也就是说，我国国有企业在经济利益目标认定上也具有非自身利益定位的特点。

　　在社会主义市场经济条件下，国有企业作为一个从事生产经营活动的组织，自然有着其自身的利益追求，比如说，实现国有资产的保值增值，因而在经营管理中要考虑经济效益和效

---

① 李华民：《国企改革不能脱离国企性质》，《经济学家》1997 年第 3 期。

率。但是，国有企业不同于民营企业和外资企业，它不片面地追求利润最大化，因为国家建立国有企业，目的不是把国有企业当成政府赚钱的机器，而是有其更重要的考虑的。一是要弥补市场在资源配置方面存在的功能缺陷，即通过国有企业运作来克服市场失灵，以增进社会公共利益，使社会经济系统的整体利益最大化和最优化。为此，决定了国有企业不能简单地以企业利润最大化为指向，而应该树立"全心全意为人民服务"的经营意识和理念，真正为公共利益目标而存在。这就是国有企业的"公共性"①。这种公共性是基于弥补市场经济本身的缺陷而形成的，在中外都是一样的。二是由中国特殊国情所决定的，在社会主义国家里，国有企业还是特定的社会制度的基础，是社会主义经济制度的根本保障，特别是特大型和大型国有企业是保证社会主义制度的坚实的物质基础。国有企业担负了赢利之外的光荣而神圣的社会使命，它的存在就不是一个简单的经济问题。由此，国有企业的目标就与民营企业、外资企业的目标有了十分显著的差异性。这种目标定位上的差异性，说明国有企业不是一个单纯的经济组织，而是具有复合含义的组织。

2. 不是单纯的经济单位

从组织构造看，国有企业实际上也不是一个单纯的经济单位。企业的组织结构选择，并不存在绝对的原则，也不存在某一种组织结构适用于一切企业的情况。因而，多少年来，企业组织结构一直处于不断的变化之中。从最简单的直线制发展到

---

① 日本著名的经济学家植草益先生对国有企业的"公共性"问题有比较系统而深刻的论述。他具体把国企的公共性划分为五个方面，认为国有企业除了目标的公共性外，还普遍存在着所有的公共性、主体的公共性、用途的公共性和规制的公共性。详见植草益：《微观规制经济学》，中国发展出版社1992年版，第233页。

职能制、直线职能制，再到事业部制、矩阵制结构，使企业组织架构呈现了丰富多彩的变异。尽管这些不同的组织架构意味着不同的企业部门的设置，以及集权或者分权选择下的具体权力的分配过程，但有一个基本的共同点，这就是其在组织架构上所形成的都是一个以生产经营的决策管理为中心的单一结构。这样的只存在生产经营一个中心组织结构，充分说明了企业作为一个经济组织的单纯性。

从我国国有企业的实际组织构造来看，情况显然与此不同。在我国的国有企业中，组织架构虽然在不同规模、不同组织形式的企业中是不尽相同的，但从总体看来，存在着一个显著的现象，即一方面，组织结构体现了生产经营的中心安排，表现出企业的经济组织的内在要求；但另一方面，也存在体现社会作用的组织架构，如国有企业中所设置的党委会、共青团委员会以及工会、职代会等组织。实际上，这种组织架构可以说是法定的。1988 年颁布的《全民所有制工业企业法》及后来实施的《中华人民共和国公司法》，对国有企业组织架构的设置都作了明确规定，形成了在国有企业厂长（经理）是生产经营中心和党委是企业政治领导核心的格局。从国有企业组织架构上存在的这种"经济中心"与"政治核心"的情况看，国有企业组织本身就不能被简单地看做是一个从事经济活动的纯经济组织，而是一个双重性组织。

总之，由于国有企业具有特殊的经济政治目标定位和二元的组织结构设计，其在实际运作过程中就不可能完全在单一的经济轨道运行，以经济的或市场的力量来主导自己的方向，而是要听命于政府根据国家社会政治经济情况"相机决策"的，这就使国有企业在市场经济中的运转具有难以避免的"国企边界刚性"，即国有企业受到国家的外部限制，不能根据市场变化灵活地调整自己的行为和决策。国有企业边界刚性的存在，有两个基本含义：其一是国有企业不可能变更由国家意志行为从其外部规制的产权结构；其二是国有企业的规模不容易发生变动。① 比如说，在企业产权变革、企业利润分配，特别是企业重组、破产等方面，都不能完全由国有企业算经济账来决定，而必须服从于政府更宏观层面的综合利益的计算。这充分表明了国企不是一个单纯的经济组织，而是一个经济＋政治的混合体。

二、国有企业的复合性质对企业经营的不利影响

在西方国家，国有企业作为政府调节市场经济运行的工具，它不与民争利，其运营没有多少的经济利润的目标，只有实现政府的既定的某种政策的目标要求，其目标定位是简单明了的，因而在这一目标导向下保持正常的公共产品的生产能力和合理的成本水平成为企业治理的主要问题。要解决这个问题，西方国家的国有企业也只有按照现代企业制度的性质和特征来构造自身的产权结构和管理体制才能达到目的，因此，西方国企基本上都建立了现代企业制度。西方国企出现正常的低效率，国家可以予以补贴，而"一旦政府对国有企业'效益'力不从心的时候，它还有很好的退出机制。所以，发达国家的国有企业即使没有效益但也没有强大的体制性障碍"②。

与此不同，中国的国有企业的复合性质使其肩负着双重使命，一方面，它要发挥市场经济中所有国家的国有企业那样弥

---

① 张宇燕、何帆：《国有企业的性质》，《管理世界》1996 年第 5 期。

② 戴歌新：《中国国有企业制度创新研究》，西南财经大学出版社 1999 年版，第 49 页。

补市场缺陷的功能作用，另一方面，又要作为一个经济组织，实现企业中国有资产的保值增值的任务。国有企业的经济与政治混合体的组织属性就是由其所担负的使命所决定的。然而，在实践中，这两种使命是很难在一个组织得以很好的调和的。国有企业的经济组织属性，要求其按"经济人"原则行事，以企业利润或效益为中心，这样才能更好地实现国有资产保值增值的任务；国有企业的"准政治组织"的属性，要求其不能按照利润最大化原则行事，相反，应该以社会利益、公共利益为重。在这里，国有企业的治理目标定位是存在一些矛盾的，甚至可以说在很大程度上是根本对立的，国有企业不可能如斯密所要求的那样，既是"经济人"又是"道德人"。实际上，国有企业的这种经济政治组织的二元属性，一开始就造成了国有企业治理结构有关主体的"精神分裂"，从而诱发了国有企业治理中的种种很奇怪的现象。

1. 放权收权难以取舍

现象之一是政府在国有企业治理中一方面想放权；另一方面又想收权。我国的国企改革实际上就是从放权让利开始的，放权的目的在于，恢复国有企业的经济组织属性，搞活国有企业，包括实现国有资产的保值增值。但随着国有企业市场化意识增强，一切向钱看，又使政府感觉到国有企业存在许多经营上、投资上的短期行为，是不利于全局利益的，或者说不利于整个社会的"政治利益"。因而，政府又想利用国有企业的"准政治组织"的属性，抓住对国有企业的控制权特别是人事上的控制权，来匡正国企在市场上的经济人行为，使它表现出为社会利益服务的"道德人"行为。就这点说来，政企不分，是政府在国企治理中的一种理性选择。

2. "九龙治水"

现象之二是国有企业治理主体在政府层面出现"九龙治水"的格局。国有企业在治理中，存在非常突出的"单一性中的复杂性"问题，即国家作为大股东或唯一股东排除了其他利益相关者介入企业治理过程、成为治理主体的可能性，使国企治理主体单一化，只有政府作为治理主体出现，但在谁代表政府来行使国企治理主体的权力并享受相应的利益问题上，却是十分复杂的。财政部、经贸委、中央企业工委、组织部、人事部等都在国有企业治理中取得了不同方面的治理权，出现了众多婆婆，政出多门，国有企业不知所措。其中的主要原因是国有企业作为经济组织，要接受相关经济职能部门的"治理"，而作为"准政治组织"，又要接受来自其他部门的"治理"。

3. 身份互换

现象之三是党政机关官员与国有企业领导人之间的身份互换。官员调任国企领导与国企领导调任党政官员的现象过去经常发生，现在也不少见，在全国各地都有。为什么会发生这个不太正常的现象呢？比较流行的观点是认为官本位传统使然。其实，官本位意识只能解释一半，即国企领导调任党政官员，而不能很好地解释官员离开党政机关进入企业。实际上，根本的原因在于，国有企业不是一个单纯的经济组织，其也具有准政治组织的属性，因而，官员调入国企任职，无论是对主管机构行使人事调配权的人来说，还是对具体被任职的官员来说，在思想意识上似乎都是当官，没有什么差别。在这里，国企作为经济组织对其领导人资历与企业家才能的特别要求视而不见了。所以，国企领导与官员的双向流动现象只有与国企的经济政治的双重属性联系起来才是可以理解的。

三、国有企业的复合性质对企业家职业化发展的不利影响

办好企业，关键在于领导班子，在于经营管理者。无论是对公有制企业还是非公有制企业，也无论是对外国企业还是中国企业，这都可谓是千真万确的真理。党的十五届四中全会通过的《中共中央关于国有企业改革和发展若干重大问题的决定》明确提出"要按照企业的特点建立对经营管理者培养、选拔、管理、考核、监督的办法，并逐步实现制度化、规范化"①。近几年来，各地适应国企改革的实际需要，积极探索国有企业领导人员选拔任用新机制，摸索了一些新经验，取得了一定的成绩。但从大多数国有企业的实际情况看，国有企业的"政治化"属性还比较明显，国有企业经营者任用管理中的一些问题仍然存在，没有得到根本性解决，严重阻滞和束缚了国有企业经营者职业化的发展进程。这集中地表现在以下几个方面。

1. 国企经营者选拔、任用标准的"政治化"

党管干部的原则不可动摇，国有大中型企业的主要经营者应该由党委决定这是毫无疑问的。然而，以一种什么样的标准去选拔、任用国企经营者呢？从目前的实际情况看，还是值得认真思考的。选拔国有企业的经营者，在思想道德水平等方面的要求上，应该坚持与选拔党政干部的标准看齐，德才并重不能含糊。不过，由于企业的具体工作性质与党政机关工作性质不同，对国企经营者的任用标准应该更多地定位于"企业家才

---

① 《中共中央关于国有企业改革和发展若干重大问题的决定》，人民出版社1999年版。

能"，比如，面对市场的开拓进取的能力，对市场机会敏捷的反应和决策能力，投资的风险意识，成本的控制能力，企业团队的管理能力，等等。企业家才能是一种特别稀缺性的资源，一个人要成为具有企业家才能的人，需要经过特别的锻炼、培养，有时还需要一点天生的对市场的悟性。可以说，不是党政机关的每一个官员都具备这样的才能的。可是，在许多地方，国有企业经营者选拔任用中常常是组织部或主管机关的一纸任命，就直接把一个某种级别的行政官员推到了某个国企的领导岗位上，特别是对企业家才能有更高要求的董事长或总经理的岗位上。从这些"官员董事长"和"官员总经理"的企业履职的情况看，有一些在一定程度上是带有普遍性的现象值得人们去注意。

（1）有些官员在机关的确是一个有能力有水平的好干部，但到企业岗位上却手足无措，工作一筹莫展，很难打开企业工作局面，有时还会因盲目决策和缺乏对生产经营活动的控制、协调能力给国家造成重大的经济损失。

（2）在机关任职时，官员的确是政治合格、作风过硬，但到企业任职后，随着经手的金钱数额越来越大，尤其是在与民营企业家、外商业务上交往的增加，心理开始失衡，收入攀比心理急剧膨胀，贪污受贿、挪用公款等违法乱纪行为不可遏止。

（3）更多的是由行政机关调任国有企业领导职位后，业绩平平，无所建树。

为什么会出现这种情况呢？原因就在于有关部门在选拔任用企业干部时仍然停留于过去的计划经济体制下国有企业行政性管理的旧框框，没有在思想上与时俱进，没有真正意识到在社会主义市场经济条件下，国有企业运营对干部专业素质的要求已经发生了实质性的变化和提高，还是以为只要干部"政治合格"了，就一定会做到"业务过硬"，便自觉不自觉地在国有企业干部选拔任用的标准问题上搞"政治挂帅"，以政治标准代替了其他应有的标准，没有做到在"政治合格"的前提下注重根据干部的经营管理能力素质和绩效进行选拔和任用。

2. 国企经营者管理和考核中的"政治化"

国企经营者的管理从目前全国的实际情况看，大致可以分为这么几种不同的情形：一是中央对少数大型企业、特大型企业主要领导层经营者的直接管理或间接管理；二是国务院对一部分大型企业行政正职的直接管理，这一部分干部数量也很少；三是国务院有关部门对部属企业主要领导层经营者的管理，目前这部分人数不算少，但随着部属企业下放会逐渐减少；四是省、市、（地）、县党委对所属地方国有企业主要领导层经营者的管理，这部分干部人数最多；五是地方各级政府主管部门对所属企业领导层经营者的管理，这部分干部也是相当多的；六是投资主体对企业领导层经营者的管理，从趋势上看，这部分干部人数会逐渐增加。从总体上看，我国国有企业领导体制改革与我国经济体制改革的步伐是基本相适应的。[①] 实际上，这也是与我国整体的干部人事制度改革的步伐相吻合的，是这些年来干部人事制度改革取得的主要成就之一。

但是，在对国企经营者管理和考核中，自上而下，在几个层次的企业人事管理体制中，都存在着不同程度的"政治化"的倾向。主要表现是：（1）尽管现行国有企业领导体制已明确

---

① 李润乾、陈燕：《我国国有企业领导制度亟待改革》，《理论导刊》2000 年第 3 期。

规定要实行委任制、聘任制、招聘制多种方式，但在实际的国企经营人才配置上仍然是更多地沿用传统计划经济体制下既已存在的委任制，通过其他方式配置企业经营者基本上仍是点缀性的，没有成为主导形式。（2）从全国的总体情况看，目前基本上都是将国有企业经营者纳入到了相应的行政管理系统。即使有些地方提出取消国有企业及其干部的行政级别，或者如深圳那样早就取消了国企及其干部的行政级别，但在实际的管理中，有关部门仍然是把国企在心目中做了不同"级别"的区分，从而在人事调配、党校及行政学院调训、医疗保健待遇等方面进行"分门别类"的安排。（3）在对国企干部进行考核、评价时，仍然偏重于政治思想方面的内容，对企业经营管理水平等方面的业绩内容的考核缺乏足够的重视。一些地方的国企主管部门，将对党政机关干部进行年终考核的"德、能、勤、绩"要求移植到对国企干部的考核中，应该说思路是不错的，把政治思想水平的考核与经营业绩水平的考核结合在一起了，但在具体操作中，却基本上是"走过场"，因为，一方面，"德、能、勤、绩"之下的指标设置上过于简单，不能真实、全面地反映考核的基本要求；另一方面，主管部门所获得的主要评价依据，如反映国企干部经营业绩的财务报表等信息，不是难以获得，就是直接由被考核人自行提供，而被考核干部会存在"报喜不报忧"的隐蔽行为，甚至是夸大业绩的直接造假行为。

深圳在此方面可以说有着值得加以总结的经验教训。如原深圳石化公司领导人陈某在位时虚报企业经营业绩，说为国家赚了十几亿的资产，获得了从地方到国家的种种荣誉，五一劳动奖章、全国劳动模范、优秀企业家、模范共产党员之类的荣誉都集其一身，等待其退休离职审计时才发现，不仅赚的十几亿子虚乌有，而且反过来给国家造成了 21.6 亿元的亏损。[1]

3. 国有企业经营者非正常化的"政治偏好"

国有企业的"政治化"属性使得国有企业一些经营者形成非正常的"政治偏好"，这极大地阻碍了企业家职业化的发展。本来，"讲政治、讲正气、讲学习"中的"讲政治"是任何一个干部包括国企经营者都必须具备的基本政治素质，可是，在一些国企经营者那里，没有正常的政治素质，有的只是畸形和扭曲的政治偏好，即：不是一心一意从事生产经营活动，尽职尽责地完成国有资产保值增值的任务，而是过度热心于"政治行为"。"最常见的政治行为，是交谈、写作、倾听和阅读。"[2]这从政治活动的一般性说来，也无可厚非，但这些国企干部却赋予了"交谈、写作、倾听和阅读"特殊性内容，将这些活动庸俗化了，使这些活动步入歧途。他们把大量的精力放在了与主管部门的沟通上了，对吃吃喝喝、打小报告、送钱送礼之类的能影响高层决策的"政治活动"可谓是触类旁通，心有灵犀。在转轨经济国家普遍存在的"政府被控"[3] 现象，在我国有些地方也在一定程度上存在着，个中原因之一就在于这些国企干部非正常的"政治偏好"下的"政治行为"。

国企经营者的非正常的"政治偏好"还公开地表现为对自

---

① 《南方都市报》2003 年 12 月 30 日的相关报道《深圳 14 国有一级企业改制：深石化股权 10 元卖员工》。

② 林德布洛姆：《政治与市场：世界的政治—经济制度》，上海三联书店 1991 年版，第 76 页。

③ 所谓"政府被控"，是指既得利益集团通过给政府官员提供好处而操纵政府决策活动。这一概念是由世界银行和伦敦经济学院的有关专家所提出的。参见乔尔·赫尔曼、马克·施莱曼：《转轨国家的政府干预、腐败与政府被控——转型国家中企业与政府交易关系研究》，王新颖编译，《经济社会体制比较》2002 年第 5 期。

身职位予以行政干部级别定位的要求和留恋。现在不少的国企干部特别是大型国企经营者十分看重自己职位的行政级别以及相应的政治、经济待遇（比如看文件、就医、车辆使用等），认为保留行政级别有利于与政府官员打交道，也有利于自己以后的仕途发展。一些调往国家参股的股份制公司任职的同志也恋恋不忘自己的行政级别定位，生怕模糊了自己的身份。这些都是"官本位"的政治化意识的流露和反映。

上述这些因素的存在表明，我国国有企业企业家的职业化发展可能与西方发达国家企业家职业化进程不可同日而语：在西方，企业家职业化是企业制度变迁的必然结果，是社会分工的一种自然而然的选择；而在中国，国有企业经营者的职业化并不是企业制度变迁必然的伴随物，不变革政府对国有企业经营者行政任命的"政治模式"，不培育和发展经理人才市场，不将党管干部的原则同市场遴选企业家的机制有机结合起来，我国企业经营者的职业化可谓步履艰难，前景难如人意。事实上，根据中国企业家调查系统第十届企业家成长与发展调查资料，3539 位企业经营者（国有企业占 30.5%，非国有企业占 69.5%）最不满意的企业制度有三，其中对企业经营者选拔任用制度的不满意居首，排在对薪酬制度、监督约束制度的不满意之前。① 这从一个侧面也说明，即使在今天，国有企业经营者对自身的角色定位及角色扮演的制度背景也是不予认同的。

四、国有企业经营者行为的异化

国有企业制度变迁不如西方那样主要是诱致性制度变迁，

---

① 王建民：《论国有企业经营者人力资本的收益权》，《北京师范大学学报》2004 年第 2 期。

相反，更多地表现为强制性变迁。从国有企业治理角度说来，由于存在对国企经营者任用、管理与考核上的刚性的"强制"，致使一些国企经营者的行为不能在有效的激励和约束下得以规范而出现行为异化。可以形象地概括为以下四个方面。

1. 看"市长"而不看"市场"

有相当部分的国企经营者注重看"市长"而不注重看"市场"，即主要心思花在了对自己任命、考核和升迁有决定性作用的上级主管部门及其官员身上了，而没有放在市场研究和企业的生产经营上。造成这种行为的基础是目前存在的权力授予的政治体制，国企经营者的权力来自于上级主管部门，甚至来自某个官员的个人意志，"对上不对下"自然成了一些国企经营者的"政治选择"，结果可想而知：一方面是国企经营管理低效，经济效益差，另一方面是国企内部干群关系危机，干部无群众基础，没有必要的管理权威。

2. 说比做强、口比手勤

即一些国企经营者说得多，做得少，说得比做得好。由于干部管理和考核中所存在的"政治化"倾向，导致了一些国企经营者注重嘴上功夫而不脚踏实地干事创业的作风。他们这种行为也是符合基本的"政治"原理的，因为所谓政治，实际上就是一种说服力，一种让别人相信你并跟随你的意志投票的能力。在现实生活中，埋头干事的国企经营者常常不能得到重用，反而是那些能吹能擂的人飞黄腾达，从一个侧面也印证了国企经营者"政治学"的灵光。

3. 跑"部""钱"进

跑"部""钱"进。即国企经营者喜欢找上级主管部门和领导，在资金来源、项目安排及政策支持等方面与政府讨价还价，寻求廉价甚至是无代价的外部资源。这一点在全国各地的国企都不同程度地存在。

4. "该出手时就出手"

这是说一些国企经营者机会主义行为严重，私利心膨胀，在有空子钻的时候，便全然忘记了自己的身份，忘记了党纪国法，把黑手伸向了国有资产，贪污受贿，挪用公款，中饱私囊。

国企中上述种种行为的存在，说明了一些国企经营者作为代理人在完成国家作为委托人托付的任务时是严重不称职的，甚至是背离了基本的为人之道，触犯了法律法规。究其原因，可以归结为当前我国还没有真正地从适应市场经济体制要求的高度建立起对代理人有效的激励和约束机制，不能规范代理人行为。而没有规范的代理人行为基础，追求企业家的职业化只能是一句空话。

五、引发异化的原因

从我们所调查的不少国有企业的具体情况看，引致国有企业经营者行为异化的主要原因是国有企业治理机制不到位，这有内部与外部两个方面的众多表现。就内部治理机制而言，主要是董事会、监事会和经理层"三驾马车"的运作不协调，不顺畅，主要表现是：

1. 董事会没有选择经营管理者的权利

在许多国企，董事长与总经理同纸任命、同级管理、同样待遇，权力配置中没有很好处理出资者与经营者关系如何明确的问题，致使国企中有关各方的权利边界模糊不清，很难规范各方在企业治理中的行为。比如，在深圳，市委管理13家市管企业班子成员，市级资产经营公司管理所属企业正职领导人员，同时，市级资产经营公司所属一类企业（或一级企业中的上市公司）法定代表人的选拔任用程序上，目前是采取了"由资产经营公司报市委组织部，再由市委组织部报国资委领导审核（圈阅）"的方法。董事长与总经理由同一机关任命，出资者代表和经营者之间没有形成委托—代理关系；级别是一样的，则容易导致企业的双首长负责制。同时，总经理不能对副总经理予以聘任或解聘，使总经理的生产经营中心的作用大打折扣。

2. 监事会不能发挥监督作用

比如，在全国各地都出现过这么一种现象：企业董事长或总经理在位时，企业经营情况好，财务报表很漂亮，而只有领导不在位时，问题才被揭发，国企出现大量的不良资产或干脆就是亏损的。这种被群众形象地称之为"马桶现象"情况的普遍存在，说明国企的监事会基本上丧失了其应有的功能。为什么监事会不能发挥应有的作用呢？除了经济上监事会成员利益依赖于国企不具有独立性外，也还有它的政治上的原因，这就是担任监事会主席职务的同志往往在行政级别上要低被监督对象一个级别，在作为经济政治组织的国企里，监事会同志还没有开始履职，先在内心里就怯了一分。

3. 经理层经营企业没有积极性

出现这种情况的原因一方面是经济性的，在于经理层的收入分配没有同企业经营成果直接挂钩；另一方面则是政治性的，在于经理是行政任命的，其没有外部的经理市场的压力，只要保持"政治上"不出问题，始终能和上层处好关系，就可以始终保住位置，从而就可以进行长期的在职消费。并且，经理层还意识到，在现行的体制之下，即使自己经营企业成绩显著，企业效益大增，但如果在"经营政府"方面不成功的话，自己也会被调离效益好的企业而到一个困难企业去任职。

就企业外部治理机制而言，现行的国企经营者选拔、任用、管理和考核体制基本上封堵了股票市场、产品市场及债权人市场、经理人市场发挥作用的渠道。因为企业外部治理机制的作用基础在于市场力量，而现行的国企干部人事体制中的政治化倾向，直接表明了它依靠政治权力运作的特性，所以，十分明显，在国企没有完成政治化倾向的改造之前，在国企引入外部治理机制都只具有个案的意义而不可能成为一种普遍的现象。

所以，我们认为：由于国有企业具有经济政治组织混合体的性质，在目前的国企经营者选拔任用和管理考核中存在着"政治化"的倾向是很容易得到解释的，在这种企业制度安排下，国有企业经营者行为异化也是不难理解的，而由此引发国有企业企业家职业化进程的阻滞和步履维艰则是必然的后果。

第三节 国有企业企业家职业化成长的机制需求与机制优化

要改变上述的国有企业企业家职业化进程的阻滞状况，除了加快国有企业改革进程、大力发展市场经济，为国有企业企业家职业化成长提供良好的内外部环境外，关键还在于要明确国有企业经营者职业化成长的机制需求是什么，在具体的机制设计上狠下工夫，在具体的机制优化问题上进行深度研究和创新，只有这样，国有企业企业家的职业化成长才是可以加以乐观预期的。在这里，我们重点地对国有企业企业家职业化成长的机制设计与优化问题进行基本分析，这不仅是本章前两节分析逻辑的自然延伸，而且也可以为后面章节的相关分析埋下伏笔。

一、国有企业家职业化成长的机制需求

使国有企业企业家职业化成长，是造就一支高素质、有能力的国有企业企业家队伍的基本前提，但国有企业企业家职业化的成长又是以一套客观机制为前提的。那么，这套建立在市场经济和企业管理的客观规律基础上的机制又是什么呢？我们认为，在内容上看来，这套客观机制不是单一的，而是复合的，也就是说它具有多方面的内涵，在机制设计中必须予以高度关注。

1. 形成机制

国有企业企业家的职业化成长，最终结果是国有企业企业家阶层的出现。能够促使这一结果出现的内生或外生于企业的机制便表现为企业家的形成机制。可以在一定意义上这样说，企业家形成机制的有无，发挥作用的好坏，是决定国有企业企业家职业化成长状况的"无形之手"，或者说是这一状况背后的最终的力量。

一般说来，一个社会经济系统里的企业家形成机制设计，应该包括企业家角色定位机制、价值导向机制、优胜劣汰机制等。

首先，关于角色定位机制。众所周知，西方国家企业制度变迁与企业家职业化成长的规律都证明，企业经营者的角色定位是十分明确的，企业经营者就是以经营、打理企业为工作内容，以实现企业利润最大化为手段来提高职业市场声誉为目标的。但在我国，特别是在国有企业，经营者的角色定位出现了无所适从甚至是自我矛盾的情况：国有企业经营目标多元化，

既有政治的、经济的，也有社会的、文化的，这就使国有企业经营者的角色定位出现了多重裂变，在追求和服从于政治目标时，企业经营者必须是"政治家"；在追求和服从于经济目标时，企业经营者必须是"企业家"；在追求和服从于社会目标时，企业经营者必须是社会"慈善家"；在追求和服从于文化目标时，企业经营者又必须是"文化大家"。国有企业经营者角色定位机制上的这种多元目标导向使得经营者顾此失彼，无所适从，有时甚至要由于角色扮演而遭受内心"精神分裂"的痛苦。在发展社会主义市场经济的今天，有必要重建国有企业经营者角色定位机制，使得国有企业经营者的角色定位简单化，让国有企业经营者从"政治家"、"慈善家"、"文化大家"的多重角色扮演中解放出来，恢复其企业经营者的本来面目和角色定位，使其能够专心致志地做好企业经营管理工作，扮演好"企业家"的职业角色。

其次，关于价值导向机制。西方企业经营者的价值导向机制是伴随着西方企业制度变迁及社会政治文化的逐步转型而自然而然地形成的，企业经营者普遍具有职业荣誉感和社会成就感，为此，西方企业家也很自然地形成了强烈的职业意识和充分的敬业精神，经营企业被视为是一种崇高的事业选择而不是一般意义上的生存需要。但在我国，由于国有企业的政治经济的复合性质，不少经营者的职业价值取向往往还存有对仕途升迁的留恋，党政组织人事部门往往也把一些做出成绩的企业经营者直接升为官员，更是从另一个方面扭曲了企业经营者的价值导向，致使一些国有企业经营者一开始就以经营管理企业为跳板，而最终目的是实现到更高层位的官员职位的"惊险一跳"。在当前，必须在企业经营者的价值导向机制上进行更新改造，引导和鼓励更多的具有企业家才能的国有企业经营者把创立、发展企业作为自己的终身职业。为此，必须改革国有企业经营者身份与行政级别挂钩、政府官员与企业经营者职位互换的传统做法，实行职位分类管理，促使国有企业经营者走上职业化、专业化发展的道路，认清自身的职业角色，端正自身的职业行为，以企业家的强烈责任感和远大的抱负去经营管理企业，在国有企业核心竞争力的提高和国有企业的可持续发展中，去体会自身的社会价值和自我实现。

最后，关于优胜劣汰机制。国有企业企业家的职业化固然需要企业经营者对自身职业的认同和坚守，但不可片面理解这一问题。试想一下，如果一位企业经营者本身是缺乏企业家才能和潜质的，也就是说无论如何他也成不了企业家或优秀的经营者，而要固守自身的岗位，走职业化道路，那也不过是作无所谓的"牺牲"：一方面，他是浪费自己的生命和在其他方面的才华；另一方面，他也会由于高成本地配置社会经济资源而浪费社会财富，造成社会福利的损失。可见，国有企业经营者职业化成长机制设计中必须引入优胜劣汰机制，对国有企业经营者的企业家才能进行识别和鉴定，使优者能够得到职位奖赏，而劣者也能够得以无情的淘汰。

当然，从上述三方面讨论到的企业家形成机制，只是狭义的，实际上，从广义上看，企业家形成机制也包括下面即将讨论到的这些问题。

2. 保护机制

所谓企业家职业化成长的保护机制，实际上就是对国有企业企业家人身权利、地位予以保障或救济的一种制度安排。保护机制是对企业家职业高风险的一种缓冲或释放，有利于保证企业经营者正常的职业生存需要，因而是企业家成长路径设计中非常重要的内容。西方国家通过一系列的法律规范的出台和实施，维护了企业家在企业经营中的基本权利，形成了对企业家职业化成长的有效激励。而在我国，相应的法律法规并不健全和完善，特别是在一定程度上忽视了企业家职业化成长的权利诉求，没有能够对企业家职业化成长起到强有力的支撑作用。这一点在早期的国有企业表现得尤为突出。据一项调查表明，企业经营者在职工作时受到威胁或伤害的竟高达50.9%，其中受到三次以上威胁或伤害的企业经营者占到28.6%，而国有企业经营者（厂长或经理）更是分别占到53.5%和29.9%。①

进入21世纪后，随着国企改革力度的进一步加大，企业管理中可能会出现各种错综复杂的情况，因为岗位就业、人事安排、利益分配等问题，员工与企业经营者形成剧烈冲突甚至要与企业经营者同归于尽的事例并不鲜见。据中国新闻网报道：福建省轮船总公司总经理刘启闽2003年1月16日上午在办公室被刺，凶手被公司职工及时制伏并被警方逮捕。② 为什么会出现这种情况？根本原因是在我国的国有企业改革进程中，相关部门没有通过法律法规和具体政策的制定及采取必要的措施来提供对国有企业经营者的有效保护，许多国有企业经营者承担了改革带来的越来越多的人身安全风险。经营者保护机制的缺失对国有企业经营者的职业化成长的负面影响是不言自明的。

3. 激励—约束机制

企业家是凭借其企业家才能要素和特有的创新精神而在市

---

① 吴开胜：《建立中国的企业家制度》，《管理现代化》1996年第3期。

② 参见中国新闻网《企业家处于风口浪尖？福建一国企老总被连捅四刀》，2003年2月11日。

场经济的风口浪尖追逐利润目标的实现的，在企业经营和管理方面要付出常人难以想象的勇气和精力，承担了巨大的责任和风险。因此，与这种高投入与高风险相对应，企业家自然会要求一个高额的回报，即他的薪酬水平应该是超出一般人群收入水平的。这种特殊要求不能简单地看做是企业家对物质享受或金钱获取的满足，它在更大的程度上成为促使企业家不断进取勇于创新的一种激励，成为企业家职业化抉择的一种诱因。因此，要使国有企业家职业化成长，就应该在经济地位和利益方面提供和保持强大的激励源泉。

激励机制实质上是国有企业的所有者与经营者如何分享经营成果的一种契约，从这个意义来看，完全局限于工资等短期固定薪酬安排的激励机制是不健全的。企业经营者的激励机制应由三部分组成：（1）基本工资与基本福利；（2）效益奖金；（3）与长期营利能力挂钩的奖励，如经营者的持股、购股权计划。在激励机制设计中对这三个组成部分不可等量齐观，因为激励机制的最终目的是通过使企业经营者与所有者的利益一致起来的制度安排，使企业经营者能够努力实现企业所有者利益即企业市场价值的最大化，而不是单纯追求企业的短期效益，因此关键在于企业所有者要承认企业家的人力资本的特殊价值，按照人力资本投资应该得到回报的理论，采取产权分割、配股等方式给企业家一部分资产，从产权方面对企业家实行长期激励。

但是，对国有企业家实施激励只是促使其职业化成长的一个方面，在建立激励机制的同时，必须同步建设对国有企业企业家的约束机制。在这个意义上，激励机制与约束机制是不可分开的，可以称之为激励—约束机制。为什么是这样的呢？这是因为，根据委托代理论，即使国有企业具有对经营者很好的激励机制，经营者行为仍然可能偏离所有者的利益。道理很简单，正如萨缪尔森分析的那样，"一是掌权的人可以投票决定，给予他们自己或他们的亲友丰厚的薪金、公费开支、奖金和高额退休金。这些都有损于股东的利益。二是企业的经理都愿使自己的企业增长并延续下去，虽然这笔资金如用于投资别的公司或给股东消费可能是较好的办法。"所以，国有企业经营者必须受到相应的制约，不受制约的权力必定会产生腐败。

所谓企业家约束机制，是根据对企业经营业绩及对企业经营者各种行为的监察结果，由企业所有者或市场对企业经营者做出的适时、公正、无情的奖惩决定。这里所说的企业所有者，是企业的股东以及在特殊情况下的债权人；所说的市场，是指相关的市场组织或载体，如证券分析师、审计师，产品市场和资本市场。一个适应企业治理要求的约束机制，能够对企业经营结果、企业经营者行为或决策进行一系列客观而及时的审核、监察与分析。此外，这种约束机制一定还能容纳社会监督、媒体监督和群众监督等内容。在国有企业建立起科学的企业经营者约束机制，可以规范企业经营者的行为，有利于节约企业成本，提高企业效益，加速实现企业目标。

应该指出的是，形成机制、保护机制、激励机制和约束机制共同地构成了国有企业经营者职业化成长的机制体系，它们相互作用，相互依存，在机制设计时必须加以统筹考虑，不能人为分割开来。

二、当前国有企业企业家职业化成长机制缺陷

经过多年的改革和发展，从当前国有企业实际情况分析，

我们认为国有企业企业家的职业化工作取得了一些进展，比如，国有企业经营者的"官本位"意识有所淡化，[①] 但总体上看，国有企业企业家职业化成长机制并未健全，还存在明显的机制缺陷，主要表现在以下几个方面。

1. 形成机制没有市场化

国有企业企业家职业化成长需要一个能够与市场经济发展相适应的企业家形成机制，在企业经营者的角色定位、价值导向、优胜劣汰等方面都充分反映市场经济特性的要求。可以说，经过多年的改革开放实践，我国已经基本建立社会主义市场经济体制，但是，国有企业企业家职业化成长所需要的企业家形成机制却没有完全从过去的行政主导的形成机制转变到由现代市场主导的形成机制上来。一言以蔽之，在国有企业企业家职业化成长的形成机制方面还没有体现与时俱进的时代化特征，还没有实现形成机制的市场化。

首先，集中地表现在社会对企业家的角色认同感还不高，甚至在某些方面社会形象最差，价值导向不利于企业家职业化成长。比如，中国企业家调查系统 2002 年的调查结果显示，企业经营者认为"在自己心目中的形象"最好，为 3.67 分（相当于百分制的 73.4 分），其他依次是"在新闻媒体中的形象"（3.5 分/70 分）、"在公众心目中的形象"（3.45 分/69 分）和

---

① 由国务院发展研究中心中国企业家调查系统推出的《中国企业家队伍成长与发展十年调查总报告》揭示出我国企业经营者（包括国有企业经营者）多数不愿当"企业官"的情况：1994 年的调查发现，有 62.3% 的人认同自己的企业家身份，对于取消国有企业行政级别表示"同意"的有 41.7%，表示"无所谓"的有 50.3%，表示"不同意"的只有 8.0%。在有关离开本企业后的职业选择问题上，有 62.5% 的企业经营者表示愿意继续做本行。这一结果表明，"官本位"思想在国有企业经营者中已经开始淡化。

"在文艺作品中的形象"（3.22分/64.4分）。需要注意的是，还有一些企业经营者（7.6%—15.4%）感到企业家群体的社会形象并不太好，有四成左右的企业经营者认为企业家群体的形象"一般"。这说明，企业家队伍的整体形象和职业声望还有待进一步提升。这就是说，大多数企业家心中认为，自己心目中自己的形象最高，而在文艺作品中他们的形象最低。为什么会形成角色认同与价值评判上"自我认识"与"社会认识"的这种反差呢？主要是由于企业经营者的市场化意识强，价值评价的标尺是经济贡献指标，而社会的价值评判的主要标准却没有相应地转变到市场经济的尺度上来。我们认为，一个社会价值标准如何切换以及切换到什么方面是一个颇值得谈论的问题，但很明显的是，如果社会不太认同企业经营者的角色与社会价值，那对企业家职业化发生影响的结果却一定是负面和消极的。

其次，目前国有企业经营者的优胜劣汰机制也还没有建立起来，大多数国有企业经营者仍靠"组织任命"获得自己的职位。中国企业家调查系统在10年10次调查中共有7次调查询问了企业经营者获取现任职位的途径，结果发现，通过"组织任命"获取现任职位的最多，在历年中都排在第一位。尽管2002年的调查显示，企业经营者期望的方式依次是："组织选拔与市场选择相结合"占45%，"市场双向选择"占29.6%，"自己创业"占13%，"职工选举"占10.6%，"组织任命"仅占0.9%，但现实情况是，在国有企业，经营者的优胜劣汰机制基本上不存在，企业经营者大多是有行政级别的干部，是由相关组织人事或国有资产管理机构任命的。

2. 保护机制没有法制化

保护机制为国有企业经营者提供了干事创业和维持社会生

存的基本空间，其对企业家职业化成长具有十分重要的意义。但是，目前国有企业经营者要不就是没有享受保护机制的"庇护"，要不就是这种保护机制更多地是由上级领导或相关部门所特别提供的。比如某些地方，党政领导说企业家很重要，社会要关心他们的安危，结果派出所等机构就在企业经营者的人身保护等方面出台了一些关照性的措施。这些情况都表明目前国有企业经营者的保护机制没有能够法制化，还没有形成对企业经营者人身权利和社会地位保护的严肃性和权威性。

实际上，许多地方对国有企业经营者的保护机制的安排即使是很重视的，但往往也是"短视"的，只强调了对企业经营者当期或短期利益的保护，而没有对企业经营者的长期利益诉求予以积极回应。在这个方面，国有企业经营者对其未来生活待遇的"有限保护"的做法是很不满意的。一般人认为，国有企业经营者大多收入丰厚，不太担心个人的社会保障问题。但在中国企业家调查系统2002年的调查中，当企业经营者被问及"您退休以后最大的担忧是什么"时，调查结果显示，企业经营者的选择依次是："没有足够的社会保障（44.8%）"、"心理失落没有寄托（19.7%）"、"经济收入减少（14.2%）"、"没有满意的社会地位（9.2%）"、"没有便利的生活条件（5.7%）"。其中，国有企业经营者对"没有足够的社会保障"担忧的占55.6%，比其他类型企业高13个百分点以上。这表明，我国国有企业经营者职业化的保护机制在法制化、长期化方面还是任重道远。

3. 激励—约束机制没有规范化、科学化

目前，在国有企业改革中普遍重视对国有企业经营者的激励机制建设问题，这与过去相比，是一个很大的进步。但是，激励机制安排没有充分体现科学性合理性的要求，主要表现在：对国有企业经营者的激励—约束不对称，或是单方面强调激励，或是单方面强调约束，没有使激励、约束机制融为一体，相得益彰；激励的内容结构和期限结构不尽合理；约束的形式多样但实效不高，约束的内外机制作用不能相互协调，约束的手段随意性比较大，缺乏法律法规依据等。中国企业家调查系统2002年的调查表明，包括国有企业经营者在内的企业经营者对于通过法律法规、业绩考核和自身修养等方式来约束自己的行为有比较高的认同，但他们对企业实践中监督约束制度的建立情况的满意程度却不高。实际上，最近几年全国各地国有企业经营者职务犯罪大案不断，由此观察，国有企业经营者的约束机制建设的确是没有规范化、制度化，存在大量的漏洞，从而引发了"前仆后继"的国有企业经理人的落马。

三、国有企业企业家职业化成长的机制优化

促进国有企业经营者职业化成长，必须抓好机制优化工作，机制建立健全后，当前存在的诸多影响和阻滞企业经营者职业化成长的瓶颈约束即可得以有效突破。我们认为，当前有关部门在对国有企业经营者职业化成长机制进行优化设计时，应该同时具有"战略"层面机制优化与"战术"层面机制优化的新思维。

1. 战略层面的机制优化

所谓战略层面机制的优化，指的是要对国有企业经营者职业化成长机制所涉及的一些重大问题能够统筹安排，正确认识和处理不同方面的关系，形成国有企业经营者职业化成长的总体机制设计与优化的全局观念与思维。

这是一个涉及企业家职业化与市场化、制度化的相互关系的问题。没有对这三者关系的一个清晰定位，仅就职业化而谈职业化或仅就职业化而推行职业化是没有实际效果的，必须在机制设计时就建立职业化、市场化、制度化"联动机制"，从整体上把握和优化国有企业经营者职业化成长机制。

国有企业经营者特别是其中的佼佼者企业家，是中国社会主义市场经济的产物，又是中国社会主义市场经济的主体。要建设好国有企业经营者队伍，必须在市场经济的基础上进行。这就要求企业经营者成长具有市场化的基础，或者说只能在市场机制下成长。这里所谓的市场化有三个基本含义：首先，要真正承认国有企业经营者是重要的人力资本和稀缺的社会资源，可以作为一种生产要素，在市场中自由流动；其次，要正确评估国有企业经营者的市场价值，并且为他们实现自己的价值创造必要的条件；最后，要建立有利于国有企业经营者成长和发挥他们聪明才智的一系列市场机制。

但是，市场化只是基础，国有企业经营者是经营管理企业的专家，要建立一支与市场经济要求相适应、与国际接轨的国有企业经营者队伍，就必须走职业化道路。在当前国有企业经营者队伍的职业化建设中，存在三个较突出的困难：第一，由于处在市场经济的初期，职业化的大环境还不成熟，非职业化的做法还比较普遍。第二，缺乏比较现代的、有效的系统培训，职业化素质的培养任重道远。如何消化、吸收国外的职业化建设经验，并与中国的实际相结合，还需要一个比较长的时间来完成。第三，一些陈旧的观念妨碍了企业家队伍职业化的进程。例如官本位思想等等。

怎样才能克服这些困难呢？这就需要在整个社会建立起有

效的制度支撑体系，为中国现阶段国有企业经营者队伍的成长有个必要的保证。与国有企业经营者成长相关的制度除了社会的经济体制安排外，最主要的和最根本的还是现代企业制度。为此，必须加快国有企业改革进程，尽力加强现代企业制度建设，特别是要落实与企业经营者成长相关的选聘制度、激励制度、业绩考核评价制度、约束监督制度等。①

2. 战术层面的机制优化

战术层面的机制优化，实质上是指国有企业经营者职业化成长机制所涉及的微观操作思路的改善与创新，在这里，主要涉及国有企业经营者职业化的形成机制、保护机制和激励—约束机制的改良与再造。按照本章研究的基本逻辑，我们对战术层面的机制优化问题持有以下政策主张。

首先，要以国有企业经营者选拔任用制度改革为突破口来优化经营者职业化的形成机制。目前，国有企业特别是中央企业的高级经营管理者是由党组织任命的党政干部，其考核办法、薪酬制度与普通行政部门的干部基本一样，报酬的多少与企业的经营情况没有密切的联系，这不符合在市场经济条件下发展和壮大国有经济，建设一批具有国际竞争力的大公司和企业集团的基本要求。为此，必须对坚持党管干部原则与市场化配置企业经营管理者相结合的新机制进行探索。国务院国资委成立后通过面向全球公开招聘中央企业高级经营管理人员的活动对推动国有企业领导人选拔任用机制的创新，促进国有企业人事制度改革具有十分重要的意义。从目前情况看，在国内国外公

---

① 参见中国企业家调查系统推出的《中国企业家队伍成长与发展十年调查总报告（2003）》。

开招聘大中国有企业管理人员代表了国有企业干部人事制度改革的方向，必须坚持下去。

但是，在操作细节上还必须注意到，虽然国有企业经营者通过公开选拔形式产生较单一的组织任命体现了更多的市场化、民主化，但是在公开选拔机制运行中，一系列的笔试、面试让应聘者中出现了"考试族"，这些人才管理理论水平过硬，但却缺少管理企业的实际经验。特别是企业最高管理者正职即"一把手"的选拔，直接关系着整个企业未来的发展方向，如果过于迷信公开招聘这种方式风险就非常大。在这个方面，一些地方的经验值得我们注目。南京在 2004 年公推公选熊猫电子集团总经理时对公开选拔机制运作进行了进一步的完善，比如，明确要求竞争者曾担任过大型国有企业或电子类研究所副职以上领导职务，这就提高了参与竞选的第一道门槛；同时，还将笔试改成竞争者利用一周的时间调研、撰写企业"任职计划书"的形式，这不仅有助于避免笔试试卷"千人一面"而充分展示竞争者个人能力水平，也有助于企业找到真正适合自身发展的经营管理人才。①

其次，要以专门性法律法规的制定和实施为手段来优化经营者职业化的保护机制。目前，国有企业经营者劳动的特殊性与复杂性还没有得到社会广泛的认同与理解，一些不尊重企业经营者、随意侵害其合法权益的现象在一些地区还较为严重。主要表现在：一是政府及其部门行为不规范，行政干预严重，"乱收费、乱摊派、乱罚款"屡禁不止；二是市场行为不规范，无序竞争，假冒伪劣盛行，企业的知识产权、商业秘密等权益

① 参见 www. xinhuanet. com，2004 年 12 月 10 日。

受到侵犯；三是企业出资人的合法投资和企业经营者的合法权益受到侵害，甚至有的企业经营者人身安全受到了威胁；四是有的地区还不同程度地存在着有法不依、执法不严、违法不究的现象，企业及其经营者合法权益的侵犯，严重影响了企业的健康发展和经营者的积极性，已成为影响经济发展和社会稳定的一个十分特殊的问题。为此，有必要出台和实施专门性的法律法规来保护企业经营者的权益，建立其法制化的保护机制。

目前一些地方人大已经加强了这方面的立法工作，比如2002年11月30日，在安徽省九届人大第三十四次常委会上，《安徽省企业和企业经营管理者权益保护条例》获得通过。这种以专门立法的形式保护企业和企业经营者权益的做法在全国尚属首创。该条例是从安徽省经济发展实际出发制定的，主要是针对当前企业和企业经营者带有倾向性、普遍性的容易受到伤害的合法权益如何强化、如何保护等问题，因而主题非常突出。条例明确规定了保护企业和企业家的责任人是各级政府、行政管理部门以及作为企业和企业家代表组织的省企业联合会，同时，条例还就维权的程序、法律责任等内容作出了详细的规定。2004年1月9日，福建省人大102名代表也联名向福建省第十届人大二次会议提出议案——建议制定《福建省企业和企业经营管理者权益保护条例》，呼吁尽快为保护企业和企业家的合法权益立法。百余名代表在议案中提出任何单位或个人不得对企业实施下列行为：地区封锁和部门、行业垄断；向企业摊派人力、物力、财力；非法向企业收费和罚款；随意查封企业生产设备、场所；随意吊销许可证、执照；非法冻结银行账户；强求企业征订报纸、杂志；擅自对企业进行检查等。行政机关依法对企业进行检查，不得影响企业正常生产经营秩序，不得违规收取检查费用或者提取样品，不得进行任何没有法律依据的考核、评比、达标等活动，不得接受任何馈赠，不得在被检查企业报销任何费用等。代表们还提出要严格区分经济纠纷与经济犯罪的界限，违法犯罪与工作失误的界限，证据不充分，司法机关不得随意对企业经营管理者采取限制人身自由、查封、扣押财产等强制措施。2004 年 9 月 21 日，广东省十届人大常委会第十三次会议审议了《广东省企业和企业经营者权益保护条例》立法议案的办理情况，这项法规有望尽快面世。

但到目前为止，我国还没有一部国家层面的专门性法律法规来保护包括国有企业经营者在内的各类企业经营者的权益，这不能不说是一个很大的缺憾。建议国家尽快出台、实施《企业家权益保护法》，为我国企业经营者职业化成长提供必要的保护机制。

最后，更重要的是，要以激励—约束机制建设为重点，在激励、约束机制建设的原则及具体思路方面进行优化。

四、政策性建议

1. 短期激励与长期激励有机结合，形成"以长补短、短中见长"的激励机制

长期以来，国有企业经营管理者的薪酬结构是单一型的，基本上都是工资加奖金。这种薪酬结构设计，反映的是国企代理人与企业的短期利益关系，即使代理人的工资和奖金是高水平的，也只能对代理人形成短期的激励效应，而不会产生长期的激励作用。近几年来，一些省市的国有企业开始尝试实施对企业经营管理者的股票期权制、年薪制、员工持股等措施，开始将长期激励问题引入企业激励机制建设体系，应该说这些都

是很好的探索。但从现实情况看，一些地方在国企对管理者和骨干员工建立长效激励机制时，存在明显的缺陷，这就是"长是长，短是短"，长期激励与短期激励没有实现有机的结合，致使激励机制建设工作被人为地分割为两个部分。我们认为，激励机制建设是一个系统工程，在推进这一工程时应该注意其一体化的要求，为此，必须把握两点：

一是"以长补短"，即长期激励的目的是更好地对国企代理人和员工进行充分激励，其是弥补短期激励的不足，而不是代替或取消短期激励的作用。在实施长期激励措施时，不能简单地否定短期激励措施或对短期激励措施存而不论，听之任之。相反，应该根据短期激励措施在企业实施的具体情况和效应，选择相应的长期激励措施，或根据欲实施的长期激励措施的需要，对企业短期激励措施进行调整和变革，以形成整体的和更高水平的激励效果。而要做到这一点，对代理人的薪酬结构进行新的设计，使之既包括短期的工资、奖金，又包括长期的业绩薪酬，则不失为一种很好的对策思路。因为在新的薪酬结构中，基础工资是定时定额按级别获得的，能起稳定和减少、缓冲风险的基本保障作用；而长期的业绩薪酬，无论是采取年薪、期权或按比例提成等方式，都是直接同经营业绩相挂钩的，能发挥对薪酬获得者的长效激励作用。

二是"短中见长"，即在实施的激励措施中，应该注意激励措施的"时期安排"，使短期激励措施和长期激励措施能够相互融合或相互衔接。比如，对奖金这一传统的短期激励措施可以变革进行新的制度安排，可以当期发放一部分，而对剩余部分发放的时间跨度适当予以延长，以形成较长时间的激励效应。

在美国许多大型公司，一种"延期支付计划"（Deferred Compensation Plan）的激励措施正大行其道，它就是将高级管理人员的部分年度奖金以及其他收入存入公司的延期支付账户，并以款项存入当日按公司股票的公平市场价折算出的股票数量作为计量单位，然后在既定的期限后（一般为 5 年）或该高级管理人员退休后，以公司股票形式或者依据期满时股票市值以现金方式支付给该高级管理人员。可见，"延期支付计划"是一种典型的"短中见长"的激励制度安排。

2. 物质激励与精神激励有机结合，形成以物质激励为主、精神激励为辅的激励机制

对有企业代理人的激励过去一直是侧重于精神激励的，现在的趋势则是转向比较纯粹的物质激励，那么，推进国企激励机制建设的路径选择到底是物质激励还是精神激励呢？一旦我们这样提出问题，我们实际上已经犯错了：物质激励与精神激励，在国企激励机制建设中，它们并不是二者必居其一的选择问题，而是一个二者必居其中的共存问题，或者说二者如何结合的问题。

在操作原则的层面上，结合问题实质上可以归纳为两方面的要求：一是不能把物质激励与精神激励对立起来，把二者看做是水火不相容的东西，而要注意在机制建设工作中把二者结合起来，统一起来。现在的许多国有企业在处理物质激励与精神激励关系问题上出现了一边倒的倾向：过去单纯依靠精神激励不注重物质激励，而今片面强调物质激励而忽视了精神激励。二是在激励路径的结合上，要处理好物质激励与精神激励的主辅关系问题。有一种认识是，物质激励与精神激励是没有高下

之分的，无所谓主辅关系。如果说这是就物质激励和精神激励对国企代理人都会发挥作用而言的，那么它是无可厚非的，但是，如果考虑到中国还处于社会主义初级阶段生产力不够发达、人们普遍看重物质利益的现实情况，考虑到长期以来实施畸形精神激励所造成的消极影响以及我国企业家职业化进程缓慢的状况，我们不得不承认国企代理人与西方企业家对精神激励的反映存在敏感性差异（表3—1 大体反映了这种敏感性差异）。这种敏感性差异表明我国国有企业代理人在精神激励方面获得的激励强度是相当弱化的，在几个国家中处于最低水平。因此，在国有企业的激励机制建设中，我们必须充分认识到物质激励效应要远远高于精神激励的作用，在设计和构造激励机制时不能将二者等量齐观、相提并论，而必须注意突出物质激励的主导性作用。精神激励是必需的，但它只是对物质激励的一种补充。

当然，在具体实践中，我们也要认识到，通过特定形式给予国有企业经营管理者物质激励可以同时产生一种精神激励，它与俗话所说的"物质变精神"还不一样，其结果是物质激励与精神激励兼备，可以形成双重激励效应。以前国企经营管理者的收入及其奖金大多是不公开的，或者只在小范围中公开，但深圳市有关部门在今年年初召开的市属国企改革与发展工作会上，对7家企业的13名优秀经营者予以公开表彰和特殊奖励，其中最高奖金为20万元，最低为5万元。虽然奖励金额有限，但在媒体的多方报道中，这些企业家引起了社会广泛的关注，所获得的精神激励是很高的。

表3—1　代理人对精神激励的敏感性差异：国际比较

序号	项目	美国	德国	法国	日本	中国
1	控制权	5	4	5	3	2
2	事业成就	5	5	3	5	5
3	个人声誉、地位	4	4	3	5	3
4	信念、意识激励	2	3	3	5	4
5	仕途激励	2	2	4	5	4
6	社会公益	2	4	2	3	2
7	政治地位	3	3	5	3	2
8	激励强度	23	27	25	29	22

资料来源：张金昌等：《21世纪的企业治理结构和组织变革》，经济科学出版社2000年版，第191页。

不过，值得指出的是，在加强国有企业激励机制建设问题上，要注意激励的相对性原则。所谓相对性，一方面是指激励机制的运转以约束机制的运转为前提，不能光讲激励不讲约束，激励机制建设与约束机制建设必须同步推进。如果约束机制作用不到位，激励机制建设单兵突进，在一定的意义上说不过是国企代理人获得与其业绩不相称的畸高收入的一种正式的制度安排，这样一来，激励，无异于鼓励公开盗窃国有资产；另一方面，则是指用做激励载体的物质利益本身也是具有相对性的，不是给予代理人的物质利益越多激励效果就越好，物质利益水平与激励强度之间并不存在简单的线性关系，必须注意针对不同的代理人的需求偏好，从国企的实际情况出发，从中国的特定国情出发，选择适当的物质激励手段，确定适宜的物质激励水平。总之，在推进国企激励机制建设工作中，我们要不断提高对激励问题重要性的认识，但不能把激励问题绝对化。

3. 宏观层面形成以国有资产管理体制改革为契机，对政府权力进行清晰定位，通过"约束"政府权力来加强对国有企业经营者监督与约束的操作思路

所谓"约束"政府权力，在这里有两方面的内涵：一方面是通过"约束"，使政府作为国有资产出资人的权力切实履行到位；另一方面，则在于规范和控制政府权力的滥用，解决政府权力的"越位"问题。党的十六大报告及十六届三中全会所通过的《决定》关于深化国有资产管理体制改革的精神为解决这两方面的问题提供了很好的指导思想，但在实践上还须以中央关于国资管理体制改革为契机，采取具体措施来解决政府与国有企业的"权力"关系问题。

约束政府权力，就是要明确国有资本的出资人主体及其职责，划定其"用武之地"，解决其行为的范围问题。国有企业治理中出资人虚位，政府将出资人的身份与社会管理者的身份相混淆，是既有的国有企业约束机制建设不到位的根本原因。按照十六大报告的要求，建立专门性的国有资产管理机构，作为代表国家履行出资人职责的主体，是建立新型国有资产管理体制的关键所在，同时，也成为从总体上廓清政府与企业关系从而约束政府权力的一个良好的开始。这是因为，中央政府和省、市（地）政府分别设立的国有资产管理机构是受同级政府委托、专门履行出资人职责的机构，其作为出资人主体，自产生之日就应该能满足三方面的职责要求：一是其定位是"履行出资人职责"，是管理企业的国有资产而不是直接管理国有企业，可以将所有权与经营权相分离；二是其设立意味着政府行使国家所有权的职能部分与其他行使社会管理的公共权力部门的分开，

可以实现组织上的政资分开和体制上的政企分开；三是其所具备的"管资产与管人、管事相结合"的集中性地履行出资人权责的唯一性，可以形成权责明晰的可追溯产权责任的主体，有利于加强其对自身权责的约束。我们以为，对出资人机构这一主体的职责不能模糊化，其权利与义务，应该是明确的，并不存在"自由裁量权"运用的空间。只有明确规定出资人机构的职责，才可能解决其权力运作的"用武之地"问题。

在我们看来，只有明确了出资人主体的职责，才可能解决其行为的范围问题，而只有解决其行为范围问题，才可能解决其行为到位又不越位的问题，从而在根本上为解决国有企业约束机制建设问题提供一个最起码的起始条件或平台。

4. 在微观的层面上，必须切实完善国有企业内部权力的配置，落实现代企业的分权制衡机制，推进国有企业内部治理的"政治文明"

现代企业在其演化进程中形成了一套特有的企业"政治"架构，并以这套"政治"架构来保证其治理的"政治文明"，这就是众所周知的企业所有权、经营权、管理权和监督权的分权制衡机制。在我国，《公司法》等相关法律也对这些权力做出了各自的界定，并明确了行使这些权力的主体分别是股东会、董事会、经理层和监事会。尽管在具体的权力配置上还存在诸多的细节性的技术问题，有些需要修改完善，有些则是一片空白，需要新的立法加以填补，但大体看来，现行法律法规已经提供了形成国有企业有效约束机制的分权—制衡的基本法律保障。问题是，如同我国法制建设进程中所出现的普遍情形，有法不依与执法不严，已经成为国有企业约束机制建设中的最大障碍。比如，按照法律法规对于企业权力的配置来切实推进企业权力架构建设的话，在国有企业治理中，不仅是可以有效防止所有权侵犯经营权、管理权的，也是可以防止经营权、管理权架空所有权、排斥监督权的。但在许多国有企业治理中，分权—制衡的约束机制基本上都丧失了其应有的功能作用，要么是所有权主体股东的利益绝对至上，损害了其他企业相关者的利益；要么是出现内部人控制现象，企业经营管理者以自身的利益目标置换了作为企业所有权主体——股东的利益目标。

所以，加强对国有企业经营者职业化约束机制的建设，关键还在于在国有企业内部能够建立起具有"现代政治文明"特性的企业治理文明——分权制衡机制。

第四章　我国民营企业的发展
与民营企业家职业化

　　民营企业的概念在学界、官方文件和社会流行称谓中尚未见到有统一、严谨的定义，在我国"民营"概念是相对于"国营"而言的。所以，民营企业、私营企业、家族企业甚至非公有制企业等概念都被混淆着使用。本章所指民营企业是指在我国注册的，由个人或合伙人出资创立并实施经营管理的企业。如没有特别说明，文中出现上述几种称谓均为同义概念。

　　我国民营企业的发展是多年的改革中最引人注目的成就之一，社会对其关注的程度不亚于国有企业的改革。社会对民营企业的理论关注，从经济成分、分配制度的概念开始，一步一步地深入到政治体制、社会分层、党的建设等领域，其影响的深度和广度已远远超出了经济学意义。时至今日，民营企业已经成为我国重要的经济成分，它改变了我国的经济和社会的面貌，是继续推动国民经济向前发展的动力源之一。在民营企业的发展过程中，除了国家政策等外部因素所起的作用以外，直接在第一线发挥推动作用的是民营企业家们。民营企业家对任何一家民营企业来说，可谓成也萧何、败也萧何，他们与中国的民营企业起落沉浮，经历了多年风风雨雨的历程。在上一章对国有企业的制度变迁和国有企业家分析阐述之后，本章通过对我国民营企业发展历程的回顾和总结，从民营企业家的成长过程、角色特征以及职业化机制等方面进行分析，以构成对我国企业家队伍建设问题研究的完整性。为了使本课题项目研究更具现实意义，本章以我国发展得较早、较快的深圳市民营企业家的职业化过程为对象，安排了一节进行专门的个案实证分析。

第一节　我国民营企业的发展历程
　　　　与民营企业家的特征

一、我国民营企业的发展历程

如果说中国的改革是发端于农村家庭联产承包责任制，那么，中国民营经济也是从农村的乡镇企业开始，逐渐波及城市，给城市经济增添了活力，给国有企业施加了改革的压力，全国改革形势创造了有利的条件。我国民营企业的发展历程是从乡村崎岖的小路一步一步走向现代化快车道的，至今回首，大体可以分为四个阶段。[①]

1. 萌芽时期——个体工商户阶段（1978—1986 年）

我国的民营经济和民营企业的发展是和党的政策紧密地连在一起的，这个阶段的政策特征是：允许和鼓励个体经济存在和发展。1978 年召开的党的十一届三中全会是解放以来党和国家历史上有深远意义的一个伟大转折，从此开创了社会主义经济建设的新时期。邓小平同志指出，"如果现在再不实行改革，

---

① 对我国民营企业发展阶段划分有多种大同小异的观点，本课题的阶段划分采纳了张玉仁等的三个阶段观点（参见《中国民营经济的发展与前景》，《国家行政学院学报》2001 年第 6 期），在此基础增加了 2001 年后的第四阶段。

我们的现代化事业和社会主义事业就会被葬送",同时他还提出允许一部分地区、一部分人先富起来,带动其他地区、其他人,然后就会使整个国民经济波浪式地不断向前发展,从而使全国各民族较快地都富裕起来。党的十一届三中全会明确了全党的工作着重点转移到社会主义现代化建设上来,提出了发展农业生产的一系列政策措施和经济措施,提出"社员自留地、家庭副业和集市贸易是社会主义经济的必要补充部分,任何人不得乱加干涉"。政策的开放使农村劳动力得到了极大的解放,富余的劳动力和富足的资金在农村演变成了个体专业户,随后推动了城市个体经济的发展。1979年4月9日,国务院批转工商行政管理总局关于全国工商行政管理局长会议的报告(1979年3月23日)中首次提出了恢复和发展个体经济。报告指出:"可以根据当地市场需要,在征得有关业务主管部门同意后,批准一些有正式户口的闲散劳动力从事修理、服务和手工业的个体劳动,但不准雇工。对他们要发给营业执照,会同街道和有关业务部门加强管理,并逐步引导他们走集体化的道路。"1983年1月2日,中共中央印发的《当前农村经济政策的若干问题》指出,"农村个体工商户和种养业的能手,请帮手、带学徒,可参照《国务院关于城镇非农业个体经济若干政策性规定》执行。对超过上述规定雇请较多帮手的,不宜提倡,不要公开宣传,也不要急于取缔,而应因势利导,使之向不同形式的合作经济发展。"1984年2月27日,国务院发布了《关于农村个体工商业的若干规定》,对农村个体工商业的政策进一步予以明确。到1986年,个体工商户在全国城乡普遍得到发展,但政策限制每户在雇工7人以内的规模。

这个时期,"万元户"、"搞原子弹不如卖茶叶蛋,拿手术刀不如剃头刀"一时成为社会热门话题，也正是这些形象生动、表面化的矛盾促使了中国经济体制必然走向更深入的改革。

2. 诞生时期——民营企业成型发育阶段（1987—1992 年）

1987 年 1 月 22 日，中共中央在《关于把农村改革引向深入的决定》中指出，"在社会主义社会的初级阶段，在商品经济的发展中，在一个较长时期内，个体经济和少量的私人企业的存在是不可避免的。"第一次正式提出对私营企业也应当采取"允许存在，加强管理，兴利抑弊，逐步引导的方针"。1988 年 6 月 25 日，国务院发布了《中华人民共和国私营企业暂行条例》。《条例》提出："私营企业是指企业资产属于私人所有、雇工 8 人以上的营利性的经济组织"，"私营经济是社会主义公有制经济的补充，国家保护私营企业的合法权益。"国家第一次正式界定了私（民）营企业的定义。这时期的民营企业正式出现并得到了发展，由注重产品数量的增加向注重产品质量和科技含量方面发展，一大批中小民营企业已经告别了作坊模式，完成了资本的原始积累，向集团式建立规范的现代企业制度过渡。

3. 成长时期——民营企业快速发展阶段（1993—2001 年）

1992 年 10 月，党的十四大总结了建设有中国特色社会主义理论的主要内容，确立了社会主义市场经济体制的目标，指出："在所有制结构上，以公有制包括全民所有制和集体所有制经济为主体，个体经济、私营经济、外资经济为补充，多种经济成分长期共同发展，不同经济成分还可以自愿实行多种形式的联合经营。国有企业、集体企业和其他企业都进入市场，通过平等竞争发挥国有企业的主导作用。"1993 年 11 月 14 日，党的十四届三中全会通过的《中共中央关于建立社会主义市场经济体制若干问题的决定》指出："坚持以公有制为主体、多种经济成分共同发展的方针。在积极促进国有经济和集体经济发展的同时，鼓励个体、私营、外资经济发展，并依法加强管理。"这个时期党和国家明确了市场改革的方向，鼓励民营企业和国有企业、集体企业一道进入市场共同竞争、互促发展。到 2001 年，全国私企户数达 202.86 万户，从业人员达到 2710 万人，产值占全国 GDP 的比重达 20% 强。

4. 壮大时期——民营企业持续健康发展阶段（2002 年至今）

2002 年 11 月，党的十六大指出："必须毫不动摇地鼓励、支持和引导非公有制经济发展。个体、私营等各种形式的非公有制经济是社会主义市场经济的重要组成部分，对充分调动社会各方面的积极性、加快生产力发展具有重要作用。""坚持公有制为主体，促进非公有制经济发展，统一于社会主义现代化建设的进程中，不能把这两者对立起来。各种所有制经济完全可以在市场竞争中发挥各自优势，相互促进，共同发展。""充分发挥个体、私营等非公有制经济在促进经济增长、扩大就业和活跃市场等方面的重要作用。要促进非公有制经济健康发展。完善保护私人财产的法律制度。"经过 20 多年的发展，民营企业已经形成规模并积聚了可观的财富，关于保护私人财产的法律制度使许多民营企业家消除了疑虑，甩开手脚大胆往前迈进。2002 年底全国民营企业户数已经突破 280 万户，从业人员 3214 万人。党的十六大后，民营企业的规模越来越大，上市公司增多，更多地涉足高科技、地产、金融证券、现代制造业等领域，呈现出持续、健康的发展势头。

二、我国民营企业的特性

我国的民营企业从个体工商户发端,在新、旧两种经济体制错综复杂、同时并存的情况下走过来的。在 20 多年的发展历程中,每一阶段都呈现出不同的特征,从不同的角度进行观察得出的结论也将不同,要准确、全面地把它的特征描绘出来显然是件很困难的事情。为此,本课题主要从所有权、控制权、经营权、内部管理、价值文化等方面进行分析,总结出五个方面的特征。

1. 权力高度集中,产权关系简单

民营企业创办之初的资金一般都不太雄厚,大都是由创业者的自有积累资金作为主要来源,或是家族的财产积累,或是创业合作伙伴的共同筹资。由于出资人数少,产权高度集中,产权关系往往是 1 人或数人之间的关系,企业资产的归属、支配、处分、收益等关系简单而明晰。

2. 控制权普遍由家族或创业伙伴掌握

出资人就是企业主,由于民营企业的创业出资人数不多,所以企业的控制权一般由家族控制,或是由创业合作伙伴控制。在民营企业中普遍表现为是通过控制企业所有权从而控制企业,民营企业的创业者都是历尽艰辛才把企业做起来的,对企业有一种难以割舍的情怀,一般不轻易为融资而扩张分散股权,即便是成为上市公司,大部分企业的控制权仍是在创业者手中。企业由职业经理"内部人"控制的现象在民营企业中不多见。

3. 所有权与经营权,决策权与管理权高度集中

我国当前的民营企业普遍是家族拥有或创业合作伙伴拥有的形式,1999 年的一项调研成果表明,在 1947 个民营企业的治

理结构中，私人股份所占比例在90%以上。① 民营企业的业主普遍认定，他们能够真正寻到支持和帮助的只有家庭和创业伙伴，"为了企业的稳定发展，必须由我本人或我的家人来经营管理。"② 所有权和经营权、决策权和管理权的高度集中是我国当前民营企业的显著特征。少数的民营企业随着规模扩大、投资领域多元化，自己管理力不从心时，才慢慢地开始实现两权分离。

4. 企业内部带有相当浓厚的家族或合作伙伴的色彩

企业内部主要以血缘、亲缘、地缘或老同学、老战友、老同事的人缘关系为纽带，建立起一种天然、自然的诚信管理系统。相对应的往往是以人治为主要特征的管理方式，依靠核心成员的智慧、经验、知识和能力，对内部矛盾和各种事件的处理靠的是亲情、友情和信任、默契、服从。即使是设有股东会、董事会和监事会的民营企业，也会带有明显的人治色彩。

5. 价值文化偏向性明显

民营企业的价值目标偏向性非常明显，那就是以家族、创业合作伙伴的利益为最主要的目标，这种目标是企业核心成员凝聚力的来源。在此基础之上，发展形成企业的价值文化，对企业的制度安排、组织结构、人事选择、文化观念都带有创业者利益高于一切的偏向性。往往表现为："圈内重于圈外、亲人重于外人、稳定重于发展、权威重于集体、资历重于能力、经

---

① 1999年中国社会科学院社会学研究所、全国工商联对21个省、市、自治区250个市、县、区的1947家民营企业进行了抽样调查，结果表明私人股东占90%以上，私人股东中私有人业主占66%、同姓兄弟占14%、异姓兄弟占3%，以上三者均是以资金形式入股；另外技术人员占3%、管理人员占3%，是以赠送技术、管理股份入股；剩下的比例是集资或其他形式入股。

② 甘德安：《中国家族企业研究》，中国社会科学出版社2002年版。

验重于知识、情感重于理性、关系重于原则、伦理重于道理、人情重于制度。"①

三、民营企业家职业化的势态特征

1. 对政策反应更敏感，得到社会认同度更高

民营企业家职业化的发展趋向，是与我国的社会主义市场经济发展和企业体制改革相联系的。公司制企业的财产最终所有权与法人财产权相分离是其产生的理论基础，公司制企业的法人治理结构确立了民营企业所有者与经营者的合法身份和地位，国家对民营经济的任何政策调整，都将首先在民营企业中敏感地反映出来。比如改革早期限制个体工商户雇工不得超过7人，这条政策也就决定了不存在职业化企业经营者出现的可能；党的十四大以后明确提出鼓励私营经济的政策使民营企业规模得到迅速壮大，企业主不可能自己管理规模越来越大的企业，必然地要寻找职业的经营者，也就为民营企业家走上职业化道路提供了可能。

民营企业家将企业经营活动作为一种职业性、专业性更强的社会职业，其职业体系、行为规范、就业标准和职业成就的评价方式有别于其他社会阶层和国有企业，他们的地位主要是社会的认同而不是政府的赋予，只要在行业内有了骄人的经营业绩，尽管没有政府的一纸任命或表彰奖励，同行和社会也会给予高度的认同。民营企业家具有特定的从业资格，有相应的社会角色标准和企业主压力约束，并且在市场选择机制的作用下，在追求利润最大化的过程中，自觉地体现职业精神和职业

---

① 甘德安：《中国家族企业研究》，中国社会科学出版社 2002 年版。

道德；随着现代企业制度的发展和社会主义市场经济的完善，在社会中形成相对独立的民营企业家的管理体系。①

2. 市场化更明显

民营企业家的职业化是市场经济发展的必然产物，是民营企业适应市场需求转换经营机制和建立现代企业制度的客观需要。民营企业家产生于市场之中，同时其职业素质和经营业绩又要接受市场检验，这种市场化的发展特征，与其形成机制密切相关。民营企业家的劳动是一种高层次的复杂劳动，是其综合知识和才能的运用，通过市场作用，让民营企业经营管理人员走向市场化、职业化，这是优化生产要素组合的最佳形式，它可以有效地解决民营企业中最为突出的人为因素干扰和主观随意性等问题，形成引导经营者充分流动和升迁的市场机制，在充满激烈竞争的市场中形成了民营企业所有者和经营者之间的互动关系，并逐渐成为一种必然趋势。②

3. 职业化更突出

民营企业适应市场需求转换经营方式和提高企业效率，其关键在于形成一支高素质、高水平的职业化经营管理队伍，他们必须具有合理的知识结构和适应企业生产经营需要的专业知识，有其专长并且能够独当一面。"外行不能领导内行"这句话虽然有失偏颇，但至少揭示了作为一个管理者所应具备专业知识的基本要求，在民营企业中尤其如此。民营企业所有者之所

---

① 参考了以下资料内容：李华：《民营企业呼唤职业经理人》，《中国民营科技与经济》2002 年第 21 期；朱菲娜：《民营企业长寿：职业化管理是副药》，《中国经济时报》2003 年 1 月 9 日。

② 赵秀峰：《论现代企业家与经营管理人员职业化的形成机制与发展趋势》，《经济问题探索》1995 年第 9 期。

以不惜重酬聘请经营管理人员并对之委以重任，最根本的原因就是看中了经营者的专业知识和管理技能，而这些往往正是民营企业所有者有所欠缺或无法单独实现的。民营企业所有者对经营者的专业化要求和发展趋向，也适应了社会化大生产的需要。如果民营企业的经营者是外行，或者自身素质很差，就不可能在企业的决策和管理中发挥应有的作用，也不会给企业带来好的经营绩效，老板就会毫不犹豫地把他"炒"掉。现代企业制度的历史经验表明，经营管理人员的选聘，应该有严格的条件和资格，正因为如此，专业化的教育和培训已逐渐成为民营企业家职业化的必备条件。

第二节　中国民营企业家职业化的机制需求与优化

一、民营企业家职业化机制的必要性

从严格意义上讲，当前我国民营企业家职业化的队伍尚未真正形成，最多也只能说处于起步阶段。在中国民营企业20多年的发展历程中，还没有建立起发现和促进民营企业家生成的机制。目前我国民营企业家还没有成为一个独立的利益主体，企业家队伍还很弱小。国内外的实践反复证明，每个成功的企业都一定有其成功的职业化经营者，特别是在市场经济条件下，在智力资本主宰的这个时代，经营者的素质高低是决定企业成败的关键，而企业家职业化是造就一支高素质经营管理队伍的关键。

通过职业化的企业家市场实现自由流动、双向选择，进而

达到职业化企业家资源在民营企业中的最优配置，已经成为促进民营经济进一步发展的势在必行的措施。根据民营企业家的含义和我国民营企业的发展现状分析，建立民营企业家职业化机制的必要性可以从以下三个方面来分析。

1. 市场经济的发展需要民营企业家职业化

（1）是推动市场经济全面发展的重要动力

市场经济要求企业提高经营管理效率，增强市场竞争力，而企业要提高经营管理效率、实现科学管理，必然要求实现企业家的职业化。在社会主义市场经济的建设中，同样要求民营企业实现自主经营，自负盈亏，并保证原有资产保值增值。要达到这个要求，必须不断提高民营企业经营效率，增强竞争力，而这也只有通过企业家的职业化来实现。因为企业家的职业化有利于在民营企业中实现经营目标明确化、经营人才专业化、经营职能专门化，从而有利于提高民营企业的经营管理水平。所以说，民营企业家的职业化是生产社会化程度提高的必然结果，是民营企业实现科学管理的重要基础。

从市场的角度来看，市场本身并不创造价值，它只是商品实现使用价值和价值的场所。作为市场经济主角之一的经营者，需要以自己特有的战略思维、前瞻意识、创新能力和科学思考，把握变幻莫测的市场环境，依据消费者的需求，组织生产出适销对路的产品，促进企业发展。如果企业缺少具有市场经济意识的职业经营者，市场的调节功能和开拓功能必然会大大削弱。在民营经济已经成为我国国民经济发展重要支柱的今天，民营企业家的职业化对于社会主义市场经济的良性发展具有无可言喻的意义。

（2）是现代企业制度规范化的内在要求

社会主义市场经济体制的确立要求建立现代企业制度，现代企业制度的建设则要求实现包括民营企业在内的各种所有制企业家的职业化。市场经济要求建立现代企业制度，现代企业制度要求实行所有权和经营权分离，理顺所有者与经营者之间的关系。因此，"一身二任"的"老板"必须从管理者的身份中淡化出来，而企业经营者也必须从过去单纯的计划执行者转变为经营决策者和经济效益责任者，从过去对"老板"指令和决策的听从者转变为市场经济条件下接受资产所有者委托、领导企业自主经营的专职经营者。

可见，市场经济体制的建立，使民营企业家的地位和作用都发生了质的变化。民营企业家素质的高低和队伍建设的质量，都将会影响到现代企业制度的建立和完善。经营者是企业主要决策者和执行者，他们在实现产权清晰、权责明确、政企分开、管理科学的现代企业制度要求方面负有重任。因此，要建立现代企业制度，就必须不断提高包括民营企业家在内的企业家阶层的素质，加快企业家队伍建设的步伐，同时，也只有职业化的经营管理阶层的形成，才能加快发展市场经济、促进现代企业制度的建设，使民营企业在更广阔的空间和更完善的环境中成长和壮大。

（3）是人力要素参与市场经济活动的必然规律

市场经济体制的建立，要求培养和造就现代化的企业家队伍，而新一代经营管理阶层的成长和壮大要求实现职业化。市场经济条件下的民营企业家不同于计划经济体制下的企业领导，他们不是由国家行政权力机关任命，更不是自封的。他们是在市场经济浪潮中锻炼和成长起来的。他们必须具有适应市场经济要求的管理思想，有敢冒风险、勇于开拓的进取精神，有强烈的使命感和责任感，有丰富的经营管理知识和科学的经营决策能力。要造就和培养这样一支现代化的民营企业家队伍，必然要求他们把经营管理现代企业作为终身职业，以推动和领导企业生产经营为己任，成为独立的经营管理专家。也就是说，职业化是建设一支真正的民营企业家队伍的关键。

市场经济是竞争经济，这是市场经济的一般规律。作为市场主体之一的民营企业，进入市场参与竞争，关键在于参与各种人才的竞争，这就需要有高素质的职业化企业家作为组织保证。随着知识经济、信息时代的到来，"科学技术是第一生产力"这一真理已成为人类社会的共识，而实现科学技术产品产业化的关键不仅仅在于科技专家，更在于职业化企业家的辛勤努力，因为通过职业化企业家能使科技成果最大限度地投入生产，进而使科技成果进入市场，变成真正具有价值和使用价值的商品。因此，建立一支高素质的职业化企业家队伍，成为民营企业参与市场竞争、创造出更多社会价值的当务之急。

（4）是民营企业走向国际化趋势的要求

我国加入 WTO 后，国内市场逐步成为整个国际市场的一部分。随着中国市场开放程度的加快、对外商品流通的增加，中国将进一步融入世界经济大潮之中。如果继续依靠单纯的"老板式"方法管理和经营企业，我国民营企业是很难在国际化竞争中立足的。民营企业需要有熟悉市场经济规律、熟悉国际经济运行规则和惯例，能够在全球化经济竞争中带领企业求生存、谋发展的市场管理型经营者，即需要职业化的企业家参与企业的生产、经营和管理活动。

企业国际化趋势必然要求民营企业具备高素质的职业化企业家。企业国际化既是世界经济一体化的必然要求，也是加快中国企业发展的必然选择。要实现这个战略，作为国民经济重要力量的民营企业负有重任。在国内市场国际化的潮流中，企业家素质的高低是决定民营企业在走向国际化进程中兴衰成败的关键。

2. 从家族管理走向现代化管理需要民营企业家职业化

民营企业的传统管理主要通过家族化经营来实现。所谓家族化经营是指家族成员既是企业的所有者，又是企业的经营者，企业的经营管理运作体系通过血缘、亲缘甚至地缘纽带来维系。中国民营企业大多由家族成员携手创业而成，因此创业者对自己的企业往往保持着相当的控制权，其股权结构必然要求"一股独大"。民营企业在创业初期由于规模小、经营范围有限等原因，使得创业型民营企业者凭借摸索就能够自己独立地开辟一个领域，实现能人治厂。因此，由"一股独大"决定的家族化经营在民营企业创业阶段发挥了独特优势。

但是，家族化经营具有较松散和不稳定性，在实际操作中，它更多地运用非正式规则来治理企业，"人治"行为明显，是一种落后的企业管理模式，限制了企业的进一步发展壮大。当企业在向多元化、国际化方向扩张时，其任人唯亲及封闭保守的弊端就会日益彰显。

（1）建立现代民营企业的需求

中国民营企业的传统家族化管理方式不能从内部衍生出符合现代化需要的机制。有管理学家指出：中国人大都习惯于家长制，大多数人都有"宁当鸡头不当凤尾"的想法，缺乏时代要求的妥协融合和合作结盟精神，所以，小企业能办得好，企业发展大了就难办，常常发生分裂。[①] 另外，家族化管理企业

①　赵隆英、吕一军：《中国民营企业制度变迁研究》，《社会主义研究》2004第1期。

内，企业文化充满家长作风和任人唯亲的色彩，企业的管理在很大程度上靠个人威望来推行，老板的亲属分布在各个部门，担任重要职务，族外精英受到排斥。"老板权威"强调人治行为和人格力量，而人与人之间的交易既有经济的一面，又有非经济的一面，随着企业发展，这种交易关系日益繁杂，并且利益矛盾不断积累，一旦失去了"权威"，就容易出现"散伙"，导致企业的裂变。

民营企业引入职业化企业家后，企业所有者从经营管理职位上淡化出来，一方面，可以有效地避免家长作风和任人唯亲等"人治"问题；另一方面，由于所有权和经营权的相互分离，民营企业内部矛盾和关系相对简化，所有者和经营者分工明确，各司其职，可以防止企业向心力分散，从而促使全体员工齐心协力，促使企业做大做强。

（2）完善民营企业产权市场的需求

民营企业的传统家族化管理方式导致企业所有权与经营权不分，企业财产与家族财产不分，容易造成内部财务制度混乱。经过20多年的曲折发展，中国的民营企业已成长为一个庞大群体，在国民经济中占有着极其重要的地位，但是至今仍然普遍存在业主所有并控制的状况。中共中央统战部、全国工商联等机构主持的第五次私营企业调查对上述判断给出了很好的证明（见表4—1）。[1]

---

① 该调查于2002年4—7月进行，数据截至2001年12月31日。关于该调查的数据引自中国民（私）营经济研究会会长保育钧在第五次私营企业抽样调查新闻发布会上的发言。

表4—1　中国民营企业业主型企业家主导（％）

业主控制指标	1996 年	1999 年	2001 年
业主个人投资占总资本的比例	80.1	80	76.7
一身二任比例	97.2	96.8	96

从表4—1可以看出，到2001年底业主个人投资占总资本的比例仍高达76.7％，说明业主对企业拥有绝大部分的所有权，而高达96％的"一身二任"的事实也表明业主控制仍是目前民营企业最主要的产权模式。第五次私营企业调查还表明，虽然被调查企业有近70％采用了有限责任公司的组织形式，但是，从资金来源看，即使有多名股东共同投资的有限责任公司，也是"一股独大"，其中约1/7实际上是一个人投资的。也就是说，在目前中国的民营企业中，资金来源主要依靠私人资本，企业的产权通常是封闭型的。

民营企业要摆脱由于产权问题带来的束缚，最重要的就是灵活开展融资和投资活动，这一工作可以通过职业化的企业家来实现。职业化的企业家进入民营企业，在企业内实行所有权和经营权分离，有利于分隔企业所有者的家族财产和企业财产，理清企业财务关系。同时，职业化企业家具有专业化的投、融资知识和技能，可以为民营企业争取多方面的融资渠道和资金规模，分散民营企业生产和经营风险，提高民营企业的竞争力。

（3）规范民营企业经济行为的要求

民营企业普遍存在着规模较小、企业组织结构分散、产品类同、技术含量较低的现象。随着市场竞争的日趋激烈，民营企业为了图谋私利常常会出现一些短期行为，如为了争夺市场，竞相压价，被迫降低成本，却又没有降低生产成本的企业实力，就偷工减料、制造伪劣产品、偷逃税收；由于技术有限，创不出名牌产品，为了能使自己的产品销售出去，就违法乱纪，制造假冒商品，破坏了民营经济的声誉，严重扰乱了市场经济秩序。

职业化的企业家把经营好企业作为自己的神圣职责，把追求资产保值增值作为自己的崇高使命，把经营管理和发展企业作为自己的毕生事业来追求。因此，职业化的企业家有其专业化的职业体系和行为规范，其身份、地位、名誉等皆系于企业经营事业，其经营管理行为必然要体现其职业精神和职业道德。为了成就其所在企业的长久发展和个人的事业前途，理性的民营经营者必然会做出符合市场经济规律和公平竞争规则的生产、经营和管理行为。由此可见，民营企业中职业化经营者的引入机制形成并完善之后，将会对目前民营企业中存在的大量短期行为起到有效的抑制作用。

3. 民营企业家素质的提高需要实现职业化

目前，我国民营企业的用人机制并不成熟，正处在改革和探索的初级阶段。民营企业中经营者的素质参差不齐，通过实行企业家的职业化，能保证经营者具有系统完善的专业知识与职业技能，满足民营企业参与市场竞争的需要，同时为社会客观评价经营者的业绩与人力资本提供标准，最大限度地刺激经营者不断追求经营创新，为民营企业的发展竭尽全力。[1]

（1）规范民营企业家行为方式的需求

经营管理民营企业是一项科学性和专业性很强的活动，它

---

[1] 闫永海、高忠波：《论企业经营者职业化》，《河南职业技术师范学院学报》2002 年 6 月。

要求民营企业改变传统的经验管理，实施现代的科学管理，其前提条件是实行企业家职业化，按照一定标准和要求选择经营者，并根据其经营业绩的优劣确定报酬。这样迫使企业家在对民营企业的经营管理过程中必须严格规范自己的经营行为，决策前要详细分析，搞好经营预测；决策时要集思广益，实行民主决策；决策后，严格执行方案，追踪方案结果，及时反馈信息等，从而使企业家行为实现规范化和科学化。

（2）能强化民营企业家责任心的需求

在现代企业制度中，出资者与经营者之间是委托代理关系，二者的目标是不同的。出资者的目标是追求资产的最大增值，而经营者作为理性的经济人，他们追求的目标是人力资本增值及个人效用最大化（包括工资、闲暇时间等）。如果没有适当的激励措施与外界的强制约束，经营者将从自己的偏好或意愿出发，采取一些机会主义行为，损害出资者的利益。实行经营者职业化后，民营企业经营者的生存和发展主要依赖于其人力资本（经营才能）价值的高低。如果经营者对民营企业经营管理不善，出现亏损，甚至破产倒闭，尽管出资者将损失利润与本金，但是经营者不仅会被解聘、失去经营者地位，而且会丧失声誉，直至名誉扫地，从而使其赖以生存的人力资本价值大为贬值。由于经营者把经营其所服务的民营企业作为自己谋生以及取得成就的依托，其社会地位的高低及报酬的多少与其经营企业规模的大小及经营业绩的好坏相联系，从而能促使其增强经营和管理的责任心。

（3）提高民营企业家职业能力的需求

社会主义市场经济环境下，市场竞争愈来愈激烈，对企业经营者的要求也愈来愈高，经营者必须具有相当的知识与技能。

从事民营企业的经营管理具有与其他性质企业不同的独特职业标准，民营企业必须根据其标准来筛选经营者，达不到标准的人不能进入民营企业进行经营管理，这样就可以保证民营企业中的经营者具备从事企业经营管理的基本素质和才能。同时，对于试图从事职业化管理的经营者而言，要想在激烈的市场竞争中争得一席之地，在民营企业中获得更高的职业起点和更大的发展空间，就必须自觉地不断充实和提高自身的专业知识和相关技能，在竞争中激发出民营企业经营者的内在潜能，从而锻造出一支高素质的民营企业家队伍。

二、民营企业经营者职业化的可能性

自实行改革开放以来的多年中，我国的民营经济已经获得了飞跃式的长足发展。随着社会主义市场经济体制的逐步改进和完善，无论是外部市场环境，还是民营企业内部机制，都已经为民营企业家实行职业化创造出了良好的条件，奠定了一个较为稳固的基础。

1. 外部宏观环境基础

外部环境因素是民营企业实行职业化经营的宏观基础。促成职业化的经营管理队伍的外部环境包括三个方面：一是要有一定规模、现代意义的企业；二是形成科学、公正、竞争的人才选拔任用机制；三是基本健全的法律法规体系。随着我国改革开放的扩大、经济体制改革的深入和政治体制改革的突破，民营企业建设职业化企业家队伍的外部环境正在具备，一个中国特色的民营企业管理制度和体系已具雏形。

（1）现代企业制度的典型形式——公司制企业的法人治理结构为民营企业家的职业化提供了客观的前提条件。公司制企业有效地实现出资者所有权与企业法人财产权的分离，适应了现代经济发展和社会主义市场经济的需要，是现代企业制度的典型形式。公司制企业的重要特点表现在法人治理结构上，即所有者、经营者、生产者之间，通过公司的权力机构、决策和管理机构、监督机构，形成各自独立、权责明确、相互制约的关系，这是企业家职业化的客观前提。

培养和造就一支优秀的职业化企业家队伍，是实现我国民营企业规范化、科学化管理的必然要求。在公司制民营企业中，公司决策机构制定公司的重要经营方案，决定公司内部重大问题，公司执行机构主持企业日常生产经营工作，对企业的生产经营活动进行全面领导。企业内部结构明显地分为资产经营和生产经营两个层次，企业所有者不再亲自经营自己的财产，而将其委托给专门的经营者代为经营，由此形成了职业化的经营管理队伍，专司民营企业的生产经营。民营企业顺应现代企业制度的要求建立新型法人治理结构，使企业所有者和经营者皆有明确分工，他们之间的关系是决策者与执行者的关系。在我国企业"转机建制"的形势下，加快和加强民营企业经营管理队伍的教育和培训，建立健全形成机制，这是使民营企业家朝着专业化、职业化方向发展的重要步骤。

（2）人才选任机制的改革为民营企业家的职业化奠定了制度基础。改革开放以来，我国企业人事制度适应形势发展要求，进行了较大力度的改革，尤其在大力推进企业内部人事制度和劳动用工制度方面，取得了明显的成效。通过改革，企业内部合同制、聘任制普遍实行，初步实现了企业经营管理人员能上能下、能进能出的用人环境。目前，这类人员已成为我国人才市场的主体。

人才选任机制的改革促进我国经营者人才市场有了一定程度的发育，为民营企业家走向职业化打下了一定的基础。目前，我国人才市场建设已经初具规模，人才市场的配套措施日趋健全，并且已初步形成有序运作、买方和卖方市场都比较活跃的市场格局。人才服务机构有了一定的发展。近年来出现了不少的"猎头公司"、"中高级人才交流会"等，这些服务机构拥有充分而广泛的经营管理人才资源信息，专门从事收集、储存、处理和传递人才信息工作，对企业家走向职业化起到了推动作用。作为专业人才市场的重要分支，民营企业经营者人才市场逐步占据重要位置，开始有了一定的发育。"民营企业家"这个概念已经被社会认可和接受，这也反映了通过市场优化配置职业化的民营企业家人才的现实可能性。

（3）日趋完善的法制环境为民营企业经营者的职业化提供了法律保障。我国政府对民营企业所有者和经营者的法律保护体系正日趋完善。民营企业所有者和经营者的社会地位已大为提高，他们的人身权利和财产权利也获得法律的明确保护。党的十六大已明确指出："在社会变革中出现的民营科技企业的创始人和技术人才、受聘于外资企业的管理技术人员、个体户、私营企业主、中介组织的从业人员、自由职业者等社会阶层，都是中国特色社会主义事业的建设者。"2004 年 3 月我国宪法修正案将宪法第十三条"国家保护公民的合法的收入、储蓄、房屋和其他合法财产的所有权"，"国家依照法律规定保护公民的私有财产的继承权"修改为："公民的合法的私有财产不受侵犯"，"国家依照法律规定保护公民的私有财产权和继承权"，增加了对公民私有财产的保障条款。

民营企业所有者的私人财产和经营者的人身权利能否得到有效和充分的保护，对民营企业家的职业化发展起到至关重要的作用。只有当所有权和经营权得到法律制度明确保护时，所有者和经营者才能放心在民营企业中实现两者之间的合法分离，为在企业内部实行现代企业制度相关制度改革，进而促进民营企业家的职业化提供了法制保障。

另外，社会主义市场经济是法制经济，民营企业所有者和经营者的经营行为首先必须符合法律规范。我国日趋健全和完善的法律体系及法制环境，有效地保护着民营企业所有者和经营者的合法权益和正常的生产经营活动，也有力地保证了民营企业拥有一个公平、有序的市场竞争环境。

2. 内部微观环境基础

（1）职业技能的提高为民营企业家提供了职业化生命源泉。民营企业的职业化经营必须注重经营者的任职资格问题。考察民营企业家的职业技能，可以从经营者的专业技能、人际技能和概念技能等几个方面来考虑，这些能力的提高与否直接关系到企业家职业素质的高低。

我国教育事业的快速发展从根本上促进了企业经营者职业技能的提高。经过多年改革，高等教育已经大大提高了教育质量和办学效益，各种层次的职业教育和成人教育，培养了大批的中、高级企业经营管理人员，使大部分人思想文化素质和职业技能得到显著提高，以满足当前各类企业发展的多方面需要。同时，在激烈的市场竞争环境中，企业家也自觉地充实自身专业知识和职业技能，培养出良好的人际关系等相关技能。所有这些，都为包括民营企业在内的企业家提供了绵绵不绝的职业技能之源。

（2）职业意识的强化为民营企业家的职业化提供了信誉保障。针对我国民营企业界目前的状况，只强调职业技能是不够充分的。仅仅依赖硬性制度对经营者进行约束是难以完全奏效的，企业家必须凭借"良心"和"道德"来从事工作。对企业家进行职业意识的强化，可以从道德意识、创新与冒险意识、法律意识等方面入手。可以说，来自职业意识方面的挑战更胜于制度的规范。

随着就业形势的转变和市场竞争的日益加剧，我国民营企业家的职业意识已经有了显著提高。越来越多的企业家已经意识到，良好的职业道德是一名优秀的职业化企业家所需具备的基本品质，与企业合作所遵循的基本原则是诚实和相互信任，如果缺乏基于道德基础上的责任感，任何职业都将失去它的社会价值。

（3）职业精神的丰富为民营企业家的职业化提供了发展内涵。民营企业家的职业化精神是一种宝贵的社会资源，这一资源丰富的内涵将成为推动民营企业家职业化发展的强大力量。

中国的民营企业需要的不仅仅是金钱收益，更重要的是建立和完善具有核心凝聚力的企业精神。而企业精神在很大程度上是企业家的人格化力量，它包含了企业家的人生观、信仰和意志力。也就是说，民营企业家的职业精神会直接影响民营企业精神的形成，现代民营企业精神的重要内涵包含了按照现代企业制度要求改革自身、选任职业化的这一内容，民营企业家的职业精神最终拓展了其自身的经营管理职业化道路。

三、民营企业家职业化机制的缺陷

民营企业家要走向职业化的道路，必须具备一个良好的机制。尽管党和国家对民营企业的发展高度重视，政策环境和市场环境变得越来越有利于民营企业的发展，民营企业的企业主和经营者们也越来越意识到企业家的职业化是必由之路，但冷静分析，民营企业家的职业化所需求的机制条件还有许多缺陷之处。

1. 外部宏观环境的缺陷

（1）法律制度的缺陷

企业的核心问题是企业的产权问题。经过 20 多年的改革，我们对私有经济所有制问题逐步有了深入的认识，其中经历了限制、允许存在、鼓励、支持的过程。2002 年党的十六大报告提出了保护私人财产的问题，极大地振奋了民营企业主的精神，但落实到具体的法规和配套的政策还需要一个相当长的过程。法律制度的缺陷必然影响到民营企业在其他方面的公平待遇、公平竞争的问题，也是民营企业家职业化进程障碍的最基本原因。

（2）市场制度变迁不彻底的缺陷

建立中国特色的社会主义市场经济体制是改革的重要目标，但这个变迁过程远远没有完成，我国当前的市场离真正成熟的市场还有很大的差距。目前，直观的、具体化的产品市场的发育比较得到各方面的重视，发育也比较快；而隐蔽的、软性化的要素市场却没有得到应有的重视，发育程度远远滞后。如果说我国的民营企业在计划经济向市场经济转变的阶段，由于计划经济本身对国有企业存在体制上的制约而使民营企业拥有更加灵活的经营机制，使民营企业在发展初期呈现出较快的发展速度。到了今天，由于市场制度变迁的不足，反而导致了对民营企业市场准入的限制、要素市场和中介市场的不成熟、管理机构对民营企业的歧视等障碍。

2. 内部用人机制的缺陷

随着民营企业规模扩大和技术水平提高，民营企业中经营管理人才的作用日益突出，而经营管理人才作用的发挥较之普通员工更加需要自身的积极性和责任心；同时，企业间吸引人才的竞争也日趋激烈，从而产生了使企业家职业化的必要性，以强化这部分人的自我激励机制和减少其流动性。我国大多数民营企业的内部关系以血缘、亲情这种天然的人际关系为依托，靠家庭观念这一初级的社会规范来维系，其管理方式的封闭性和不规范性，使得民营企业对人力资源的引进具有排他性，不利于从外部吸引人才。

（1）人才的选拔面临难题

建立法人治理结构，实现所有权和经营权的分离，选拔称职的经营者，这是民营企业面临的和国有企业相同的难题。[①]

首先，是民营企业从哪里寻找到称职的经营人才。从理论上说，应该到专业人才市场上寻找选拔人才，可是，目前我国职业化经营人才市场尚未成熟，没有国际上通行的人才自由流动和竞争机制。因此，即使民营企业的老板希望"走出家族制"，例如有的民营企业利用人才市场依据"学历资历"延聘人才，有的民营企业通过猎头公司寻找称职人才，有的民营企业

---

① 戴园晨、吴诗芬：《民营企业发展中的家族制问题》，《南方经济》2001 年第 11 期。

在企业内部中层人员中选拔提升，可是很难找到合适的经营管理人才。而企业管理人才的选拔，不外乎从内部产生或是从外部招聘。如果从公司内部选择，则经营者很容易陷入企业过去日久生成的盘根错节的关系网，难以大刀阔斧地改革。而一旦从外部选择，则外部选人可能会压制企业内部人的工作积极性，对于企业也有负面影响。从哪里选取经营管理人才是民营企业在选聘职业化的经营者时要考虑的首要问题。

其次，是民营企业采取什么程序寻找到称职的经营人才。民营企业选择职业化的经营人才的程序一定要制度化，在合理合法的制度下产生的人选较容易被大家认可。人才选拔制度化的一项重要内容是要有一个人才培养计划，同时在选择经营人才时要保持相对透明度，要让更多的人参与评价，但目前我国民营企业对这方面工作还未给予充分的重视。

（2）人才使用的局限性

首先，职业化企业家与民营企业的创业者难以平等相处。当民营企业发展壮大后，需要从社会上招聘一批高素质的职业化企业家参与企业的日常经营管理，但是，在实际运作中，新老人员之间的磨合要花费大量的成本。不仅如此，部分家族管理人员甚至会排挤外来员工，以高傲姿态来表现自己是企业元老和功臣，以享有特权。

其次，职业化企业家使民营企业内部的激励和约束机制受到了强劲挑战。首当其冲的是作为民营企业所有者的亲属，他们的贡献与收入是不成比例的。同时由于他们的天然特殊性，企业的规章制度往往对他们形同虚设，致使他们在工作中我行我素，即使出现了重大失误，也大多能凭借裙带关系逃避责任，企业的内部制度存在"双轨形式"、"双重标准"。

最后，民营企业传统的管理体制使得科学的用人机制得不到保证。民营企业中往往存在创业元老长期占据企业要职的不合理现象，他们在职工眼中，干好干坏都是特权阶层，而职业化经营者和其他员工即使再有才华也难有升职希望，长此以往，导致大量优秀的经营管理人才从民营企业中流失。

（3）所有者对经营者的认同障碍

民营企业所有者对待老员工和家族管理人员，往往能够从经营能力到道德水平给予准确判断，甚至能够接受由于其能力方面的问题导致经营失误而给企业造成的损失，原因是由于相处日久或是家族内长者的训导。但是，对于来自企业外部的职业化企业家则有一种本能的戒备和求全心态，既担心能力较差的经营管理人员不能胜任工作，又担心能力较强的人才不好驾驭，在选择和考核方面更缺乏有效的方法和机制。

由于民营企业所有者自身难以克服的局限性，他们往往从自身利益角度观察多，从企业规范化发展角度考虑少，缺少向规范的企业内部治理结构发展的紧迫感，实际工作中不肯完全放开手脚，还要求职业化企业家必须对经营失败承担本不应由其承担的责任。这种权责不对等的做法，使有能力的职业化经营人才对企业的邀请只能望而却步。当前中国民营企业所有者多数出身于个体经济或专业技术人员队伍，虽然具有一定的行业经验，但企业经营管理素质相对欠缺，因而无法做到对来自外部的高级管理人员进行有效监督与合理评价。对职业化企业家的能力如何测度与保证，成为困扰许多民营企业所有者的心结。

3. 经营人才质量与数量的缺陷

民营企业家要实现职业化，要有一个社会化的职业经理人制度，也就是职业经理人作为一个独立的阶层得到社会上的认可，企业也习惯于从社会上去聘请他们。中国以前没有职业经理人机制，虽然现在经理人机制正在逐渐形成，但民营企业因为其资产所有者多为创业者群体或个人，因此，其职业化经营涉及更多复杂因素。总的来说，民营企业所有者并不十分信任非家族人员，这样一种心态决定了所有者只欣赏一种职业化经营者，那就是对企业和老板利益无限忠诚的经营者，但事实上，这种"理想式"的经营者在实际工作中几乎是不存在的。

（1）民营企业家职业化素质不高

目前，许多民营企业家素质有待于进一步提升。中国的民营企业家多数成长在计划经济环境下，有的至今还缺乏竞争意识和市场经济知识，经营者不甘心"为人作嫁"的现象较为普遍。民营企业引进外部经营管理人才时，最担心的是外部人员的忠诚度。而事实上也确实存在忠诚度差的现象，使得"民营企业走出家族制"成为理论家空谈的内容，而在实践中很难实行。更何况中国具有较强实力的民营企业主，原来也都是靠有限投资起家和发家的，且发家史都很短，这又形成示范效应，使得不甘心居于人后的经营管理人员在利用民营企业这个平台积累了相当的经营知识、社会关系和客户资源之后，便跳槽自己单干，给民营企业带来无法弥补的损失，致使民营企业因为担心经营管理人员跳槽自行创业而不敢聘用职业化人才。

少部分民营企业经营者采用非理性化行为严重损害了经营者群体的声誉。现实社会中，少部分民营企业经营者由于文化素质和思想境界的局限，为了图谋眼前利益，违背职业操守，在生产经营活动中采用不正当竞争手段，甚至从事违法经营，给业界带来不光彩的印象。这些非理性化手段包括决策的投机性、经营行为的短期化、竞争手段的非合法化等等。

同时，由于经理人职业化尚属起步阶段，目前在经理岗位上的人，许多人都是从其他行业转岗而来，或是经营实践经验不足等原因，离真正的职业化素质标准要求还有比较大的差距。在企业战略、营销决策、内部管理、新产品市场定位、人力资源管理等许多方面，都亟待提高。无论从企业产权归属的角度推论，或者是从现实的情况来看，民营企业对经营者职业素质的要求，比国有企业还要高。

（2）职业化经营人才的供给数量不足

目前，国内优秀的职业化经营人才偏少，与民营企业对职业化企业家的大量需求形成强烈反差。民营经济的迅速发展使得民营企业普遍需要引入符合自身要求的专业人才，但职业化经营的观念和意识在我国还处于起步阶段，我国目前对职业化经营管理人才的培养还跟不上社会需求，对这一问题的解决有待于教育和科技的进一步发展。

职业化经营管理人才的专业知识和职业技能构成不合理。在目前国内的职业化经营管理人才中，单纯管理型和技术型的人员比重较大，而具备市场经济知识的"市场经营型"人才较少。我国民营企业的成长和壮大是和市场经济的发展密切相连的，因此，民营企业对于新兴的"市场经营型"人才存在着与其供给极不对称的大量需求。

四、民营企业家职业化机制的优化

随着社会主义市场经济的逐步规范和完善，"职业化经营"氛围将全面渗入民营企业的家族化管理之中。民营企业发展到一定规模后，企业的主要部门如果仍由家族成员所控制，不仅经营管理决策水平难以有较大提升，制度执行也难以进一步完善和规范，由此可能给企业带来经营决策风险和财务风险，阻碍企业进一步发展，甚至使企业走向衰退。因此，民营企业亟待职业化企业家的加盟。

1. 改革产权结构，构建有效的产权激励机制

民营企业发展到一定阶段，若不进行产权结构调整，即使不存在生存问题，也会出现停滞不前的瓶颈现象。这一阶段的民营企业就需要进行二次创业，通过产权结构调整或建立激励机制，重新激起企业各方面的创业热情，使企业实现自我超越。所以，民营企业为了提高决策和管理的民主化、科学化，分散市场风险，发挥更多人的积极性和创造性，应主动进行产权结构调整，即进行财富的再分配，进行利益平衡与调整，使民营企业的持续发展具备体制保障。

民营企业针对职业化企业家的产权激励可以实行经营者持股、股票期权、管理层收购、仿真股票期权等具体模式。① 由于各具体模式的适用条件和实施效果有所区别，所以民营企业应根据自身的发展阶段和发展战略选择使用。

（1）经营者持股激励模式

经营者持股是指通过适当的制度安排和机制设计，使经营者持有企业一定比例的股权。这种模式保证了经营者既是经营者，又是所有者，从而有助于解决所有者对经营者的监督问题。同时，经营者和所有者的双重身份使经营者有更大动力监督、引导企业员工的经济行为，从而提高企业的整体运行效率。经

---

① 吴航、刘光岭：《产权激励：民营企业持续发展的理性选择》，《武汉大学学报》（哲学社会科学版）2004 年第 3 期。

营者持股是对经营者进行产权激励的最基本模式。

经营者持股必须借助企业股份这一媒介来实现，因此，民营企业采用这种模式的前提条件是实行股份制。职业化经营者所持股份的来源可以采用灵活形式，既可以是经营者出资购买的股份，也可以是企业赠送给经营者的股份。关于持股比例，民营企业可根据自身具体状况来加以确定，关键是要适度，既要使经营者有经营动力和压力，又要符合企业所有者利益，还要考虑到企业其他员工的利益。

（2）股票期权激励模式

经营者股票期权是由企业所有者向经营者提供的一种长期激励制度，通常做法是企业在与经营者签订合同时，授予经营者未来以签订合同时约定的价格购买一定数量公司普通股的选择权，经营者有权在一定时期内出售这些股票，获得股票市价和行权价之间的差价，但在合同期内，股权不可转让，也不能得到股息。这一模式同股票增值收益实现了联动。

股票期权激励模式的激励作用和企业股票市价的变动紧密相连，因此拟采用这一模式的民营企业必须是已上市或即将上市的企业。该模式对内要求民营企业具有完善的法人治理结构和财务披露制度，对外要求有良好的外部环境，包括健康、完善的资本市场和经理人市场，以及完整的公司法、证券法、税法、会计准则等基本的法规框架。因为只有这样，才能使股票市场行情客观反映民营企业的经营业绩，使企业经营者的价值在市场竞争中得到真实反映。

（3）管理层收购激励模式

管理层收购激励模式，就是通过管理层收购行为，实现企业由所有权与经营权分离状态向融合状态的回归，以所有者地位对经营者产生强大的激励作用。管理层收购的优点是收购后的企业实现了所有者切实到位，产权效率提高，能有效克服、减少企业代理成本，尽量避免"内部人控制"等问题出现。但同时管理层收购有可能使企业出现以经营者为基础的"一股独大"问题，对此应通过股权多元化等方式尽量避免。

民营企业实行这种模式要具备如下几个条件：一是经营者应具备收购企业的实力，并拥有较高的管理技能和突出的创业精神；二是企业经营计划周全、合理，市场前景看好；三是企业的信用状况和财务状况良好；四是企业的资产专用性较强，这样便于有针对性地收购。同时，这种模式对企业外部环境也有相应的要求：一是要求有一个成熟的资本市场；二是市场中介机构发展较好，能够做到尽职尽责；三是国家监管机制健全，监管全面、合理、有力，避免违法的收购行为。随着我国产业政策和产业结构的调整，民营经济会加大资本的重组整合力度，这种模式的实施时机将会日益成熟。

（4）仿真股票期权激励模式

仿真股票期权是对股票期权的一种模仿，指按照仿真股票制度来模拟企业上市后，按照现有业绩公开财务信息后股票价格变动情况来操作的股票期权。仿真股票实际上是采用一种簿记方式，由虚拟的股票组成。仿真股票期权激励模式是股票期权激励模式在非上市企业的应用，可以避免股票市场的非理性波动对企业经营者扭曲评价的负面影响。

仿真股票激励模式的操作有一定难度，因为模拟股票市场运作本身就是一件较难的事情。因此，采用这一模式的民营企业应具备如下条件：一是企业具有一定的规模；二是企业信用状况较好；三是企业财务管理规范；四是企业管理制度健全，有条件模拟股票期权制度。仿真股票激励模式丰富了民营企业产权激励模式的内容，而且为非上市民营企业提供了操作股票期权计划的制度基础。

2. 健全公司法人治理结构，建立有效的约束机制

随着民营企业经营者自主权的扩大，在企业利益格局的调整中，他们的得益与得权是最大的，但是这种扩权并不等于说经营者的行为不受约束。职业化经营者享有企业经营权，如果没有一套合理的约束机制与其相配套，就可能由于经营者为实现自身目标而损害所有者利益。因此，必须建立起一套行之有效的约束和监督机制，使经营者在规范和合法的条件下努力工作。

构建民营企业经营者行为约束机制，可以从民营企业外部与内部两个方面着手。

（1）根据市场竞争规则构建企业外部约束机制

外部约束机制对于民营企业具有重要意义，它包括市场约束与法律约束两方面。

市场约束由产品市场约束、资本市场约束以及经营者市场约束构成，市场约束对经营者行为的约束力最终来源于经营者市场上的竞争机制。在产品市场上，市场占有率和销售利润率能间接反映经营管理者的才能；在资本市场上，股票价格能基本反映企业的经营状况和经营者的才能；经营者在产品市场和资本市场上反映出来的才能，最终要反映到经营者市场上。由于经营者市场上不断地在对众多经营者的人品、才能、业绩进行社会评估和比较，当经营者市场发展到完全竞争时，所有者可以比较容易地找到合适的经营替代者，这就对职业化经营者产生了一种较强的约束力。

法律约束是以法律条文形式规范民营企业经营者的经济行

为。政府通过健全相关法律和条例，制定出对民营企业经营者能实行有效监督的法律法规，对赋权过重的经营者采取措施适当约束，对用人和经营财物的决策权、执行权进行有效的监督，使经营者的经营管理活动走上健康规范的轨道。

（2）按照现代企业制度要求建立企业内部约束机制

首先，要形成规范的权力约束机制。在民营企业内部建立规范的法人治理机构，形成各部门相互制衡的架构。股东大会、董事会、监事会、经理阶层各司其职，经营者的行为一方面受其授权机构董事会的约束；另一方面监事会也有权对经营者行使职责时违反法律、法规或公司章程的行为进行监督。

其次，要建立健全的制度约束机制。民营企业经营者制度约束机制包括健全的财务管理制度、人事管理制度、经营和投资决策制度和奖惩制度等，民营企业应严格按照这些要求制定相关措施并遵照执行。

最后，要建立高效的监督约束机制。它包括股东监督、中层经理监督和税务监督等。其中，最重要的是大股东的监督，因为大股东的收益与企业经营状况紧密联系在一起，他们有监督经营管理者的动力，同时也有足够雄厚的实力去影响公司行为和对经营者实施监督。

3. 构建民营企业家市场，形成灵活的人才选拔机制

经营管理人才是人力资源中的稀缺资源，民营企业能否在市场竞争中立于不败之地，在很大程度上取决于经营者的素质。通过加快培育民营企业经营者市场，积极推进经营者市场信息化、社会化和职业化，把具有创新意识、决策能力和战略眼光的优秀经营管理人才挑选到民营企业的岗位上，使经营管理人才的供需和价格以市场调节为主，形成优胜劣汰、按"能"取

酬的竞争机制。

实现民营企业家的职业化和市场化，让市场决定经营者的身价及其进入与退出，必须考虑以下几个问题：

（1）人才选拔市场化

民营企业在选拔、录用、引进经营者时，应按市场规则操作，将经营者作为一种生产经营要素，按照生产要素的一般采购程序，公开条件要求，公开待遇和职位。

（2）人才评价科学化

民间社会逐步形成权威公认的第三方机构，对职业化经营者进行科学的评价，并建立完善的职业化经营者评价体系，民营企业所有者依据评价情况，决定是否继续留用及奖惩方式与数额。

（3）人才约束规范化

政府和管理部门应制定完善的市场法规对职业化经营者进行约束。职业化经营者是一种特殊的生产要素，有不同于一般劳动工人的特点和要求，对其与民营企业之间权利和义务关系的界定，应单独形成更为科学、详细、操作性强的法规，以便在《劳动法》无法适用民营企业所有者与经营者之间的纠纷时，可以采用专门的法规进行解释。

第三节　深圳市民营企业家职业化与市场化发展状况调研报告

一、深圳市民营企业发展概况

1. 深圳市民营企业发展的几个阶段

深圳市是 1979 年撤销宝安县建市，1980 年建成经济特区。

民营企业也伴随经济特区的成长，经历了以下几个阶段：

（1）经济特区成立创业阶段（1979—1986年）

这个时期深圳是从一个边陲渔村向经济特区建设的创业阶段，整个深圳市的经济水平非常低下，民营经济弱小，基本没有像样的民营企业。成立经济特区之初，全市仅有6家个体工商户，年营业额不足3万元。

（2）原始积累打基础阶段（1987—1991年）

1987年国家出台了《城乡个体工商户管理暂行条例》，1988年出台了《私人企业条例》，深圳市也出台了《关于发展经济特区私营企业的若干规定》等政策，优惠的政策不仅大大地鼓励了本市私人纷纷创办企业，也吸引了内地许多人到深圳来创办民营企业。这个阶段深圳的民营企业有了快速的发展，质量和数量都已经开始引起了国内的关注，许多民营企业正是这个时期打下了较好原始资本积累的基础。

（3）高速发展阶段（1992—2001年）

1992年邓小平同志著名的南方谈话发表，以及党的十四大召开，是新时期条件下的改革开放运动，特别是对经济特区改革开放方向的充分肯定，对深圳有着与全国内地不同意义的巨大、深远的影响。这个时期深圳的民营企业是高速发展阶段，无论数量、规模、质量都达到了历史水平。1998年全市民营企业户数为34099户，投资人数100158人，雇工338652人，注册资本524.24亿元。

（4）质量提高阶段（2002年至今）

党的十六大后，深圳市的民营企业稳定持续发展，并且出现了一个明显的变化，就是更加注重企业质量的提高，而不是只追求企业的规模和营业额。出现了一批在国内甚至国际上都有影响的民营高新技术企业，比如华为、中兴、创维、比亚迪等企业，实力雄厚、技术水平先进、同行业竞争强，拥有自主的知识产权和品牌。2002 年深圳市产值超 100 亿元的民营企业有 3 家，超 10 亿元的有 20 家，超 1 亿元的超过 200 家。

2. 深圳市民营企业的特点

（1）规模大、产值高、产业结构优化

一是发展迅速，占社会经济总量比例大。据不完全统计，2002 年深圳市民营企业实现工业增加值 344.86 亿元，占广东省的 26.4%；实现社会消费品零售总额 420 亿元，占全市总额的 60.98%；上缴工商税收 55.56 亿元，占全市的 11.45%，其中华为、安圣电器名列全国民营企业纳税第一、二名。二是在深圳的经济舞台上民营企业由过去的配角逐渐发展成为重要角色。在商贸领域，民营企业占批发商业企业的 80% 以上，在零售饮食业占 90% 以上，在工业领域近几年来占全市的工业总产值约 30%；民营企业明显的变化是由传统的零售业、饮食服务业发展到纷纷进军计算机、通讯、仪器仪表、生物工程、微电子等高新技术领域。2002 年全市民营科技企业产品产值 752 亿元，占全市的 46%。三是成为增加就业岗位的重要渠道，为维护稳定社会发挥了重要作用。2002 年底全市的民营企业人员 107.87 万人，占市就业人员的 30% 以上，在安置下岗失业人员方面发挥了积极作用。

（2）创业模式好、制度转型快、业主素质高

一是从创业模式来看，深圳市民营企业的创业模式比较好，企业成长结构合理。深圳民营企业中有 22.2% 由科技人员下海创办，16.5% 由传统产业改造或转产，有 6.2% 由大学毕业生创办，有 4.6% 由海外留学归国人员创办，其他模式约占 50%。目

前深圳市的民营企业有14%处于企业发展成熟期，有65.8%处于企业发展成长期，有20.2%处于创业发展期。二是从企业的制度创新来看，深圳的民营企业制度转型与我国市场经济体制改革联系紧密。经营方式和企业内部管理能及时地由粗放型向集约型和现代企业制度转型，公司内部治理结构正在逐渐规范化，普遍重视企业文化、企业核心竞争力的建设；重视员工的培训学习，努力向国际化接轨；重视企业技术创新，有60%的企业拥有自主的知识产权和专利，6.3%正在申报知识产权或专利，10.6%在计划中拥有知识产权和专利。三是民营企业主的整体素质普遍比较高。企业主中具有博士研究生学历的占4.3%，具有硕士研究生学历的占28.5%，具有本科学历的占36%，具有大专学历的占26.3%；在职称结构中，具有高级职称的占23.3%，具有中级职称的占33%。创业主普遍上仍担任着企业的董事长、总经理等主要领导职务，但个人独断专行的行为已经减弱，董事会和经理层参加决策的作用力正在上升，深圳的民营企业正在悄悄地发生实质性的变化，这种变化正在朝有利于企业家职业化的方向发展。①

二、深圳民营企业家职业化与市场化的发展历程

人才增长与经济发展之间是一种高度相关的互动关系。民营企业人才资源配置的市场化促成了深圳民营企业人才与民营经济互动增长的良性循环，不仅人才规模与民营经济对人才的有效需求趋于一致，而且人才队伍结构与民营经济产业结构也呈现出协调一致的良好局面。数据显示，深圳民营企业人才队

---

① 以上有关数据参考：《深圳中小企业年报》(2003—2004)，深圳经济贸易局。

伍的增长与民营企业劳动生产率的提高呈现正相关关系，其变化的趋势几乎一致。[①] 因此，人才的职业化和市场化既保证了深圳民营经济发展所需要的人才供给，又避免了民营企业在资金不足的情况下盲目扩大人才数量和人才高消费等现象可能产生的浪费。

1. 产生与起步阶段

深圳是较早以市场取向发展的城市，人才市场发展较早。从 20 世纪 80 年代到 20 世纪 90 年代，深圳人才战略经历了从"引进"到"开发"，从"资源"到"第一资源"的大转变，引发了人事、人才观念的大变革，促进了人事、人才工作的发展。

建立特区之初，深圳市就打破了计划体制中人才调配的传统模式，实行了人才与用人单位的"双向选择"。1984 年 5 月，深圳市人事局决定成立人才服务公司，开展处理求职者信件及接待、推荐求职者等方面工作。1991 年人才服务公司更名为"深圳市人才交流服务中心"，并且成立了常设型人才智力市场。1995 年底，深圳市委、市政府决定建设一个全国一流的大型人才交流市场。1996 年，新的深圳市人才大市场投入使用。深圳市人才大市场成立以来，始终将全部工作立足于高层次、高起点之上，突破常规，坚持为经济建设服务的方针，不仅吸引了全国各地的人才投入到特殊的人才竞争行列，而且为特色用人单位择优选拔人才提供了人力资源保证。[②]

1996 年 6 月 6 日深圳市企业高级经理人才评价推荐中心成

---

①　安仁：《一"退"一"进"——构筑人才资源配置新格局》，《人力资源》2003 年第 3 期。

②　冷幼平、王劲钧、戴彦：《缔造深圳辉煌的永恒动力——人才（深圳市人才交流服务中心透视）》，人民网（www. people. com. cn）。

立，它是深圳市委、市政府领导下的副局级事业单位，由市委组织部归口管理，专门从事高级经理人才的搜寻、评价、培训、推荐和咨询、顾问服务等工作。①

1997 年党的十五大把民营经济确定为国民经济的"重要组成部分"，这给深圳民营经济发展注入了强大的动力，也带来了前所未有的发展机遇。深圳民营经济全面进入了制度创新、管理创新和大幅提升竞争力的时期，民营企业开始了第三次创业的时代，发展进程逐步趋于理性。这一阶段深圳民营经济发展的特征集中表现之一就是民营企业加快转变经营模式，具有深圳特色的企业文化趋于成熟，民营企业职业经理人阶层开始兴起。

深圳民营企业文化是一种以组织结构创新、管理模式创新和经营理念创新为主体的企业精神。这种创新精神使民营企业在组织管理上逐步实现由家族式管理向现代企业制度管理的演变。深圳民营企业所有者们逐渐意识到，仅仅靠自身在摸索中培养的能力和素质已经难以适应日新月异的变化，民营企业需要求助外来的人力资源来打理公司的经营和管理。随着深圳人才市场上高级经营管理人才流动性的增大、经理人交易市场的完善，同时，国有企业改造后许多经营管理人才进入人才市场，使得职业化的经营管理阶层在深圳呼之欲出。深圳民营经济的发展和企业文化的创新，再加上深圳人才市场的配套改革，造就了一批风险意识强、市场洞察力敏锐、敢于创新突破、具有现代经营管理知识和能力的职业化

---

① 刘钢、肖鸿晶、江晓斌：《职业化培训，市场化评荐——深圳市运用市场机制开发配置经理人才资源》，《江西行政学院学报》2002 年 3 月。

的民营企业经营者。

2. 发展与完善阶段

深圳市为实现高级经营管理人才的职业化和市场化，大胆改革，努力转变政府职能，做到该"退"则"退"，该"进"则"进"，进退自知，逐步到位。"退"就是政府从人才配置的主体地位上退下来，通过建立和培育人才市场体系，"扶上马，送一程"，使企业和人才成为自主选择的市场主体；"进"就是政府立法建制，建立灵活高效的宏观管理模式，规范市场行为，建立和完善人才服务体系和社会保障体系，为企业和人才创造良好的市场环境和价值实现条件。[①]

在迈过了起步阶段后，深圳开始全面实施市场配置人才的改革，并在这一过程中先后建立了劳动力市场、人才大市场、高级经理人才市场和人才评荐、服务等中介机构，并逐步形成了有形市场与无形市场相结合，多层次、开放型、区域性的人才市场新格局，大力推进高级经理人才职业化、市场化，并且取得了一定成效。[②]

在这一阶段，深圳市在运用市场机制开发配置民营企业职业化经营者人才资源进程中主要做了以下几方面工作：

（1）建立民营企业高级经理市场，通过发布职位需求信息获取经理人才信息，形成民营企业与职业化经营者之间的供求关系

首先，以大众传播媒介为载体，广泛搜寻民营企业经理人

---

① 安仁：《一"退"一"进"——构筑人才资源配置新格局》，《人力资源》2003 年第 3 期。

② 王英：《对深圳市人力资源开发管理的实践及构筑人才高地若干问题的研究》2001 年 6 月，论文来源于中国学位论文数据库。

才信息。充分利用报刊、声讯服务热线等大众媒介覆盖面广、信息传递快以及由文字、图像、声音构成主体式传播等特色优势，先后在《组织人事报》、《深圳特区报》等有影响的报纸上开辟"深圳民营企业高级经理市场"专栏，搜寻民营企业经理人才信息，建立民营企业人才信息库。

其次，以国际互联网为依托，开辟网上"中国经理市场"。为了给包括民营企业在内的各类企业和经营管理人才提供一体化的信息服务，深圳市企业高级经理人才评荐中心借助国际互联网建立的"中国经理市场"于1998年9月1日正式开通，该市场给民营企业和职业化经营者在信息交流上提供了一个新的网络空间。①

最后，组织企业经营者人才现场招聘会，开办"有形经理人才市场"，采用现场招聘会和举办人才"高交会"等活动的方式为各类企业，特别是民营中小企业和民营高科技企业提供高级经营管理人才的中介服务。

（2）建立高级经理评价中心，通过组织任职资格测试评审，使高级经理人才取得进入经理市场的通行证

首先，深圳市成立了高级经理任职资格评审委员会。评审委员会定期与不定期召开全体委员会议，对参加测评的经理人才的任职资格进行评审，确定不同类级的任职资格。

其次，制定了经理人才评价标准体系和实施办法。在专题调研、问卷调查、企业座谈、专家商讨的基础上，研究制定了企业高级经理任职资格评价标准体系、评价办法等业务文件。这一做

---

① 刘钢、肖鸿晶、江晓斌：《职业化培训、市场化评荐——深圳市运用市场机制开发配置经理人才资源》，《江西行政学院学报》2002年3月。

法为民营企业对经营者实施科学评价提供了依据，力求全面、准确、客观、公正地评价职业化经营管理人才的任职资格。

（3）建立高级经理培训中心，通过实施"职业化培训工程"，提高经理人才的整体素质和竞争实力

为了适应建立现代企业制度的需要，促进深圳企业的改革与发展，根据深圳市"高级人才培养工程"的总体部署，结合深圳"第二次创业"的需要，从1999年起，深圳市委组织部组织实施了"深圳市企业经理职业化培训工程"。在企业经理人才的职业化培训工作中，有以下几个特点：

一是明确职责分工，完善配套措施。市政府组织成立经理职业化培训工程领导小组，负责培训工程的总体规划，制定有关政策，对工程的实施进行协调，分期分阶段对每项工作的落实情况进行督促检查；设立经理职业培训工程课题组，对经理职业化培训工程的重点问题进行调查研究。

二是有的放矢，分类施训，按需培训。根据不同类别、不同层次经理岗位职责需求，进行与之相符的专项职业技能培训。借鉴国际惯例，按照职业经理的素质要求，从政治理论基础知识，工商管理必备知识，职业能力专项知识等几个方面设定培训内容。

三是遵循经理教育规律，大胆创新培训方式。在已开设的培训班中，注意消化、吸收国内外的先进培训经验，从经理教育的特点出发，努力探索大胆创新实用性强的经理职业培训方式。

（4）建立遴选推荐机制，为民营企业推荐高素质经理人才

深圳市制定了《企业委托推荐高级经理人才试行办法》，通过大众传播媒介公布企业委托推荐工作流程，发布推荐职位，与此同时主动搜寻企业需求信息，为企业推荐高级经理人才。

在遴选过程中，严格按照委托企业提出的任职条件和岗位要求，按一定比例筛选入围人员；精心组织测评、培训和考核工作，确保推荐人才的质量；及时与委托企业沟通联系，方便招聘企业决定取舍；对成功推荐的高级经理加强跟踪管理，促使他们充分发挥示范作用和辐射作用。

3. 规划与展望

今后相当长一段时期内，深圳市民营企业人才资源配置的重点是进一步加大民营企业人才资源市场化配置的力度，形成灵活的人才流动机制，努力发展民营企业高级经营管理人才市场，积极开拓高级经营者寻聘服务即"猎头"服务。

目前，深圳市总体人才发展战略已经进行了重大调整，由引进为重点变为引进与留住、用好和培养并重；变片面追求数量为有目的地引进、培养为主；变重点服务国有企业为国有企业与非国有企业并重，加大非公有制经济特别是民营经济的人才保障力度，同时将进一步加大人才配置市场化的力度，并在人才引进政策上实现新突破。

据深圳市人事局透露，深圳市对人才政策有新突破，将打破身份、地域界限，拓宽引进人才渠道，在引进手续上可采取超常规的做法；改变国有企业和民营企业分开立户的做法，打破所有制界限，对全市企业法人单位实行同等条件，统一立户。同时针对深圳城市发展定位，将加快引进国际化人才、高层次人才、产业化人才，加大对高新技术企业、民营企业的人才支持力度。①

---

① 刘传书：《深圳全力吸引海内外人才》，文章来源于科技网（www. stdaily. com）。

三、深圳民营企业家职业化与市场化的成效和问题

1. 取得的现实成效

随着市场经济和现代企业制度在深圳逐步建立与发展，深圳民营企业经营管理人才的培养和选拔正逐步走向职业化、市场化。深圳作为社会主义市场经济发展比较早的地区，在坚持四项基本原则的前提下，积极探索新型人才机制的实现形式，构建与现代企业制度相适应、与企业法人治理结构相配套的管理培训体制，在大力推进企业家职业化和市场化方面取得了相当的成效。

（1）为民营企业经营者的进一步职业化和市场化创造了良好的市场环境

首先，深圳民营企业经理人才专业市场的初步建立，实现了从机制上优化民营企业高级经营管理人才的科学配置。深圳市民营企业经理人才专业市场主要有两种形态：一种是高层次经理人才层面的"隐形市场"。利用大众传媒开办的"民营企业高级经理市场"专栏就属于"隐形市场"。另一种是一般经理人才层次的"有形市场"。经理人才市场的主要功能是调节和控制经理人才的流向和分配，合理配置经理人才资源，发挥经理人才资源的最佳效益。

其次，深圳经理人才中介机构的职能作用，为民营企业经营者的市场化提供了桥梁和纽带。经理人才中介机构是经理人才市场不可缺少的要素之一，是高级经理人才走向职业化、市场化的桥梁，它能够在更大程度上推动人才的合理流动，促进经理人才市场的健康发展。深圳市汲取了国际上经理人才中介机构的成功经验，把为民营企业物色和推荐合适的经理人才放在重要位置，以此为出发点，对企业经理人才进行搜寻，储备

了大量的人才信息，为民营企业推荐合适的经理人才。

（2）促进民营企业在选聘人才和管理方式上产生重大突破和改革

深圳民营企业的活力就表现在能够迅速摆脱狭窄的观念，根据企业生存和发展的需要，自觉地调整管理模式，向现代企业制度迈进。

深圳民营企业重视培育新型价值观念，形成"企业—经营者"利益共同体。随着企业发展规模的不断扩大，民营企业家族式管理开始呈现出弊端。一批立志做大做强的民营企业，纷纷打破自我封闭的框框，探索和建立科学管理体制，聘请高级职业经理人，并给予充分授权，以促进企业不断发展壮大。深圳太太药业的创始人朱保国在深圳民营企业中较早引入公司制，把管理交给了一批他高薪引入的"职业经理人"，如市场总监曾任台湾联合利华和中美史克的市场总监，销售总监曾任广州亨氏公司、广州李锦记公司营销经理，生产总监曾任西安杨森公司生产经理。这批"职业经理人"的加盟不但大大提高了公司管理水平，也极大提升了太太药业的企业形象。①

在深圳，越来越多的民营企业所有者意识到，民营企业也是共同体，属于员工。据有关企业主收入（包括分红、工资等）使用分析表明，深圳民营企业老板收入中，20%用于生活开支，80%重新投入公司生产中。② 一批具备良好发展基础的民营企业，在不断深化产权制度改革过程中，相继建立了"核心人员控股，骨干人员持股，科研成果入股"的"复合股份制"，以及

---

① 《太太药业的职业经理人》，文章来源于网大网（www. netbig. com）。
② 深圳市文明办课题组：《加快推进民营企业的精神文明建设》，《思想政治工作研究》2003 年第 7 期。

经营资本与技术资本合作、参股、上市等股份制度。

目前，深圳经营管理良好的民营企业一般都制定了一套较为科学的选人、用人和晋升制度。如公开招聘选拔人才、聘请专家评定职工技术职称、建立"内部人才市场"鼓励员工合理流动、实行研发人员自聘助手的项目经理制和按业绩和工龄逐年晋升制度，把最优秀的人才选拔到合适岗位，提高了企业竞争力，保证了员工享有平等的发展机会。许多民营企业重视"效益优先，兼顾公平"原则，完善和实施职工劳保、医保等制度，使员工的未来有了一定程度的保障。还有许多民营企业，实行了员工带薪休假、购房补贴、廉价宿舍、免费工作餐等集体福利制度，让民营企业真正成为员工的大家庭。

（3）加强了民营企业经营者队伍的建设

首先，通过对职业经理任职资格进行科学评价，为建设高素质民营企业经营者队伍建设奠定了坚实的基础。职业经理阶层是企业组织形式发展到一定阶段的产物，职业经理的产生，是企业组织形式的深刻变革，是现代企业制度的重要标志。深圳市根据职业经理的素质构成系统，制定了"高级经理任职资格评价标准体系"，开发了经理人才素质测评工具，为评价民营企业经营者提供技术支撑。同时，确定了经理任职资格，使民营企业高级经理人才获得职业资格证书，既是对民营企业经营者选择职业的肯定和职业表现的认可，又是经营者继续任职的依据和走向市场的"通行证"。[①] 可以说，确定任职资格是民营企业经理阶层向职业化迈进的关键环节，同时也为建设高素质民营企业经营者队伍奠定了坚实的基础。

---

① 房毅：《企业家面临"持证上岗"》，《中国企业家》2000 年第 1 期。

其次，深圳市按照市场经济的要求对经营者进行职业化培训，大大提高了民营企业经营者素质。企业经营者具有良好的职业素质是其职业化的前提，建立有利于企业经营者的成长机制是其职业化不可或缺的重要保证。经营者职业化培训工程从提高企业经营者职业素质着眼，从建立新的培养机制着手，将企业经营者职业化的各个环节相互紧密衔接，保证其职业化轨道的畅通。按市场需求确立培训的形式和内容，实现了培训主体和客体的统一，也是职业化培训生机和活力的根本所在。深圳市职业化培训工程的启动，产生了影响广泛的"联动效应"，不仅在深圳民营企业高层经理中产生了震动，而且其影响和辐射面波及其他层次的经营管理人员和其他所有制形式的企业。

2. 存在的问题

深圳民营企业经营者的职业化和市场化已经取得了一定的成效，为深圳民营企业的进一步发展拓宽了空间，也为我国经营管理人才的职业化和市场化创造了宝贵的经验和借鉴。但是，我们不可否认的是，目前深圳民营企业经营者离完善的职业化和市场化标准还存在一定差距。

（1）深圳民营企业有待于按照现代企业制度要求进行深入改革

家族制管理方式阻碍职业化经营者真正融入民营企业的经营管理中。家族制管理是民营企业与生俱来的产物。据调查，深圳市 70% 以上的民营企业对家族制管理模式持否定态度，认为不符合现代企业制度的要求。[①] 但在现实社会中，有的民营企

---

① 郭苏：《用深圳速度领跑民营经济——深圳市市长李鸿忠访谈录》，《中国民营科技与经济》2004 年第 6 期。

业素质不够高，经营管理观念和方式落后，家庭式管理痕迹严重，产权不清晰。限于亲情关系，企业的管理制度流于形式，难以吸引职业化的高级经营管理人才。

"两权合一"的产权结构难以留住优秀的职业化经营者。深圳民营企业大多数仍然采取个体业主制、合伙制等产权制度形式，这种制度选择最大的弊病是经营权与所有权没有分离，使企业的持续稳定发展受到妨碍，即使从外部引进职业化经营管理人才，由于"两权合一"的运作模式，所有权和经营权紧密结合，也不能充分调动经营者的积极性，使民营企业实行职业化经营成为一句空话。

（2）经营者市场体系不完善导致职业化的高级经营管理人才缺乏

高级经营管理人才是经营者中最具有代表性的一部分，高级经营管理人才的数量和结构在一定程度上决定着民营经济发展的持续性和经济结构构成。目前，高级管理人才缺乏是深圳民营企业普遍存在的问题，招不进、留不住是普遍现象，尤其在民营中小企业中更为突出。

第一，深圳在引进、培养和使用高层次经营者方面存在矛盾，造成了一些不良影响。一是人才浪费现象严重。目前，深圳对民营企业高级经营管理人才的继续教育还没跟上，没能做到在岗位实践中增加新知识的培训。二是人才流失问题突出。对于经营者进入民营企业的后续服务还不完善，致使在民营企业中得不到合理利用的经营人才往往会选择回流。

第二，培养机构的培训质量不高，缺乏对民营企业职业化经营者的深入开发和挖掘。深圳各大企业的自主培训机构普遍存在一些问题：对培训需求的分析把握不够准，培训的针对性不强。同时还存在如下相关问题：缺少对培训对象的岗位素质进行客观分析的机制；培训计划的制订缺乏客观参考依据；未能充分挖掘利用社会资源作为专职性和自主性培训的补充等等。社会类培训机构在许多方面也有待完善：对培训机构缺乏权威的质量评估和认证机制，各培训机构的基本设施和师资力量参差不齐；相当一部分培训机构乱办班、乱收费、乱发证，对此缺乏有力的管理和督导机制。

四、深圳民营企业家职业化与市场化的对策性建议

民营企业经营者市场是深圳市场经济体系中不可或缺的要素市场，是民营企业配置高级经营管理人才的主要渠道。

1. 完善民营企业人才管理体制

人才竞争的最大问题是人才制度的竞争。深圳市民营企业经营人才的开发和管理必须要走市场化、规范化的道路，即增强市场的适应性，减少操作的随意性。

要深化与民营企业相关的组织人事劳动管理体制，彻底改变地区分界、相互封闭的格局。克服民营企业人才流动的体制障碍，打破按人员身份划分市场的积弊，同时要进一步转变政府职能，简化民营企业人才引进的审批手续，建设高信任度的政府。如简化民营企业引进人才过程中的繁杂手续，减少审批项目，加强民营企业人才开发规划、政策的信息发布和反馈机制，强化政府的政策导向功能，要为民营企业人才的发展着想。总之，政府要为民营企业经营人才创造宽松的环境，建立人才开发的政府公共服务体系，形成统一开放、竞争有序的人才市场体制。

2. 强化民营企业人才市场功能

深圳民营企业人才市场的服务功能还不够完善，还不能很好地满足民营企业对各层次经营管理人才配置的需要，特别是针对高层次经营者的服务功能有待加强。这主要是因为目前民营企业人才市场服务机构还没有达到系统化，还不能为职业化经营者提供完善的配套服务。同时，人才中介机构之间的竞争不够充分，致使提高服务水平的动力不足；人才市场的整体信息化服务水平不高，影响到人才市场配置效率的提高。

目前，深圳市要进一步强化民营企业人才市场功能，适应市场经济的发展，打破人才单位所有制局面，把"单位人"变成"社会人"；完善民营企业人才资源的市场化配置机制，深入开展民营企业人事代理工作，实现人才资源的社会化、资源配置的市场化。同时，进一步完善民营企业经营者的辞退制度、档案管理制度，建立健全养老、工伤医疗保险等社会保障制度，强化人才市场功能，不断拓宽服务领域，逐步建成功能齐全、服务高效的人才资源配置中心。

3. 健全民营企业人才市场体系

在强化和改进综合性人才市场建设的同时，要健全和完善专业性民营企业人才市场，推动民营企业人才市场向信息网络型发展，提高网络的利用水平和人才市场的服务水平。实现深圳市民营企业人才市场的计算机联网，信息共享，建立覆盖全市并与国内外联网的人才信息网络和信息库，建立在全国具有较大影响的民营企业人才网站，使民营企业人才市场逐步由单纯的集市型发展成为集市型和信息网络型并举的市场体系。加强与周边市场及国外的信息交流、沟通与合作，增强深圳市民营企业人才市场的积聚力和辐射力。

同时，建立深圳民营企业经营者信息定期公布制度。定期公布全市民营企业经营者市场需求、市场工资指导价位、各类经营者工资标准等，通过及时准确的市场供求和价格信息，盘活人才存量，调剂人才余缺，引导人才流向，调整人才分布与结构。

4. 加强对经营者人才市场的监督和管理

第一，建立市场化的经营者监管制度。民营企业经营者掌管着企业的人、财、物大权，如果缺乏有效的监督，难免产生对民营企业的不利行为。目前，深圳市民营企业经营者的监督机制尚不健全，主要的问题是监督内容不具体、监督手段不健全，监督主体不到位。要改变这种状况，就必须建立多层次、规范化的监督体系。一是要建立健全企业的法人治理结构，使投资者通过股东大会和监事会对董事会成员和经理人员进行有效监督，在组建、选配企业经营管理团队时，要尽量减少领导成员交叉任职的情况，避免监督者与被监督者界限不清，以确保企业监督主体到位。二是要发挥职工作用，通过其自身代表（职工董事和监事）对董事会和经理人员进行监督，以维护企业和职工的权益。三是要发挥新闻媒介对民营企业经营者进行舆论监督的作用。

第二，强化对经营者市场的规范管理。尽快制定颁布与民营企业相关的人才管理条例，规范人才市场运作，加强对民营企业经营者市场的监督和管理，明确市场供需主体的权利和义务，保障经营者的择业自主权和民营企业的用人自主权。同时，加强对市场中介机构的指导、管理和监督检查。

第五章　企业家的职业素质
与测评方法

第一节　企业家的角色定位
与职业素质标准

一、企业家的角色定位

企业家角色如何定位与企业家在我国社会中所处的地位有关，这就牵涉到企业家是不是一个阶层的问题。对这些问题的探讨是十分必要的，对企业家进行阶层分析和角色定位分析，是进行国企人事制度改革的理论依据和制定政策的依据，也是进一步分析企业家的职能、职业素质的依据。

企业家在我国算不算一个阶层？新中国成立以来，我国的阶级、阶层结构的变化以党的十一届三中全会为分水岭大约可分为两个阶段。改革开放的前 30 年，由新中国成立初期到文化大革命结束及结束后的几年内的阶级、阶层为第一阶段。改革开放后，由于所有制结构、产业结构都发生了比较大的变化，贫富差别拉开、生产资料占有分化激烈、社会分工越来越多元化，历史的、社会的力量促使了阶级、阶层发生了变化，"工人阶级和农民阶级越来越阶层化，呈现出多层次的结构，在工人阶级和农民阶级之外，出现了一些新的社会阶层。"① 随着现代企业制度的逐步建立，市场经济逐步占据了社会的主导地位，国有企业中的经营管理者也越来越趋于职业化、稳定化，从工人阶级中游离出来形成了一个相对独立的群体，这个群体能不能称为一个社会阶层，理论界尚有不同的看法。我们认为，企业家作为一个社会阶层已基本形成：从社会学的观点来看，社会阶层的划分主要依据三个标准：社会分工、社会职业、经济收入。从社会分工来看，企业家已经在工人阶级中与一般意义的"工人"区别开了，他们从事的是企业高层的管理工作；从社会职业来看，企业家的社会职能、专业要求也基本形成了一个配置企业资源、促进企业发展的独立的职业；从经济收入来看，企业家也已经与一般的工人拉开了比较大的差距，成为率先富裕起来的一个群体；但由于所有制结构、社会主义市场经济等大环境都处于一个改革变化的过程中，企业家的社会分工、社会职业、经济收入的独立性也只是处于一个形成过程中，所以，我们说，目前我国的企业家作为一个社会阶层已经基本形成。

　　企业家作为一个社会阶层，他们的角色定位主要是由国有企业在中国特色的社会主义市场经济中所处的社会地位特点所决定的，这是理解企业家阶层的角色定位的关键。国企在市场经济中社会地位的特点之一：在社会主义市场经济条件下，国有经济在国民经济中的主导作用主要体现在控制力上，这种控制力很大程度是由国有企业来实现的；国有企业是我国国民经

---

　　① 《当前党政干部关注的深层次思想理论问题》，党建读物出版社 1998 年版，第 137 页。

济的支柱，支撑、引导和带动整个社会经济的发展，是国家所依赖的为实现国家宏观调控目标中发挥着重要作用的主力军，国家掌握着国有企业的投资决策、人事任免、激励约束方面的控制权。特点之二：利润化是企业普遍追求的主要目标甚至是唯一目标，这是由投资企业"老板"的欲望所决定的，国企的"老板"是国家，作为国家的代理人、社会权力机构——政府，具有实现国家的经济目标和社会目标的双重任务，甚至为了国计民生的稳定和平衡，当经济目标与社会目标出现矛盾时，有可能为了实现社会目标而以减少企业利润为代价。所以，国有企业的经营目标有追求经济效益与社会效益的双重性特点。特点之三：我国的政治体制改革与经济体制改革的进程一直呈现出一种不平衡、不协调，这是由经济基础与上层建筑的矛盾规律所决定的，国家现行的关于国有企业的法律、法规和政策，越来越不适应市场经济条件下的新形势。例如，"国有企业的经理人员是什么身份，如何选任？谁有处置国有企业的产权（出售国有企业）？出售国有企业所得的收入归谁支配、如何使用？如何规范政府与国有企业的关系？国有企业的经营目标是什么？甚至连国有企业要不要上缴利润、向谁上缴利润这种最基本的问题都没有法律依据"。[①]这些都使得国有企业在相当长一段时期内，仍是与其他一般企业不同的一种特殊企业。

　　国有企业的社会地位特点，决定了作为国有企业家在身份地位、人身依附、职业素质各方面都有着与一般企业家不同的特点，也决定了中国特色的职业化企业家作为一个社会阶层的

---

　　① 金碚：《建立国有企业与市场经济相适应的机制》，《学习时报》1999 年 9 月 25 日。

角色定位：（1）在社会中的政治地位。目前，国有企业的领导人正从政府官员群体中游离出来转向企业经营管理者阶层，但仍保留着随时可以回归政府官员的身份，充当着以企业经营者阶层为主角兼扮演社会管理者阶层配角的"双重角色"。各地国企人事制度改革的实践操作情况和官方公布的文件都证实了这一点。例如，广东省规定"企业领导人员与现行行政干部管理体制相分离"，"取消企业行政级别，按企业类别确定企业领导人员待遇"，但是又规定了"企业领导人员原有的行政级别保留在本人档案"，"调入党政机关的，以其所在企业类别、本人业绩表现及原行政级别作为确定新职位的参考。"① 深圳市 2004 年也有一位政府局级官员与一位市属大型国有企业董事长对换调任的例子。这种主、配角分开由一人兼演的情况比起计划经济时代主配角不分来说是前进了一步，但他们最终的角色定位应该是彻底与政府官员角色分离，专门充当职业化的企业经营管理者角色。企业家阶层的政治地位与政府官员的政治地位一样，占社会总人数虽然很少，但他们是社会中坚力量，掌握着对社会经济起决定作用的国有企业的管理权力，他们的社会政治地位应是较高的。（2）他们在社会中的经济地位。企业家从事的是一种责任重大、素质要求严格、个人付出代价很高的职业，凡能称为"家"者，都是在本行业中知名度高、能力显著、成就突出的人。企业家的成就意味着为社会创造了极大的财富，企业家的贡献意味着他们为此付出了比常人更高的代价，包括人生成本、职业成本、岗位劳动量等等。从任何一方面来说，

---

① 中共广东省委办公厅：《关于深化国有企业领导人员管理体制改革的实施办法》。

他们都理应得到比较高的经济回报。目前，企业家应得到高报酬的观点已经逐步得到了政府与社会的认同，承包制、年薪制、股权制的试行也给企业家带来了比较丰厚的经济收入。问题在于，由于他们职位是不稳定的，他们的工作总处于随时调任，朝不保夕的状态，他们的经济收入缺乏法律依据的保证，年薪制、持股经营等分配方式也尚处于探索阶段，以上种种，都使得他们对经济收入产生一种不稳定和担忧的思想。同时，比起非公有制企业或外企的职业经理来说，国有企业的企业家即令是付出了更多，创造财富更多，但收入仍有比较大的差距。可以说，目前国有企业的企业家在社会上的经济地位是属于比较高的阶层，但尚处于一种不稳定状态，他们渴望通过激励约束机制的完善以得到明确的保障。（3）他们在企业外同时还兼有一定社会责任的角色。为什么国有企业的企业家除了管好本企业还要承担一定的社会责任？这是由国有企业特殊的社会角色地位所决定的，即令西方国家的经济学家，也有人认为企业家并非只是从事企业管理工作，美国著名的经济学家 C. I. 巴纳德就说过："可能所有的经理人员都要做相当多的非管理工作。有时这些工作比他们做的管理工作更有价值。"[1] 作为国有企业的企业家，从政府官员群体分离出来后，仍然肩负有为政府管理社会、稳定社会、发展社会的义务，有振兴民族、繁荣国家的责任感，应为国家民族排忧解难，在物质文明和精神文明两个方面都作出贡献。例如资助希望工程，各种扶贫帮困的善举，响应国家决策支持西部地区的开发，甚至有些企业家不惜重金竞拍买下流失国外的文物使之回归祖国，这些都说明了国有企

---

① ［美］C. I. 巴纳德：《经理人员的职能》，中国社会科学出版社1997年版。

业家的双重义务。（4）他们在企业内充当着企业掌门人的重任。无数实例证明，凡是成功的企业，无一不是与企业家本人的名声连在一起的，如长虹集团倪润峰、海尔集团张瑞敏、康佳集团陈伟荣、香港长江实业集团李嘉诚、微软的比尔·盖茨、松下集团的松下幸之助等等，这些著名的企业品牌意味着企业掌门人对企业管理超常的成功。管理好企业，使企业增值、为企业和社会创造更多财富，创造更新更好的产品，这是企业家的本职和主业，企业家如果没有出色完成自己的本职和主业，其他角色和社会责任都是无法胜任和承担起来的。

二、企业家的职能、职业化程度与职业素质的关系

企业家职业素质相关的因素是多方面的，比如与个人直接相关因素有意向动力、家庭环境、企业环境，外部因素的有社会环境、政策制度、人才市场，制度性因素有激励、约束等等。要把所有的相关因素都列举出来进行分析是很困难的，从研究问题目的性出发，也没有这个必要。从本课题研究需要出发，本小节主要讨论两个问题：一是企业家的职业素质标准是由什么因素所决定；二是企业家的职业化程度对整体职业素质水平的影响。

1. 企业家的职能决定了职业素质标准

职能是指职业（职务）所应承担的责任、功能。任何一个职业都由职务具体表现出来，对企业家可以广义地理解是一种职业，也可以具体地理解为董事长、总经理等职务。企业家职能即是指企业家的职责和功能。企业家要实现自己的职责和功能，就必须具备相应的职业素质和能力，所以，探讨企业家的职业素质标准，必须从企业家的职能出发。得出的结论是：企业家的职能决定了企业家的职业素质标准。

经济学界对企业家职能的认识是一个伴随着企业家理论的发展而不断深化的过程。最初的认识是在 20 世纪 30 年代之前，认为企业家职能最主要是承担风险，兼有筹划资金、协调生产要素、获取利润等。熊彼特的企业家理论建立后，对企业家职能的认识是以创新为核心的，认为企业家主要职能就是要通过创新企业资源的组合，创造出新的组织结构、新的产品、新的生产方式、新的市场等。熊彼特的企业家理论对企业家职能认识的影响无疑是直接的，之后推动了人们对企业家职能理论更深入的研究：有观点认为企业家职能不但是个人在哪些方面的作用，而且还要强调是一个过程作用；有观点认为企业家活动既然是一个过程，职能也是一个过程，这个过程可以把个人作用看成输入，把企业发展看成输出。我国有学者对现代西方经济学家的各种观点做了综合性的概括："目前，西方学者对企业家职能的认识集中在综合性的动态性方面，即一方面强调企业家职能是体现多种特征（包括经营冒险、创新、创造价值等一系列要素）的综合体而不只体现某一特征；另一方面则更强调企业家职能是一个动态过程，即多种关键要素（包括机会、风险、创新、资源等）的输入来实现多种可能结果（包括新经营领域开拓、新价值产生、新产品开发、利润增长、企业发展等）的输出。"[1]

西方对企业家职能在理论上的研究已有百年历史，西方经济学界对企业家职能的认识无疑对我们有很重要的启迪意义。但由于我国的市场经济体制正在建立之中，国情、文化、制度、

---

[1]　张光：《对企业家职能认识的阶段划分及演进》，《中国企业家》第 3 期。

价值观念许多因素与西方都有着很大的差别，企业的外部环境与内部环境与西方企业也有很大的差别，所以，我国企业家职能与西方国家企业家职能也会有一定的差异性，特别是国有企业企业家，更明显地具有一些"中国特色"的色彩。借鉴西方经济学者的观点，结合我国的具体情况，我们认为中国企业家的职能应该是如下几个方面：

一是创新职能。创新是企业家的核心职能，创新职能是普通的企业经营者和企业家的最主要区别。普通的企业经营者通常是按习惯和既有的管理方式去经营已经建立起来的企业，他们的主要工作是常规化管理。而只有那些不甘俗套、永不满足现状、"人无我有、人有我新"，永远依靠创新在与同行的竞争中占据上风，带领企业取得一个又一个胜利的经营者才算是真正的企业家。正如青岛双星集团的总裁汪海所说："今天不创新，明天就落后；明天不创新，后天就淘汰。"没有创新的企业，风平浪静之时可能不会出什么问题，一旦遇到突发事件、形势变化或市场竞争加剧，企业将一蹶不振甚至走向灭亡。缺乏了创新的经营者，即使他把企业打理得有条不紊，也不可能取得伟大的业绩。创新职能必然要求企业家具备有强烈的、不断冲动的创新欲望的职业素质。

二是风险职能。企业家是企业的领头人，承担风险是他的主要职能之一。企业活动的场所是市场，商场如战场，为了企业的生存和发展，企业家在市场上的竞争和拼搏是无可避免的。战场总有胜负之分，胜负乃兵家常事，没有永远的常胜将军。如果把企业家分成两类，无论是企业主兼经营者型的企业家，或是单纯经营型的企业家，都应该承担企业的风险。只不过前者对企业资产损失的风险责任要更大一些，而后者对经营风险、个人收入风险、职业信誉风险仍然是要承担的。企业家的风险职能决定了企业家必须具备风险方面的职业素质：一是包括风险后的承受能力；二是风险的识别防范能力；三是敢于冒风险的能力。

三是营造市场职能。营造市场职能也是企业家的主要职能之一。在市场的生产要素交易实现的过程中，买卖双方往往是潜在的看不见的，需要企业家善于发现机会、创造机会，消除市场中阻碍交易的因素，创造有利的条件，把潜在的交易对象变成现实的交易对象，使自己企业的产品顺利地推向市场完成交易。具体地说，营造市场职能就是发现市场、开拓市场，为自己的企业创造一个新的市场领域，或是在已有的市场中占据份额，或是开辟新的地盘。营造市场的实现手段有多样化的，或是与新产品生产有关，比如 DVD 对 VCD 市场的占领，或是与经营方式有关，比如新式快餐对传统餐饮市场的抢占，超市、网上直销对传统零售市场的分割。营造市场需要高超的能力，要求企业家具备这方面的职业素质。

四是领导职能。领导职能也是企业家的基本职能。企业家对外是面对市场和社会，对内是自己的同事和下属，实际上他面对的都是具体的事和具体的人。他每天面对的都是员工、组织、控制、协调等工作，所以，企业家必须是优秀的指挥者、领导者。随着企业朝现代化方向的发展，企业组织的规模越来越大，新的技术、新的生产方式、新的管理模型也越来越多，要求企业家更加具备统率全局的素质。

五是管理职能。管理好企业内部也是企业家不可缺少的职能。有观点认为管理是一般企业经营者的工作，不属于企业家主要职能，这是一个有争议的问题。我们认为，如果说领导职能主要是侧重于企业战略决策与监管的话，管理则是对企业战略决策的实施与执行。企业家不是高高在上的领导者，世界著名企业家、世界 500 强企业中名列前茅的沃尔玛公司的创始人山姆·沃尔顿订下的规矩就是："要到商店去听取顾客和做事的人的意见。"无论是企业主型的企业家或是经营型的企业家，都必须善于调动、组织、协调好企业的人、财、物、信息、技术等资源，在企业活动中出现意外情况时能够及时地处理，对决策执行过程中出现的偏差能及时纠正，使得企业的运作有条不紊地进行。管理职能要求企业家具备处理具体事务的职业素质，包括组织、协调、执行、沟通、表达等能力。

2. 职业化程度与职业素质的关系

在我国，以企业经营管理作为专门职业的群体形成的时间才有十几年的时间，这标志着新一代的企业经营者（或称职业经理人）阶层刚处于形成阶段。一个行业从成型发展到成熟需要很长的一个过程，其中牵涉到许多方面的因素，如社会发展需要、社会制度、政策导向、人力资源供给、市场环境等等都起着很大的作用。目前，我国企业经营者走向职业化尚处于起步阶段，我国国有企业经营者的来源主要还是由组织人事部门任命为主。从实际操作的情况表明，组织人事部门任命的经营者不一定都是长期从事企业经营的人员，有相当部分是政府官员，或是事业单位干部，或是其他人员转任过来的。从业时间短，并不是说他们个人素质差，而是缺少足够的企业经营的经验和市场竞争磨炼的经历。

一个行业的从业人员市场化的程度能表明该行业的职业化成熟程度，而行业职业化成熟的程度又与职业素质有着密切的关系。通过我国当前企业经营者市场化程度的情况，可以分析出我国当前企业经营者职业化成熟的程度，从而对职业素质的水平得出一个大致的结论。

以下的数据是从中国企业家调查系统在全国范围对3192位企业经营者，以及本课题组在深圳市范围内对326位企业经营者调查中，抽取了国有企业总经理（含董事长）获得目前职位途径进行的比较。

表5—1 国有企业总经理（含董事长）获得目前职位途径（%）

	组织任命	市场双向选择	组织选拔与市场选择相结合	自己创业	职工选举	其他
全国国有企业总经理	90.0	0.3	6.3	0.7	2.5	0.2
深圳国有企业总经理	70.0	10.0	10.0	0.8	0.2	／

资料来源：全国数据来自中国企业家调查系统：《中国企业家队伍成长与发展十年调查总报告》，2003年；深圳数据来自本课题组调研报告：《深圳市企业经营者成长环境与现状评析》，2004年。

表5—2 深圳的企业经营者平均年薪水平（%）

	10万元以下	10万—20万元	20万—50万元	50万—100万元	100万元以上
深圳企业经营者	39.1	38.2	17.5	3.7	1.5

资料来源：本课题组调研报告：《深圳市企业经营者成长环境与现状评析》，2004年。

表5—3　深圳企业经营者对重新选择职业的比较（%）

	企业总经理层面	企业部门经理层面
企业经营者	53.6	47.9
政府官员	16.7	15.6
教师或技术人员	9.5	11.9
文艺工作者	2.4	1.3
自由职业者	17.8	17.8
其他	/	5.5

资料来源：本课题组调研报告：《深圳市企业经营者成长环境与现状评析》，2004年。

结合上述调研数据分析：（1）表5—1数据可以看出我国企业经营者的市场化程度是比较低的。企业是和市场紧密相连的，经营人才市场化是表明企业经营者职业化是否成熟的一个标尺，市场化程度低表明职业化程度低。（2）表5—2、表5—3数据可以看出深圳的企业经营者年收入是比较高的。在企业经营者年收入高的地区只有约50%的人表明在重新选择职业时愿意选择企业经营者，仍有50%的人愿意选择其他职业，可以推断出我国企业经营者对职业化志向的程度并不高。（3）一个行业职业化程度的高低反映出该行业的成熟程度。职业化程度高的行业（比如律师、教师、工程师等）必然是业为专攻，不具备精通的专业素质和知识、能力的人就不可能进入该行业的领域；反过来职业化程度低的行业，表明该行业处于起步阶段，入门的门槛必然较低，从业人员的从业时间普遍较短，市场实践经验不够丰富。（4）从我国当前企业经营者职业化程度低的情况，可以推断我国目前企业经营者个人的职业素质总体上属于偏低水平，与市场化成熟的西方国家的企业经营者相比还存在比较大的差距。

三、企业家的职业素质要求

1. 流行的各种观点

企业家的职业素质要求是与企业家的角色相关的，比如亨利·明茨伯格认为一个职业经理应该承担人际关系、信息、决策 3 大方面的 10 种角色，[①] 根据角色的要求派生出所应具备的能力显然从逻辑上或是从实践中都是非常合理的。所以，对企业家的职业化素质要求的研究，基本上都采取了类似的途径。对企业家职业素质要求的标准，国内外都有大量研究成果，下面列举几种代表性观点。

（1）美国比较流行的观点

美国哈佛大学商学院教科书提出了总经理应具备的 11 项素质清单：①创造性思考问题的能力；②解决问题的能力；③综合能力；④严密推理的能力；⑤表达能力和谈判能力；⑥领导才能；⑦团队精神；⑧企业家精神；⑨知识结构；⑩道德准则；⑪超越自我的能力。

美国企业管理协会花了 5 年时间，通过对 1812 名最成功的经理的研究，发现成功的经理需要具备四大方面 19 种能力，内容与哈佛大学商学院有共通之处。

（2）日本的观点

日本的企业管理理论精致、严谨，对企业经营者素质的研究带有东方文化的特点，他们对职业素质分为品德和能力两大

---

① 亨利·明茨伯格：《经理工作的性质》，中国社会科学出版社 1986 年版。

类。10 项品德是：①使命感；②信赖感；③诚实；④忍耐；
⑤热情；⑥责任感；⑦积极性；⑧进取性；⑨公平；⑩勇气。
10 项能力是：①思维决策能力；②策划能力；③判断能力；
④创造能力；⑤洞察能力；⑥劝说能力；⑦对人的理解能力；
⑧解决问题的能力；⑨积极培养下级的能力；⑩调动积极性的
能力。①

（3）美国专家针对中国企业家的观点

苏姗（Susan Pattis）博士是长期在中国做企业诊断的美国
专家，接触了近千名中国企业家后说："目前很多媒介都在讨论
中国究竟有没有企业家的话题，我觉得实在没有必要讨论。中
国不但有大批优秀的企业家，而且他们的智慧和改变命运的勇
气，完全可以和全球优秀的企业家相比。当然有时外部环境和
政策法规等可能限制了他们的发挥。"苏姗在她的专著《企业家
的素质》中针对中国企业的特点提出了未来的企业家在新世纪
和国际竞争环境下再创辉煌必须具备的 16 项素质：①从全球角
度考虑问题；②把握最佳机会；③创造和分享共同理想；④培
养及重用人才；⑤尊重文化差异和个性；⑥建立团队意识和伙
伴关系；⑦锐意改革，突破传统习惯领域；⑧通晓技术，重视
知识；⑨鼓励富于建设性的挑战的创新；⑩确保顾客满意和员
工开心；⑪取得有竞争力的优势；⑫显示个人的领导才能；
⑬与领导层通力协作以及有正确的价值观；⑭明辨主次的能力；
⑮诚恳听取他人意见和显示自信；⑯非凡的沟通能力。②

---

① 白勤虎：《造就中国企业家的环境与机制》，合肥工业大学出版社 2003
年版。

② 苏姗：《企业家的素质》，北京工业人学出版社 2002 年版。

（4）中国官方企业研究机构和官员观点

中国企业家调查系统在全国范围对企业经营者进行调查时，列举职业经理人应该具备的 16 项主要素质技能：①果断决策能力；②能够接受新思想；③统筹能力；④很有智慧；⑤理解他人的能力；⑥尊重他人；⑦语言表达能力；⑧愿意征求他人意见；⑨严格遵循规则；⑩愿意承认错误；⑪技术能力；⑫形象好；⑬能够参加员工的讨论；⑭有幽默感；⑮有能力去做由员工执行的工作；⑯愿意传播信息。这 16 项素质要求虽然是从国外管理学者提出的观点中整理出来的，但也表明了这个权威机构对这些素质构成的认同程度。

全国人才交流中心副主任陈军认为，我国企业经营管理者与美国、日本、德国等国家企业管理者存在一定的差距，集中表现在市场意识、全球视野、经营能力和职业化精神等诸多方面。他认为一个成功的经理人必须具备 7 个特点：①清晰和坚定的职业目标；②丰富的职业含金量；③良好的教育背景；④较强的实战能力；⑤高度的专业化；⑥较高的个人素养；⑦较强的沟通能力和管理能力等。（来自中国职业经理人网站）

（5）中国企业家的观点

有意思的是由科学家转变的中国企业家也以极大的热情关注着企业经营者素质问题。中国的科学家、企业家王选说："我本来没有资格谈这个问题，因为我一直说我只是一个科学家，不具备企业家的素质，成不了企业家，我只是从一个科技专家的角度，谈一谈 20 多年的实践使我对企业家素质的一些看法，这是我这些年来反复思考和研究的一个问题。"王选认为企业经营者应该具备七种素质：①德：为人正直，不以权谋私，不拉帮结派，要诚实；②远见卓识，对当前和未来的市场有一种敏锐的洞察力；③熟悉财务，懂得资本运作；④冒险精神；⑤管理能力和现代化的管理经验；⑥沟通能力；⑦技术性公司的企业家应该重视技术。（王选，《中华工商时报》）

(6) 中国理论界观点

白勤虎教授在国家社科基金项目研究成果中归纳了我国管理学家和心理学家共同研究提出的五类素质论：①心理素质，主要有自我意识、气质、性格、情感等；②品德素质，指从行为、作风中表现出来的思想、认识、品性等方面的特征，其中道德占主要地位；③知识素质，主要有管理哲学、社会科学、技术科学方面的知识；④经验素质，指在经营管理活动方面的实践锻炼和经验积累；⑤能力素质，包括决策能力、组织能力、协调能力、创新能力、激励能力、用人能力、规划能力、判断能力、应变能力、社交能力等 10 项。[①]

2. 本书的观点

从以上列举的观点中，可以看到企业经营者的职业化素质要求是全面和广泛的。比较不同的样本，同中求异，可以看到不同国情、文化背景对企业经营者职业化素质提出的要求有所不同；异中求同，也有很多相通之处，特别是核心素质要求的共同点不少。研究我国企业经营者应具备的职业化素质要求标准，一要注意到中国特色的社会主义性质和人文环境，二要考虑我国企业与国际化接轨的因素，三要考虑便于建立素质评价体系。基于以上三方面的考虑，并参考了国内外学者各种观点

---

① 白勤虎：《造就中国企业家的环境与机制》，合肥工业大学出版社 2003 年版。

的要素，本书从以下几方面建立企业经营者的职业化素质要求的标准：

（1）职业潜质

①职业志向：立志以企业为终身职业。

②创新精神：企业家最核心的潜质。

③风险精神：必备的潜质，机会与冒险的把握。

④远见性：长远的眼光和对时局敏锐的洞察力。

（2）职业道德

①价值观：个人与企业、金钱与事业的人生态度。

②诚信：企业对社会、个人对企业和对同仁的准则。

③道德修养：人格的自我修炼、自我完善。

④责任感：对社会、企业、工作和他人的态度。

（3）个性特质

①心理气质：承受力、忍耐力、气度等指标。

②智商：聪明、机敏过人的素质。

③逻辑思维：善于思辨推理和归纳综合能力。

④专业知识：与企业相关一专多能的知识结构。

⑤人生经历：丰富的阅历和经营业绩。

（4）职业胜任力

①决策谋划能力：企业经营战略及项目策划的能力。

②监管控制能力：对执行过程的监督、管理、纠正、控制能力。

③组织协调能力：合理配置各种资源、沟通调度各方面的能力。

④分析判断能力：对事物的透彻理解与决断能力。

⑤说服影响能力：说服对方、感染他人和善于交际的能力。

⑥授权用人能力：放权调动下属，识人、量才、育人的能力。

职业潜质：是指是否适应某种职业（比如从政、经商、律师、教师、艺术家等）的潜在素质。这种潜在素质的先天性大于后天性。职业潜质是潜在的，经过后天的锻炼和实践就有可能成为现实的素质并转化为职业能力应用到工作中去。过分地强调后天努力而忽视先天的优势不是科学的态度。缺乏职业潜质优势的人可能付出十倍百倍的努力也未必成功。在教师的行业中有人教了一辈子书，效果就是不好，原因就是缺乏当教师的潜质。一些有特殊要求的行业（如运动员、艺术家）就更不用说了。企业经营者职业也是一种有特殊要求的行业，需要面对市场和行业的激烈竞争，需要与政府和各种部门打交道，需要打破常规习惯和传统的经营方式，不断创造新的产品、新的生产方法，开辟新的市场。最杰出的企业家需要通过不断创新而不断居于市场垄断地位，从而不断获取巨额的企业利润。企业家理论权威学者美国的熊彼特就把"敢冒风险、不断实现生产要素新组合的企业家"称为创新者，"不断进行创新的企业家精神，正是资本主义的灵魂。"① 政治上的风吹草动，经济马上就会敏感的反应，如何洞察政治时局变化，善于从中分析出对市场和对企业的影响，也需要一种过人的对事物的敏感度。①终身从事企业经营的志向。②不甘于遵循常规的创新精神。③敢于挑战风险的勇气。④看问题有独到眼光以及对政治时局和风云变幻的形势敏锐的洞察力，这是企业经营者的职业潜质。

---

① 熊彼特：《经济发展理论》，商务印书馆1985年版。

职业道德：是一种行业的基本操守准则。经营企业就是为了赚取利润，但并不等于就是为了个人赚钱。西方国家许多著名的企业家，论家产已是亿万富翁，个人与子孙若干代都花不完，为什么他们还千辛万苦地为企业操劳呢？20世纪世界富豪之冠、美国伯克希尔公司总裁沃伦·巴菲特的名言是："我不会以我挣来的钱来衡量我生命的价值。"韩国大宇公司的创始人金宇中说得更明白，"我实在不是为了多赚几文钱才像个疯子般工作，财富和资产完全不能和经营公司的乐趣相提并论。这让我的生命有意义，更是我马不停蹄的背后力量的源泉。"① ①有崇高的理想抱负，以天下、以企业为己任，正确处理个人与企业、金钱与事业的价值观是最重要的职业道德。②诚信于天下，以顾客为上帝，取财有道，童叟无欺，对同行业的伙伴和对手公平竞争、对同事真诚，也是业内重要职业道德。③有良好的个人道德修养，谦谦君子、儒商风范，远离黄、赌、毒，注重人格的自我修炼和自我完善，是企业经营者应具备的道德规范。④和企业忧戚与共的高度使命感，有宁死与船共沉的"船长精神"，对企业、对工作、对同仁的高度责任心，是业内倡导的职业道德。

个性特质：是指由先天禀赋和后天努力而来的每一个人都不尽相同的特有素质。由于先天的智商、气质、性格的差异，以及后天的学习、工作经历不同，每一个人就形成了独特的基本素质。①商场如战场，企业经营需要很强的忍耐力和承受力，不为胜利而冲昏头脑，更不能因挫折和失败而心理崩溃。②比较高的智商和情商，能够得心应手地学习吸收到新的知识和各

---

① 徐吉征．《世界大企业家如是说》，吉林人民出版社2001年版。

种技术，过人的聪明才智，机警敏捷，对人有亲和力，这些是个人从业的必要基本条件。③企业经营每天接触的都是具体的经济活动，商务谈判、市场调研、安排工作、交际往来等基本上都是感性的管理活动，但在具体行动的背后，更需要抽象的逻辑思维进行分析、综合、归纳、推理和判断，才能够正确地指导行动，获得更大的成功。④企业经营是一个综合素质要求非常高的职业，没有比较高的文化知识做基础，就很难适应日新月异的市场经济形势的变化。美国的一个企业调查报告表明，在美国 1000 个企业家中就有 500 个以上是 MBA 毕业的。如果说有些老一辈企业家即使文化程度不高，靠着艰苦奋斗也能成功的话，那么，在今天的知识经济、信息革命时代，再也很难想象一个文化知识很低的人，靠什么能在激烈的高素质人才群竞争中取胜。企业经营活动牵涉到许多领域，即令是专业性质很强的企业，企业家仍要与很多方面打交道。要求企业家成为无所不通的人是不现实的，也没有必要，但企业家的知识过窄绝对不利于企业的发展。企业家应该精通自己企业的主要领域的知识，同时对相应领域的知识也应有一定的通晓，也就是一专多能。比如一个电子信息产业的企业家，必须精通电子信息的知识，同时还要掌握与其相关领域比如管理、法律、财经方面的知识，才能在商场上知己知彼，立于不败之地。⑤人生经历也是个人后天努力积累而成的素质。历练人生，几经磨难，在多种部门和多个企业经历过的人，无论是成功的经验或失败的教训，都是一笔不可多得的财富，许多企业正是很看好这类的人才。

职业胜任力：是指一个人是否胜任企业经营者这个职业的

能力，也是具体地、直接地应用到经营管理活动中的能力。它最直接地对企业的经营管理活动的绩效产生影响，最直接地预测到一个人对企业的贡献。①决策谋划能力——企业家作为企业的核心领导人，对企业的发展方向、经营模式、计划实施的监管负有最主要的责任。企业高级经营者必须具备高素质的决策能力。企业家每天都在管理着企业，管理能力是他的基本技能之一，就企业内部的职责分工而言，"员工单凭自己的经验是不能找到科学的方法的，计划职能归管理当局。"① ②监管控制能力——企业的决策方案、发展计划能否得到真正落实取决于实施。决策和计划都是针对未来情况的预先对策，实施过程中肯定会出现事先没有估计到的新情况、新问题，企业家应具备对决策方案实施过程的监督、管理、纠正、控制能力，具备随时解决实施过程中出现的新矛盾的能力。③组织协调能力——企业与外界的关系、企业内部各部门的关系是一个复杂的系统。部门之间、上下之间、里外之间，要保持一种和谐的关系，需要组织各方面的力量维系企业的正常运转。此外，还更多地需要内外调协，要求企业经营者具备良好的协调能力。④分析判断能力——对企业内部发生的问题，对复杂多变的市场情况，如何在不确定的因素中寻找到主要矛盾，抢先一步做出正确的决断以把握商机，这就需要运用到分析判断的能力。⑤说服影响能力——经营者是管理者，很多时候不是能够单凭权力就能压服人的，特别是合作伙伴、竞争对手和相关单位更是如此。这就需要善于运用赋予的权力加个人自身的魅力，善于说服他

---

① F. W. 泰勒：《科学管理原理》，中国社会科学出版社 1986 年版。

人，善于通过接触不知不觉地影响他人。⑥用人选人能力——企业的决策、计划和经济任务，最终都是靠人去落实、去完成的，领导的主要职责就是带领企业一班人共同努力以实现最终目标。企业高级经营者在选人用人方面应具备下面几点能力：一是识人，对什么样的人才适合到本企业工作？什么样的人适合在什么岗位工作？量才而用；二是用人，应有能调动每一个人的积极性，发挥每一个人潜力的本事；三是育人，能通过下属的本职工作或项目工程，使他们得到能力的提高。能在企业内形成一套培训员工的机制，使企业的人力资源得到充分的发育。

四、经营者职业素质—行动—绩效结构模型①

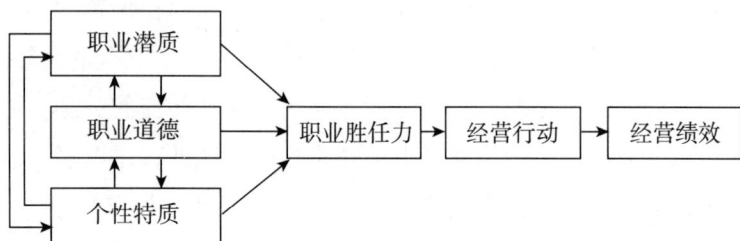

图5—1　经营者职业素质—行动—绩效结构模型

---

① 深圳市高级人才测评中心、深圳市高级经理评价推荐中心的研究成果《企业经理综合胜任力模型与测评系统》提出了企业经理领导胜任力由认知因素、特质因素和过程胜任力三部分构成，第一层次是三部分各自独立构成的二阶因素结构模型，第二层次是三部分各自与绩效构成结构模型，第三层次是"领导胜任力与绩效关系模型"。胜任力是现代人力资源管理的重要概念，西方学者McClelland（1973）、Shanteall（1992）、Sparrow（1997）等都有过论述。本课题组建立的"经营者职业素质—行动—绩效结构模型"中的职业胜任力概念的提出得益于上述研究成果的启发。

图5—1中的箭头方向代表推动、影响作用。职业潜质、职业道德与个性特质三者之间有着互相影响的作用，在三者的基础上形成了职业胜任力，职业胜任力产生经营行动，经营行动对经营绩效产生直接的影响。职业胜任力对职业潜质、职业道德和个性特质会有一定的弱反作用力，本模型主要是强调职业化素质与经营行动、经营绩效之间的推动关系，故这种弱反作用力不加标明。

1. 经营者职业素质—行动—绩效结构模型的理论依据

（1）企业的经营绩效直接取决于经营行动，经营行动直接受经营者的职业胜任力影响。

（2）经营者的职业胜任力来源于本人的职业素质、职业道德、个性特质。

（3）职业潜质、职业道德、个性特质三者是互相推动、互相影响的。

（4）职业潜质、职业道德、个性特质对经营绩效的推动和影响作用是间接的，要通过经营者的职业胜任力去表现出来。

平时人们分析所取得一项成绩的原因时，往往列举的因素会越来越多，生怕遗漏哪怕是很小很小的一项。比如总结一枚金牌的获得原因，除了直接参赛运动员外，主教练、助理教练、陪练员、队友、领队、队医、后勤，还有社会各界、舆论、球迷，当然最重要的还是方针政策和上级正确领导。这种思维方式导致曾经出现过一项科研成果获奖后，数万元的奖金平均分到每人手里（包括炊事员）只有几十元的笑话。显然，金牌的取得都离不开上述所列举的因素，没有队医参赛运动员上不了场，没有炊事员他饿着肚子也赢不到金牌。但是，上述的各个因素对金牌取得的作用力并非是均等的而是有很大区别的。

同理，经营者职业化素质的每一项因素都会对经营绩效产生影响，但所产生的作用力是不一样的，有直接影响与间接影响，强影响与弱影响之分。比如职业潜质、职业道德和个人特质肯定会对经营绩效有影响，但这种影响是间接影响、弱影响，它们转化为经营者的职业胜任力，应用到经营行动中，然后才能产生经营绩效。本结构模型没有标出前三种素质对经营绩效的推动和影响作用，不等于否认或轻视前三种素质对经营绩效的作用。相反地，没有前三种素质就不会有职业胜任力素质，也不会有正确的经营行动，不会有良好的经营绩效。

2. 构建经营者职业素质—行动—绩效结构模型的意义

（1）从理论上说明职业潜质、职业道德、个人特质和职业胜任力四大类职业素质之间的关系以及各自对经营行动、经营绩效的推动、影响作用。

（2）对经营者根据针对个人自身素质实际情况制定素质提升计划，培训机构制订培训计划提供参考作用。

（3）为建立经营者职业素质评测系统，为测评定量化、智能化、技术化的发展提供参考作用。

（4）作为一家之言，为企业人力资源理论中企业家素质标准的深入探讨起抛砖引玉作用。

第二节　职业化企业家评价标准系统

一、建立职业化企业家评价标准体系的必要性

要建设一支高素质的职业化企业家队伍，首先要解决的问题就是这支队伍的选拔对象从何而来。从我国当前的情况来看，

主要来源有两方面，一是来自现有的国有企业经营队伍，虽然他们与高素质的职业化企业家的理想标准尚有比较大的差距，但他们都经历过改革开放后市场竞争的洗礼，有着多年企业管理的经验，显然，现有的国有企业经营者是未来高素质的职业化企业家队伍最现成的资源。二是来自人才市场，随着我国人事制度的改革，人们择业将越来越自由，随着企业家成为社会上一个稳定的职业阶层，社会上许多潜在的人力资源，包括应届的毕业生和留学归国人员都有可能成为出色的企业家，未来的人力市场上的优秀人才，将是国有企业选拔企业家的又一个重要的资源。无论是从现有的国有企业经营者队伍中，或是从人才市场中去选拔职业化企业家，都得解决选拔标准、选拔方法、评价机构等一系列问题，这就需要建立起一个科学合理的测评体系，这是建设职业化企业家队伍的首要条件、必要条件。

随着企业制度的越来越成熟，企业家准入制度也将逐步规范化，可以预见不久的将来，企业家将和律师、医生、教师的行业一样，实行持证上岗的制度。建立一个严格的科学的企业家评价标准系统，将对现任的企业经营者们产生一种职业压力，优胜劣汰的机制将充分发挥作用，许多靠关系、靠任人唯亲滞留在国有企业中的南郭先生将被迫淘汰出局。随着市场化、职业化的进程的逐渐加速，我国的企业家队伍的整体素质将会得到改善和提高。

二、建立职业化企业家评价标准体系的构想

从目前国企人事制度改革的情况来看，尚未有完善的评价标准体系，但已有不少地方对此进行了探索性的试验。比如上海、吉林、成都、柳州等城市，已经建立了企业家人才市场，

在经理职位的素质测评工作方面取得了一定的进展。特别是深圳市在 1996 年成立的"深圳市高级经理人才评价推荐中心"，承担起搜集、评价、培训、推荐国有企业高级经理人才的职能，在全市的国有企业中推行了"先测后聘"制度。该中心成立以来，对构建职业化企业家评价标准体系进了大胆的探索，并取得了阶段性的成果。在对各地和深圳实践经验分析的基础上，本书提出的构建职业化企业家评价标准体系的构想包括资格评价标准、绩效评价标准、评价措施标准三个部分。

1. 建立资格评价标准的构想

确定评价体系中的资格评价标准，就是要解决用什么要素测评企业家任职资格的问题。企业家的工作、性质、地位和作用决定了他们应该是高素质的人，但不同的国家对企业家素质的具体要求是不同的，其中有共性也有特殊性。前面已对我国企业家的中国特色的职业素质进行了分析，归纳为职业潜质、职业道德、个人特质和职业胜任力 4 大类。企业家的任职资格标准无疑是由企业家的职业素质标准所决定的，任职资格标准是职业素质的具体表现，但职业素质是内在的规定性，内在因素有些与外在表现能比较一致，有些则不易表现出来，更不易用标准化技术测评出来。任职资格标准的选择和标准的确定，既要以企业家的职业素质为基础，又要考虑到"可测性"问题。比如价值观是一个很重要的指标，但在测评实践中发现很难用问卷、人机对话、选择题等标准化的方法进行测评，测评结果也很难使人确认其准确度，所以，对于不可测的或测不准的素质，要另外辅以民意考察或民主测评等定性评价方式进行。企业家职业素质的要求，第一维度的评价内容包括职业潜质、职业道德、个人特质的职业胜任力 4 大类 19 项（见本章第一节）。

第一维度的评价内容是对所有企业家都必须进行测评的，由于行业不同、企业类别不同，以第一维度评价内容为基础，还必须建立第二维度的评价内容，也就是在第一维度的每项内容基础上根据行业、专业再定出相应项目指标进行评价。比如对某电子企业集团总经理的"知识"的测试，就应包括计算机、信息网络、企业管理、涉外经济等第二维度的项目指标。

2. 建立绩效评价标准的构想

对企业家的绩效评价常常是以成败论英雄，即只看当年企业的经济效益、当年利润。这是一个非常值得警惕的误区，从理论上讲，胜任力与绩效之间有因果关系，胜任力强，绩效就高，胜任力差，绩效就低；但据此就推论出"绩效高，胜任力就强，绩效低，胜任力就差"的结论，无论是从逻辑或实践来看都无法能证实这种推论是成立的。因为胜任力与绩效之间虽然有密切联系，但并非是一种全等于的关系。绩效并不能准确地反映一个人胜任力的全部，往往只能反映胜任力的一部分，而且由于企业经营受政策、环境、机遇等不确定因素的影响，当年的企业业绩未必能真正反映出企业家的素质。单纯以年度绩效去衡量企业家是一种狭隘的实用主义行为。另外，用单纯的年度绩效去衡量企业家，往往会导致企业的短期行为，对企业的长远健康发展造成危害。所以，构建企业家的绩效评价标准既要以年度绩效为主要指标，同时还要加进企业家的经营管理、决策监控方面的指标。这种指标设置的指导思想是："结果＋过程，业绩＋胜任力"，也就是"评价结果为主，同时也要评价过程；评价业绩为主，同时也要评价胜任力"。

绩效评价标准的内容包括：

经营管理指标：通过衡量企业家当年（或任职期间）的经

营业绩，反映企业家的综合素质和能力。主要指标有企业总资产、负债比、固定资产、人均劳动生产率各项指标的总量以及增长率，也可增加以下指标：产品更新、技术更新、资金周转率等。

市场经营指标：衡量企业家当年（或任职期间）在市场经营活动中的业绩从而反映出他的素质和能力。主要有产品市场占有率、销售额、利润、流动比率、流动资金周转率等。

社会效益指标：是对是否胜任企业家的社会角色的衡量指标，包括年缴税额、总资产回报率、资本收益率等。

胜任力指标：主要衡量在市场竞争中企业家把握机遇、及时决策和监管实施的能力，包括决策机遇把握、决策成功率、决策平均效益、创新决策次数、决策实施过程监管、决策实施效果等。

以上的各项指标并非是平均的，应根据企业的要求不同，评价目的不同，分别设计分值和加权。计分和加权一般采用百分比系数法，即把指标中的各要素都用百分数以及百分比来表示，对于重要的指标和指标中重要的要素，可适当增加权重。要注意的是，绩效指标以及分值、权重确定后，不能随意因人而改动，对同一系统、同一标准的被评价对象要一视同仁，一定要体现标准化的原则。

3. 建立评价措施标准的构想

影响企业家素质评价结果公正性的因素有哪些呢？有企业家本身的职业素质，这是内因的影响；有评价指标的设置，如果设置不合理，往往有利于某类对象而不利于另一类对象；有评价指标的分值与权重，也会对评价的结果产生比较大的影响。除此以外，评价措施是影响评价结果公正性最大的因素，评价措施包括评价的方法、手段、技术、形式等，为了尽可能保证评价结果的公正性，必须对评价措施进行标准化。

（1）评价措施标准化的原则

对企业家素质的评价，应以硬性措施为主，软性措施为辅，定量指标为主，定性指标为辅。这样才能避免评价过程中的人为因素，使评价对象处于人人平等的位置，也是遏制国企人事任免中不正之风的有力手段。

（2）评价措施标准化的内容

评价方式标准化。长期以来对国企领导人的选拔，往往是先由组织部门对候选人进行考察，考察方式大都是听取群众意见，写出文字材料报上级部门，下一步再进行选举或由上级任命。这种评价候选人方式的弊病在于人为因素太大，候选人的命运基本上掌握在考察者的笔上。所谓的"群众意见"也根本无法保证能真实反映被考察人素质，"老好人得分高"，"多干事多犯错误"已是世人所知、无法改变的现象。对企业家的评价方式实行标准化可以在一定程度上改变这种人为因素的现象。完全标准化的方式主要有：标准化笔试，采用标准化的试题，答案全部是选择式，答卷用光电阅读机处理；人机对话，试题全部输入计算机，被测者上机解答试题，成绩当场显示。准标准化的方式有：结构性的面试、主观题笔试、论文等。所谓准标准化是指测试题的答案不一定是唯一的，被测者有一定的自由发挥空间，但评分的标准仍然是统一的，以保证评价结果的公正性。据调查，结构化面试是近年来各地对企业经营者测试方式效果较好的一种，主要是把面试的内容、方式、评委构成、程序、评分标准等构成要素，按统一制成的标准和要求进行，既能让被测者发挥个人素质的综合能力，又能减少盲目性和随意性，客观性、有效性也比较高。

评测试题标准化：对企业家的选拔与测试的关键是要有一个足够数量的试题库，建设题库的工作是非常艰难的，除了要动用很多方面的专家，耗费很大的成本以外，题库建设的关键不是试题的量而是试题的科学性。对试题的设计可分为客观性测验设计与主观性测验设计。客观性测验的设计特点是：答案客观、明确且具有唯一性，能保证无论对谁测试的结果，得到的都是一个共同的、客观的分数；对大量的、大范围的知识能作出有效的测试。主观性测试设计的特点是：能对被测者的深层知识和能力进行有效测试；能测试到被测者的分析力、想象力和创造力。这两种测试设计各有所长、有所短，一般要搭配起来使用才能发挥出最佳效果。

评价技术标准化：现代人才素质测评技术越来越趋向标准化，评价中心技术是其中最常用的一种，它特别适用于高级管理人才的选拔测试，在国外的大企业测试机构中，认为是考察管理潜能的最有效方法之一。评价中心技术是以情景模拟测评为主的一系列有内在联系的测评过程的组合，目的在于对被测者在模拟实际工作的情景中的表现进行全面测评，从而得出被测者的素质和综合能力的高低的结论。评价中心技术的特点是评价技术多样化、组合化，包括面谈、笔试测验、心理测验、工作取样法测评中的无领导小组讨论、情景模拟、文件筐测验、角色扮演、小组问题解决等。实施过程中，评价人员分工负责，并要保证轮流地观察到每位被测者。评价人员不要做过多的解释性说明，而是要按标准化程序进行。若干个评价者对每一个被测者都要作出等级评价，然后集中逐一反复讨论他们的表现，得出被测者的工作胜任情况和发展潜力的最终结论。

第三节　企业家测评理论与方法

一、测评的意义和原则

1. 测评的意义

人才测评技术是一门新兴的科学。对人才的素质进行测评可以投入很少的时间、人力和资金，但它给企业带来无限的收益，可以使企业的员工可以通过测评实现优化配置，把合适的人选用在恰当的位置上，更可以提高企业选聘经营者的效率。随着企业的现代化、国际化程度越来越高，对企业经营者的素质要求也越来越高，在这种情况下那种仅仅依靠个人的经验来选拔人才，很难对一个人的素质进行全面的、客观的和科学的评价。在招聘过程中，要想在一个较短的时间内对应聘者的素质进行评估，只有依靠科学的人才测评手段，才能帮助企业进行正确的人事决策，提高甄选效率。人才测评还可以对个人的各种心理特点、个性特征，如他的兴趣、爱好、需要、能力、个性特点和知识技能等多方面进行深入的了解与分析，提供被测评者的有效的信息，为人才的合理使用提供参考。

人才测评时的表现与工作实际表现往往是有一定的误差性的，所以有些企业的人事工作者因噎废食，或认为不如看看人事档案省事，或认为不如试用准确，或认为有面试就可以了，等等。其实，每一种方法都有利有弊的、难以十全十美。个人履历背景对人才的潜力分析有相对稳定性的优点，履历分析可以作为人才测评的辅助工具加以应用。但履历是人的过去，对现在状况分析就有局限性；试用能比较实在地看出一个人的能力，但试用的成本高，时间长，再说让企业把重要的岗位去给应聘者试验也不现实；面试也是一种测评方法，但仅有面试是不够的，只能作为测评系统中的一种手段。通过专家和实践家们的共同努力，系统科学的测评技术越来越成熟，越来越呈现出高效、省时省力省钱的优点，目前已经被政府、企业、事业单位在选拔人才时广为应用。

2. 测评的原则

在素质测评的过程中，为了能够使测评工作取得预期的效果，达到测评的目的，就要求我们在测评进行中要遵循一定的原则。这些原则既是在测评实践中经验总结，也是指导测评工作的思想方法，它对于更好地理解测评方法、认识测评方法和使用测评方法具有很大的帮助。

（1）客观测评与主观测评相结合原则

客观测评与主观测评相结合的原则是指在素质测评过程中，既要尽量采取客观的测评手段与方法，但又不要忽视主观性综合评定的作用；既要强调客观性，又不能完全追求客观性而忽视测评主体主观能动作用，二者不可偏废。

人才测评的发展历程中，一直存在着刻意强调测评的客观性的倾向，著名的美国心理测量学专家桑代克就曾声称一切事物的存在都是量的存在，而量的存在则是可以测量的。他的话对于推动心理测验运动的发展，对于心理学和人才测量学的科学化、客观化有着积极的作用。在他的引导下美国的心理测量学走上了一条纯粹客观主义的道路。

（2）定性测评与定量测评相结合原则

定性的测评是一种主观的、质化的测评，它是依据测评者的主观经验对应试者的各种素质进行评估、判断的一种方法。

定性的测评侧重从行为性质和个性特征方面对素质进行测评。定量测评是采用量化的方法对受试者的某些素质进行量化的分析与处理，同时也可以从数量关系反映出个人之间的差异，人与人之间的这种差异达到一个什么样的程度。

定性的研究和定量的研究在对人的素质研究方面交互起作用。早在科学心理学产生之前，对人的定性研究占主导地位，定量研究在心理学发展的近百年中受到了越来越多的重视，但同时也出现有盲目数量化的倾向。

由于人本身的复杂，对人的素质进行量化评价本身就有一定的困难，对有些不能量化的指针，刻意进行量化处理本身就会失去其真实性。任何事物的存在都具有质与量的形式，因此在进行素质测评时要切实注意定性与定量的结合，如果只是进行定性的测评，那只能反映出素质的性质特点；仅是定量测评，势必会忽视素质的质的方面特征。在进行测评时，既要进行量的测评，又要进行质的考核，二者不可偏废。

（3）素质测评同绩效考核相结合原则

素质测评是对其品德、能力、知识和个性等素质进行评估，这是基于个人素质方面的测评。而绩效考核则是针对个人的工作业绩进行考察。这两种评估方式是相辅相成的，从理论上讲，素质高是取得高绩效的一种保障条件，而高绩效的取得也是和高素质有着密切的关系。但高绩效不一定完全与素质有关，一个绩效的产生在很大程度上受周围的环境影响。特别在企业经营业绩易受外界经济环境影响的行业，则这种环境的作用就更为突出。

二、测评的要点、难点、热点

人类发展到了今天，已经对客观世界有了一个比较深刻的认识，但是对人类自身一些特质的研究恰恰缺乏足够的认识。比如人脑智慧的开发，心理与行为的对应性等等，这就决定了测评的难度，同时也激起人们对此要深入研究的兴趣。

1. 测评的要点

企业经营者有其特定的含义，所以测评的对象应有界定，针对对象的特点设计所应采用的方法与技术。对这一特定的人群的工作特点应有足够的研究，任何一种测量方法都是以对象的工作分析为基础的。

企业经营者在企业中主要有以下几种主要的作用，也可以说扮演这些角色，主要可以分为三类，一是人际问题的处理者；二是信息的管理控制者；三是决策制定与执行者。

第一类，指的是从企业主管的角度来处理人际关系，其中包括：（1）挂名的角色。如主持一些典礼、授奖、参加职工的婚礼等。这类工作并不重要，但很必要，因此增加与下属、客户、部门之间的友好关系。（2）领导角色。指导和协调下属完成各项工作任务。包括任用、提升、处罚等等，还有激励下属的种种办法。（3）联络角色。联系组织内部与外部的信息沟通，如与客户、地方政府、董事会成员、供货商的联系等。通过联系可以获得对本企业有用的情报，通过联系建立的关系网也有助于了解市场动态。

第二类，指的是信息管理与控制，其中包括：（1）监视的角色。高级经理好像是在雷达系统中的监守员，在屏幕上注视着可能对企业有影响的信息，这包括各种传闻、小道消息与其他人分享，有时这种传播是通过专门渠道进行的。（2）发言人的角色。这是说高级经理向外界发表正式的报告、宣言、声明等，在电视上露面，开记者招待会等。

第三类，指的是决策者的角色，包括：（1）企业家角色。高级经理应致力于组织的改善，提出计划，改革的要求，关心新思想、新知识，鼓励中层经理提出新设想、鼓励创新，给予支持。（2）处理干扰的角色。高级经理应善于解决矛盾，处理下属职工与企业之间的纠纷。如罢工之类，这些问题是很难避免的，问题是如何正确对待，处理得体。（3）资源分配者角色。高级经理应有责任决定谁得到某种资源，谁不能得到，如额外的奖励、设备、人员等。预算如何分配，花在设备上多少、福利上多少等。（4）谈判者角色。代表本企业与有关方面进行谈判，能否胜任与上述其他角色有关。

上述种种角色反映企业经营者应具有多面手的特点。在评价一位企业经营者时应考虑到这种多样性，不能总从某一方面或某方面来进行测评、考核。在不同的企业，企业经营者的角色任务也不一样，更应区别对待。目前，很难找到一种"万能"的测评方法，这是应注意到的一个重要特点。

2. 测评的难点

如前所述，由于企业经营者任务的复杂性，角色的多样性，所以很难找出某一种能适用各类经理的通用的测评方法。如果结合各人情况，又难以有一个比较的标准，而且全国各地社会、经济条件各异，更难以找出一个广泛应用的"常模"。而这是测量学中最基本的要求，如何考虑针对性与通用性的矛盾，是一个必须认真研究的问题。

在管理心理学中探讨领导行为、领导风格时，很难采用"好人"、"坏人"的标准。因此，在测量时总是避免这种性质的判断，也就是说不应对领导者本人的政治、品德、行为等进行测评。但实际应用部门，往往对这方面的测量更感兴趣。在从事测评研究的专家之间也有不同的看法。

在测量、评价时往往都不是从某一维度出发，最常见的是双维方法，例如日本三隅二不二的 PM 理论，从 P 工作绩效和 M 团体维系两个维度分析，得出 PM 理论。四种类型领导管理理论从"关心人"与"关心生产"，两维度结合考虑，提出 5 种典型领导方式，还有不同难度配合的优劣还要视其条件而定，即所谓的"权变理论"。在这种背景下，如何评定这个被测者，是非常难的事。某单位组织了许多专家，花了几年时间研究了许多维度测量，有许多分系统的结果，但最后如何把大量分系统结合为一个总的评价却难以完成，这是当前进行经理人员测评的一个主要难点。

在测评方法、技术上的难点也很多，如何把定性与定量方法相结合仍是未能很好解决的难点。如果有若干个"考官"，怎么把他们的评分结合也是一个难点。在心理测量学中有许多量表、测验，其中有很多属于主观测量，如果被测者说真话、实话，其可靠性是高的。如在一些医学心理、病理心理测验中可靠性都比较好，因为被测者知道，他真实反映自己的情况，对治好自己的毛病有帮助。而在人事选拔、考核、评估测量中，被测者往往有意作伪，使测量结果受干扰，这是许多测量不准确的原因。

在发达国家，企业经营者都是一步步提升的，有些基本的测评在入公司时就已经过考察，如智力测验不必对高级经营者进行测评，但在我们国内往往对高级企业经营者还需要一些基本的测试。这样做的结果，一方面加大测试的量，另一方面某些高级经营者对测评一些基本的东西也引起反感，这一问题应灵活处理。

主测人员的水平很重要，有了一个很成熟的量表，有一套好的方法，如果没有经验丰富的主测者还是不能保证结果的科学、可靠。采用计算机辅助的测评，有某些方面的帮助，如客观、准确、一致；但也有缺点，特别是如何综合分析、作出评价，需要主测者的经验、专业修养。目前的计算机分析，评价水平还很低，效果不理想，有待于具有人工智能的分析软件。

3. 测评的热点

对企业经营者的测评与培训相结合，这是当前国内外管理学界、人力资源开发的热点和发展方向。因单纯用一两次测评很难对一位企业家有正确的认识，通过有计划地设计，把培训工作有意识地与测评相结合，则会收到更好的效果。通过一些专门的课程进行模拟、扮演等起到了测评的作用，为提升他们当高级经理打下了基础。从国外情况看，这也是一种趋势，有比较成熟的经验。

把中国、外国的实践经验相结合，把东方、西方的思想与理论相结合，在企业家的测评工作中要有所创新。近年来中外合资企业大力发展，外国大公司在中国开业的也日益增多，在这种条件下，特别需要一大批能适应国际接轨的高级管理人员。如何选拔、任用、管理，是个十分迫切的问题，在这方面已经积累了不少经验，应加以总结、系统化。

三、测评方法

1. 测验法

（1）个性心理测验

个性是心理学中一个重要的研究课题，近年来受到广泛的关注。个性在某种程度上决定着一个人的事业的发展水平。可以想象，一个缺乏意志力、做事半途而废、没有自信心的人是不可能在事业上取得成功的。很多的研究表明，要想成为杰出的企业管理人才，就要有坚定的自信心、勇于开拓、乐观向上、有积极的生活态度和敢于冒险。因此有人说个性即命运，有什么样的个性就会有什么样的发展空间。

个性反映了一个人的行为方式和思维特点，因此和人的某些方面的工作绩效有关。近年来越来越多的研究表明，个性和领导者的管理风格、工作绩效有关。许多发达国家在人事招聘、管理者选拔中都采用个性测验，由此也可以说明，个性测验对企业家的重要意义。个性是稳定的、习惯化的思维方式和行为风格，它贯穿于人的整个心理，是人的独特性的整体写照。个性对于管理者来说是很重要的，它渗透到管理者的所有行为活动之中，影响管理者的活动方式、风格和工作绩效。大量研究和实践表明：某些个性类型和管理活动有着特定的关系，它们对团体的贡献不同，所适应的管理环境也不同。利用国内外比较成熟的个性测验量表可以对企业管理者的个性特点进行比较清晰的描绘，以期对人格类型进行准确的诊断，为人事安置、调整和合理使用人力资源提供建议。

在国际上流行的个性测验量表很多，这些测验量表是依据不同的个性理论，经过大量的研究编制而成，具有较高的信度和效度。如大五人格测验、爱德华个性测验、卡特尔十六项个性格测验、艾森克个性问卷、罗夏墨迹测验和管理者个性测验等等。这些测验从不同的角度，用不同的表述方法对人的个性进行剖析。个性测验目前在企业经营者测评中应用的相对来说比较少，主要是因为个性测验解决的是一个人的个性特征是什么。特别是由于企业经营者本身的素质比较高，对个性测验的信度和效度的影响比较大，加上我们国家在使用个性测验量表方面还存在一些不足之处，所以在这个方面运用得还不够普遍。

（2）能力测验

能力是指人们顺利完成某种活动所必需的那些心理特征，它是个性心理特征的综合表现。一个人的能力大小会影响一个人的工作业绩，以及他所能够胜任工作的难度。能力在知识经济即将到来的时代有着十分重要的地位。一个人的能力大小在很大程度上决定了他的事业发展的水平，他所处的社会地位。

能力和人所从事的职业有很大的关系，不同的职业对人的能力要求也有所不同。具有音乐能力的人可能最好从事音乐创作和音乐实践工作；具有运动能力的人可以在运动方面取得很大的成就；具有领导能力的人则可以成为杰出的领导者。许多研究已经表明人与人之间的差异是巨大的，有些差异甚至比我们所想象的还要大得多。这种差异不仅表现在发展的水平上，而且也表现在发展的类型上。能力的发展水平的差异表现在人与人之间的能力高低强弱之分；而能力发展的类型则表现为发展的方面不同。有的人可能这方面的能力强另一个方面的能力就弱，而另一个人则可能正好与之相反。能力测验就是要把人与人之间的这种差别鉴别出来，更好地在合适的岗位上发挥最大的作用。能力测验在人力资源开发与使用上也是最为经济的一种方法之一。把恰当的人用在恰当的位置上可以大量节约人力资源的成本，同时也能充分发挥个人的才干，调动其工作的积极性和创造性。

在能力测验中应用比较广泛的是智力测验和职业能力倾向测验。职业能力倾向测验是测验某个人从事某种活动和特定的工作所应具备的某种潜在的能力的一种心理测验。一个人的能力倾向是指经过适应训练或被置于适应的环境下完成某项任务的可能性，而不是当时就已经具有的现实条件。换言之，能力倾向指的是一个人能学会做什么，即一个人获得知识、技能和能力的潜力如何。职业能力倾向有以下几个特点：

一是具有稳定性。能力倾向是相对稳定的，它不像人的智力水平一样几乎很难改变，又不像人的专业知识技能那样容易通过强化训练而在短期内获得提高或由于遗忘而失去。二是能力倾向具有相对的广泛性。智力的高低几乎影响人的一切活动的效率，但这是一种间接的影响；而专业知识、技能则仅仅影响某一有限或具体的活动；能力倾向则影响一个人在某种职业领域中从事多种活动的效率。三是能力倾向是一种潜能，表现为一种成功的可能性，而不是已有的水平和现实性。如一个人的逻辑推理、判断力强，说明他从事与此相关的工作成功的可能性更大，更会胜任有余。但这仅仅是一种可能而已，有些人可能并没有机会实现他的这种优势。

不同的职业能力是与特定的职业相匹配的。在企业经营者选拔方案中，能力倾向测验是一种很重要的手段，有其实施的现实意义和价值。应用这种测验是为了了解一些应试者是否具有企业经营者所应具有的一般能力素质和管理能力倾向。如果这些基本的条件都不具备，那他就很难成为一个合格的企业管理者。

（3）领导行为测验

领导行为的研究是管理学、心理学、社会学等许多领域所关注的问题。在组织行为学、管理心理学中更是核心的研究对象。早期的研究倾向于领导的特质，也就是说作为一个领导人应该具有哪些特殊的品质，通俗地说当领导的人应当具有哪些品质。后来这种提法被很多专家学者否认。学者们开始从另一个角度来探讨领导者行为、风格特点和能力。例如民主型领导、专制型领导等，哪些工作更为有效。这些工作受到了人们的普遍重视，但研究表明单从一个维度分析是远远不够的，于是出现了双维理论。例如从领导关心人的维度和抓组织的维度两个方面去考察他的领导风格与领导能力。更新的趋势是权变理论。领导风格不同的优劣势不是很明显的，也不是一个绝对的概念，在某种情况下某种风格有效，在另一种情况下可能恰恰相反。所以在研究中不但要考虑领导者本身的特点，还应该考虑到周围环境的因素如何，领导与下层的关系如何，领导权力地位等。这是领导者行为研究的主要趋势。

日本著名的心理学家三隅二不二教授早年留学美国，在总结概括欧美有关领导行为研究的各派理论与测量方法的基础上，提出了 PM 理论。所谓 PM 理论是两个英文字母的缩写，P 是指团体的目标达成的机能，是 Performance（工作绩效）；M 是指团体维系的机能，是 Maintenance（维系、保持）。他很强调团体机能，因为领导行为的本质不能局限于领导者本人的行为，还包括与他人的相互作用。而且他在测量时尽量趋于中性化，不从"好人"、"坏人"的角度分析问题，主要的是在何种条件下，何种领导方式更有利于完成工作目标，更能促进团结合作。

三隅二不二教授分两个维度测定领导者的行为，即看某人在与下级及工作交互作用过程中两种职能发挥的程度如何，从而把领导者分为四种类型中的特定的一种类型，并伴之以反馈的方式，使领导者能够明了在客观的下级与自我评估之间的差异、明了在与其他领导的比较中自己的相对位置何在。这样可以较清楚地发现自己在工作中的不足和下级的状况，便于改进领导工作。在实际应用工作中，主要目的在于发现领导者工作中存在的问题，但一般不作为人事考核的依据，也不涉及录用和淘汰的问题，而是提供给领导者个人自己参考，以便有针对性地改进工作，充分发挥领导的职能，提高领导的能力。其主要目的在于用这样一种程序的方法对领导的工作作出具体的指导，同时用数量化的方式衡量改进的程度。

三隅二不二教授所设计的 P 和 M，是具有相当明确的操作性定义的，P 的职能主要是领导者为完成团体的目标所做的努力。①计划工作。②对完成工作任务所施加的压力两方面因素。主要考察领导者为提高组织的工作效率、工作绩效所做的努力。M 职能主要起到强化和维系团体的作用，领导者在实现 P 职能过程中要兼顾到 M 职能的补充和完善作用。

PM 理论的核心在于：不仅要对领导的 P 职能和 M 职能两方面的效果和表现进行评估，分别考察，而且注意到了这两种职能的交互作用。三隅二不二教授等人用实验室和现场实验的方式都验证了在四种领导类型中（PM、Pm、pM、Mp）PM 型领导行为是研究者和管理实践人员都认为最理想的领导行为类型，也是研究者希望领导者通过调查后培训能改进为 PM 型领导，即有机地将 P 和 M 两职能结合起来，充分发挥。

PM 理论的测量方法。PM 理论的测量方法一般采用个人回答，团体进行，有利于组织者及时解答不清楚的问题，并可以在时间上也相对一致，以免有人匆匆作答，有人长时间思考产生差异。主试者应对 PM 方法有较深入的了解，受过专门训练，注意保证测试的科学性与严格性。对数据处理应由受过专门训练的人员进行。特别是在分析与解释时更为重要。

在测试时，调查问卷应由主试者向被测者说明调查目的、作答方式，完全按指导语进行宣读，以便统一。

2. 面试法

我国可以说是考试的故乡，面试是我国最古老的人才选拔方法，对面试的研究和使用也有很悠久的历史，但用科学的方法对面试进行系统研究的文献却很少。1994年国家开始推行公务员考试录用制度，面试被确定为重要方法之一，在整个录用程序中，其地位超过了笔试。在企业管理人才的选拔中，面试的作用更是十分突出，几乎所有的企业在人员的招聘中都使用面试方法。目前在发达的工业国家里，企业人才选拔中一个突出的环节就是面试，根据不同的岗位需要，确定不同的面试指针，采用不同的面试方法来选拔企业所需要的不同管理人才和技术人才。国外一次调查显示，56%的被调查者认为在人才的选拔过程中面试是最重要的，90%的组织在他们的人员选拔中使用了面试的方法。

国外关于面试研究的文献较多，但结果有很大的差异。信度在0.15到0.80；效度在0.25—0.80之间不等。结果不一致的主要原因在于面试的研究多数是采用现场研究的方法，无关变量的控制较难；另外一个原因就是效标的选取较为困难，各自所选的效标不太一样。有的是被试聘用后的工作绩效作为效标，由于绩效资料的收集方法和标准各不相同，且被试是否录用往往是由面试、笔试及其他心理测试的综合结果作为依据的。因此，把绩效作为整个选拔系统的效标更为合适，而作为面试的效标只能说明一部分问题。

（1）面试的含义

有人认为面试就是谈谈话，相相面而已；有人认为面试就是口试，而口试就是与应试者交谈，以口头方式进行问答的一种考试方式，这是笔试的一种变种；有人认为面试即面谈加口试，是通过主考人与应试人之间的见面、边提问边观察分析与评价应试者的仪表气质、言谈举止、品德和能力及态度等方面的特点，权衡其与岗位是否匹配，这种理解是一种带有普遍意义的理解；有人认为面试是通过对外显的行为的观察与评价，来实现对应试人员内心世界的了解，达到了解应试人员的内在心理素质的目的，这是明显受行为主义思想影响对面试的理解；也有人认为面试是通过对应试者以问答式、命题演讲式、操作和情境模拟等方式，对应试者的语言表达能力、行为举止、反应能力、知识和技能等诸多方面进行全方位的考察。

在英文中，面试常用 interview 表示，其本意是接见、会见、会谈、（新闻记者的）采访等。而在我国面试的含义已经超过了其本身的含义，不仅有面谈的含义，而且包括情境模拟和现场测评等方法，它是区别于笔试的一种方法。从以上种种论述不难得出这样一个结论，对于面试这样一种测评应试者素质的考试形式，对选拔企业管理者和其他类型人员都有十分重要的作用，这种方法也是被人们普遍接受的。但是在如何去进行操作面试的进程，各人都有个人的看法，很难统一。以上诸多观点，加上一些尚未在此罗列的一些观点概括起来主要有以下三种意见：第一种观点认为，面试即是面对面地进行交谈；第二种观点认为，面试是一种口头考试的形式，即口试；第三种观点认为，面试是一种既包括口试也包括情境模拟操作的一种测试形式。

对面试概念的理解是一个很重要的理论问题和现实问题。在实际操作过程中人们出现对面试的错误理解和在操作上的一些失误，往往是对于面试的概念缺乏正确的认识所导致的。根据我们在多年的公务员考试和企业管理者招聘面试实践中的体会，深切地感到，面试的含义是比较广泛的，它包含了面谈、操作两大方面的内容。

所谓面试就是一种事先经过精心设计的，考官与应试者之间的双方面对面地观察、直接交谈或置应试者于某种特定的情景之中进行观察，从而对应试者的知识、工作能力、工作经验、性格、态度和待人接物的方式等素质进行考察的一种人员选拔的测试活动。一项研究表明，90%以上的组织，在其人员的招聘与选拔工作中，是借助于面试这一重要手段完成的。面试由5大要素构成，即被试（应试者或被面试者）、主试（评委）、测评内容（试题、评分标准等）、实施程序、面试结果。

面试是相对于笔试而言的，这种考试方式自古以来就普遍存在于各种考试之中，从科举时期的殿试到今天的人事招聘考试，这些都是面试的不同形式。面试与笔试相比具有很大的优越性，面试可以使考官与应试者面对面地进行交流，考官可以从多个方面获得他所要得到的信息。诸如应试者的表达能力、应变能力、分析问题的能力及回答问题中的态度、表情和动作等可以反映出应试者心理状态的有关信息。

企业管理者面试是一种用人考试，它在工作分析的基础上，针对不同岗位及领导者的角色的特殊要求设计面试题目，并采取灵活的办法去测评一个人的综合素质。主要包括以下四个环节：①工作与管理者角色分析；②确定目标；③编制问题；④制定标准答案和评分标准。它可以用面谈法、答辩法、情景模拟法等多种多样的方法去评价一个人现有的和潜在的能力。也可以在内容上针对不同的职位、不同的应试者进行调整变化，以准确地测试出应试者在某一方面、适应某一职位的实际能力水平。

面试能充分调动考官与应试者的积极性和主观能动性。面试是在"互动"气氛中进行的，考官能根据应试者回答的情况和考试目的，积极主动地变换测试内容，应试者也能充分发挥自己的聪明才智跟上考官的思路，积极地、主动地回答考官提出的各种问题。经过双方的努力，能够全面地测试出应试者的真实水平。

（2）面试的特点

对象的单一性。面试的方式虽然有个别面试和集体面试两种不同的形式。在集体面试中考官面对的所有不同的应试者，即使在使用一些无领导小组讨论和情景模拟的方法，评委们也逐个对不同的应试者分别加以观察。

内容的灵活性。由于在同一时间内面试对象的单一性，因此对面试的对象的具体要求也就有些灵活性，拥有较大的自由度。面试的内容可以事先进行好设计，同时也可以根据临场的具体情况随时进行相应的调整。因此每个应试者所面临的问题可能不完全一样，有的可能是深一些、广一些，问得多一些；有的可能会问得少一些、浅一些。这些都要视具体考试的具体情况而定。面试内容的变化也是必要的。首先，因为面试内容因工作岗位不同而无法固定，岗位不同、工作性质、职责以及任职资格的要求也就不同；其次，应试者的经历、背景不一样，所提的问题和回答的要求也不尽相同。考官也可以根据应试者在现场的发挥情况来临时提出相关的问题。

信息的复合性。与笔试和量表测验的方法有所不同的是，面试所获得的信息是多方面的，是一种复合的信息。面试的考官对任何信息的确认不是通过单一的信息信道来实现的，而是多种信息信道的结合。也就是说对同一素质的测评可从多个方面综合进行考察从而得出一个较为全面的结论。在面试的过程中，考官不仅只是听应试者如何进行回答的，同时很重要的因素还是要看他的面部表情、身体动作等诸多的表现，这些表现往往反映出一个人的真实的情况。有经验的面试考官就是从这些信息中得到他所关心的内容，从而做到对一个应试者的公正、公平的评价，增加了面试的可信度。

交流的直接性与互动性。与笔试不同，在面试过程中应试者的表现与评委直接相关的，中间没有任何中介转换形式。面试过程中主试与应试者面对面直接的接触、交谈观察都是相互的、直接进行的。相互之间的信息交流与反馈也是相互作用的。大家都可以从反馈的信息中及时调整自己的考试步骤。这种直接的交流提高了考官与应试者之间的沟通效果与面试的真实性，同时也可以了解到通过笔试无法获得的有关用人方面的信息。这种面试的方式在企业选拔与招聘人才的过程中得到了广泛的应用。

判断的主观性。面试与其他形式的考试最大的不同之处就在于它的评分具有较强的主观性。面试主要考察的是应试者的人格特征和相关能力素质。但是由于考官的认识水平、识人的本领以及个人的偏好等等因素都决定了应试者的不同结果。汉时的学者刘邵曾经说过这样的话，"一流之才识一流之善，二流之才识二流之善。"在面试的进程中考官的水平往往是决定性的，因此，有人曾讲过这样的话：所谓面试就是要考察考官的主观判断。这样在面试的过程中，对考官的要求很高，考不同职位的应试者，就要求有相当于其职位以上的人员来做考官才能有效地考出一个人的真实水平。

（3）面试的理论基础

人的内在素质和外显行为在一个人身上是一个动态的整体系统，是一个耗散结构系统，内在的素质必然会通过外显的行为表现出来。但是外显的行为受制于它的内在的素质，具有某种特定性、稳定性和差异性。人的外显行为是面试中主要应该观察的内容，它包括两个部分：一个是言语行为。另一个为非言语行为，在非言语行为中，包括一个人的体态行为、工作行为、生活行为和生理行为。

面试是在一个特定的环境、在特定的时间、特定的地点、特定的情境下对参加面试的人的知识、能力、素质等多个方面进行考察。面试考官通过听其言、观其行、察其色、析其因、觉其征和推其质的过程。主要是以语言的形式以及意义不明确的体态动作为中介，推测出应试者内在的本质、潜在的和显在的素质、能力特征。这种推断既是必要的又是可能的，具有相当的可靠性与合理性。

第一，在各种测评方式中，面试中的信息沟通渠道最多。

素质是一种内在的心理特点，具有隐蔽性与潜在性。观察法主要是测评那些业已成熟的、在自然状态下能够表现出来的素质，对那些隐蔽的或暂时不能表现的潜能，则无法进行观察评定。对那些观察到的行为表现，也往往是进行单向的判断，中介因素引起的误解无法消除；测验问卷虽然是双向沟通，但是却仅仅是一往一返，是单向的与静态的。沟通仅仅是书面语言的沟通，大量的体态语言信息被损失掉了。面试却不然，面试是一种多渠道的信息沟通方式。面试中主试发出的信息，既有语言的也有体态的和语调的，被试者接受这些信息是从一个全方位来理解主试发出信息的意义，这是一个动态的过程，是一个双向互动的过程。通过这种互动的过程，面试考官可以从多个侧面、多个维度来评价被试者的某些素质和特征。

第二，所有的测试手段中面试的信息量最多、利用率也最高。

很多心理学家都研究过人际交流过程言谈与信息的传递的效果，经过因素分析的研究，结果表明，其中言语只占其中的17%，声音占38%，而体态竟占55%。当然这里所讲的体态包括人的表情、动作等。这是传递信息的一种很重要的方式。由此可见面试在选拔人才过程中的重要性，特别是我们在进行高层企业管理人员的选拔就更是如此。有些人可能在笔试过程中讲的很好，对一些知识性的问题应答如流，可是在面试的过程中，成绩并不是很理想。有些素质是在笔试中无法观察得到的，比如说作为企业经理要具有很好的心理素质，在面对压力时能做到从容不迫，越是在压力面前越是能够表现出自己的聪明和智能。这正是作为一个企业家所必须具备的素质，而这些素质恰好是在面试的过程中能够充分反映出来。

第三，语言和体态对素质揭示具有充分性、确定性、直观性。

心理学上讲语言是思维的工具，语言是思维的外部体现，它是一个人的思想的具体体现。俗话说，"听其言，观其行"，通过一个人的语言和外部的行为就可以推断出他的思想、他的能力。换言之，一个人的思想和能力素质以及品德素质都是通过每个人的语言和行为表现出来的，特别是一个人的行为。因此，人的内在的心理素质是通过外部行为和语言来体现的，这也是面试之所以可行的基础。

然而人的能力、人的思想观点和态度并不是都能公开的，人的能力并不是都能被测评者本人所意识到。有的思想观点，被测评人是采取中立或回避的态度，有些则是采取隐蔽、掩饰，甚至对有些问题采取作假的方式来进行反应。有些潜能和素质，被测评人本人尚不很清楚。这时语言的作用甚微，但是非语言的体态动作却可以充分提示。有时人的内心活动，语言无法表达清楚，这时就需要手势、面部表情、身体动作、眼神、人与人之间的距离等多种非语言的信息来表达和补充。

美国的学者戈登·修易斯指出，人体大约可做出 1000 多种平稳的姿势，瑞典学者伯德慧斯戴尔说，光人的脸，就能看大约 25 万种不同的表情，体态语的丰富多样性足以揭示人的内在的素质，可以弥补语言揭示的不足。从语言与体态语的相互作用分析中，还能够提示出语言与体态语本身均无法揭示的更多素质与信息。因此面试对素质的测评具有相当的充分性。

体态语具有揭示内在的素质的功能。体态语研究结果表明，体态语具有交流思想、传达感情、昭示心理的功能，具有一定的社会性与规定性，因而使体态语对内在素质的揭示具有确定性。体态语对内在的心理素质和能力素质的揭示具有直观性，语言对内在素质的揭示具有某种抽象性与间接性。

（4）面试种类

按结构化程度、目的、内容和实施的方法等不同标准可将面试分成很多种类，按面试的结构化（亦可称标准化）程度来划分，可分为结构化面试（Structured Interview）、半结构化面试（Semistructured Interview）和非结构化面试（Nonstructured Interveiw）三种。

所谓结构化面试是指面试的内容、方式、评委构成、程序、评分标准及结果的分析评价等构成要素，按统一制定的标准和要求进行的面试；半结构化面试对面试构成要素中有的内容作统一的要求，有的内容则不作统一的规定；非结构化面试则对面试的构成要素不作任何具体规定。结构化面试可以减少盲目性和随意性，其特点是客观，有效性高。半结构化面试和非结构化面试的特点是简单、容易组织，但主考官的随意性较大，效度较低，有的甚至低于 0.20。

根据测评的目的，可将面试分为压力面试（Stress Interview）和鉴定性面试（Appraisal Interview）。压力面试是将被试者置于一种不舒适的环境中以考察他对压力的承受能力。鉴定性面试主要是上级主管和同事对被试者的工作绩效所进行的评定。按面试对象的多少可分为个体面试（Individual Interview）和集体面试（Group Interview）。个体面试即一次只有一个被试者的面试，当只有一个主试时称为一对一（One-on-one）面试，而集体面试则是将多个被试者集中起来同时进行面试，如无领导小组讨论即是一种集体面试。

按面试内容设计的侧重点，可分为行为描述式、情境式、综合式三种。行为描述式（Behavior Description Interview），将问题集中在被试者过去的行为方面。情境式（Situational Interview）是通过向被试者提供一种情境，观察被试者在情境中的行为反应，主要关注被试者与未来行为相关的意向或倾向，而不是过去的行为。综合式（Comprehensive Structured Interview）则具有前两种特点，且是结构化的，内容主要集中在与工作岗位有关的知识、技能、素质方面。

（5）面试评分

面试评分是面试中的重要环节，在实施面试时要统一评分尺度，提高面试评分的一致性。面试中最难以控制的因素之一就是面试考官的因素。目前面试评分中合计总分的方法是采用体育比赛中的通常做法，去掉一个最高分和一个最低分后取平均值，这种合分方法的前提条件是各考官评分之间具有一致性。

面试评分中的主观性仍然是一个困扰面试工作的突出问题，所以说面试考官的选择和培训应是一件十分艰巨的任务。面试在素质评价方面起着十分重要的作用，目前我们在实际的工作中，通常采用结构化的面试方法对企业经营者的素质进行全方位的评价。这种方法也是应用最广泛的一种选拔企业管理人员的手段。

3. 评价中心技术

评价中心技术（Assessment Center）是现代人才素质测评的一种新方法，主要应用于高级管理人员的选拔测评之中。它是现代人员测评方法综合发展的高水平的体现。在国外的许多大的组织机构中，评价中心技术被认为是考察管理潜能的最有效的方法之一。

（1）评价中心技术发展的历史回顾

评价中心技术是以情景模拟测评为主的一系列有内在联系的测评过程的组合，旨在对应试者在模拟实际工作的情境中的表现进行全面评价，从而了解其综合性的能力或素质，并帮助他们在职业上进一步得到发展。

评价中心技术起源于德国心理学家1929年所建立的一套挑选军官的非常先进的多项评价程序（Assessment Center and Mannagerial by William C. Byham，1982）。其中一项就是对领导才能的测评，测评的方法是让被试参加指挥一组士兵，他必须完成一个任务或者向士兵解释一个问题。在此情境下对他的表现进行评价的一种综合测评方法。

由此可见，评价中心技术最早起源于选拔军官的情境模拟测验技术，但促使这种技术发展成熟的却是美国电报电话公司（AT&T）。该公司在1956年进行了管理进步研究，这是当时对管理者的职业开发进行的规模最大、最全面的研究，其目的是想知道究竟具有什么样特性的年轻雇员能够得到晋升，即从公司的基层岗位跃升到公司的中层和高层岗位。通过评价中心技术的研究和应用，取得了很好的评价效果。此后，许多大的公司和组织机构都开始追随AT&T的评价技术模式。

我国近几年在高层管理人员选拔的过程中，有时也采用评价中心技术并取得了很好的效果。前国家地矿部用这种方法公开招聘司局级领导干部，并取得了很好的效果。现在应用这种方式来选拔高层企业管理者的情况也越来越多了，我们在工作实践中也曾采用这种方法为深圳市上市企业选拔企业的董事长和总经理。事实证明这种方法在选拔高层领导人员方面是有效的，并且是实用的。它将应试者置于一系列模拟的工作情境中，由高级管理人员和心理学家组成评价小组，采用多种测评技术，观察和评价应试者在这些模拟活动中的心理和行为，以了解应试者是否胜任某项拟委托的工作并预测应试者的各项能力或潜能以及工作成就的前景，同时，还可以了解其欠缺之处，以确定重点培训的内容及方式。

（2）评价中心技术的基本概念和原则

评价中心技术是一种以测评被测试者的管理素质为中心标准化的一组评价活动。它是一种评价活动、一种测试方式，包含着多个主试采取的测评方式，通过这种综合测试的方式来全面了解中国企业家的个人的综合素质。这是在最短的时间内，全面了解一个人的最佳方式之一。这种测试的核心是情境模拟，同时使用多种测评的手段，它是对过去多种测评方式的必要的补充。人们普遍认为，心理测验过于抽象，并且只是对一些心理品质进行测试，测出来的结果与实际并不完全一致，这就给心理测验的实践应用造成了一定的影响。面试主要依据的是面试考官的主观判断，也是把测评结果建立在一些似乎与工作绩效毫无关系的信息基础之上。因此，在人才测评实践中就要求创建一种优于上述方法的一种评价中心技术，这是人才测评技术发展的必然结果。实践证明，用评价中心技术选拔职业管理人员有很高的信度和效度水平。据 AT&T 的调查结果，对不同的选拔方式准确性如下：

①采用随意方式提拔的管理者，正确性仅为15%。

②采用部门领导提名方式推荐的企业管理者，正确性为35%。

③采用部门领导推荐加评价中心技术测试的方式选拔的企业管理者，正确性为76%。

评价中心技术的效度系数一般为 0.60 左右，这在测试的方法中是非常高的，以至于人们感到评价中心的评价结论有时就像是一个被测评人员自我诺言式的预言。在以后的工作表现中，被测试者在很大程度上受到评价中心报告中对其评语的影响。评价中心技术是近年来国外企业十分流行的一种评价、选拔和培训管理人员有效的一种方法。具体的评价技术有纸笔测验、诊断性面试、文件筐测验、无领导小组讨论、角色扮演、案例分析和管理游戏等。有些研究表明，评价中心技术的预测效度在现有各种方法中是最高的。评价中心是将应试者置于一系列模拟的工作情境中，由企业内部的高级管理人员和外部的心理学家组成评价小组，采用多种评价手段，观察和评价应试者在这些模拟工作活动中的心理和行为，以考察应试者的各项能力或预测其潜在的能力，了解应试者是否胜任某项拟委任的工作以及工作成就的前景，同时也可以了解其欠缺之处，以确定今后需要重点培训的内容和方式。

评价中心技术强调对应试者今后工作中需要的有关能力进行全面、动态、联系和连贯的观察和测量。

在评价中心技术实施的过程中，评价人员分工负责，并要保证轮流地观察到每位应试者。活动进行时评价人员不要对应试者做过多的解释性说明，而是要按标准化的程序进行。每项测评活动之后，每位评价者要对每个应试者针对要评价的一定特征，独立地做出等级评价，然后，评价人员逐一讨论每位应试者在所有测量中的表现及得到的评价结论，作为整个评价中心活动的结果。评价者要将他们的评价经反复讨论综合起来，得出关于每个应试者工作胜任情况和发展潜力的一致意见。最后，评价人员还可以根据评价的目的（选拔？培训？）作一些额外的讨论，并可以提出进一步发展的建议和方法，这些具体的意见在评价结束后可以告诉应试者。

（3）评价中心技术的应用效果

评价中心技术的应用效果是我们在进行这项研究时应该考虑的问题。从以往的评价中心活动来看，效果都比较好，评价中心技术特别适合于因人而异、人尽其才地调配和任用人员，使人们的各方面能力与各种职务的要求相匹配。实际研究证明，评价中心技术的考评结果也比较可靠，由于运用了多维度测评和多人评定，考评信度可以达到0.74—0.95的水平。

关于评价中心技术的效度，主要看评价中心所得出的测评结论和今后工作的一致性。结果表明，评价中心的效度也比较高，达到了 0.45—0.65 的水平。同时，评价中心对于不同的性别管理人员的工作实绩的预测效力相同，这一点比其他考评方法提高了很大的一步。

有人还对评价中心技术的长远效果进行了考察，即检验评价中心技术的测评效果在较长时间跨度内的预测效度。有人部署经用评价中心技术的评定指针，对管理人员在 1 年和 8 年以后的职务提升情况作了预测效度的检验。结果证明，这些预测指针中的绝大多数项目的指针效度有较大的提高。

4. 文件筐测验

我国人才测评工作起步较一些发达国家要晚，特别是对企业管理者的测评就更迟了。我国以往在选拔企业管理者时主要是考察其政治素质、工作经历、工作业绩，后来慢慢地也引入了个性心理测验、职业能力测试和面试。但对作为从事经营活动的企业管理者一直缺乏比较有效的方法对其管理能力进行客观、科学的评价。随着我国改革的深入发展，市场经济的完善对企业家队伍提出了更高的要求，同时也迫切地希望建立一支高素质的中国企业家队伍。企业管理人才是经济建设主战场上的生力军，优秀的企业管理人才是社会的宝贵财富。因此甄别和评价企业管理人才已成为现代组织管理的重要任务。

事实证明，文件筐测验是评价企业管理者经营管理能力的一种很有效的手段。文件筐测验也称为公文筐测验，是测评管理人才的重要工具，在测评企业管理人才的管理能力方面有很高的信度和效度。文件筐测验是一种情境模拟测验，是对实际工作中管理人员掌握和分析资料、处理各种信息，以及做出决策工作活动的一种抽象和集中。文件筐测验是模拟一个公司所发生的实际业务，提供给受测人员的信息包括财务、人事、市场信息、政府的有关文件、客户往来等十几份或二十多份文件。这些文件通常放在文件筐里，并把这种测验称为文件筐测验。

文件筐测验把被试置于一个模拟的工作情境中去完成一系列工作，能反映应试者的真实能力水平。在设计和选择题目前，要先做工作分析，以确定所要评估的维度。文件筐测验的优点在以下几个方面：

具有灵活性，可以因不同的工作特性和所要评估的能力而设计题目；作为一种情境测验，它可以对每个参加测验的个体的行为做直接的观察；由于把人置于模拟的工作情境中去完成一系列工作，为每一个应试都提供条件和机会相等的情境；这种测验能够预测一个人是否具有管理的潜能，这种潜能在以后的工作中得以实现和发挥；由于文件筐测验能从多个维度上评定一个人的管理能力，它不仅能挑选出有潜力的管理人才，还能训练他们的管理与合作能力，使选拔过程成为培训过程的开始；在实践过程中，文件筐测验除了用作评价、选拔管理人员外，还可用于培训、提高管理人员的管理能力和技巧、解决人际冲突和组织内各部门摩擦的技巧。

5. 考核法

考核法是一种古老的人才测评的方法，这种方法在目前新方法层出不穷的时代仍然有其强大的生命力。过去，这种方法通常采用的是定性的考核，定性考核可以对一位领导干部的能力倾向有一个基本的认识，但对一个人的能力究竟在哪些方面表现出来能力强、哪些方面能力弱，很难作出定量的分析。因此目前采用比较多的是定性与定量相结合的办法。把每一项能力要素所要考核的内容按等级（通常分为五个等级或七个等级）

进行量化处理。参加考核的人根据对被考核人能力的了解给出相应的等级，然后对所得出的结果进行统计处理，最后得出被考核人的能力等级分数。另外一种形式的考核就是自我考核与他人考核相结合，这种考核可以结合两方面的考核结果进行相关分析，从中可以看出二者之间的一致性与差异性，就能比较准确地把握一个人的能力发展的状况。

考核主要是侧重了解被测评的经营者在任职期间的现实表现和工作实绩，也是评价中心技术测评所鞭长莫及的有效补充。通过多纬度的测评能较全面地诊断被测评者的能力倾向及其发展潜能，为组织培养选拔优秀经营者提供可靠依据。对考核确属德才兼备、政绩突出、群众公认的经营者要大胆提拔使用，并给予相应的物质和精神奖励，对那些思想平庸、政绩平平、群众意见较大的要淘汰出经营者队伍。我们要逐步建立起公平竞争，优胜劣汰的企业经营者选拔机制。

第六章　企业家的市场化

第一节　市场化是企业家走向
职业化的必由之路

一、企业家市场化是市场经济发展的需要

市场经济呼唤企业经营人才的配置走向市场化。市场经济要求各种生产要素自由流动，各种资源要通过市场这只"无形的手"去调配，企业经营者是社会中的高端人力资源，对它的配置如何才能适应社会的需要，显然也必须走市场调剂的道路。社会的各种资源绝大部分是通过企业去利用、再生而变成财富的，企业又是由企业经营者去操作的，所以，在整个社会人力资源的配置中，只有企业经营者的配置合理、优化了，才能够使社会的资源得到充分合理的利用，产生最大的效益。如果企业经营者这种人力资源不能得到市场有效的调节，仍然以传统的计划经济时代的人事制度去管理，那么，就无法使社会资源得到优化配置，无法使社会经济得到合理、科学、可持续的发展。

市场经济是催生企业的孵化器，是企业的摇篮，企业又是企业经营者赖以生存的载体，是施展才华的舞台。企业制度的

进程如实地标志了企业人才配置发展的进程，从企业制度变迁的进程看，企业经历了个人业主制、合伙制和公司制的演变过程。业主制和合伙制的产权主体是自然人，不存在独立产权，在业主制和合伙制企业中，业主或出资人直接经营管理着企业，它对企业的管理控制方式是私人的、个人化的；公司制企业的产生是一次重大的企业制度变革，它使企业所有权与企业法人财产权实现了分离。现代公司出现后，改变了业主和出资人对企业的管理方式，它通过有效的高层管理者进行流量协调和资源配置，在企业第一线操作的经营者在其中扮演着重要企业执行者角色，是一个代出资人经营公司资本、支配法人财产权的角色，企业家业绩的好坏，直接就是企业效益的好坏，也是出资人财产的增值或减少。可以看出，企业的所有权与经营权的分离为企业家市场化提供了基本前提。随着市场经济体制的建立和发展，规范的企业组织形式、明晰的产权关系和多种所有制成分的发展，为社会的经济运行增加了更多的市场化因素，也为企业经营者市场化创造了更为现实的条件。正是市场经济的发育促使了企业制度的变迁和发展，也促使了企业家一步一步地走向了职业化和市场化的道路。

我国改革开放的历程，印证了企业家走向职业化、市场化是出于市场经济发展的需要这个事实。我国的企业家走向职业化、市场化的道路，大体经历了以下的四个阶段。

第一阶段是乡镇企业经营者诞生、成长阶段，起止时间大体从1978—1986年。我国的改革开放的序幕最早是由农村的家庭联产承包责任制掀开的，实行承包到户后，农民们迸发了巨大的生产劳动热情，粮食产量大幅增收，农村的经济情况迅速好转，农村的剩余资金和剩余劳动力有如十月怀胎的婴儿在母腹中躁动，要寻找出路。于是，乡镇企业开始出现，并有如雨后春笋般在全国乡村遍地迅速崛起。虽然乡镇企业生产原料的来源和销售也得不到国家计划的保障，但它有着自主经营、自负盈亏的灵活多变的优势，不受计划经济的种种限制，使得在计划经济开始松动、市场经济初现苗头的时期如鱼得水，非常活跃繁荣。但是，乡镇企业大多数是由农村一些见过世面、脑子灵活的"能人"所创业起来的，大体上还是用农民的思维方式和生产方式去管理着企业，很快就暴露了其管理方面的先天不足，有干劲而缺少技术，有胆量而缺少科学，能吃苦而疏于管理。于是，国有企业中的退休的或停薪留职的工程师、老师傅、车间主任、厂长等人才，纷纷下乡受聘，和农村中的"能人"一道，成为乡镇企业经营者和技术骨干。我国的第一批企业经营者，就是这样诞生和成长的。

第二阶段是国有企业经营者成长和开始流动的阶段，起止时间大体从1987—1992年。随着改革推进，乡镇企业产品的花样、质量、价格都对国有企业发起了强有力的挑战，改革的浪潮冲击着一切按计划办事的国有企业，国企的改革已势在必行。承包责任制、租赁成为这一时期国有企业比较普遍采用的经营方式。采取承包经营制后，厂长、经理的经营权相对自由了，企业的产、供、销活动与市场经济的关系密切起来，经营者的决策和管理能力直接关系到企业的经济效益。在这阶段，在计划经济体制下长期被束缚的创造力得到了释放的机会，涌现出了许多企业界的风云人物，比如北京中关村，就涌现了一批似联想柳传志这样从科技人员转变而成的优秀企业家。但就企业经营者队伍总体而言，由于他们大多数人长期是在传统的计划经济条件下去进行企业活动的，严格意义上说是长期从事企业生产工作，对真正的市场经济条件下的企业经营活动还是一个陌生的领域，大多数人缺乏在市场竞争中创新的意识和能力，这已经不能适应承包责任制后企业对经营者素质的要求，企业要取得好的效益必须寻找高素质的经营者。在这一时期，尽管人事制度的改革还没有启动，人们的人身关系还受到相当大的束缚，但已开始出现了借用、聘用的人才流动方式，市场经济的发展推动了企业经营者的流动。

第三阶段是民营企业经营者成长和职业经营者开始出现的阶段，大体时间是从 1993—2001 年。从 1979 年乡镇企业的崛起，经过 10 多年在市场中的打拼磨炼，一大批乡镇企业经营者已经渐渐成熟，相对晚一步跨进市场的国企经营者们，凭着自身素质的优势，也比较快地适应了市场经济对企业经营的要求，企业经营人才的成长和壮大，为企业的发展壮大提供了人力资本。这个时期，随着我国市场经济体制改革的不断深化，企业的产权关系出现了多样化，许多乡镇企业随着规模壮大，成分也呈现出多元化，发育成为民营企业；一部分承包、租赁的国有企业也随着产权关系的变更，转变成了民营企业；一部分拥有资金和技术的人也成了民营企业的创业者。市场经济的发展促使我国民营企业迅速发展起来。民营企业的发展和壮大，使得对企业经营者的需求量越来越大。对经营者素质的要求越来越高，市场的需要是一只无形的大手，许多有技术、懂管理的"能人"，纷纷以自己的专长应聘到民营企业中成为专业的经营者，一种以企业管理为专门职业的人群产生了。可以说，这一时期是我国职业企业经营者发育的初级阶段。

第四阶段是现代企业经营者成长和经营者开始走向职业化、市场化的阶段，大体时间是从 2002 年至今。建立社会主义市场经济体制是我国改革的一个宏伟目标，现代企业制度是实现这个目标的必不可少的手段。在现代企业制度中，企业必须有完善的法人治理结构，要有股东会、董事会、监事会和经理层组成的企业管理体制，企业的权力机构、经营机构、监督机构互相分离、互相制约、各司其职、权责明确，这种所有权和经营权的分离，是现代企业经营者阶层产生的前提。我国的一大批现代企业经营者正是在这种环境下涌现和成长起来，他们对企业的资产进行运营，以企业的资产增值为目标，追求企业效益；他们在市场中竞争和寻找、创造企业经营的机会，在与国内、国外对手的竞争中历练了自己的本领，对企业的营销战略、组织、协调和指挥能力在商场实战中得到了提高。现代企业制度对经营者的选拔任用与计划经济条件下的人事制度有很大的差别。企业高层经营者的人事权在董事会，能否为企业资产增值是选拔任用的最主要标准。任期内不能完成经济目标者，很快就被解聘，优胜劣汰的人事管理机制，必然导致如下结果：一是企业对经营者的挑选，使经营者必须提高自己的管理能力和综合素质，否则就难以在企业界谋取职位，难有自己立足之地；二是优秀的企业经营者也拥有了挑选企业的权利，能根据自己在企业界的"价码"去挑选那些适合自己发展的、薪酬合理的企业；三是随着企业经营者开始走向职业化，他们的岗位流动也开始走向市场化。

二、人才市场是企业经营者的催生基地

人才市场是求职的人才与求人才的单位之间进行交换的场所，是通过的人才的交流和调节实现人才优化配置的一种机制。我国的人才市场的发育是从 20 世纪 80 年代开始的，经过 20 年

的发展，目前已成为各类人才流动的主要载体。企业经营者的选拔和任命是事关企业生存与发展的头等大事，是无论国有企业或民营企业都面临的现实问题，传统的人事管理制度已远远适应不了企业与人才之间需求关系。今天，各地人才市场每天都是车水马龙，人头攒动，企业招聘占据了人才市场大部分的档位，人才市场成了企业寻找技术人员和经营者经常光顾的场所。人才市场中的不少人才也经过不断的流动，转换岗位和职业，走上了企业经营的职业。从这个意义上说，人才市场每天都在产生企业经营者，是企业经营者的催生基地。

人才市场应该成为国有企业选拔经营者的一个重要渠道。20 多年来，虽然国有企业改革已经取得了一定的进展，企业经营者已拥有控制企业的相当部分的权力，如一定的内部人事任免权，决策权，财务处置权等，但企业高层领导人员的选拔仍然没有摆脱行政任命的套路。根据中国企业联合会 2002 年的一项调查：实行政府部门任命的经营者比例为 57.5%；实行董事会任命比例为 31.5%；职代会选举比例为 2.5%；投标竞选比例为 2%；人才市场招聘比例为 2.5%；其他方式就职的比例为 4%。[①]

调查结果显示，政府部门任命的比例最高，国有企业董事会任命实质上也未能脱离政府最终确认的程序，二者占了 89%。中国企业家系统的 2003 年中国企业经营者专题跟踪调查也显示，国有企业的经营者由组织任命的比例是：大型企业 93.4%；中型企业 90.8%；小型企业 85.2%；平均高达 90%。

政府主管部门作为国有企业的出资人选择和委任企业的高

---

① 中国企业联合会 2002 年调查报告。

254

层领导人员，不同级别或规模的国有企业领导人由不同级别的各级政府或党委组织部门来考核和任命，作为全资股东或控股的大股东，政府当然有权任命企业的经营管理者。问题的关键是，要选什么样的人才适合当企业领导人？以什么方式去选企业的领导人？从上面的调查数据可以看出，虽然经过了20多年的经济体制改革，但国有企业经营者的选任方式并没有发生革命性的变化，国有企业经营的产生仍具有很强的政府色彩。现实中大量的例子证明，由于对企业经营者缺乏明确的选拔标准和任命程序，上级政府部门依然以任命行政级别干部的方式，对号入座来选拔、考核和奖励企业领导人。如何冲破传统的计划经济条件下的干部选拔机制，促使行政干部型的企业经营者走向职业化，最有效的渠道就是拓宽企业经营者选拔的范围，不能只从组织部门的视野中去考察。人才市场是各类人才荟萃的地方，也具有一般市场的特点和优点。公平交易，自由往来，人才的优胜劣汰机制能撇开行政的干预得到淋漓尽致的发挥，有能力的企业经营者，比较容易地能找到自己满意的岗位，企业对经营者的选择范围，也几倍几十倍地得到扩大。人才交流量的扩大化和供求双向选择的方式，使人才市场成为企业经营者的孵化器。企业在市场经济条件下的竞争很大程度就是人才的竞争，而国有企业与外资企业、民营企业的人才竞争中，由于传统的企业人事制度的弊端使其处于劣势，靠组织的培养和在有限范围内选拔经营者，远远满足不了企业对人才的需求，人才市场恰恰能为企业提供广宽的人才选择空间。随着国有企业人事制度改革的深入，人才市场应该成为也必定成为国有企业经营者来源的一个重要渠道。

人才市场已经成为非公有制企业选拔企业经营者的重要渠

道。非公有制企业指国有企业外的企业，包括外商及港澳台投资企业、有限责任公司、股份有限公司、民营企业。这些企业的人事制度比国有企业灵活，企业具有更大的人事权，对企业经营者的选拔范围、渠道更广阔，市场的倾向性更强。根据中国企业家系统的2003年中国企业经营者专题跟踪调查显示，上述企业对经营者选拔任用与国有企业的比较情况见表6—1。

表6—1　不同类型企业的经营者选拔方式比较（2003年）

企业类型	市场双向选择以及组织选拔与市场选择结合（%）
国有企业	6.6
私营企业	6.1
股份有限公司	26.6
有限责任公司	17.1
外商投资企业	29.3

由此可见，在非公有制企业中，除了私营企业外，其他企业都有比较大的比例从人才市场中选拔任用经营者。

人才市场之所以能成为企业经营者催生器，是由市场的性质和功能决定的。在市场中，生产要素占主要的地位，现代的生产要素中，知识型的劳动力又占主要地位。知识型的劳动力在市场中把自己的知识才能作为商品转让，与买家进行协商性的交换，这种专门用于知识型劳动力交换的场所就是人才市场。从我国的企业发展过程看，传统计划经济体制条件下并没有真正的企业，商品的生产与交换是按行政管理的模式进行的，市场也不是真正意义的市场。在这种没有竞争的环境下的组织和个人，只能称为生产单位和管理者，不能称为企业和经营者，他们所需要和实际拥有的知识和本领，与市场经济条件下的企业经营者有着巨大的差别。随着经济体制改革的发展和深入，市场经济体制逐步建立，在市场这只看不见的手的推动下，生产单位变成了企业，管理者的身份也变成了经营者。十年树木，百年树人。人的身份变了并不等于他的知识结构和本领就能同步地发生变化。在我国企业界的现实中，许多企业经营者仍然习惯于行政型干部的思维方式和工作方法。要改变这种状况，除了经营者自身努力学习，改善自身的知识结构，提高自身的素质和能力之外，最有效的就是市场的手段。人才市场的出现，使企业和人才都比较便利地实现了双向选择。企业在人才市场上开出的高薪酬的职位，不但吸引着已经具备资格胜任企业经营者的人才，同时，也吸引着向往以企业经营者为职业的其他人才，其影响甚至波及中学生高考、大学生考研究生的专业选择。谁能当企业的经营者？在企业经营者的队伍中谁是优秀的？最终的评价是人才市场。人才市场使各类人才不断地变换着岗位和职业，许多人正是从这走上了企业经营的职业。人才市场让潜在的企业经营者变成了现实的企业经营者，源源不断地在产生企业经营者。

三、市场化促使企业经营者实现了由职务向职业化的转变

职务是要完成规定的工作任务，负有一定的责任，并为此也赋有一定权限和待遇的职位，它的核心是职位中的任务、责任。权限是为了完成职务规定的任务赋予的便利条件，待遇是对职务承担者所付出的劳动的报酬。但现实中，由于传统封建的等级思想的影响，权力和待遇在职务中的地位往往被放大了，而任务与责任却往往被弱化、淡薄了。比如某人晋升为总经理，

人们更多的是关心他的年薪升了多少，车子换了没有，有没有配专职司机，权力管辖的范围有多大等等，如果不是本公司与该职位关系相关的人，是很少有人问到该职务要完成的任务和责任是什么。企业经营者的职务，是社会分工，特别是在市场经济条件下的社会分工的必然结果，企业之所以安排这个职务，是市场迫使企业为了适应市场的运动需要，通过经营者的管理行为去实现企业在市场中的功能和价值。在计划经济条件下，人们对工作的选择范围和机会是很有限的，基本上是服从上级和组织人事部门的安排。生产部门中的厂长、经理，是继续干下去或是调任别的工作岗位，个人并没有选择权，一切是以组织需要为原则。一个优秀的厂长、经理，并不能把厂长、经理作为自己终身选择的职业，而只能把其当成自己的职务。今天他是厂长，如果组织需要，明天很可能就变成了政府中的局长或是什么单位中的党委书记。在传统的计划经济条件下，人们更多的是要无条件地服从上级和组织部门的职务安排，而很难按个人的理想去选择自己所乐意从事的职业。虽然也有个人实际所从事的工作刚好就是自己所理想的职业的例子，但毕竟是少数。当组织需要和个人理想产生冲突时，首先还是得服从组织的需要，职务与职业是两个泾渭分明的概念。

职业和职务的关系。职业是指人们所从事的专业性很强的工作所属的行业，比如医生、律师、教师、公务员、企业经理等行业。职业和职务有着如下的关系：职业总是要通过一定的职务去体现出来的，比如公务员作为一种职业，总是要通过科员、处长、局长等职务去反映出该职业的等级性以及责任、权利的特点；而任何职务又都反映了职业的特征和要求，比如总经理这个职务，就反映了他是从事企业管理工作的，并且有一定的职责要求的特征。人总是有个人理想和追求的，个人的理想和追求一般地都是根据自身条件和知识结构去选择的，比如身体运动素质特别好的人会以体育明星作为自己的理想，外表漂亮有表演天赋的人想加入演艺界……人只有从事自己所喜欢的工作，才能够最大限度地发挥个人的才智，对于专业性和创造力要求特别高的职业尤其如此。显然，把自己的工作当成职务，那是为了生存谋取到的一个饭碗而已，只有把自己的工作作为一种职业，看成终身追求的理想的事业，才能够主动、积极地发挥个人的才智。

职业化是指普通的非专业性职业的群体逐渐符合专业标准，成为专业性职业并且获取相应的专业地位的动态过程。对一个行业职业化的构成要素包括：系统的知识体系；专业的判断标准；专业的道德和信条；获得社会的认可；一套专业的文化。职业化是某行业从业人员是否成气候的一个发展过程，某行业参加的职业人员越普遍，专业化要求的程度越强，越表明该行业的职业化程度越高。职业化程度是衡量一个行业是否成熟的标志，按格林武得的社会职业分布连续谱理论，连续谱的一端是已被认可或已成定论的传统专业，如医生、律师等；另一端是专业性较低的职业，如售货员、操作工人等，其余的是公布在两端之间的职业。[①] 显然，两端之间的职业，随着社会分工的越来越专业化，有相当部分的职业会渐渐转变成为被社会认可的、有定论的专业。这个转变的过程也就是该行业职业化的过程，我国目前企业经营者也正是处在这样的一个转变过程中。

改革开放以来，随着经济体制改革的深入，特别是市场经

---

① 赵曙明：《南开管理评论》2003 年。

济体制的逐步建立，社会的各种资源配置，包括人才配置，打破了计划控制的樊篱，越来越趋向于市场化。组织人事部门的工作重点发生了变化，对人才的调配和管辖的方式放松了，人们的择业范围越来越宽，机会也越来越多，人的自由越来越得到尊重，可以把自己所乐意从事的专业作为终身职业去追求。许多有志向、有抱负的人，首先选择的不是职务，而是职业。职业企业经营者就是把经营企业作为终身追求的事业，靠经营企业的业绩寻求生存、发展的人。职业企业经营者与教师、律师一样，是一种社会职业。每个人都有自己所理想的职业，都想找到一个自己理想的工作岗位，同样地，每一个工作岗位也需要有一个合适的人选去就任，这就形成了"人找岗位，岗位等人"的局面。如果能够让大多数的人找到自己理想的岗位，让大多数的岗位选择到合适的人选，就能够最大限度地发挥社会上的人力资源，大大地提高劳动生产率。

要实现这种人才与岗位各得其所的目的，显然靠传统的人事制度是不可能实现的。原因之一：组织人事部门负责对每一个工作岗位的选拔和任命，由于视野的局限，选拔的范围是很有限的，这就大大地降低了岗位与人选相匹配的合格率。在很有限的范围内去选拔，其结果就是大多数岗位都不可能选拔到合适的人选。原因之二：每个人生活、工作所在的单位也是很有限的空间，单位能够为他提供选择的工作岗位也是很有限的，这样大多数的人基本上不存在能选择到自己所理想工作岗位的可能。原因之三：在单位的小圈子里选人，或是人选岗位，都不同程度地受"熟人文化"的影响而无法实现岗位与人选的理想匹配。比如要选拔一个部门经理岗位，候选人的同事关系、下属关系、上级关系对他能否选上的影响，甚至大大超过他真正的能力是否胜任该岗位的影响。另外，具体负责选拔的操作者也会受这种或那种人际关系的影响，使该岗位无法选到真正合适的人，而真正合适的人也无法就任该岗位。可见，在传统人事制度下，由于把社会划分成无数个小圈子，在每个小圈子中，有限的岗位与有限的人互相进行匹配，结果只能是许多人找不到自己理想的岗位和职业，而很多岗位又选拔不到合适的人选。如何改变这种局面，显然方法只有一个，那就是把单位小圈子的界限打破，形成一个社会性的大圈子，让每个单位的岗位能够在更大的范围中去选拔人才，让每一个人才有机会在更大的范围中去选择自己理想的岗位。靠什么去实现这个转变，让人们能够自由地选择自己喜爱的职业，让有志于以企业经营作为终身职业的人能够实现自己的愿望，显然答案只有一个：让人才配置走向市场化。

　　企业经营者市场化，就是指企业经营者的资格评价、选拔聘用、收入激励、约束监督、资源配置等一系列运作系统，都要引入市场机制，实行公开平等、竞争上岗、优胜劣汰。我们有理由说只有人才配置市场化才能使企业经营者走向职业化。理由之一：人才市场使人力成为商品自由地进行交易，在这个意义下，职业化与市场化是同一概念。企业经营者的知识、技能和创造力作为商品进入市场，就完全按市场的规律进行运作，市场规律是不受行政干预的，它冲破了计划经济条件下人事制度对人才的人身羁绊，使得人们有了广阔的职业选择自由。只要你具有经营企业的能力，你就可以把它当成"资本"拿到这个经理市场上"出卖"，一旦找到"买家"，你的职业理想也就得到了实现。理由之二：人才市场无限制地拓展了岗位与人才的双向选择空间。人们对岗位的选择不再是在原单位的小圈子里去寻找，而是进入了一个有无数买家的市场。从目前我国北京、上海、深圳等地的人才市场规模来看，每天人才的交易量都在数千人以上，越是市场经济发达的地方，企业数量越多，要购买企业经营者这种特殊商品的买家就越多。各种调查人才市场数据都表明，企业经营者作为商品，在人才市场中的价格（也就是报酬）一直处于最高档次，市场这只看不见的手，用供求关系的力量无形地调动着社会上的职业趋向，使越来越多的人选择了以企业经营作为自己的职业，有力地推动了经营者的职业化。理由之三：人才市场公开公平、双向选择、优胜劣汰的"生人文化"，打破了传统的"熟人文化"的羁绊，更有利地协调了人与岗位二者的匹配，使更多的人选择到了适合自己的岗位。传统的人事制度基本上是靠熟人社会协调方式去调配人与岗位的关系的。社会学的研究成果认为，熟人社会的协调半径只有30公里，而市场是处在"生人文化"环境中的，它完全是按市场规律行事，谁也不认识谁，双向选择的法则对于任何人都适用，特别是通过人才网上交易，更是拓展了人与岗位之间的无限交易空间，极大地发挥了二者之间的社会协调匹配能力。理由之四：企业经营者在我国来说是一种稀缺的社会人力资源，要充分发挥这种资源的能量不使之浪费，就得让它走进人才市场。让职业化的经营者与用人单位进行双向选择，用人单位到人才市场择优录用经营者，经营者到人才市场去寻求供职单位，只能在企业经营者人才市场才能更好地实现。只有建立起企业经营者人才市场，才能打破目前的人才归单位所有、地区所有的封闭运行格局，有力地促进经营者人才的合理流动和竞争，并对现任在岗的企业经营者产生竞争的压力及危机感，使那些有志成为职业经营者的人才在市场竞争中找到岗位，从而促进企业经营者的职业化。

第二节 我国企业家市场的建设

我国要实现社会主义市场经济体制的目标，一个重要的措施就是资源配置必须通过市场来实现，企业家是一种特殊的人才资源，社会对这类资源的配置自然也必须通过市场去实现。我国的人才市场建设经历了从无到有、从试验探索到快速发展、从粗放经营到规范管理、从各自为战到集约联营的过程。

走市场化道路培养和造就企业家，这是市场经济体制的需要，市场化的发展进程也是企业家走向职业化的进程。自 20 世纪 80 年代末 90 年代初以来，许多地方在企业家市场化方面进行了积极的探索，目前我国的企业家市场的主要形式有企业经营人才市场、企业经营人才评价中心、"猎头"公司等三种形式。

一、企业经营人才市场

企业经营人才市场是一般性人才市场的细分，是以国家相关政策法规为准则，通过价值规律与公平竞争配置企业经营者资源的一种机制。对企业经营者和用人企业而言，是以实现人才双向选择为运行方式，调节人才供求关系，促进人才交流，服务经济建设的一种重要形式。它通过收集、储存、发布、查询、推荐等服务职能，开展人事代理、人才培训、就业咨询和指导等系列服务。企业经营人才市场不是一般性人才市场上简单的分化，而是着重在人才交流对象的专业化。它扩大了一般性人才市场服务的外延，使市场经济运行中最短缺、最珍贵的经营人才有了专业化市场。在招聘方式上，也不同于一般性人才市场的普通中介方式，它侧重于个性化的评价、推荐。它的市场效率不是追求企业经营者与用人企业成交量的多少，而更多的是追求成交质，正所谓"千军易得，一将难求"。

企业经营人才市场经历了劳动服务公司——劳动力市场——人才市场——企业经营人才市场这样的一个发展过程。（1）劳动服务公司时期：在 20 世纪 80 年代初，我国的改革开放起步阶段，各地普遍地成立了劳动服务公司，主要任务是帮助解决城镇待业青年、下乡返城知识青年以及农村剩余劳动力的就业问题。其方式是帮助待业者联系用人单位，替用人单位推荐劳动力，服务的对象以体力劳动者为主，业务活动空间比较狭小，一般都是在当地的街道、工厂、商店等范围内，劳动力的供需规模和运作模式，都未形成市场气候。（2）劳动力市场时期：随着经济体制改革的深入和市场化程度的提高，劳动力流动的流量、频率和区域越来越大。以体力劳动者为主要交换对象，以简单劳动为主要职位的劳动服务公司也不能适应形势发展的需要，劳动力必须作为一种商品进入市场，才能适应经济改革形势发展的需要。1983 年 1 月沈阳市人才交流公司成立，1984 年西安市开放劳动力市场，随后，深圳、成都、贵阳、长春等地都相继开放了劳动力市场。之后全国陆续建立的劳动力市场或人才交流机构约 2000 多家，劳动力的交流也打破了地区的局限，不少劳务公司还向国外输送劳动力，一个劳动力市场的局面基本形成。这个时期的劳动力市场主要是以一般体力劳动者为主体，即使有些机构称为人才公司，其服务的对象和性质仍是以体力劳动者居多。（3）人才市场时期：人才市场与劳动力市场不同的根本区别有两点：一是劳动力市场是以体力劳动者作为主要交换对象，而人才市场是以智力型人才作为主要交换对象；二是劳动力市场需求的职位以简单劳动的职位为主，而人才市场需求的职位以复杂劳动为主。人才是指有知识、有才能的智力型劳动者，他们在市场是作为交换的商品，实质上是用人单位所看中的知识和才能，但这种知识和才能又是离不开人才本身的。所以，当知识和才能成交时，也是人才本身的成交，人才也就改变了他原来的人事关系，到买方单位去进行服务。人才市场的出现，有力地推动了人才的流动。深圳是最早正式建立智力型人才市场的城市。1991 年 10 月深圳正式开办了人才智力市场，开业不到两年，到 1993 年 6 月底统计，在市场办理招聘人才手续就有近 8000 家单位，进场设点招聘的有 6725 家，求职者 40.5 万人，可以说对推动全国人才市场建设产生了很大的影响。到 1994 年，国家人事部与天津、沈阳、上海三市政府共同组建了东北、华北、华东区域性的人才市场，更有力地推动了全国的劳动力市场向人才市场的升级换代。(4) 企业经营人才市场时期：随着市场经济继续促使社会行业越来越细分、越来越专业化，人才市场也越来越分化。当某个行业被社会认可为是成熟的时候，该行业的人才市场也就伴随着从一般的人才市场中细分出去，逐渐成为独立的行业人才市场。随着企业经营者逐渐成为一个独立的职业，企业经营者市场也就开始从一般的人才市场中分化出来。深圳市于 1996 年成立的企业高级经理人才评价推荐中心，就具有对经营者评价与市场交易的性质。该中心以现场招聘会方式开办了全国最早的企业经营人才"有形市场"，采用现场招聘会、举办经理人才专场招聘会等方式，为各类企业，特别是中小企业和民营高科技企业提供经理人才中介服务。至 2001 年底统计，共为 756 家企业提供人才服务，招聘职位达 6925 个，被企业聘用经理人才980人，其中通过"猎头"方式，为大型企业推荐高级经理人才128人，还有80多家大中型企业与评荐中心签订了《经理人才服务合作协议书》。之后，全国各地的企业经营人才市场以不同形式蓬勃兴起，至2003年底，全国共有挂牌人才市场3305家，其中国家级人才市场总数已达30家，省级政府人事部门所属人才市场98家，地市级427家，县级1990家，行业主管部门所属202家，民营588家。① 许多地方从一般人才市场中分离出来成立专门的经理人才市场，大多数地方也采取从一般人才市场中以企业经营人才专场方式进行招聘活动。企业经营人才市场在我国逐渐成长壮大。

二、企业经营人才评价中心

在企业经营人才市场上的求职者与用人企业之间如何成交，必然要先解决以下三个问题：（1）产品是否合格？也就是进入市场交易的求职者是否合格，如同摆在商场货架上的商品是否有合格证一样的问题。（2）用人企业如何能"买到"合适的求职者？也就是求职者与需求职位匹配适合性问题。（3）求职者的交易价格如何定位？也就是双方如何找到合适的价格洽谈以促使成交率，以及物有所值的问题。以上问题如果由供求双方自由洽谈，讨价还价，成交的概率以及成交的质量都难以得到保证，因为企业经营者不是普通的物化商品，他出卖的是依附在本人身上的知识和能力。他们是随着本人的劳动态度、工作环境、政策制度等因素的变化而产生变化的，这种特殊商品无法似商场货架上的商品一样标明出厂合格证、适用范围与价格。

---

① 2003年全国人才市场建设数据报告。

企业经营者和用人企业进入人才市场，双方遇到最头疼的问题：一是供需双方反复洽谈最后无功而归；二是双方成交后不久都发觉，原来对方都不是自己所理想的选择。有市场的需求，就会有适应需求的新事物出现，企业经营评价中心正是在这种情况下应运而生的。

最早出现的企业经营人才评价中心是由政府组织人事部门筹划成立的。深圳市1996年在全国最早成立的企业高级经理人才评价推荐中心就是市委、市政府领导下的副局级事业单位，由市委组织部归口管理，下设评价部、推荐部、培训部和综合部。广东省人才评价中心是按照省八届人大三次会议议案、省政府办公厅的有关规定和国家人事部有关指示，经省机构编制委员会批准于1996年11月正式成立的。该中心为省人事厅直属的正处级事业单位，接受单位或个人的委托，对人员各项素质进行评价，包括综合知识、专业知识、智力、个性特征、职业能力倾向、心理健康的测评。上海职业经理人评价委员会、上海职业经理人事务所由上海市人事局任职资格评价中心、上海市科委高新技术成果转化服务中心和上海国资委联合产权交易所共同组建。在全国人才市场上知名度较高、比较活跃的宁波市经营者人才评价推荐中心（以下简称评荐中心）是由中共宁波市委组织部、市人事局、市国资局、市经委、市计委等10多个单位共同组建的全民事业单位，是宁波市唯一专业从事为各类企业搜寻、评价、推荐、培训经营管理人才的中介、咨询等服务的综合性机构。

企业经营人才评价中心与一般人才市场相比的特点：（1）更具有专业性、针对性，更适合高层次的企业经营人才的交易。用人企业在一般的人才市场"选购"高层次的经营者这种特殊商品时，一是由于求职者数量太大，有如大海捞针，很难从中发现到适合自己要求的人才；二是即使有人主动找上门来，但对方的实际才能是否与企业所提供的职位相匹配，也很难确定。选择到合适的人才，可以为企业带来好的效益，选择的人才不合适，很可能给企业蒙受经济损失。反过来，高层次的经营者在寻找职位时，也同样会遇到这样的情形。而人才评价中心是专门为中高级经营者开设的人才交易市场，大大地缩小了交易双方的范围，使得针对性和专业性更强，双方更容易在这里达成比较理想的交易。（2）能比较真实地测评出求职的素质和能力，大大提高用人企业与求职经营者之间的成交率。用人企业招聘人才，最大的担忧就是人才的素质。在一般的人才市场中对人才的评价无非两种方法：一是看本人所提供材料中的学历、专业和以往工作经历、业绩；二是招聘单位对应聘者的笔试、面试。求职者的学历、专业虽然能反映本人的一定素质高低，更多的只是反映本人的潜在素质而不是现实素质。如一个刚毕业的 MBA 硕士，其潜力素质是不错的，经过培养磨炼很可能成才，而企业急需的是马上能用的人才。另外，本人提供材料中的经历和业绩，用人单位要确认其真实性的程度也是非常困难的事情。招聘单位的笔试和面试在一定程度上可以弥补上述的不足，但由于用人企业本身没有这类的专门测评机构，其测评质量和效果也无法达到理想的要求。评价中心是专门研究人才测评的机构，有比较完善的测评程序和科学方法，评价中心的人才测评方法，是以现代心理学和行为科学为基础，运用心理测验、面试、情景模拟等技术手段对人员进行客观地测评，人才的综合素质、发展潜力、个性心理特征作出科学的评价。通过评价中心科学、全面测评过的人才，一般地都比较真实地反映出人才的知识结构和素质、能力，能使用人企业放心地聘用，大大提高招聘的成交率。（3）能在公正的立场上为双方提出比较客观的人才薪酬价格。评价中心是求职者和用人企业的交易平台，每天都有不同的人才、不同的企业在这里进出，它不仅是起到测评作用，也发挥着推荐功能。所以它也是人才市场行情的信息交汇中心，什么样的职位应该开出什么薪酬价格，这里最能及时反映出来，也比较有权威性，容易得到供需双方的接受。

企业经营人才评价中心出现以后，从实践的情况来看，受到了各方面的普遍欢迎。比如深圳的企业界，如今已经形成了普遍的观点：招聘经理找"评荐中心"放心，考核经理找"评荐中心"也放心，不再像以往那样仅仅依赖于组织部门或自己的人事部门了。评荐中心通过发布职位需求信息广泛获取经理人才信息，报纸、广播、电视上也开辟了"深圳高级经理市场专栏"，并于1998年9月开办了我国第一个经理人才专业网站"中国经理市场"。他们还加入了国家部委人才交流机构联合会，建立兼职"伯乐"队伍搜寻经理人才信息。同时，中心通过现场招聘会的方式，营造"有形的经理人才市场"，为各类企业特别是中小企业和民营企业提供经理人才中介服务。经过评荐中心"基础能力、管理案例分析、心理素质"等一系列严格的测评，1997年5月23日，深圳市28名市属国有企业的董事长、总经理获得了首批高级经理任职资格证书。他们是我国首批"持证上岗"的国有企业领导者。深圳市明文规定，从此以后，凡新任市属国有企业的领导者，一律必须经过测评这一关，获得评价推荐中心颁发的资格证书，方能上岗。经过测评，共有528人获得了任职资格证书，另有29人未能获得任职资格证书，已按照规定被调整出企业的决策经营班子。到 1998 年底，深圳市属一、二、三类企业的经营班子全部实现"持证上岗"。成立后的三年时间内，评荐中心共向 170 多家企业成功推荐了 350 名经理人才，其中运用"猎头"方式成功推荐较高层次的经理人才 110 多人，包括为市属国有企业成功推荐高级经理 65 名，为康佳集团、三九集团等驻深国有企业成功推荐高级经理 35 名，为外商投资企业及其他企业成功推荐高级经理 10 多名。有 60 多家大中型企业已经与评荐中心签订了经理人才服务合作协议书。广东省委、省政府还在文件中要求改革传统的选拔企业领导人员的方式，明确指示要加快培育高级经理人才市场，要进一步完善深圳企业高级经理人才评价推荐中心的做法。①

三、"猎头公司"

这是从国外引进来的一种采取特别的方式和特别程序去猎取特别人才的公司。与一般的人才市场或评价中心最大的区别在于，采取密探的方式有的放矢地去为客户搜寻人才。由于常常是"不择手段"地把人才从现职中挖走，所以也被人们称为"挖人公司"。最早的猎头公司出现于 20 世纪 40 年代末的美国，由于功能明显，很快传遍全世界，目前香港注册的猎头公司就多达近百家。以中国成立最早的"沈阳猎头"公司和深圳的猎头公司为例分析，可以看出猎头公司有如下主要特点。

（1）经营宗旨以人才供求双方为"上帝"，业务强调针对性。业务范围主要是接受用人企业招聘到适合企业发展的优秀人才；帮助具有良好业绩的优秀人经营人才的委托找到发挥才

---

① 《人民日报》2000 年 5 月 2 日第四版。

能的最佳职位；发现成长性好的潜质型人才并推荐到能开发其潜能的专门职位上。

（2）行业准则带有机密性，有其特殊的行规。公司要保守客户的机密，保证被推荐人的职业安全；绝不从公司的客户中重新挖出公司推荐成功的人选；不接没有把握的项目，不接客户管理现状很差而且难以改善的项目；在推荐成功之后，仍有责任加强被推荐人和客户之间的沟通，使推荐的人才工作稳定且发挥最大效能。由于猎头公司业务的隐秘性高，对于那些已身居企业高位不愿意也不便于去参加公开性、竞争性的招聘，但又希望找到更适合自己发展的职位然后再"跳槽"的高管人才，提供了一个畅通的流动渠道。同时也为那些志在必得地猎取专门人才的用人企业，提供了成功的机会。

（3）业务流程严谨、规范。整个过程为：需求分析——与客户讨论具体职位和人员的需求，借此了解客户需要什么样类型、经验、素质的人才；将了解客户的企业文化、管理现状、工作环境，必要时将要求与最高负责人进行沟通，以保证被推荐人能够适应客户需求并长期稳定地工作。市场调查——了解分析市场并与客户沟通，沟通的目的是寻求一种有效的匹配。协议签订——签订协议书，进一步明确相互责任、权利和义务，客户支付委托招聘保证金。人才访寻、甄选——从公司的人才库中筛选并启动特定区域或行业的信息采集顾问，针对性地进行广泛的人才访寻，必要时与其他城市的同行合作，并保持与客户的沟通和讨论；进行认真仔细的甄选、测评、调查，确保人才的准确性和适合性。人才推荐——对适合的人选以保密报告的方式提交给客户，并安排候选人接受客户的面试，共同讨论是否适合或需要加强哪些侧面的调查。完成推荐——通过第

4、5 步工作，使客户寻找到合适的人才，协助解决人才聘用相关问题，同时做好后续沟通和服务，确保人才为企业创造良好效益。

（4）收费标准高。成交的高层管理岗位（总经理、副总经理、总监级），按试用人年薪的 25%—30% 收取一次性中介费用；中层管理岗位（部门负责人），按试用人年薪的 20%—25% 收取中介费用。如果成功地推荐一个年薪 100 万的总经理，中介费高达 20 万—30 万元，中介费主要由委托方支付，也可经协商由双方共同付。

（5）运作效率高。例如深圳天安数码城内一家知名 IT 企业研发部经理离职后，该企业通过人才市场和登报招聘等方式，前后花了 4 个月时间仍未招聘到合适人选，最后找到了猎头公司。猎头公司接受委托后迅速展开寻访行动，首先在其同行的信息中进行了广泛的搜集和筛选，20 天后选出 12 位符合或接近用人要求的人选。经过电话沟通，猎头公司选择了其中 6 人进行面试测评，从中选出了 3 名符合要求的人才推荐给企业。经过考核，该企业最后选中了一位毕业于东北某著名工科院校计算机专业的 31 岁硕士，年薪 18 万元。如此短的时间内便拍板录用一位高级经理人才，按现行的国有企业干部选拔程序根本达不到。

调查研究的资料证明，在实践中，政府所属的人才市场一直在这个发展过程中发挥主阵地、主渠道的作用。传统的计划经济体制下企业经营者的人事关系都是由组织人事部门管辖着的，而在走向人才市场化道路上的第一步也是组织人事部门迈开的。在政府发起的企业经营者市场化的过程中，市场化强化的同时就是政府部门对企业人事管辖职能的弱化。这个过程的最后目的地，应该是企业家市场化一直强化到能够靠其内在力量实现独自成长，政府对它的管辖职能弱化到完全适应市场发挥作用的程度为止。本世纪初，民营的与中外合资的人才中介机构，开始涉足人才市场，以人才交流会和人才中介、猎头等多种方式，成为政府主导的人才市场的补充成分，其势头越来越猛，市场经营程度更高。

第三节　西方国家企业家市场

企业家市场化的进程与企业制度发展进程是同步的。与公司制的起源和发展一样，西方发达国家的企业家市场也比我国建立得早，范围大，完全依靠市场配置资源。2002 年我国加入 WTO 以后，中国市场开始融入世界市场体系中，不少国外公司进军中国市场的同时，采取了企业经营人才本土化的战略，人才市场的竞争水平、层次和程度都远远超出产品市场的竞争，我国人才市场呈现出新的特点和趋势。他山之石，可以攻玉，借鉴国外发育成熟的人才市场的经验，是我国企业家市场建设少走弯路、少付代价的捷径。

一、西方国家企业家市场主要类型

1. 职业介绍所

西方国家的职业中介机构分为两大类：一类是政府开办的就业中心或职业介绍所，属全国性非营利机构。它在各国各地都设有分支机构。其职责主要是为失业者及求职者提供帮助与指导。以美国为例，由美国联邦政府和各州主管部门联合办的职业介绍机构———一站求职中心（Onestop Careercenter）在全美有 18000 个分支机构。它为求职者提供一站式服务，免费向求职者提供信息、咨询、指导，它是全美众多职介公司中业务最为红火的一类，起着职介市场主力军的作用。由美国劳工部开办的美国就业库网站（America's Job Bank）存在近 200 万条求职与招聘信息，每天提供 5 万多新的工作岗位，求职者只需将自己的信息免费贴到网页上即可参与网上求职，它是全美最大的也是最繁忙的非营利求职与招聘网站。其他发达国家与美国相类似，政府开办的就业中心与职业介绍所在职场中都起着主力军的作用。为了提高职业与就业中介的效率与效益，一些发达国家政府办的就业中心正在寻求与私营职介机构合作或联营。德国不久前出台了一项改革计划，建议德国各级 181 个劳动局与非国营职介公司联营，或成立合资中介公司，以提高职业介绍的效率。联邦劳动局 9 万名雇员建议实行按劳取酬，减少公务员色彩与成分。发达国家另一大类职业介绍机构是营利性的民营职业介绍机构。营利性的职业中介机构中还可以进一步区分为两类：一类是从事固定职业的中介服务；另一类是从事短期、临时职业的中介服务。专家们预测，今后西方国家的短期工作岗位将超过固定岗位。目前在西方国家从事短期及临时职业中介的公司数量增长很快。

2. 人才派遣公司

随着西方国家临时及短期就业日益流行，人才派遣及租赁业务日益兴旺。与职业介绍机构不同，人才派遣公司的业务不局限于单纯的中介服务，而是将求职者按合同临时雇用，支付被雇用者的工资并承担被雇用者的社会保障费用，公司根据需要再将临时被雇用者派往用人单位服务。服务结束后人才派遣公司再将被雇用者派往其他用人单位服务，直至合同终止。人才派遣改变了求职者与用人单位之间的传统相互关系，求职者与用人单位之间不直接发生契约关系，双方都是通过派遣公司完成求职及招聘过程。人才派遣公司不需要很大的前期投资，经营方式与手段比较灵活，比较适应经济的波动与市场的变化，规模可大可小，尤以中、小公司居多。以世界最大的人力派遣公司之一的 DBM 公司为例，该公司在 51 个国家有 230 个办事处，2001 年的营业额高达 6 亿美元。据 TMP 公司的统计，全世界临时短期招聘的总费用高达 1200 亿美元，它已经成为职场的主流，而人才派遣与租赁在其中起着十分重要的作用。这是西方国家人才市场的一个亮点。

西方国家还有众多的人才信息公司，它们出版发行很多与人才市场有关的图书、手册、杂志，其中最著名的有美国的肯尼迪信息公司（Kennedy Information），它每年出版世界各国猎头公司、派遣公司、人才网站手册，并发行猎头新闻月报，受到世界人才市场的重视。

3. 人才网站

全球第一家商业性招聘网站成立于 1994 年，1995 年人才网站即已发展到 500 家。随后几年中，人才网站数呈现爆炸性的增长，其数字迄今没有准确的统计。据 IDC 公司统计，2000 年全球网上人才市场为 16 亿美元，2001 年升至 28 亿美元，预计 2005 年将达到 134 亿美元，从 2000 年到 2005 年预计年均增长率高达 67%。世界 500 强 90% 以上的人才招聘通过网络进行，而从事高科技的公司几乎 100% 的人才招聘在网上完成。

4. 猎头公司

从 1978 年至 1998 年 20 年间，全球猎头营业额增长了 10

倍。据 TMP 公司统计，2002 年全球猎头业的收入已突破 100 亿美元，而且正在以每年 10% 以上的速度快速增长。美国是全世界猎头业最发达的国家，其具有一定规模与实力的猎头公司约有 3500 家。肯尼迪公司出版的猎头公司手册，列举了北美地区 5300 家猎头公司以及除北美以外世界 2500 家公司的信息。世界猎头 20 强中，有 18 家在美国，2 家在欧洲。1959 年世界一批最具实力的猎头公司联合成立世界性的猎头业协会（Association of Executive Search Consulting，简称 AESC）。协会总部设在美国纽约，欧洲办事处设在比利时的布鲁塞尔，AESC 主持制定了猎头行业工作准则与道德规范，规范了猎头业务。AESC 规定参加协会的单位必须是具有相当实力及较高水平的猎头公司，目前其会员单位已超过 200 家，它基本上集中了全球的猎头精英。据统计，全世界猎头营业额及猎头份额中，美国占 60%，欧洲占 20%，亚太地区占 15%。亚太地区被认为是猎头业最具发展潜力的地区，专家估计 5 年之内亚太地区的猎头额将超过欧洲。

5. 企业自聘

据统计，全球大约有近 10% 的人才不通过中介直接被企业、公司招聘。这一比例正在逐年提高。促成这一变化的重要因素是网络技术的发展。目前，在美国有 54.7% 的企业在自己的网站上发布招聘信息，求职者只需根据企业网上的招聘信息将个人简历及应聘条件直接发到企业网站上即可直接参与应聘，企业的考核与面试也可以通过网上互动来完成。此外，企业还可以在网络上查询人才个人发布的网上信息，并直接与求职者进行联络与招聘。发达国家的企业还鼓励自己员工向企业推荐人选，一些大企业还与高校结盟，直接到学校招人。企业自聘大大降低了招聘成本，加速了招聘进程，是一个很值得关注的新动向。其实，早期的人才流动都是从企业自聘开始的，现在企业自聘的兴起并不是简单的重复与回归，而是在新的形势下招聘工作现代化的一种新体现。

6. 人才咨询公司

西方国家人才管理与咨询以及职业指导（Career Coaching）是增长最为迅速的两大行业。其主要任务是为企业提供最佳的人力资源配置与管理方案，为企业的发展提供人力及人才支持，为企业招聘人才求职提供指导与辅导，为求职者提供高效的职业培训，为招聘及求职提供信息与中介服务。美国75%的企业，尤其是大企业，都充分利用人才咨询公司提供的服务。人才咨询公司区分为两类：一类是咨询业务与人才中介业务相结合，其中最著名的有 Adecco 公司及 Man-power 公司等。Adecco 公司在世界68个国家有5800个办事机构，2002年营业额高达25.1亿美元。另一类是单纯的咨询公司，如 Lee Hecht Harrison 公司等，这类公司一般规模都不太大。[①]

二、西方国家企业家市场可借鉴的成功经验

1. 政府立法，强化宏观，弱化微观

西方国家的人才市场管理比较规范，政府主要重点是强化对人才市场的立法约束和政策性引导，大都有严密的政策法规和与之相配套的实施细则，还设立专门监督机构。例如德国是以《劳动促进法》、《劳工法》作为人才市场的制度基础。英国原来规定人才中介机构必须要到劳工部申请许可证，1994年后

---

① 胡又牧：《海外人才市场的基本构成》，《国际人才交流》2004年8月。

取消许可证制度，政府集中了更多的精力出台了一批更完善的监督管理的政策法规。美国有《全国劳工关系法》、《劳工管理法》等完善的法规，以规范用人企业与雇员之间的关系，政府不直接干涉人才市场的运作。

2. 依靠市场供需规律调节人才流动

越是发达的国家，企业经营人才的社会化程度越高，流动也越频繁。西方发达国家人才流动与人才配置是依据市场法则与市场机制进行调节的，市场秩序的维护不是靠政府管制或行政命令，而是充分利用市场杠杆，让人才在人才市场上自由地流动。比如美国企业中的人才流动是非常正常的事情，据有关资料介绍，美国企业人才一生中平均变换工作在 10 次以上，在一个地方工作的时间平均大约 3.6 年。美国人才的流动极其活跃，高等院校、科研机构中的教授、专家一夜之间成为企业的 CEO 甚至政府高官都是极为常见之事。这种大幅度跳跃式的流动，使整个社会充满了活力，而它背后的推动力就是人才市场供需规律带给雇主与雇员之间充分的选择权。企业经营人才市场中的薪酬价格水平是人才配置的信号和调节杠杆。用人企业和求职者，都得根据人才市场上最新的薪酬价格水平进行洽谈，以达成成交的契约价格。人才市场正是通过价格薪酬、供需信息和契约关系等作用，造就了一个完善的人才流动和双向选择机制。①

3. 人才市场作为社会分工的重要产业

在西方发达国家，各类中介机构、职业介绍所、咨询公司、猎头公司等形形色色的人才市场，从发育成熟程度、规模、产

---

① 聂生奎：《美国的人才流动与人才市场》，《中国人才》1994 年 4 月。

值来看，都已经成为一个独立的、对社会产生巨大影响的重要产业。英国早在 1995 年统计，就已经有 1558 家人才公司从事固定职业的中介服务，1758 家人才公司从事短期职业的中介服务，中介固定职业的职位 34 万个，收入 5.8 亿英镑，从事短期职业中介的业务收入 23.7 亿英镑。日本的"人才银行"在全国 25 个主要城市都有业务机构，业务量巨大，单是下属一个独立运作的仅有 161 名员工的人事测定研究所，年营业额达 36 亿日元以上。美国的麦肯锡公司更是人才经营全球化，在全世界各地都设立有分支机构、办事处或合作伙伴，拥有 4500 多名咨询董事。[①] 据 TMP 公司 2002 年的统计，全球每年用于招聘和雇用人才的总费用约为 1570 亿美元，其中报纸招聘广告 150 亿，猎头服务 100 亿，网上招聘 20 亿，临时短期招聘费用约 1200 亿。

4. 通过人才市场促使教授、研究员向企业流动

企业中的高层管理人才和高端专业人才是在市场经济中各公司激烈竞争的最重要对象。这类人才除了企业本身培养的以外，相当大的部分是在大学和科研机构中。美国的高端科技专业人才就有 12% 是大学教师，德国、日本的企业中的高级管理人才，也有很多是大学教授或研究员出身。

大学教师和研究人员向企业流动的主要方式有：一是共同合作项目开发。大学、科研机构利用人才、技术优势，企业利用财力和资源优势，合作进行项目研究。这种形式最为常见，各自优势得到发挥、劣势得到互补、很容易成功。合作的项目既有高新科技产品的开发，也有管理模式的试验，领域相当广

---

① 范素恒：《西方发达国家人才市场特征及趋势》,《中国人力资源开发》2003 年 2 月。

阔。这种方式的优点一是大学教师和研究人员不必到公司任职就可以实现智力和知识向企业的流动。二是企业向大学和研究机构资助。大型公司往往有目的地提供项目研究经费、职位补贴、专项基金、捐赠等形式，以换取对方的智力成果为自身解决技术和管理方面的问题。三是聘请教授和研究员到企业兼职服务，充当顾问、技术指导的角色，定期为公司进行智力咨询，解决企业经营管理或生产中的问题。兼职服务是智力型人才充分发挥个人能力的形式，一般的国家都给予政策支持。四是专利和技术成果的转让。大学和研究机构拥有人才和科研设备的优势，专门地从事科学技术和管理理论的教学和研究活动，是推进科学技术向前发展的主要基地和主要渠道。专利和技术转让可以使智力成果直接转化为商品，既促进了生产力的发展，也获得可观的利润与分红。五是大学教师、研究人员利用自己的专利或管理能力的优势，自己或合伙创办企业。这种情形往往是在合作项目或兼职的过程中，大学教师和研究人员洞悉了自己专业领域的市场情况后，不再满足于智力合作的形式，追求享有股权和进一步能发挥自己才智的机会。六是大学教师和研究人员直接到公司任职。大型公司一旦看中了某某教授或研究员，往往不惜代价，开出优厚条件，通过各种方式向他们发出聘用邀请。在西方发达国家，一些著名的教授甚至是诺贝尔奖金获得者，常常也是企业高层管理人员或是企业主。

5. 人才交流服务充分利用网络化

网络技术在西方发达国家人才市场体系中应用非常普遍。通常都保持着人才市场供需的动态平衡，并通过人才市场网络化来降低交易成本、实现优化配置。人才资源市场配置呈现出现代化、快节奏、高效率的服务特点。例如：美国拥有国际领先的、完备的人才供求信息网络查询系统,不仅有众多的政府网站,还有众多的行业网站、协会网站以及其他公共社会服务网站。各类用人单位和求职人才以及职业介绍机构、猎头公司等,均利用先进、快捷的信息网络系统开展工作,寻找合适的人才或理想的工作岗位。职业介绍机构与猎头公司利用信息网络在全国乃至全球网络人才,为人才供求服务。日本的"人才银行"在全国 25 个主要城市实行联网管理,对全社会、海内外广泛地开展人才中介服务。

6. 重点协助超大型公司猎取超级经营人才

超大型的跨国公司最缺乏的是超级经营人才。"一个伟大的企业领导必须对市场有前瞻性,必须能够在充满不确定性的模糊情景下进行有效决策。如果你等到状态变得清晰,极有可能已经失去了最好的机会。"(北大国际 MBA 院长杨壮教授)超级经营人才挽救危机四伏、濒临破产的企业的案例屡见不鲜。美国 IBM 公司引领 IT 产业潮流长达半个多世纪,20 世纪 80 年代由于企业战略失误,导致竞争力急剧下降,一再巨额亏损。为挽救公司,花巨资请哈佛大学专家作战略咨询和实行流程再造,但无功而返,亏损局面愈烈。1993 年公司董事会不惜代价,以年薪 150 万美元、奖金 100 万美元、50 万股优先股、400 万美元跳槽损失补偿,聘请超级经营奇才郭士纳加盟。郭士纳对 IBM 公司的战略定位、营销业务、组织结构进行重新布局设计,创新出网络运算模式和电子商务模式,企业战略定位由硬件供应商转向全面提供硬件、软件、行业解决方案的服务供应商,结果不负众望,连续 7 年收入增长 20% 以上。在郭士纳入主 IBM 的过程中,猎头公司发挥了积极重要的作用。

第四节　企业家市场化与"党管人才"的
　　　　实现形式

一、"党管干部"到"党管人才"的转变

我党一贯重视干部的作用和党管干部的原则。毛泽东同志曾说过："政治路线确定之后，干部就是决定性的因素。"① 因为党的政策要依靠党的干部去执行，群众要靠干部去组织发动，党的任务要靠干部去带头完成。很难想象，一个政党和国家没有干部会成为什么样子。世界上任何一个国家的执政党，都必须掌握干部的管理权，"党管干部"是理所当然的。"党管干部"原则的精神实质，就是按照党的纲领、路线、方针、政策吸引各个领域的优秀人才，把他们选拔为各类干部，并通过有效的管理、监督、培养和引导，使他们成为领导革命和建设的骨干力量。党对干部的管理主要是制定干部路线、方针和政策，以及实施对干部的选拔任用、考核奖惩。党的十六大提出了"党管人才"的方略，特别是在 2002 年年底召开的全国组织工作会议上更是明确地做了阐述。人才与干部既有联系，也有区别。干部和人才的共同本质都是具有较高较强的知识或技能，能够进行创造性劳动，为物质文明、政治文明、精神文明建设作出积极贡献的人，是积极推动社会发展进步的劳动者。干部是人才中的一种，是指担负着一定负责任务或领导责任的人才。人才的外延比干部更为广泛，干部是人才，但人才不一定是干

---

① 《毛泽东选集》第二卷，人民出版社 1991 年版，第 526 页。

部，从逻辑上两者属于种属关系。干部归党委组织人事部门管理，人才由社会及用人单位管理。干部是少量的，人才是大量的；干部是编制内有严格定数的，人才是社会性的无限制的；干部身份属于政治范畴。人才属于社会范畴。重视党管人才与党管干部的联系与区别，对适应社会主义市场经济的发展，对促进社会生产力的发展有着重要的意义。

长期以来我们党坚持"党管干部"的原则，掌握着各类干部和各类人才。在市场经济体制逐步建立后，我国干部队伍的结构发生了很大的变化，参加社会主义建设的各类人才的成分得到了极大的丰富，人才构成和类别随着社会经济的发展不断细分，其范围也从过去的党内干部扩展到代表不同经济成分的、不同层次的劳动价值的创造者。比如，在经济生产领域里的人才原来比较单一地集中在国有生产单位中，而现代股份制企业、民营企业和其他不同性质的企业中都储存有大量的人才。这样，党对原来的干部队伍实施分级分类管理，专业技术人才和企业经营管理人才的干部身份在体制改革的过程中逐渐淡化，党也不再以管理党政干部的方式对他们进行直接管理，需要采取新的途径和方式组织发挥好他们的作用。从"党管干部"发展到"党管人才"，是社会经济发展的需要，是党的组织工作与时俱进的体现。

党管什么样的人才？"党管人才"的对象重点就是"坚持三支人才队伍建设一起抓。党政人才、企业经营管理人才和专业技术人才是我国人才队伍的主体，必须坚持分类指导，整体推进"[①]。一是党政人才队伍：这支队伍，也就是相当于原来的干

---

① 《中共中央　国务院关于进一步加强人才工作的决定》，人民出版社2004年版。

部队伍，大部分是公务员或事业单位中的公职人员；二是企业经营管理人才队伍，即具有创新精神、创业能力和较高经营管理水平的职业化、现代化的优秀企业经营者；三是专业科技人才队伍，包括具有精深的专业知识和创新能力的优秀学科带头人、高新技术人才、高级技术工人以及科技管理专家等在内的大批专业科技人才。

"党管干部"到"党管人才"这个原则的转变，一是从管理的对象上看，范围变宽了。"党管干部"的主旨指向党内，其管理的对象主体是党的各级干部，并以此通过干部们来带领普通党员和广大人民群众实现党的奋斗目标；而"党管人才"的设计构想则指向整个社会，其管理的对象不仅包括党政干部，还包括国有企事业单位的经营管理者、专业技术人员以及非公有制组织的管理和技术人员等等。二是从管理的内容上看，更为广泛了。"党管干部"主要侧重于政治和思想两个方面，而"党管人才"深化了党的人事管理职能，党不仅要"管"政治、思想，还要"管"业务、技能、执政能力和执政水平。三是从管理的模式上看，方法转变了。"党管干部"的管理模式，是以行政手段为主要方法，"党管人才"在具体的操作方式上，同过去以行政命令为主转变为以提供政策引导、重在服务及深化管理与创造环境相结合，更注重为人才的成长与发展创造良好的政策环境和社会环境。

二、党管企业经营人才的原则

传统的计划经济体制下，对国有企业的人、事、资产的管理是由三个分离的不同主体实施的：企业负责人的人事权由党的组织部门或政府党组织掌管；企业的经营管理权由政府相关经济部门控制；资产管理由政府财政部门掌管。这种管人与管事、管资产相分离的局面，导致的结果只能是：掌管最重要职能的人事管理部门由于与企业没有明晰的产权关系，既不管资产，也不管经营，因而虽然都拥有对国企领导班子的任免大权，但都不对企业的盈亏负责，不承担国有资产保值增值的义务，从而也不必承担因用人不当而给国家和企业造成损失的风险和责任。由于这些人事部门同时都负有两种职能：一种是选择和配置党政官员。这一职能使他们把企业经营管理者与党政官员序列同时进行管理，从而造成了国企负责人与政府官员的身份很难界定，二者频繁调任的现象司空见惯，也给企业经营管理者形成官员化思想。另一种职能是管理社会公共行政事务。这一职能使他们长期按照管理社会公共事务的标准和要求管理企业和企业负责人，从而使政府把"办社会"的历史包袱压在国企身上而至今难以卸下来，使政企不分的痼疾难以彻底根治。

党和政府对国有企业负责人管理过于直接，不仅管董事会成员、监事会成员，而且经理层成员都要直接管，董事长、总经理和副总经理往往由党委、政府直接任命。这种管理超越了党和政府的管理能力，使它管不好、管不了、无力管；这种管理方式直接剥夺了企业董事会依法自主选择经营者以及企业经营者依法行使用人权的权利，形成了国有企业经营管理者与人才市场之间的隔离。缺乏了市场竞争的人事管理制度，导致的结果必将是人才的老化、同化和退化。

针对以上的弊端，新时期党对企业经营人才管理应坚持如下的原则。

一是党管人才与市场化导向相结合的原则。要确立企业经营者是作为生产要素进入市场的观念，企业从事生产经营活动，一是资金和生产资料，二是人，二者之中，人是第一要素，尤其是拥有专业技术和管理能力的人才。在社会主义市场经济条件下，市场对各种资源配置中都起着导向作用，党对企业经营人才的管理必须充分发挥市场在人才资源配置上的作用，正确处理好党管人才与市场配置人才资源的关系。要采用市场这只"看不见的手"发挥市场竞争和价值规律的作用，让人才市场对企业经营者进行调节和厘定薪酬。由于长期的体制和思想障碍，一些领导和组织人事部门不易接受人才市场导向的观点。因此，需要转变观念，要逐步健全和完善企业经营人才的市场竞争机制，要逐步实现"人才自由择业，企业自主用人，市场调节供应"，运用宏观调控的手段推动经营者和用人企业进入市场。

二是管好宏观、放活微观的原则。党对企业经营人才的管理主要是管宏观、管政策、管协调和服务。管宏观，是指在人事管理职能方面只能是管大局、战略、政策、环境，而不能像过去那样管具体的人事关系。在社会主义市场经济条件下，市场对企业经营人才的配置已经发挥了作用，因此，党对人才的宏观管理和综合协调就必须正确处理好党管人才与市场配置人才资源的关系。管政策，是指要依靠制定政策作为杠杆来调整企业经营人才的供需、结构和分布。要规划好人才的整体发展目标，坚持分类指导，制定人才工作的发展规划，逐步建立起完善的社会主义市场经济条件下的企业人才人事法规体系。管协调和服务，是指经营人才是社会性的，分散在社会各个不同的领域和不同性质的企事业单位之中，党要充分组织好、发挥好他们的积极性和主动性。这就要形成党委统一领导，与有关部门协调配合。管服务，是指各级党组织要爱护人才、尊重人才，把人才工作的重点更多地放到搞好服务上来，积极主动，为吸引培养和凝聚人才当好"后勤部长",为企业经营人才和用人企业排忧解难。党的重点工作放在宏观管理方面,对于微观管理则要大胆放开,由用人企业按照人事法规和市场规律进行自主操作,不要再过多地进行干预。

三是与时俱进,勇于创新的原则。国有企业的经营人才,过去基本是按照党管干部的原则进行管理的,他们的人身关系基本隶属于组织人事部门。而随着民营企业的崛起、外国公司的进入,多种经济成分并存的经济格局形成,经营人才的构成也产生了很大的变化,旧的管理方式也不再适应时代的要求了。按照"党管人才"的总原则,党委不能再包办人才工作的一切方面,在具体的操作方式上,也要改变过去以行政命令为主的方式,割断国企经营管理者与党政官员身份的联系。"党管人才"是一项涉及面广、政策性强、难度大的系统工程,很多没有遇过的新问题将会不断出现。现在各地的一些做法也是属于探索性、试验性阶段,要摸索出一套科学、先进的党管企业经营人才的管理方式,迫在眉睫、刻不容缓。这就需要党委和政府的组织人事部门以与时俱进的科学态度,以开拓创新气魄和举措,勇于不断地探索。①

三、"党管人才"在企业家市场化中实现形式的探索

随着市场条件下经济成分的多元化,各种经济成分的企业都拥有了对经营人才的聘用权,带来的是经营人才管理主体的多元化的局面。经营人才成了人才市场竞争最激烈的对象,民营企业、股份制企业、外商投资企业都纷纷采取不同方式招揽

---

① 杨发民:《创新党管企业经营管理人才的方式》,《理论导刊》2004 年 2 月。

经营人才。国有企业能否保住现有的人才？能否在人才市场的竞争中招揽到优秀的人才？正面临着市场严峻的考验。在企业经营者走向市场化的过程中，探索"党管人才"新的实现形式，可以从如下几个方面进行：

1. 构建"党和政府服务市场、市场调节配置人才"的宏观人才管理体系

中央在《进一步加强人才工作的决定》中提出，要"坚持党总揽全局、协调各方的原则，充分发挥党的思想政治优势、组织优势和密切联系群众的优势，发挥党委领导核心作用，形成党委统一领导，组织部门牵头抓总，有关部门各司其职、密切配合，社会力量广泛参与的人才工作新格局"。这就是要抓整个社会企业经营管理人才的宏观调控和管理。与行政化调配不同的是，这种宏观调控和管理是通过市场发挥基础作用的，所以要遵循市场规律，进一步发挥用人单位和人才的市场主体作用。要按照人才的市场供求关系，推进政府部门所属人才服务机构的体制改革，实现管办分离、政事分开。引导国有企事业单位转换用人机制，积极参与市场竞争。努力形成政府部门宏观调控、市场主体公平竞争、行业协会严格自律、中介组织提供服务的运行格局。消除人才市场发展的体制性障碍，使现有各类人才和劳动力市场实现联网贯通，加快建设一个党和政府服务市场，市场调节配置人才的宏观管理体系。

2. 建立和完善"三个人才机制"

一是建立经营人才选择淘汰机制。要改革和完善国有企业经营管理人才选拔任用方式，坚持市场配置、组织选拔和依法管理相结合，按照市场取向，拓宽选人视野，吸引一流人才到企业任职。要纠正人才市场不能保证国有企业领导人素质的错

误思想。要相信在党和政府宏观管理下的经营管理人才市场能够保证所招聘的国企董事长、总经理不仅经营能力强，能实现国有资产的保值增值，而且能忠实代表和维护国家利益。对实行经营者定期聘任制，到期即重新实行招聘，使经营业绩差、能力平庸者自然淘汰。二是建立经营人才考核评价机制。企业经营者的职责与一般的党政部门、事业单位干部有很大的区别。他们最主要的任务就是使企业资产增值，使企业能可持续、健康地往前发展。对企业经营管理人才的评价重在市场和出资人认可，要以科学的发展观和正确的政绩观为指导，探索社会化的职业经理人资质评价制度。要积极开发适应不同类型企业经营管理人才的考核测评技术，改进国有资产出资人对国有企业经营管理者考核评价工作。主要是围绕任期制和任期目标责任制，突出对经营业绩和综合素质的考核，建立以实现最大化的企业效益和国资保值增值为主要标准的业绩考核评价制度。应制定符合国企特点的分类考核评价体系，对董事长、总经理分别进行年度考核评价和任期考核评价，并将考核评价结果与任用、奖惩相挂钩。三是建立经营人才激励监督机制。要建立健全与社会主义市场经济体制相适应、与经营业绩紧密联系、鼓励经营人才创新创造的激励机制。要坚持短期激励与中长期激励相结合、激励和约束相结合的原则，将经营者薪酬与其责任、风险和经营业绩直接挂钩。要逐步建立与市场价格接轨、合理有效的年薪制、奖金制和股票期权激励制度。激励与监督是双刃剑，在激励的同时还要加强对收入分配的宏观管理，不断改善收入结构，整顿和规范分配秩序。

3. 建立多种经济成分参与的企业家市场体系

我国的人才市场起源于20世纪70年代末，形式基本上是通过聘请工程师、"产学研"联营等形式，由此出现了人才交流的需要。这是人才市场的萌芽状态，真正意义上的人才市场尚未出现。1983年，沈阳市建立了我国首家人才流动服务机构，这是我国最早的人才中介组织，此后近10年的时间，由于计划经济仍占主导地位，人才市场建设的进展一直十分缓慢。党的十四大之后，人才市场作为要素市场的地位基本确立，随着人才流动政策的开放，人才流动明显加速，政府人事部门和行业主管部门纷纷建立了各种人才交流中心。但因体制和政策的限制，民营和外资的人才中介组织的发展不大。20世纪90年代中后期，社会主义市场经济体制逐步建立，民营、外资企业对人才的争夺，加剧了企业经营人才的市场化流动，也促成了多种所有制形式人才中介机构的产生。尽管如此，以政府建设的各种人才市场、评价中心和各种专场人才交流会，仍在整个社会人才大市场中发挥主阵地、主渠道的作用，各种民营及中外合资中介机构力量仍处于辅助地位。据2002年底的统计，全国共有国家级区域性人才市场26家，省、地（市）、县各级政府人事部门所属人才服务机构2962家，民营人才中介服务机构为419家。此外，电子人才网站，即虚拟人才市场1375个，发展势头较为猛烈，形式多样。据国家人事部门的调查，截至2002年底，我国的人才中介组织中政府所属的人才中介机构占76%，其余为民营外资、合资等经济成分的中介组织。①

应该看到，政府的组织人事部门首先创建的中介机构对促进人才市场化建设起过重大的贡献。但随着市场经济体制改革

① 李新建：《政府在人才中介发展中的角色转换》，《中国人力资源开发》2004年2月。

的深化发展，人才交流的市场化程度也越来越高，以政府组织人事部门下属的中介机构为主导的人才市场体系，开始呈现出与之不相适应的弊端：一是这些机构主要借助行政力量去承担人才交流的事务性管理工作，工作方式守株待兔多，主动出击的少，多数是在等候供需双方上门才服务；二是有政府的财政支持，管理机构人员主要为政府公职人员，没有市场竞争的压力和氛围，行政色彩浓于市场色彩；三是大多承担着公共和社会两种职能，服务内容与目标不够明确，针对性不够强，使之很难真正走上市场化的道路；四是政府过多地给予政策方面的支持，反而限制了其他经济成分中介组织的发展。

既然社会主义市场经济体制已经鼓励多种经济成分共同发展，那么，对人才市场也应该放开现有的政策性限制，以构建一个有多种经济成分参与的企业经营人才市场体系。具体做法是：

第一，健全完善企业家市场政策法规体系。关键是要转变观念，从政策上鼓励支持中介组织走市场化的道路。要按照中央提出的"根据完善社会主义市场经济体制的要求，全面推进机制健全、运行规范、服务周到、指导监督有力的人才市场体系建设，进一步发挥市场在人才资源配置中的基础性作用"[1]。人事部出台的《关于加快发展人才市场的意见》中，也推出13项加快人才市场发展的政策和措施。各地要遵照上述文件精神的要求，努力形成政府部门宏观调控、市场主体公平竞争、行业协会严格自律、中介组织提供服务的运行格局。应看到随着

---

① 《中共中央　国务院关于进一步加强人才工作的决定》，人民出版社2004年版。

我国加入 WTO 后，各种管制将逐步放开，政府要主动消除各种政策性障碍，鼓励民营、中外合营的人才中介机构进入市场。今后，面对民营中介和国外中介的进入，"官办"中介机构的垄断地位受到挑战是必然的，这个过程就似国企受到其他经济成分的企业挑战的过程一样，但这不是坏事，而是好事。当然，鼓励其他经济成分的中介机构进入人才市场并不意味着政府部门主导的中介机构必须退出人才市场，而是通过改革体制方式仍继续存在并发挥重要作用。而且在一个公平竞争的市场环境中，将得到共同提高、共同发展。

第二，探索科学的企业家人才评测系统，建立企业家市场价格调节体系。在人才市场的诸要素中，人才测评有着重要的作用，企业经营者进入人才市场，就似商品进入市场一样，合格程度、质量高低都应有一个尺度衡量。但人才市场交换的不是普通物品，而是附在人才身上的知识、技能、品格和经验这些不易量度的东西。人才作为特殊商品也必须通过比较才能进行交易。如何把人才的知识、技能、品格和经验这些要素量化表达出来，这就需要通过专业的、科学的测评技术，需要一套科学、完善的企业经营人才测评系统。人才价格也是人才市场进行交易的关键要素。用人企业在人才市场上招聘人才最不放心的有二：一是担心人才的真正能力；二是人才价格。目前我国的经营者市场价格有许多非理性的现象，比如一些企业炒作职业经理人价格抬高自身形象，既不考虑国情，也不考虑企业承受能力，动不动就放出年薪百万，甚至数百万的招聘天价，到头来不是兑现不了，就是与应聘者闹得不可开交。探索一个适合中国国情的企业经营者市场价格调节体系，对于我国当前还不成熟的人才市场来说，是十分必要的，同时是"党管人才"

实现形式的一个重要内容。

第三，大力推进信息化建设，建立完善的企业经营者市场信息网络体系。信息化的水平是人才市场能否高效运作的基础，也是招聘者和应聘者双方能否公平交易的前提。只有拥有及时的信息发布、超量的信息数据库、便捷的查询系统、快速的数据传输这些基础条件，人才市场才能够满足招聘者和应聘者双方的需要，使之能够快捷公平地进行交易，人才市场才能高效运转。据国家人事部 2004 年 2 月对国内主要的 10 家人才网站中的 8280 家国有企业、12993 家私营/民营企业、21402 家三资企业新登记招聘的职位就高达 316061 个，充分体现了网上人才市场的效率。如何建立一个完善的企业经营者市场信息网络体系，首先要建立企业经营者的档案信息数据库，要改变传统的人事档案记录方式，要根据职业化企业经营者的特点，档案内容要注重个人的知识结构、能力特点、业绩经历、奖励惩罚、道德诚信等方面。其次要由政府主导、多方面参与建立信息采集与发布系统，要及时、定期、公开发布人才供求信息，避免信息不对称引起的竞争不公平现象。再次要遵循市场规律健全信息有偿使用的机制，保证信息网络系统建设的资金来源。最后要统筹开发各类应用软件，加快实现全国联网互通的、超大容量、高效便捷的人才信息资源网络，充分发挥网络人才市场的作用。

第四，加大监管力度，实施宏观调控职能，建立企业经营者市场行业监督自律体系。企业经营者市场与一般市场一样由"供应、需求、监管"三方构成，要营造一个公平竞争、高效运作的人才市场环境，就要从法律上明确三方各自的职、责、权，明确运作程序、交易规则、监管方式。要由政府出面、社会各方参与，制定行业的从业准则，规范收费标准，反不正当竞争法规、行业进入资质标准、监管惩罚制度，建设一个公开、合理、合法的市场监督自律体系。要借鉴西方发达国家的人才市场的成功经验，越是市场化程度高，就越需要制定完善的市场法规体系和监管体系。政府必须把握好对企业经营者市场放开与监管的"度"，热情主动服务的同时，要依法行政、依法监管，营造一个健康、安全、公正的人才市场环境。

4. 建设企业经营者"进"与"出"的畅通渠道

中共中央、国务院在《关于进一步加强人才工作的决定》文件中指出，要以推进企业经营管理者市场化、职业化为重点，坚持市场配置、组织选拔和依法管理相结合，改革和完善国有企业经营管理人才选拔任用方式。对国有资产出资人代表依法实行派出制或选举制，对经理人推行聘任制，实行契约化管理。按照企业发展战略和市场取向，拓宽选人视野，吸引国际国内一流人才到企业任职。在具体操作中应注意以下几个问题：

第一，要确立以市场配置为主要渠道的人才选拔竞争机制。尽管近几年来已经普遍推行了干部竞争上岗的做法，但竞争上岗的范围很大程度只囿于本单位本部门内，并没有真正地走向社会、走向市场。其原因就是受"从社会、市场上选拔的人才不够可靠，只有从上级领导或组织人事部门的视野中去选拔干部才使人放心"的传统观念影响。领导干部和企业领导人是否可靠、是否有能力，不在于是谁发现、是谁推荐的，而在于有没有一套选拔、任用、激励、监督的机制。目前，已有不少地方的党委和政府进行了迈开大步的大胆尝试。比如2004年7月北京市国资委宣布了市属大型国有企业首次内部竞聘高层经营管理者的结果后，随即表示，今后绝不会再越位用权直接任命国企高管，并将再选择 10 户左右国有企业面向社会公开招聘或在企业内部竞聘高层经营者。深圳市更是把招聘的视野面向国际，2004 年公开在全球范围内招聘了市公交、水务、天健、赛格 4 家大型市属国有企业的总经理。招聘信息发出首日，深圳高级经理评价推荐中心就接到 20 多个咨询电话。这 4 个职位十分具有吸引力，赛格集团副总经理一职成为竞争最激烈的职位，仅网上下载报名表就达数千份。经过资格审查后留下 200 人，参加面试者超过 70 人。天健总经理一职也有 60 多人参与笔试角逐。公开招聘人才的选择范围无限制地扩大了，多中选优大大地提高了选才的质量。以市场配置为主要渠道的人才选拔竞争机制，由少数的伯乐相马变为全社会公开赛的比马，有利于对社会的人才资源配置合理化，有利于对企业内部的人才结构新陈代谢和优化，有利于发现和选拔更多的潜在人才，有利于社会各界参与监督、创造公开公平的人才竞争环境。

第二，要按现代企业制度和公司法的要求真正地建立企业内部管理机制和人才使用机制，尊重人才、用好人才、用活人才。有些地方招聘人才的声势做得很大，可招来后并没有用好、用活人才，结果没有达到初衷目的，成了人才招聘的"政绩工程"。其主要原因是缺乏一套科学合理的企业内部管理机制和人才使用机制。由于企业内部的管理制度不成熟、管理班子观念落后、职场上的你争我斗，使得再优秀的人才到了国有企业，好似大海里的鱼到了水塘里不会游泳一样，结果不是被"炒鱿鱼"就是被迫跳槽而走。据北京的一家人才机构调研的数据披露，从跨国公司招聘到国有企业的高层经营管理者，工作超过一年的不到 4%。

第三，要有配套的激励约束机制。薪酬是激励企业经营者的重要因素，但固定的工资报酬只是起到保健的中性状态作用，至多能约束经营者在工作中不出现失误或渎职行为，对激发企业经营者内在的积极性和创造力作用是有限的。现代企业经营者的报酬结构应该是多元化的，除了包括固定工资收入外，还应该包括风险收入。在美国，以首席执行官（CEO）为首的高级经理的全部收入由五部分组成：一是底薪，二是职工福利，三是津贴，四是短期激励收入，五是长期激励收入。设计一套科学合理的、使报酬客观地反映经营者的努力程度和能力的激励薪酬制度，对于稳定人才和发挥人才的潜力是非常重要的。约束与激励构成一把双刃剑，业绩尺度是一个重要因素。某位经理人在这家企业业绩卓著，就会有别的企业出更高的报酬来挖他；如果某位经理人在这家企业失败了，就没有企业去聘他，他的人力价值就会大大贬低。声誉形象也是一个重要因素，对许多企业经营者而言，在企业界良好的声誉看得比薪酬更为重要。业内有好的口碑有助于提升在经营者市场上的身价和竞争力，缺乏职业声誉则面临在经营者市场上淘汰出局的危险。经营者业绩尺度、职业声誉以及竞争选聘机制的存在构成了对经营者约束机制的主要手段，使任何企业经营者都时时感到有危机感的存在。要充分研究和运用薪酬、控制权、声誉、市场竞争、舆论监督和董事会、监事会的监督等综合因素，建立起一套企业经营者的激励约束机制。

第四，建立企业经营者的退出机制。所有的人都明白这个道理，畅通的退出机制能使更多优秀人才有机会走到企业的前台来施展才华，畅通的退出机制也是消除腐败现象的有效途径。当前我国企业界的高层经营者一般都是创业元老派，经过一二十年的拼搏，许多创业者也已经感受到自己由于精力不济或知识结构落伍的原因，驾驭企业的能力已跟不上当前市场竞争的发展。适时地离开自己创办的企业，像万科的王石"急流勇退"，或像联想的柳传志"扶上马，送一程"，都是值得学习、提倡的榜样，但是更多的当年创业者、今天的企业高管们还是迟迟不愿意主动退出，企业高管退出成了个大难题。分析其原因有二：一是企业没有或者没来得及完成产权改革，创业者几乎将毕生精力都奉献给了企业，对企业作出了巨大贡献。这些创业企业家宁可多留几天等待着产权改革的到来，希望自己能得到应得的股份，这是大多数人的想法。二是长期以来的"官本位"思想。企业高管在位时地位显赫，一旦离开这个位置则一无所有，即使意识到退出的必要性，但考虑到权力和经济利益密不可分，大多数人缺乏足够的勇气和度量退出，还是选择"留下来"。针对企业高管退出难的现状，建立企业经营者退出机制可考虑以下几方面对策。

对策之一：加快企业产权制度改革，用长效激励机制消除企业高管的后顾之忧。企业的董事长、总经理等高管，如果经营才能突出，使企业经济效益显著，当他们的收入和贡献比较一致时心态就会比较平衡，而贡献大、收入低落差较大时心理就会失衡。国外企业家的身价，是由他对企业的股权来决定的。国外的 CEO 都持有一定的股份，贡献大、股份就大，退休下来也能得到稳定的回报，不像中国企业家有那么大的失落感和后顾之忧。从目前各地试行的情况来看，实行年薪制能较好地解决企业高管的后顾之忧问题。深圳出台了一个规范国有企业领导收入的指导性文件：《深圳市国有企业经营者年薪制实施办法》，从 2003 年 5 月开始，深圳市国企总经理全面实行年薪制。经营者年薪收入主要由基本年薪、增值年薪和奖励年薪构成，其中适度加大了延期支付的比例和期权、期股比例，体现了短期激励与长期激励相结合的原则。这是一种以普遍制度促进企业高管退出的做法，值得尝试。

对策之二：通过定期聘任、公开竞争等制度增加留任者压力。2003年国资委出台的《企业国有资产监督管理暂行条例》规定："国有资产监督管理机构应当建立健全适应现代企业制度要求的企业负责人的选用机制和激励约束机制，依照有关规定，任免或者建议任免所出资企业的企业负责人。"应当按照上述要求，建立健全经营业绩考核制度，全面推行企业经营者定期聘任制度。企业董事会、监事会和经营班子均应按《公司法》等规定实行任期制和实行契约管理，做到"能上能下"，纠正目前国有企业经营者形式是聘任制、事实上是终身制的现象。要根据合同对企业负责人进行年度考核和任期考核，企业高管聘任期满，应根据其能力和绩效，按市场法则和法定程序进行改选或重新选聘，与其他应聘者在同一起跑线参与公开竞争。只有这样才能够大大改变当前"企业高管退出难"的局面。深圳市在改革国企领导人产生体制的探索中，针对国有企业董事长与总经理以往都由组织考察任命，两者经常发生扯皮，在企业内形成内耗的现象，制定了国有企业董事长由组织考察任命、总经理由董事会聘任的办法。他们把国有企业总经理聘任权交还给董事会，上级产权单位不再直接委派总经理，而且总经理要采取市场选聘的方式，由董事长提名，董事会聘任。2003年还决定把1/3的国有企业经理人才委托由猎头公司推荐。今后，选择激励机制试点改革的企业必须首先实现干部选聘市场化，对市属3大资产经营公司和4家授权经营公司管瞎的经营者，除了一二把手备案外，其他经理人才的选拔也都要走市场化的路子。政府希望通过这一形式，更好地选拔国有企业的领导人。

对策之三：采取多种鼓励性、制度性措施，促使企业高管主动退出。除了制度的刚性管理手段外，还要积极采取多种有效手段做好企业高管的思想工作，营造一种识大体、顾大局的业内风尚。自从云南红塔集团的褚时健事件发生后，全社会的目光更多地凝聚在企业高管"五十八九现象"上，而 2003 年 9 月 17 日，深圳几家媒体都报道了一则轰动一时的消息：深圳市重奖农产品股份有限公司主动提出退休的林家宏，现金 100 万元，小车一辆。林家宏在深圳企业界是个不简单的人物，国企中的一些垄断性的行业，如电力能源等行业，企业经营者不一定要很高的能力，也能有很好的业绩。但像深圳农产品公司的行业，面临的是任何企业难以承受的恶性竞争，行业的门槛太低，竞争对手形形色色，甚至包括用摩托车带两个筐把菜"骑"到市场的走村串巷的小贩。而林家宏任期内把一个普通的农产品销售公司经营成全国首屈一指的上市公司，正当事业如日中天之时，58 岁的林家宏，主动提出不再担任公司董事长、党委书记职务。深圳市商贸投资控股公司召开表彰大会，出席表彰会的深圳市副市长表示，"这不仅是对林家宏个人的表彰"，言下之意是深圳市政府鼓励企业高管这种主动"退出行为"。如果企业界涌现更多的柳传志、王石、林家宏这样识大体，顾大局的企业家，带头形成一种业内良好风尚，加上制度性的措施，国企高管退出渠道将会越来越畅通。

第七章　企业家激励监督机制

激励监督机制是造就企业家的制度保证。没有激励，一个经营者就不可能有动力锻炼成为一名有作为的企业家；没有监督，一个经营者就不可能成长为一名公正、有信誉的企业家。这一章对企业家激励监督理论进行了梳理和分析；探讨了年薪制、股票期权等激励机制形式的优缺；分析了企业家的外部监督机制和内部监督机制。本章还针对我国企业家违法违规现象进行了分析，并提出了对策性建议。

第一节　企业家激励监督理论

企业家激励理论主要包括委托代理理论、契约理论、团队理论。当代许多著名经济学家在这些理论上做了深入的研究，通过这些理论的梳理和分析，对于我们进一步探讨如何建立企业家激励监督机制具有理论指导意义。

一、激励与监督的区分

在企业经营者与企业主的委托—代理关系中，由于双方都追求效用最大化，代理人不会根据委托人的最大利益而行动。委托人通过对代理人进行适当的制度安排，承担约束代理人越轨行动的费用，从而使利益偏差最小化。这样的行为称为激励与监督。由于激励与监督存在密切联系，许多文献对它们不做严格区分。一些文献对激励做了广泛的界定，也有学者对监督做了非常广义的解释。比如，M. J. Buckman 认为，监督可以指许多事情，诸如选拔、就职、培训、确定目标、帮助、调控、检验、纠正、评价、奖惩和惩罚。从管理学角度看，激励与监督属于两种不同的控制机制。激励需要分权或授权，对被激励者的评价主要通过包含一定失真度的信息来进行。激励的不足主要是难以选择准确全面的评价指标。监督主要是通过简单明确的办法或程序，或者说易于收集的信息直接对代理人行为进行评价与控制，主要问题是缺乏灵活性和事后无效率。

激励与监督在一定条件下可以互相转化。有学者把合同的执行性作为区分激励或监督的指标。合同的执行性包括企业家活动的可规划程度，可规划程度越高，则越有条件监督。合同的执行性还取决于市场体系的完善程度，特别是能否产生充分反映企业家努力和能力的客观绩效信息和法律制度的效率。当企业内制度更有效率时应以监督为主，反之，则以激励为主。如果二者的效率差别不大，则监督与激励也无差别。

有学者认为，激励机制是关于企业所有者与经营者如何分享经营成果的一种契约。监督机制是企业所有者或相关的市场载体（如证券分析师、审计师）对企业经营结果，企业经营者行为或决策所进行的一系列客观而及时的审核、检察与分析的行动。制约机制是根据对企业经营业绩及对企业经营者或内部控制人作出适时、公正、无情的奖惩决定。这实际上从动态角度把企业家合同分为事前激励、事中监督、事后制约三个环节，其中激励的功能是分配，监督的功能是收集信息，制约的功能是实施。

也有学者（宋宇，2001）认为，激励与监督主要从企业家契约的设计和执行进行区分，当二者的利益可以协调时，激励机制更有效；当它们可能冲突时，必须采取监督或控制机制，而无论激励还是监督，奖惩制约都是其中应有之义。①

我们认为，企业家遵循理性人的原则，追求个人效用最大化，激励与监督机制的目的就是使企业家的个人行为符合委托人的利益追求。一种制度能够使企业家意识到自己的利益追求如果与委托人利益追求一致时，将得到委托人给予的额外奖励，那么这一制度安排属于激励机制；一种制度能够使企业家意识到自己的利益追求如果与委托人利益追求不一致时，将受到委托人的处罚，那么这一制度安排属于监督机制。当然，激励与监督的目标是一致的，它们犹如硬币的两面。

二、委托代理理论

委托代理理论将两权分离公司中的所有者与经营者的关系理解为一种委托—代理关系。一般地，所谓委托人与代理人的划分主要是基于两者对信息的掌握，拥有信息优势的一方称为代理人（Agent），处于信息劣势的一方称为委托人（Principal）。委托人要了解更多的信息就必须付出更多的代价。拥有信息优势的代理人将利用自己对信息掌握的优势，损害或侵犯处于信息劣势的委托人的利益，产生"代理成本"。

委托人与代理人都追求自身效用最大化，但两者的利益追求目标往往是不一致的。因此，委托人必须设计出一个代理人

---

① 关于激励与监督含义问题，参考宋宇的博士论文：《基于契约治理、不对称信息和人力资本的企业家机制分析》2001 年，西安交通大学管理学院。

能够接受的契约，这一契约能够使代理人在追求自身效用最大化的同时，实现委托人效用最大化。委托人想使代理人按照自己的愿望选择行动，但委托人不能直接观测到代理人选择了什么行动，能观测到的只是另一些变量，这些变量由代理人的行动和其他的外生的随机因素共同决定，因而充其量只是代理人行动的不完全信息。委托人的问题是如何根据这些观测到的信息奖惩代理人，以激励其选择对委托人最有利的行动。委托—代理理论研究的是事后非对称信息情况下的最优激励合同。代理人的激励相容约束能够起作用，因为不论委托人如何奖惩代理人，代理人总是会选择最大化自己效用水平的行动。委托人不可能使用"强制合同"来迫使代理人选择委托人希望的行动，而只能通过激励合同诱使代理人选择委托人希望的行动。委托人的问题是选择满足代理人参与约束和激励相容约束的激励合同，以最大化自己的期望效用函数。这类事后非对称信息的博弈属于道德风险模型问题。

在委托—代理理论的静态模型中，委托人由于不能观测代理人的行动，为了诱使代理人选择委托人所希望的行动，必须根据可观测的行动结果来奖惩代理人。这样的机制可以称为"显性激励机制"。但在动态模型中，委托人与代理人的博弈不是一次的，而是多次的，即使没有显性激励合同，"时间"本身可能会解决代理问题。多次博弈可能带来另一类激励问题，如声誉效应强化激励机制。①

---

① 张维迎：《企业的企业家——契约理论》，上海人民出版社、上海三联书店1995年版；段文斌：《分工、报酬递增和企业制度》，天津人民出版社1998年版，第158—168页。

三、企业契约理论

企业契约理论认为企业就是一系列合同或契约的组合，企业的诞生就是企业"内部契约"对市场"外部契约"的替代。科斯（Coase，Ronald H.，1937）认为企业是对市场机制的替代，企业与市场是两种相互替代的协调生产的手段。按照威廉姆森（1975，1979，1980）的观点，企业内部契约与市场外部契约是性质不同的两种契约。市场外部契约具有很强的不确定性，可能导致企业减少赢利；企业内部契约具有确定性，能够增加企业的赢利。企业之所以存在，是将外部市场契约可能发生的预期赢利损失通过建立企业内部契约找回来。承担这一任务的自然是具体经营该企业的管理层。管理层是企业委托代理关系的"中心代理者"①。

企业家除了是建立企业内部契约的中心代理人，而且是企业契约不可分割的组成部分。因为企业产权不仅仅包括财产所有权，也包括剩余索取权和控制权。企业家即使没有财产权，但拥有一定的剩余索取权和控制权。因此，签订企业内部契约，不能不考虑企业家的产权。当不同类型的财产（也将企业家才能作为一种财产）通过契约组合在一起时，企业就出现了。

企业内部契约是不完备的，同样企业家的契约也是不完备的。因为：（1）委托人在签约前与代理人的信息是不对称的，即代理人比委托人拥有更多的关于自己能力的信息；（2）契约不可能确实地规定代理人的工作努力程度，即使做了规定，也无从观测；（3）委托人不能完全依据企业的利润向代理人支付

① 刘世锦：《经济体制效率分析导论》，上海人民出版社、上海三联书店1994年版，第295页。

报酬，因为外部环境的不确定性使委托人无法辨别利润的高低是否由代理人的工作努力程度所致。这意味着，企业内部契约无论是事前还是事后都不可能准确描述所有未来出现的状态以及每种状态下契约各方的权力与责任。企业内部契约的不完备性，为设计对企业家进行激励与监督的机制提供理论依据。

企业契约理论也称为"交易费用"理论。企业的诞生就是内部契约对市场外部契约的替代，这一替代实质是交易费用的节约。在市场上，资源的配置由市场机制来完成，在企业内部，资源的配置由行政权威来完成。如果通过市场来完成交易的费用过高，则借助企业内部权威代替市场机制而建立企业的动力就加大。但随着企业规模的扩大，企业内部的官僚机构运行的成本也将提高，并最终会在市场与企业之间形成某种平衡。如果把整个经济运行中的运行的交易费用分为市场交易费用与企业管理费用，则随着整个经济中企业化程度的提高，总的市场交易费用越来越少，而企业管理费用越来越高。可见，随着企业化程度的提高，市场交易费用随之降低，企业管理费用则随之增加，而总交易费用则在最优企业化程度上实现最低。企业家的任务就是实现最优企业化程度任务。因此，通过企业家的努力节省下来的交易费用，应当让企业家来分享。①

四、团队理论

阿尔钦（Alchian）和德姆塞茨（Demsetz）于1972年提出的"团队理论"，为建立企业家激励机制提供了依据。在他们看

---

① 张进：《年薪变革：现代企业管理层利益实现机制》，文汇出版社2000年版，第47—48页。

来，企业是一个"团队"或"协作群"，即各种生产要素通过相互协作并联合为一个整体来完成生产过程的，而且任何一个成员的行为都将影响其他成员的积极性。产品是所有生产要素协作生产的结果，总产出不是参与协作的各种生产要素的个别产出之和。如果团队生产的总产出大于各种生产要素的个别产出之和再加上组织团队生产的费用，企业就会采用团队方式组织生产。在团队生产的条件下，产出是集体劳动协作的结果，人们难以判断每个人在其中究竟付出多少劳动，以及应该给予什么样的相应报酬。正是由于团队生产中存在着难以计量每个成员的边际报酬，团队中的成员就会产生"搭便车"的机会主义动机和行为，通过偷懒尽可能地少付出劳动。团队生产这一特征，决定了需要有人对企图偷懒者实施监督。

监督既能产生效益，也产生成本。只有当监督效益大于监督成本时，对组织成员实施监督才是经济的。要做到提高监督效益，降低监督成本，需要将监督职能化，一些人专门成为职业监督者。然而，职业监督者也是团队的其中成员，如果与其他要素所有者仅仅存在职能上的差异，那么同样会存在偷懒的机会主义行为，同样需要接受监督。那么，谁来监督监督者呢？在阿尔钦和德姆塞茨那里，所有的团队成员从一开始就都是同质的，因此监督者可以随意地从成员中挑选出来，唯一重要的是必须赋予监督者剩余索取权，以使他们有监督的积极性。我们假定团队成员从一开始在市场开拓能力和管理企业等方面是异质的，并且正是这种异质性决定了监督者的选拔。[1]

① 张维迎：《企业的企业家——契约理论》，上海人民出版社、上海三联书店1995年版，第25页。

在谁应当成为监督者问题上，霍姆斯特姆和泰若勒（1989）认为，所有权在解决企业激励问题时是重要的。将剩余索取权授予所有者，是因为所有权（相当于委托权）与那些边际贡献最难估价的投入要素有紧密联系。资本能够雇佣劳动，是因为资本的贡献最难度量。在为什么让经营者拥有剩余索取权和控制权问题上，张维迎（1995）认为，将企业的委托权安排给经营成员比生产成员更优，这不仅是由于经营决策对企业成败起着关键作用（一个错误的经营决策比正确决策下工人生产出劣质产品更可能导致企业破产），而且由于经营者的行为最难以监督。让经营者拥有剩余索取权的主要功能是免除对经营者行为的外部监督，也就是说，让经营者自己监督自己。如果经营者取得剩余索取权，经营者不仅获得了自我的积极性，而且获得了监督工人的积极性。工人自我积极性的丧失在很大程度上可以通过被经营者监督来弥补，因为监督工人比较容易。如果工人取得剩余索取权，虽然有利于提高工人的积极性，但经营者积极性的丧失却无法通过工人的监督来弥补，因为监督经营者比较困难。权衡两种不同的剩余索取权的安排，让经营者享有剩余索取权所导致的综合积极性丧失要小得多。[①]

詹森和麦克林（1976）提出的"代理成本"理论说明了企业家激励的重要性。代理成本来源于管理人员不是企业的完全所有者的这样一个事实。在部分所有的情况下，当管理者努力工作时，他可能承担全部成本而仅获取一小部分利润；但当管理者消费额外收益时，他得到全部好处而只承担一小部分成本，

[①]　张维迎：《企业理论与中国企业改革》，北京大学出版社 1999 年版，第60 页。

其结果就是管理者的工作积极性不高，却热衷于追求额外消费。于是，企业的价值也就小于管理者是企业完全所有者时的价值。这两者之间的差异被称为"代理成本"。让管理者拥有完全的剩余索取权，可以消除或起码减少代理成本。不过，管理者拥有剩余索取权，可能导致另一种代理成本，比如追求借债筹资而产生的成本。在投资及管理者本人财产给定的情况下，管理者剩余份额会随借债投资部分增加而增加。在借债筹资下，管理者作为剩余权益获取者，有更大的积极性去从事有较大风险的项目，因为他能够获取成功后的利润，并借助有限责任制度，把失败导致的损失留给债权人去承受。①

第二节　企业家的激励机制

从理论上来讲，激励包含了监督因素，监督包含了激励因素，很难将两者严格区分开。从操作意义上来讲，我们把激励与监督理论问题简单化，将激励机制理解为奖励机制，将监督机制理解为处罚机制。激励机制包括物质激励与精神激励。按照马斯洛"五项需求理论"，基于第一层次和第二层次的激励主要属于物质激励，基于第三到第五层次的，比如友情、尊重和事业成就的激励，属于精神激励。本书主要探讨物质激励。企业对企业家实施的物质授予工具主要有：基本工资、年薪（奖金）、津贴、福利、退休金计划、内部持股、股票期权等。在这些物质工具中，哪些属于激励机制？按照赫滋伯格的"双因素

---

① 张维迎：《企业理论与中国企业改革》，北京大学出版社 1999 年版，第47—48 页。

理论"，导致工作不满意感的因素称为保健因素（即得到后就失去满意感，但没得到就感到不满意），能够增加员工满意感的因素属于激励因素（即没它也没有不满意，但有它就增加满意感）。基本工资、津贴、福利和退休金计划由于其与企业家的工作努力程度无关，仅作为企业家劳动力再生产的保障，因此属于保健因素。年薪、奖金、内部持股、股票期权，这些机制与企业家的工作努力程度密切相关，属于激励机制。在实践中，人们创造了许多激励机制，比如股票增值权、影子股票、单位绩效法、股份绩效法、当期现金奖、当期股票奖、延期现金奖、延期股票奖等。[①] 尽管激励机制的形式是多种的，但最基本的激励机制主要是年薪奖金制、股票期权制两种模式。

一、年薪（奖金）制

如何科学合理地确定企业家的年薪是一个重要研究课题。在我国刚刚开始建立现代企业制度的改革初期，国有企业经营者的年薪确实比较低，与一般员工的收入差距不大，与所作出的贡献价值不对称。在我国国有企业建立现代企业制度的最近时期，企业经营者的年薪收入增长很快，许多国有企业包括上市公司的经营者的年薪与一般员工年收入的差距日益加大，部分甚至达到企业员工难以接受的程度。在经营者收入问题上，有两种模式常常被政策制定者作为参考依据。一种是美国传统年薪模式，在20世纪80年代，美国公司经营者的年薪超出一般员工10倍，进入90年代后这一比例急速上升，1992年美国公

---

① 叶泽方：《西方企业高级管理人员奖励制度简析》，《长沙电力学院社会科学学报》1997年第1期。

司经营者的年收入是一般员工的 142 倍，到 1997 年则上升到 185 倍。根据有关调查发现，美国公司经营者 1997 年的收入是 1992 年的两倍。另一种模式是日本年薪模式，根据日本经济学家调查发现，雇员人数超过 3000 人的日本大公司，经营者年收入至多是一般员工的 5 倍，如果扣除所得税，其可支配收入不及一般员工的 3 倍。[①] 对于这两种模式的差别，一种解释是企业文化的差异。美国是一个崇尚个人主义的国家，企业家是为了追求个人利益而与企业签订合作契约，雇请契约是在讨价还价的利益博弈之中形成的。日本是一个崇尚集体主义的国家，对极端个人主义抱有成见。在这样的文化背景下，不仅日本企业没有将利润作为追求目标，而且企业家也没有将个人收入作为奋斗目标。另一种解释是员工稳定性差异。美国企业劳动关系属于短期合同化的雇佣关系，企业所有者没有打算让每个员工永远留在企业，而员工也不打算永远待在某一企业。日本企业长期以来实行终身雇佣制，员工对企业怀有家庭式的忠诚感。短期合同的经营者，其年薪必然高于终身雇佣制的经营者。[②] 分析这两种年薪模式及其内在原因，对于研究我国企业经营者年薪模式很有启示。

1. 我国企业家年薪制改革探索

早在 1992 年我国就进行了年薪制的试点，在进行年薪制试点中所积累的经验对我们下一步的改革提供了很好的借鉴。1998 年 8 月，浙江省计划在国有企业全面试行与国际惯例接轨

---

① 张进：《年薪变革——现代企业管理层利益实现机制》，文汇出版社 2000 年版，第 168 页。

② Charles Hampden-Turner & Alfons Trompenaars, *The Seven Cultures of Capitalism* 1995, Triumph Publishing Co., Ltd. .

的年薪制。方案基本精神有：实现国有独资企业和国有控股企业的经营者，年薪由基本年薪、效益年薪和奖励构成。实现国有企业保值，达到预定的增值率的经营者将领取基本年薪，分为三个档次：大型企业经营者可领取比本职工上年工资的 3 倍的年薪，中型企业经营者可领取 2.5 倍的工资，小型企业经营者可领取 2 倍的工资。若超过规定的增值率，则可领取效益年薪。效益年薪是在基本年薪的基础上在增加比本职工上年平均工资高出 4 倍的薪金。若实现的增值大大超过所规定的增值率，企业经营者还可以得到奖励。当国有企业减值时，企业经营者不但领不到效益年薪，而且要在基本年薪中扣除。企业每减值 1%，经营者的基本年薪将扣除 25% 予以陪补。

从 1998 年 10 月开始，北京市机械行业的北人集团、北京开关厂、电视总厂、机电研究院、第二开关厂 5 家企业经营者实行年薪制，最高年薪可达 15 万元。此次 5 家企业经营者年薪的年度基本报酬范围在 1 万元至 5 万元之间。年薪的另一部分是效益工资，这是按主要生产经营目标考核结果确定，由控股公司负责发给，数额是基本工资的两倍。另外，经营者要拿出年薪中基本报酬的 50% 作为风险抵押金。对完不成年度主要考核指标的经营者，控股公司将相应扣减效益工资、基本报酬，直至扣减风险抵押金。对连续两年完不成考核指标的自动解聘，不得"易地做官"。

四川省对省属国有企业经营者也试行了年薪制方案。年薪制由基薪、业绩计提两部分组成。省属国有公司制企业的董事长、总经理以及非公司制企业的厂长（经理）可采用这种激励形式。基薪主要根据企业规模、本地区和企业职工平均工资收入水平来确定。其公式为：

基薪＝（本企业职工上年度平均工资＋本地区职工上年度平均工资）÷2×系数

公式中"系数"根据企业资产规模等具体情况，确定在2.0—10.0的范围内。业绩计提以基薪为基础，根据其经营实绩确定。赢利企业、亏损企业的考核指标及计算办法有所区别。赢利企业主要考核指标为净资产增值率、净资产收益率和社会贡献率：净资产增值率每增加1％，按基薪的15％计提业绩收入；净资产收益率每增加1％，按基薪的6％计提业绩收入。亏损企业经营管理者业绩收入主要按减亏增盈指标考核，实行分行分档递减计提的办法，按减亏额的1％—2％计提业绩收入。税收指标是计提业绩收入的否定指标，亏损企业的社会贡献率指标也是计提业绩收入的否定指标。各项考核指标基数原则上以上年实际完成数为基础并参考行业和区域经济效益水平合理确定，考核指标基数一年一定。同时建立国企经营者专用账户，将其业绩收入50％存入账户，作为经营者任期风险保证金，用于抵补应征以后年度可能形成的亏损。经营者调动、解聘或退休时，经离任审计1年后，方能兑现余额。

广东省在深化国有企业领导人员管理体制改革的实施方法中提出年薪制。企业领导人员的年薪分为基本薪酬和效益薪酬两部分。基本薪酬与企业资产规模挂钩，根据企业的资产总额和营业额确定，按月支付。效益薪酬与经营成果挂钩，依据企业净资产收入率和利税增长幅度确定，以年度为单位，分期发放。当年发放的具体比例视情况确定，未发部分作为风险基金存入企业专用账户，待任期届满考核合格后再兑现，考核不合格的予以扣除。实行年薪制的对象主要是资产经营公司及企业的董事长和总经理。资产经营公司的董事长和总经理的年薪由国资委确定和管理，其他企业的董事长和总经理的年薪由资产经营公司确定和管理。

深圳市于 2003 年 5 月 1 日颁布了《深圳市国有企业经营者年薪制实施办法》。根据该办法，深圳市国有市属企业开始全面实行年薪制，其经营者除了拿基本年薪外，还将根据企业的经营情况拿到相应的效绩年薪和奖励。该办法规定，国有市属一级企业全面推行年薪制。经营者的年薪由基本年薪、效绩年薪和奖励年薪三部分组成。基本年薪（为税前收入）按企业类别不同，由企业按月以现金支付，一类企业经营者为 12 万，二类企业经营者基本年薪为 10.8 万元，三类企业经营者基本年薪为 9.6 万元。效绩年薪是按企业综合经济效益确定的经营者年度收入。按照市国资办制定的效绩评价指标体系进行严格测算，如果经营不好，效绩年薪可为零。奖励年薪指产权单位对经营者完成经营目标的奖励，不同类型企业奖励年薪系数有所区别，垄断性企业奖励系数为 0.8，竞争性企业奖励系数为 1，扭亏增盈企业奖励系数为 1.3。该办法规定，各资产经营公司发放给经营者的奖励年薪总额不得超过经营者基本年薪总额的 1.5 倍，经营者奖励年薪最高不得超过本人基本年薪的 4 倍。实行年薪制的经营者，不再享受本企业内部的工资、奖金、津贴等工资性收入及其他补贴。另外，对于效绩年薪与奖励年薪，40% 上交公司保管，以风险抵押金形式延期支付。经营者需经过审计关，如果审计不合格，可相应扣减抵押金。

2. 年薪计算参数

一般来讲，企业家年薪分为固定部分和浮动部分。固定部分一般由聘任者与应聘者事前以协议的方式直接决定，浮动部分则根据企业经营业绩，按照事前达成的计算方法来间接确定。

年薪制的性质是由计算参数决定的。

第一个参数是经营利润。浮动年薪所依据的企业经营业绩是指什么？是利润还是销售额？日本学者池本正纯认为，利润是通过市场竞争确定的企业家经营能力的市场价格。[①] 按照这一观点，浮动年薪所依据的经营业绩是指企业利润。但是，美国学者 W. J. Baumol（1959）认为，企业家年薪所依据的经营业绩应该是"销售收入"，而不是"经营利润"，其理由是：①有证据表明管理层的工资和其他报酬与企业销售额的相关程度要大于与企业利润额的相关程度；②银行和其他金融机构更为密切关注的是企业的销售额，只要厂家的销售继续扩大，银行就继续会愿意贷款给厂家；③销售额增加，则公司各级员工的收入相应增加，也就容易处理人事问题；④经营者宁愿稳步实现令人满意的利润，而不愿首先实现引人注目的最大利润目标，因为这样的话，如果到了下一期，利润下降，就必然会引起股东的不满；⑤如果销售额下降，企业产品的市场占有率就会降低，就会削弱自己的竞争地位以及和对手讨价还价的实力；⑥产品市场份额的扩大也有利于经营者在经理市场中自身价格的提高。[②] 我们认为，将"销售收入"替代"经营利润"作为计算企业家年薪的业绩依据这一思路是不正确的。在一般情况下，销售收入与经营利润并非正比例关系，销售收入提高不等于利润提高。如果管理效率低下，在扩大销售收入的同时，管理成

---

① ［日］池本正纯：《企业家的秘密》，辽宁人民出版社 1985 年版，第 85 页。

② 张进：《年薪变革——现代企业管理层利益实现机制》，文汇出版社 2000 年版，第 153—154 页。Baumol, W. J. 1959, "Business Behavior, Value and Growth", Macmillan, New York. 也可参见罗志如等：《当代西方经济学说》（上册），北京大学出版社 1989 年版，第 50—62 页。

本大幅度增加，就会出现销售收入与经营利润相背离的状况。现代管理特别注重现金流，认为稳健的现金流是衡量企业竞争力的重要指标。只讲销售收入不讲现金流，往往会导致企业危机。因为如果应收货款大量积压而且周转缓慢，就会降低企业经营运作效率，而且会产生巨大的不良资产。企业以追求利润为目标，销售收入仅是追求利润的手段，经营利润才是衡量企业家内在价值的市场价格。

当然，把利润作为计算年薪的主要参数也存在一些不足。第一，企业家可能采用很多行动来合理增加报表上的利润。比如在存货计价中保留先进先出法，而不采用后进先出法。第二，以利润作为计算年薪依据会导致企业家减少那些增加企业长期价值，但影响短期收益的投资。比如，有利的但初始成本较大的资本投资方案可能被拒绝，企业研究和发展经费得不到充分的资金保证。第三，企业利润由于受到各种外界因素的影响，无法真正衡量企业家真实努力程度和能力水平。[1]

在利润参数问题上，要注意企业家的投资利润问题。利润可分为主营利润和投资利润。企业家为了获取短期利益，增加个人年薪，倾向把资金投向风险大、见效快的项目，比如投资于证券或房地产等，忽视主业。这几年，我们从上市公司财务年报中看出，不少企业的投资收益远超过主营收益，这样的公司是不是优秀企业？这样的做法值不值得提倡？我们认为这样的企业不是优秀企业，热衷于风险投资的做法不应提倡。只有扎扎实实地在某个专业领域艰苦努力，才能提高竞争能力，才

---

[1] 叶泽方：《西方企业高级管理人员奖励制度简析》，《长沙电力学院社会科学学报》1997 年第 1 期。

能培养出优秀的企业，才能在剧烈的国际经济竞争中占有一席之地。为了这一目的，我们在设计年薪制时，应当把主营利润和投资利润分开，区别对待，提高主营利润的提成系数，降低投资利润的提成系数。

第二个参数是销售收入增量。我们认为，除了把经营利润作为计算企业家年薪的关键依据外，把销售收入作为计算企业家年薪的另一依据也有合理性。如果只讲经营利润不讲销售收入，会引导企业家走向保守主义，而且可能导致短期行为。企业之间的竞争主要是市场占有率的争夺。企业为了增强自己的竞争力，往往采取低价策略提高市场占有率，逼迫缺乏实力的竞争对手退出市场，提高自己市场讨价还价的能力，然后通过降低进货成本提高经营利润。能否追求市场占有率是衡量企业家进取精神的一个重要标志。在计算企业家年薪时，不能简单把销售收入总额作为计算依据，因为销售收入体现的意义已包含在第一个依据"经营利润"中，计算参数只能在经营利润和销售收入两者中选择其一。为了激励企业家努力提高产品销售额，应当把销售收入增量作为计算依据。经营利润仅仅是计算企业家年薪的基本指标，但没有完全体现出企业家的进取精神和真正的努力程度，而销售收入增量能够体现出企业家的进取精神。而且，把销售收入增量作为计算企业家年薪主要依据，可以一定程度上克服上述关于利润参数的不足。

第三个参数是利润增量。把经营利润增量作为计算企业家年薪的主要依据，是许多管理学家经过研究后得出的结论。比如 Jensen 和 Murphy 提出企业家年薪计算公式：

$$年薪 = A + b_1 \cdot \Delta（股东财富）_t + b_2 \cdot \Delta（股东财富）_{t-1}$$

其中，A 指固定工资，t 指当期企业业绩表现，$t-1$ 指上年度企业业绩表现，b 指系数。

Jensen 和 Murphy 利用 *Forbes* 杂志所公布的 1974—1986 年间，美国主要大公司首席执行官收入情况进行数量统计，得出线性回归方程，单位是 1000 美元：[①]

年薪 $= 30.8 + 0.0000139 \cdot \Delta$（股东财富）$_t + 0.000008 \cdot \Delta$（股东财富）$_{t-1}$

以上公式是计算企业家年薪最简单的方法。根据经营利润计算出来的年薪仅是作为企业家的基础奖金，而根据利润增量计算出来的年薪可以一定程度上反映出企业家工作的努力程度和工作能力，属于风险奖金。如果企业家工作不努力或者决策失误，企业第二年的利润增量是负值，那么企业家的奖金就要有一定幅度的减少。如果企业家工作很努力，企业第二年的利润增量是正值，那么企业家的奖金就有一定幅度的提高。这一参数也是对第二个参数的补充，一定程度上能够防止企业家通过牺牲利润来提高销售收入。

第四个参数是股东权益利润率。企业利润的多少不仅取决于企业家的能力和努力程度，而且取决于当时市场环境的许多不确定因素。换句话说，用企业自身活动利润水平来确定企业家的报酬无法真正反映企业家的实际能力和努力程度。霍姆斯特姆认为，用相对业绩评价来确定经理的报酬是比较准确的。其做法是引入情况相同的其他企业的获利水平或行业平均利润率作为参照来决定经理的报酬。经济学家认为，如果不同企业的经营环境受到某些共同因素的影响，根据充分统计的结果，

---

① 张进：《年薪变革——现代企业管理层利益实现机制》，文汇出版社 2000 年版，第 170—171 页。

使用相对业绩评价可以改进激励机制，减少代理成本。同一行业不同企业的经营业绩除了受每一个企业经理的行为和特有的外生因素影响外，也受到某些行业性共同因素（如行业的市场需求、技术进步等）的影响。这样，企业自己的利润就不能充分反映出企业家的实际能力和努力程度。一个企业的利润降低可能有两种原因：一是企业家不努力工作；二是存在不利的外部因素。如果其他处于相类似环境的企业的利润也较低，那么该企业利润低很可能是不利的外部因素所造成的；相反，如果其他处于类似外部环境的企业的利润比较高，那么该企业利润低很可能是由于经理不努力工作所造成的。因此，把其他企业的利润指标引入该企业的企业家报酬设计中，可以剔除更多的外部不确定因素的影响，使企业家的报酬和其个人业绩的关系更为密切。[1]

如果某一企业的股东权益利润率高于同行同类型企业平均水平，让企业家分享其中的部分利润，是合理的。如果某一企业股东权益利润率低于同行同类型企业平均水平，那么企业家就应承担效率不佳的责任，从基础奖金中扣除这部分处罚金。如何确定同行同类型企业股东权益利润率平均水平是一项很难的工作。在这个问题上，应该注意几点：一是要以同行企业为参考样本，因为不同行业经营环境不同；二是要以本地区的企业为参考样本，因为不同地区的经营成本不同；三是要以资产规模大小相近的企业为参考样本，因为不同规模的企业的管理成本不同；四是在样本企业平均值的基础上，做适当的修订。

---

[1] 张维迎：《博弈论与信息经济学》，上海三联书店1996年版，第427—428页；高闯：《经理行为的显示、激励与监控理论述评》，《社会科学辑刊》1998年第6期。

3. 企业家年薪模型

我们把经营利润、销售收入增量、利润增量、股东权益利润率作为计算企业家年薪计算参数，得出如下计算公式：

$$E = F + Va + (U_t - U_{t-1}) b + (V_t - V_{t-1}) c + Z (r + r^*) d$$

其中 F 指基本工资，V 指经营利润，U 指销售收入增量，Z 指股东权益，a 为经营利润计算系数，b 为销售收入增量的计算系数，c 为利润增量的计算系数，d 为股东权益利润率的计算系数，r 为本企业股东权益利润率，r^* 为同行同类型企业平均股东权益利润率。

必须指出的是，这一年薪模型只适合竞争性行业，不适合垄断性行业。因为垄断性行业无法计算同行同类型企业的平均股东权益利润率，就无法衡量企业家在企业赢利中的真实贡献。从这一意义上来讲，垄断性行业的经营者不能简单实施年薪制。

4. 适合采用年薪制的人员

根据美国学者约翰·科特（Johnp Kotter）的研究，如下人员适合采用年薪制：①公司总经理，即受聘于公司董事会最高经营管理执行官；②公司直属各部门经理；③企业集团总经理，他不负责各分公司具体经营与管理，主要负责企业集团发展战略研究与制定，各企业相互间的协调；④子公司或分公司职业经理，他们负责各分公司内部经营管理；⑤产品与营销职业经理，他们只负责产品开发或营销工作，不负责企业长期发展规划；⑥经营型职业经理，主要负责短期生产经营活动，典型的经营型职业经理可能就是某工厂的领导。[①]

---

① 毛为：《中国经理职业化趋势——经理革命》，中国城市出版社 1998 年版，第 200 页。

5. 建立年薪奖金披露制度

从投资人利益来看，建立年薪披露制度，提高透明度，是提高治理效率一项重要举措。美国是最早实行薪酬披露制度的国家。1992 年美国又进一步修改了薪酬披露制度，加大了披露力度。具体内容是：一是逐个披露薪酬最高的 5 名经营班子成员前 3 年的薪酬；二是详细披露每人的薪酬构成；三是披露过去 5 年本公司的股东回报率与同行业同类企业的比较。

目前，我国经营班子的薪酬，内部纵向差距已不小，外部横向差距仍较大。从体制上看存在如下问题：一是出资人或者代表放弃了行使薪酬安排权，造成国有企业经营者自己给自己定薪酬；二是国有企业业绩的真假缺乏科学的确认与评价机制；三是没有建立薪酬披露制度，回避出资人的监督。[①] 因此，我们必须构建科学的企业家年薪制度，规范薪酬安排程序和披露机制。

二、股票期权制

不论如何设计，年薪奖金制难以避免企业家的短期行为和机会主义。为了尽可能引导企业家的经营行为符合委托人的可持续发展目标，我们应当引进股票期权制。股票期权制是一种长期激励机制，在许多方面比年薪制有优越性。

1. 股票期权制的内涵及其优点

所谓股票期权（Stock Option）就是指管理层得到的一种可以在未来某一特定时间里，按某一事先确定的价格购买事前确定数量的公司股票的期货权利。通常股票期权的购买价格（行

---

① 何家成：《公司治理结构、机制与效率》，《学习时报》2004 年 4 月 12 日。

权价）不应低于当期的二级市场股票价格。我们举一例子来说明股票期权制的操作方法。某经理同公司签订了股票期权和约，公司赠送这位经理股票期权数量 100 万股，有效期为三年，行权价为 1 元，须交定金 5％。到了第三年，如果股票价格变为 3 元，这位经理仍然可以按 1 元的价格购买 100 万股票。若经理没有钱也没有关系，他可以按 3 元一股的价格卖掉部分股票 33 万股得 99 万元，再用这笔钱购买 100 万股票期权中剩余的 67 万股。此时 67 万股的股票价值已达 201 万元。如果第三年股票价值降低到每股 0.7 元，这位经理也要按每股 1 元的价格购买 100 万股，否则他交的定金就没有了。由此可见，股票期权制具有很强的激励和约束作用。[①]

股票期权与年薪制相比较具有明显的激励效果与优点。张进（1999）认为，第一，股票期权制不构成对公司本期赢利的分享，不在公司损益表中体现；第二，不论未来企业家行权时获益有多大，都是以全体股东从公司股价上升中获得更多收益为前提的；第三，股票期权有利于防止经营层在公司经营与管理中的短期行为，有利于防止管理层不顾企业的长期发展后劲而仅仅为得到当期的奖励所展开的经营活动。[②]

股票期权制作为一种企业家激励机制是当前世界各国的发展趋势。自 20 世纪 80 年代至今，美国绝大多数都实行了这种制度。由于这种制度可以促使经营者关心投资者的利益和资产的保值和增值，使经营者的利益和投资者的利益更加紧密地结合起来，所以世界许多企业纷纷仿效这一制度。据统计，全球排

---

① 林祥：《我国实施股票期权制的理论与实践》，《探求》2002 年第 1 期。
② 张进：《年薪变革——现代企业管理层利益实现机制》，文汇出版社 2000 年版，第 182 页。

名前 500 家大工业企业中至少有 89% 的企业实行了股票期权制。目前，美国经营者的大部分个人财产就是股票期权。专门研究报酬问题的皮埃尔·梅尔合伙公司的一项调查显示，1997 年底，美国最大的 180 家上市公司的总经理平均拥有价值 2870 万美元的股票期权。美国较先进的经营者激励机制有三部分：一是基本工资与基本福利；二是效益奖金；三是与长远营利能力挂钩的奖励，如经营者持股、股票期权。第一部分一般占经营者总收入很小的比例，只是为了保障经营者的基本生活；第二部分是与短期效益如季或年度利润挂钩的奖金，相当于我国正实行的年薪制，其占美国大企业经营者收入的比重也不大；第三部分是为了使经营者努力改善企业的长远营利能力所给予的奖励。企业长远盈利能力的提高能使股价长期上升，从而使经营者手中的股票和股票期权增值。这部分的收益占美国经营者总收入很大比重。比如 1995 年，美国旅行者集团的最高主管韦尔的总收入为 4984 万美元，其中有 4400 万美元是购买股票期权等长期性报酬的价值；通用电气公司大老板韦尔奇的总收入为 2200 万美元，其中购买股票期权等长期性报酬的价值为 1674 万美元；IBM 公司的老板格斯纳的总收入为 1320 万美元，其中有 843 万美元是公司增与的股票价值。[①]

2. 美国股票期权制

股票期权源于美国。美国的股票期权计划分为激励股票期权和非法定股票期权。[②] 激励股票期权必须符合美国税务法的有关规定，其收益中符合规定的部分可以作为资本所得应税，同

---

① 肖文：《令人瞠目的美国高薪主管》，《经济学消息报》1996 年 8 月 16 日。
② 科文于《北京科技报》1999 年 8 月 2 日的文章。

时可从公司所得税税基中扣除；非法定股票期权的实施条例不受税务法的限制，可以有公司自行规定，但个人收益不能从公司所得税税基中扣除，个人收益必须交纳个人所得税。

激励股票期权必须满足如下条件。

①股票期权的赠与计划要在实施前12月和实施后12月内交股东大会通过。

②股票期权计划实行10年后自动结束。如果要继续施行须经股东大会通过。

③从股票赠与日开始的10年内，股票期权有效，超过10年后，股票期权无效，任何人不得行权（行权即高级管理人员在规定时期内以股票期权的价格购买本公司股票的过程）。

④股票期权不可转让，除非通过遗嘱转让给继承人。

⑤在股票期权赠与日，如果某位高级管理人员拥有该公司10%以上的投票权，则未经股东大会特批，不得参加股票期权计划。

关于股票期权的受益人的规定：美国法律规定，股票期权的受益人主要是公司的高级管理人员，但近来的发展趋势扩大到所有职工。高级管理人员一般在受聘、升职、每年依次的业绩评定情况下获得股票期权。

关于股票期权的数量确定：通常受聘时和升职时获赠与的股票期权的数量比较多，每年一度业绩评定时获赠与的股票期权数量比较少。董事会薪酬委员会根据高级管理人员的工作表现和公司业绩确定合适的股票期权数量。股票期权的赠与数量一般没有下限，但有些公司规定了上限。例如雅虎公司规定每人每财政年度获赠的股票期权数量不得超过150万股。

关于股票期权行权价的确定方法：行权不能低于股票期权

赠与日是公开市场价格。不同公司对公开市场价格的规定不同，有的规定是赠与日最高市场价格和最低市场价格的平均价，有的规定是赠与日前一个交易日的收盘价。

关于股票期权授予期的安排：公司将股票期权赠与高级管理人员时，但没有授予他们行权的权利，高级管理人员必须在股票期权授予期结束之后才能获得行权。但公司薪酬委员会有权缩短股票期权的授予时间，可以提前行权。而且还有特殊规定，对于已获赠但是按照授予时间表不能行权的股票期权，高级管理人员可以行权，但行权后只能持有而不能出售。

关于股票期权的结束条件：激励股票期权从赠与日起10年有效，非法定股票期权的有效期一般为5—20年。如果某位高级管理人员拥有公司10%的投票权时，须经股东大会批准才能参加股票期权计划，但他获得的股票期权有效期不得超过5年。

关于股票期权的执行方法：股票期权通常有三种执行方法：一是现金行权，即个人向公司指定的证券商支付行权费用和相应的税金、费用，获得股票；二是无现金行权，个人不需以现金和支票来支付行权费用，证券商以出售股票获得的收益来支付行权费用；三是无现金行权并出售，个人决定对部分或全部可行权的股票期权行权并立刻出售，以获得行权价和市场价格的差价带来的利润，当然个人还需支付税金和有关费用。

第三节　企业家的外部监督机制

监督机制与激励机制的侧重点不同，激励机制就是你做得好就奖励你，监督机制就是你做得不好就处罚你。由于受个人利益驱动，企业家更关心激励机制，不偏好监督机制，甚至排斥之。由于委托人要保护自己的利益，委托人更关心监督机制。我国国有企业改革以来，主要侧重建立企业家激励机制，对提高企业经营者的积极性发挥了作用，但忽略了建立监督机制，导致监督机制滞后于改革实践，出现了严重的企业家道德风险问题。实践告诉我们，激励机制与监督机制两者缺一不可，必须相辅相成。监督机制包括外部监督机制和内部监督机制。

外部监督机制主要包括产品竞争市场监督、企业家市场监督、资本市场监督、银行债权人监督。这些监督机制作用相当有效，特点主要是事后监督，即监督主体根据企业家的行为结果作出反应。

一、产品竞争市场监督

我们试从两方面来论述：一是所有者企业充分竞争对全体经营者的约束；二是充分的市场竞争对国有企业的软约束。

产品的竞争力是经营者业绩的评判尺度。但如果市场垄断程度高，缺乏有效的市场竞争，经营者偷懒的可能性就大，代理成本就会增高。如果同一个产品市场上有许多企业，虽然每家企业的生产成本是不确定的，但却是相关的，每家企业产品的市场价格包含着其他企业成本的信息。因此，企业所有者可以根据竞争对手的状况对本企业职业经理进行相对业绩评价，也可以根据竞争性企业的产品价格推算其成本，从而较有效地采取措施来降低代理成本，并对经营者形成压力。

Hart（1983）建立一个模型论证了市场充分竞争对职业经理的约束意义。假定有一部分企业由职业经理控制，而另一部分企业由所有者控制。由于后者不存在两权分离问题，企业会竭力使产品成本降至最低，从而压低产品市场的价格。这样，所有者控制的企业越多，职业经理控制的企业的经营者受到的压力就越大，偷懒的可能性就越小。结果是由于所有者控制的企业的相互竞争，两权分离的职业经理控制型企业会尽量降低产品成本，否则就难以生存。这就说明，在有市场竞争的环境中，在有大量两权统一的企业存在的条件下，企业由于两权分离所带来的代理成本可以被大大降低。从另一角度看，如果市场的生产企业大都是两权分离的经理型企业，尽管存在市场竞争，但竞争程度不激烈，这样的市场难以对职业经理产生有力的约束作用。

从本质上讲，产品市场竞争有利于克服信息不对称问题。越是竞争激烈的市场，所传递的信息量就越多、越及时、越准确，在这一市场获取有关信息的费用就越小。正是由于有了产品市场激烈竞争所提供的详细信息，才使透过产品市场而观测到的有关该企业管理层的努力程度以及企业家才能信息更为准确。因此，通过产品市场竞争，企业股东可以借助市场机制提供的信息对经理进行监督和评价，以较低的成本来确定经理应得的奖励和报酬。①

西方大多数国家制定了反垄断的有关法律，不允许在某一个行业或产品存在垄断经营，其目的主要是为了保护公平创业的市场环境，避免窒息国民开拓创新的精神和动力，同时也是为了促使企业降低成本，提高服务质量。我国在反垄断方面也有了起步。过去我国电信事业是垄断经营的，有线电话和无线电话都是由国有企业垄断经营。这样的模式造成了成本高、收

---

① 高闯：《经理行为的显示、激励与监控理论述评》，《社会科学辑刊》1998年第6期；张进：《年薪变革——现代企业管理层利益实现机制》，文汇出版社2000年版，第182页。

费高、服务质量差等问题，尤其是助长了夜郎自大、不思进取的思想，危害极大。现在引入联合通讯公司参加竞争，开始改变通讯行业的竞争面貌。综观我国各个行业，凡是降低行业进入门槛，引入公平竞争机制的行业，都能在竞争中发展壮大，提高了国际竞争力。凡是需要政府保护，不合理提高进入门槛的行业，都无法抵挡跨国公司强有力的进攻，丧失了竞争力。例如，目前我国彩电行业竞争相当剧烈，康佳、长虹、TCL、创维等少数厂家占领了国内大部分市场，外国品牌彩电在我国的市场份额逐步减少。由于相互竞争，这些彩电企业不但降低生产成本、提高技术水平、提高服务质量，而且这些厂家内部管理日益走上规范，经营者的代理成本有了明显的控制。空调行业竞争也相当剧烈，在竞争中逐渐形成了在国际市场上有竞争力的品牌，比如海尔、美的、格力等。海尔成功进军海外市场，2003年成功进入世界100大品牌。这些成功的企业相比较于其他行业的企业或者国有企业来说，虽然不能说内部管理完全规范，但却是我国内部管理和公司治理结构进步最大的企业。

为了推动我国企业规范发展，完善公司监督机制，必须大力发展非公有制经济。凡是对外开放较早的行业，或者说凡是存在非公有制经济成分的行业，企业竞争已经步入良性发展阶段。优秀企业的各项管理指标成为众多企业学习的参考系，经营者的行为受同行业其他企业很大影响，企业监督机制以及市场竞争力都有提高。凡是非公有制经济不发达的行业，大都处于无序状态，竞争层次低，缺乏活力，没有改进管理和加强技术改造的动力和压力。适当对外开放、引进外资，对促进我国企业改革和发展，对建立企业家约束机制，有重要的意义。引进外资必然对我国企业造成很大的竞争压力，我国企业在压力中明白了什么是优秀企业，什么是先进管理模式。每一次引进国际著名跨国公司或著名品牌，都对我国企业产生积极的促进作用，引起一次又一次管理革命。在引进美国沃尔玛公司时，一些人担心我国外汇流失，国有百货公司倒闭。但实践结果是，引进沃尔玛公司确实造成部分不思进取、反应落后的企业陷入困境，但新的管理理念造福了许多国有百货企业，比如深圳万佳百货公司就是一个典型。发展私有经济也是我国建立企业家约束机制的一个重要推动因素。从我国目前国有企业与私有企业经济指标比较来看，私有企业虽然经济实力还不如国有企业，但经济效益、内部管理、成本控制、对经营者监督约束机制等方面明显好于国有企业。我们要通过发展私有经济，培育出一批优秀私有企业，为国有企业树立竞争对手，对国有企业经营者形成外部压力。

我们来探讨第二个问题：为什么在市场竞争激烈的今天，我国国有企业仍然代理成本居高不下，仍然没有建立有效的监督机制？

于永臻、蓝庆新（2004）提出的"国有企业退出的不可信威胁"观点能够解释这一问题。公司治理机制的有效性取决于在市场竞争中失败成为一个可信威胁，如果企业经营不存在失败，那么企业就没有积极性建立所谓的公司治理机制，也没有积极性开拓创新。按照科尔奈的观点，在政府干预非常强烈的情况下，存在软预算约束，主要表现是经营者做决策时可以不对决策的财务后果负责，因为一旦发生了错误决策，总有其他的人或机构把他解救出来，为他弥补损失，这样的市场竞争失败对他来说属于"不可信威胁"。为什么国有企业出现软预算约束？原因是：第一，如果政府在乎就业或其他的政治动机而非纯经济考虑，那么可能事后软化约束；第二，如果国有企业的经营者或者机构拥有很大的权力，他们有能力在事后重新谈判，这就有可能软化约束；第三，如果经营者控制的资金很多，资金使用的灵活性会导致他有能力软化约束；第四，如果经营者拥有更多的信息，这些信息能够使事后的交易成本下降，从而使事后重新谈判的空间增大，那么他就可能软化约束。国有企业本来就存在软预算约束，在政府不希望国有企业破产的动机下，国有企业在市场竞争中失败就成为不可信威胁。国有企业与非国有企业不同，不但要交纳税收，而且要交纳利润，因此政府不希望国有企业破产，而是想方设法让国有企业生存下来。政府对国有企业支持越多，投入越多，形成了保护路径依赖，就更不愿意让投资巨大的国有企业破产。国有企业竞争者清楚了解政府的想法，就不必为企业在竞争中失败而担忧了。[①]

按照这一观点，国有企业如果要建立起有效的监督机制，应当做好如下工作：

第一，必须大量减少国有企业数量，使国有企业从竞争性行业中退出。大量减少国有企业，就等于减少政府对企业的不合理保护。

第二，实施政企分开，通过股份制改革，政府从拥有者转变为参股者，杜绝对股份企业的保护和支持，推行企业破产制度，使企业失败成为对竞争者的真正威胁。

二、经营人才市场监督机制

经营人才市场不但是衡量企业家价值的场所，还是企业家

---

① 于永臻、蓝庆新：《论国企改革中的不可信威胁、监督制衡与路径选择》，《中央财经大学学报》2004年第6期。

利益实现的重要渠道，也是约束企业管理层行为的重要手段。

经营人才市场对企业家的约束作用，主要是通过经营人才市场的竞争影响企业内部的经理选拔。在经营人才市场上，候选经理努力收集有关企业绩效、经理收入、可能被自己替代的对象等方面信息，同时一直在为所追求的目标而努力，期望自己的表现得到市场的认同。正由于存在大量的候选经理人才，资本所有者可以比较轻松地对经理人选进行选择。在位的经理不仅受到企业外部候选经理的竞争压力，也受到企业内部自己下属的竞争压力。在经营人才市场中，信誉很重要。企业家的"声誉"是企业家的职业生命，决定其在经营人才市场的价格。企业家很关注自己的"声誉"，"声誉"就成为他们的约束力量。在现实中，"时间"可以使"声誉"机制产生作用。因为从动态的角度看，如果一个经理的表现欠佳，不能使企业获得令人满意的赢利或者不能赢利，甚至是把企业搞垮，他在经营人才市场上的人力资本价值就会下降，严重的会被赶出经营人才市场。为了避免人力资本贬值，经理必须努力工作，以维护自己的声誉。因此，经营人才市场在很大程度上调和了经理层行为和股东目标之间的偏离。为了自身的长期利益，经理人员不可能长期偏离股东利益最大化的约束；另外，经理层的利益同样不可能长期被低估。经营人才市场可以使经理处于一种自我的内在约束机制之中，这种机制可以很大程度上解决经理自身的潜在激励问题。

声誉对经营者的激励作用，是在经理与市场进行博弈中进行的。霍姆斯特姆（Holmstrom，1983）认为，在经理的声誉尚未在市场上建立之前，经理会加倍努力工作，而当他的能力被市场认同时，他就会开始偷懒，经理努力工作的目的就是为了给市场留下"好印象"。如果经理与市场进行一次性博弈，结果就是如此。但经理与市场的博弈是重复性的，在市场的行为记忆功能作用下，经理的道德风险行为迟早要受到市场的惩罚。所以理性的经理清醒地意识到，与其偷懒、欺骗得利一时，不如长期与市场合作，将行为绩效真实地提供给市场。如果经理看重的是短期收入，那么他就可能不太注重维护自己的声誉；如果经理看重的是长期收入，那么他肯定十分注重维护自己的声誉。同样道理，年轻经理比接近退休的经理更注重维护自己的声誉。

"声誉"对经营者产生约束作用，关键问题是经理市场能够客观地反映出经理人力资本的价值信号，而这种信号机制对于经理行为的累积结果又具有"记忆"效应，而且同经理最为关心的报酬水平高度相关：即本期报酬水平由从前各期的行为绩效来决定，而当期的行为绩效又直接影响到以后各期的价值预期（报酬水平）。

我国一些地方比如深圳、上海、广州等地相继成立了经理人才市场。从实践结果看，对于企业家市场化职业化起到了一定的促进作用，但在激励和约束方面的效果尚不理想。主要原因有：（1）党管干部原则未能与经理人才市场化有机结合起来。在我们国家，国有企业领导干部管理仍然坚持党管干部原则。在过去计划经济年代，这一干部原则主要通过组织部门直接任命企业干部的方式来体现。在实行市场经济的今天，组织部门直接任命国有企业干部的做法显然不适合时代发展要求。组织部门直接任命企业干部不仅容易造成企业领导人政府官员化、非专业化，而且会扭曲经营者的激励约束机制，企业经营者努力工作的动力不是来自经理市场和公司经济效益，而是来自上级组织部门的偏好。既然经营者的命运掌握在组织部门手里，那么所谓的经理市场对国有企业经营者就失去了作用。（2）现有经理市场基本上不具备对经营者行为进行累积记忆的功能。目前，我国一些地方的经营人才市场的功能多局限于供需信息发布和招聘见面。经营人才市场最重要的功能应是建立企业家业绩档案体系，即记录所有企业或者一定规模企业主要经营者详细的工作经历、能力表现以及经营业绩，并且科学地进行评估。这一重要功能恰恰是我国目前经营人才市场所缺乏的。由于没有这一功能，企业委托人无法分辨出真正的企业家。这也是我国私营企业不积极聘用职业经理的一个主要原因。

为了真正发挥经营人才市场的约束作用，必须创造条件建设好我国经营人才市场。

第一，要把党管干部原则和经营人才市场结合起来。我们认为，不论是董事人选还是总经理人选，首先要从经营人才市场中考虑人选，然后经过组织部门根据候选人的业绩记录充分酝酿，作出决策。只要经营者是从市场中产生，经营人才市场就有了发挥约束作用的条件。

第二，建立企业家业绩档案库。经营人才市场要把一定规模或比较有影响的企业的主要经营管理人员都作为建档对象，跟踪记录，重点记录经营者负责的企业或项目的利润完成情况、投资收益率、投资回收期、借贷信用状况、产品开发与营销状况、市场占有率等信息，按行业、企业规模把企业家分门别类。

第三，成立专家评估委员会每年对企业家进行评估，评选出优秀企业家。

第四，经理人才市场应该与证券交易所、银行、会计师事务所、行业协会等机构进行合作，收集整理职业经理的有关信息。

三、资本市场的约束机制

人们往往把企业接管看成是对经营者约束的最后一种武器。在现代市场经济中，尽管每一位投资者持有某家股份企业的股份比例很少，不足以构成对经营者的有效约束，但高度流动的股票市场可以迅速将分散的股份集中起来，这就使得企业接管具有了可能性。如果经理过分侵犯股东利益，或因经营不善造成公司亏损，企业的市场价值就会降低。于是，资本市场的"袭击者"就会乘虚而入收购接管企业，改组公司董事会和经理班子，重组公司。这会使经理的声誉扫地，并有可能从此断送其职业生涯。由于有企业被接管的威胁，经理会自觉地约束自己或收敛过分行为，努力使企业利润最大化，从而保住自己的职位。

我国上市公司至今还没有出现被接管的案例，但却有由于经营不善而被改组的案例。原深圳原野股份有限公司由于发生经营者违法贪污公司资产造成严重亏损，被迫停止股票交易，董事会和经理班子被改组，通过重组资产后改名为世纪星源。原海南民源股份有限公司在实际存在巨额亏损的情况下弄虚作假，谎报利润，主要经营者受到法律的惩罚，流通股按自愿原则换成北京中关村股份公司的股份重新上市交易。这两个公司虽然不是在证券市场被收购，但都被改组了领导班子，同样说明一个道理，一个股份公司如果发生违法乱纪，或者因经营不善造成严重亏损，经营者很可能被更换，可能从此离开企业家的职业生涯。

企业接管形成的约束机制在西方国家发挥了很大的作用，但在我国却没有发挥应有的作用。原因主要有：（1）法人股不流通，在总股份中所占的比例过大。在目前深圳、上海两地证券市场的上市公司中，基本上第一大股东的股份超过 50%，即使没有达到 50%，但同一个地方的国有法人股加和也达到 50%。比如，根据 2001 年 12 月 31 日的资料统计，我国上市公司中，未流通股比例是 65.44%，其中国有股占 45.93%，境内法人股占 14.77%。① 在这样的股本结构条件下，一个私有企业、外资企业或者异地国有企业计划通过收购股票来成为第一大股东，是不可能的。（2）我国证券市场不对外开放。我国私营企业凭目前的经济实力不可能拿得出巨额资金收购一家上市公司。（3）政府对亏损的上市股份公司进行所谓的"资产重组"造成"不可信失败威胁"。私营上市股份公司如果经营亏损，资不抵债，股价下跌，其后果很可能是自我拯救，或自生自灭。我国的上市公司基本上是国有企业改造变成的控股企业，政府对经营不善连续亏损的上市公司采取了帮助解困的措施。近几年比较流行的做法是把一块好的资产、好的项目更换亏损上市公司的不良资产，原来的经营者要么官照原职，要么易地做官。这一做法反映到证券市场上就出现了奇怪的现象，越是严重亏损的股票越是受到股民的炒作，股价就越高。据统计，目前 SI 板块股票的市盈率远远高于绩优股。这样的扭曲的"扶贫机制"不可能对经营者产生约束作用。

目前，难于通过收购股票对经营者进行改组，但可以允许大股东合作提出动议，要求不称职经营者辞职。"君万事件"开了这样的先例。1994 年 3 月 30 日，君安证券公司作为财务顾问代表深圳新一代公司、海南证券公司、香港俊山投资公司和中

---

① 《经济参考报》2002 年 1 月 23 日。

国新技术创业投资公司（这四家公司当时共持 10.73% 的股份）召开新闻发布会，向万科全体股东倡议：对万科产业结构和董事会做重大调整。3 月 31 日，君安在《中国证券报》和《深圳特区报》发布关于万科业务重组的改革建议，其中有许多新见解，比如提出"业务透明度"以及"收缩其他业务，扩大主营项目比重"等建议。后因最大股东"新一代公司"退出行动，最后经过君安公司和万科公司友好协商，而以握手言和告终。经过几年的发展，目前万科已经发展成为我国著名的有很强竞争力的，以房地产和百货连锁店为主营的品牌企业。万科的今天成就与 6 年前的"君安事件"是否有联系呢？这只有万科自己才知道。但我们却认识到，在企业约束方面，"君安事件"实际上是委托书收购的雏形。这种方式可以解决分散股东如何约束企业的问题。

我国证券市场要对经营者真正产生约束作用，必须逐步创造条件。

一是采取科学方法把国有股、法人股转变为流通股，采取措施减少国有法人股的比例。

二是在适当时机允许外资企业进入我国证券市场，可以采取中外合作基金的模式进行股票操作。

三是逐步减少对没有前途的亏损企业的扶持，鼓励私有企业通过证券市场收购上市公司，建立亏损上市公司退出交易机制。

四、银行债权人监督机制

企业出资人包括股东和债权人。股东与债权人有本质的不同，主要体现在具体的权利、义务以及法律对有关各方保护的差异等方面。对债权人利益的法律保护一般都优于对公司股东的保护，包括：对所借款项提供抵押与担保的要求，对失去偿债能力的公司提出清算并优先获得偿还的权利，在公司重组决策中拥有决策权，在公司重组过程中有权提议并决定是否更换公司管理层人员等等。许多公司在建立治理结构过程中，忽略了银行以及其他金融机构的权利，使得银行和其他金融机构难以监督企业的经营行为。银行作为公司特殊而重要的利益相关者，往往所承担的资金风险并不低于公司股东所投入资金的风险，因为许多公司资产负债率高于50%，而银行通常是公司负债最主要的来源。[①]

日本企业和德国企业特别重视银行在公司治理结构中的作用。根据 Miyajima（1994）的研究，日本的银行倾向于向那些借款率较高和借款量大的公司的董事会派出"执行人员"。日本的主要银行机构向公司董事会派出的执行人员是为了使银行对公司实施事前、事中的监督。日本的银行结构大多倾向于持有客户企业相当数量的股票，银行贷款与持股之间具有明显的正相关关系。在主银行关系下，银行投资的目的已经不是通常意义上的收益最大化或实现资产组合赢利的可能，而是要与借款企业保持密切的联系，以防止那些借款大户，特别是其高级管理层人员的机会主义行为。[②] 德国公司治理结构特别重视银行以及其他金融机构的监督作用。德国企业的最高决策机构是监事会。按照德国有关制度，德国企业监事会成员中必须有银行债

[①] 这部分主要参考了张进：《年薪变革——现代企业管理层利益实现机制》，文汇出版社 2000 年版，第 92—94 页。

[②] 转引自青木昌彦、钱颖一主编：《转轨经济中的公司治理结构》，中国经济出版社 1995 年版，第 240 页。

权人代表。美国企业虽然没有明文规定银行代表参与公司治理，但许多公司都聘请银行代表加入董事会。不过，在日本企业治理中，银行并没有发挥好监督作用。[①] 这可从亚洲金融爆发危机时日本企业的表现看出。之所以日本银行没有发挥好监督作用，主要是由于日本银行持有客户企业的股份，甚至所持股份比例较高，共同利益使得银行与企业相互利用，通过合谋维护自己的利益。

我国银行缺乏足够的能力、动力和制度方面的支持来积极地监督公司的行为。对于国有企业来讲，国有企业破产在很大程度上是一个行政过程，银行作为债权人在债务人无力清偿时所拥有的有效权利很微弱。我国银行没有完全摆脱政府干预，没有遵循"效益、安全、流动"的原则，利润动力不足。商业银行业务与投资银行业务的分离意味着银行不能用所有权来加强它们作为债权人的权利并对公司施加更大的影响。地方政府往往在企业遇到困难时会给予它们支持，这种做法使信贷决策更多地取决于或明或暗的政府支持而不是企业本身的优劣，从而弱化了银行评估和监督公司的动力。[②]

我们要加强银行在公司治理中的作用。银行作为一个强有力的监督者参与到公司治理结构中来，对于那些非公众持有的中小企业尤其重要。应当强化银行在企业清偿破产过程中所拥有的权利，让银行参与客户企业的资产重组中。应当让商业银行更多地参与投资银行业务中来，能够提供证券咨询和股票托管业务，能够代理广大小股东行使投票权，一方面可以保护小

---

① 何家成：《公司治理结构、机制与效率》，《学习时报》2004 年 4 月 12 日。

② 于永臻、蓝庆新：《论国企改革中的不可信威胁、监督制衡与路径选择》，《中央财经大学学报》2004 年第 6 期。

股东的利益；另一方面可以集中小股东的股票发挥监督作用。

第四节　企业家的内部监督机制

企业内部监督机制贯穿于企业经营运作的整个过程。应当说，内部监督机制属于第一道防火线，外部监督机制属于第二道防火线。如果内部监督机制运作有效，外部监督机制就处于潜伏状态。如果内部监督机制运作无效，外部监督机制就开始发挥作用。当然，没有外部监督机制，就没有内部监督机制，因此，外部监督机制是内部监督机制的必要条件。企业家的内部监督主要是通过公司治理结构和公司治理机制来实现。

一、公司治理

提高公司治理效率是建立现代企业制度的核心。党的十四届三中全会提出，国有企业改革方向是建立现代企业制度。1999 年，十五届四中全会提出"完善公司治理结构是建立现代企业制度的核心"。2003 年，温家宝总理在学习贯彻十六届三中全会精神时指出："建立规范的法人治理结构，是建立现代企业制度的关键。"2004 年 3 月，国务院常务会议在研究中国银行和中国建设银行股份制改造时明确要求"推行股份制改造，核心是建立法人治理结构"。建立良好的公司治理结构是当前世界企业改造的潮流。2001 年以来，美国先后爆发了"安然"、"世通"、"太科"丑闻。2002 年，美国通过《索克斯法案》（*Sarbanes-Oxley Act*），进一步规范了公司治理结构。良好的公司治理结构被投资者看成是改善经营业绩、提高投资回报、走向国际化的一个重点。麦肯锡公司 2001 年在亚洲的一项调查表明，在财务状况类似情况下，投资人愿意为"治理良好"的亚洲企业多支付 20%—27% 的溢价。① 2002 年，他们在美国的一项调查表明，在财务状况类似的情况下，美国投资人愿意为"治理良好"的企业多支付 14% 的溢价。② 2001 年，美国标准普尔公司经调查后认为，亚洲国家的企业，在公司治理结构上如果不做根本的改革，任何管理技能的提升和科技实力的发展，都无法在国际舞台上立足。因此，建立公司治理结构，提高公司治理能力，是我国建立现代企业制度的关键。

我们讲的"公司治理结构"英文是"Corporate Governance"。实际上，将"Corporate Governance"翻译成"公司治理"更合适。我国有关公司治理研究与实践的一个误区，就是把"公司治理结构"等同于"公司治理"，使人们只注重治理结构，不注重治理机制。③ 例如，我国许多国有企业通过改制，建立董事会、监事会、经营班子，但经营效率和治理效率仍然不高。相当多的上市公司，建立了股东大会、董事会、监事会、经营班子，但是内部人损害股东利益的问题仍相当严重。有了治理结构，不等于有了治理效率。

一般来讲，公司治理分为两部分：治理结构和治理机制。治理结构包括股权结构、董事会、监事会、经理班子，治理机制主要包括人事机制、监督机制、激励机制。比如，人事机制主要包括董事长产生机制、独立董事产生机制、CEO 产生机制

---

① 转引自何家成：《公司治理结构、机制与效率》，《学习时报》2004 年 4 月 12 日。可参见哈佛商业评论丛书：《公司治理比较》，台湾天下文化书坊 2002 年版。

② 转引自何家成：《公司治理结构、机制与效率》，《学习时报》2004 年 4 月 12 日。L. Rout, "Corporate Governance", *Wall Street Journal*, Oct. 27, 2003.

③ 何家成：《公司治理结构、机制与效率》，《学习时报》2004 年 4 月 12 日。

等。治理机构与治理机制共同决定治理效率。我国企业，不仅要改革治理结构，更重要的是建立和规范治理机制。

1. 治理结构模式国际比较

公司治理结构的设置影响到治理效率。不同国家的企业有不同的公司治理结构，它们之间既有共同点，也有特殊的做法。当前，各国企业的治理结构正在做重大调整与改革，体现出一定的趋势。比较各国企业治理结构设置模式，探索各种模式经过实践检验得以保留下来的共同点，对于完善我国企业治理结构与治理机制，具有重要的借鉴意义。

（1）美国模式

世界各国企业都公认美国公司治理模式是目前比较先进、比较有效的模式。之所以形成这样的认识，是由于近 10 年来美国企业综合竞争力远远超过其他国家。美国公司治理坚持"股东利益至上"的原则，致力于建立有效的治理结构与治理机制。股东大会是公司最高权力机构，主要负责选举董事、决定董事报酬、批准年度计划等重大事项。董事会是公司治理结构的核心，主要做三件大事：重大问题决策、监督和考核 CEO、聘请和解聘 CEO。CEO 是公司经营管理的执行官，对董事会负责。美国公司治理结构没有设置"监事会"，监督职能授予董事会。美国公司治理结构最重要的特点是"董事会主要由独立董事组成"。关于美国治理机制，下面将有详细论述。

（2）德国模式

德国《公司法》规定，股份公司的治理结构设置，是"股东大会—Aufsichtsrat—经营班子"。Aufsichtsrat 在德语中字面意思是监事会，可从职能看，相当于美国和中国的董事会。所以，西门子在美国上市时就将 Aufsichtsrat 译为董事会。根据这一特点，许多学者把德国企业治理结构概括为"股东大会—双层董事会—经营班子"，其中双层董事会分为执行董事会和监事会。德国公司的监事会是真正的决策与监督机构，成员主要由股东代表、银行、职工代表、经济管理专家等组成。德国公司法规定，监督董事会的主要权责，一是任命和解聘执行董事，监督执行董事是否按公司章程经营；二是对诸如超量贷款而引起公司资本增减等公司的重要经营事项作出决策；三是审核公司的账簿，核对公司资产，并在必要时召集股东大会。德国公司监事会的成员一般要求有比较突出的专业特长和丰富的管理经验，监事会主席由监事会成员选举，须经 2/3 以上成员投赞成票而确定，监事会主席在表决时有两票决定权。由此来看，德国公司的监事会是一个实实在在的股东行使控制与监督权力的机构，因为它拥有对公司经理和其他高级管理人员的聘任权与解雇权。[①]

德国企业的治理模式能否带来良好的治理效率？2002 年德国出版的《德国公司治理》一书认为，1970—1995 年，德国劳动生产率增长比美国低 20%，原因除了德国产品市场缺乏竞争力外，主要是由于治理机制较弱。[②] 2003 年，美国《财富》杂志世界 500 强中，德国公司 35 家，销售额平均为 347 亿美元，总体亏损 35 亿美元；美国 192 家，销售额平均为 283 亿美元，总体赢利 565 亿美元。[③] 我们认为，这些数据虽然不能完全证明德国企业治理模式缺乏效率，但至少可以说明德国模式存在不

---

①　李维安等：《公司治理》，南开大学出版社 2001 年版。

②　J. Koke：《公司治理》，德国 PV 出版社 2002 年版。转引自何家成：《公司治理结构、机制与效率》，《学习时报》2004 年 4 月 12 日。

③　《财富》2003 年 7 月 28 日。

足之处。

（3）法国模式

法国企业治理模式具有欧洲大陆国家企业的共同特点，特别重视监督机制，设置了许多国家监督机构，包括审计法院、国会财经监督委员会、政府特派员。审计法院负责查账，国会财经监督委员会负责检查国有企业实施经济目标的情况，政府特派员负责检查国有企业实施社会目标的情况。①

法国企业治理模式注重政府监督，这一做法是值得肯定的。政府部门加大对国有企业包括上市公司的审计与监督，对于保护国家利益和股东利益产生积极作用。不过，法国监督机构过多，不仅给企业造成不必要的负担，而且监督效率也不理想。

（4）日本模式

日本的董事会基本上是实行业务执行机构与决策机构合二为一。日本董事会的股东代表特别少，从总体上看具有股东身份的仅占9.4%，而在上市公司特别是大公司中，具有股东身份的仅占3.9%，其余大部分都是内部高、中层的经理管理人员等。从董事会成员构成可以看出，董事会不是股东真正行使监控权力的机构。在日本公司董事会中，有一名以上的主银行的前任主管，这是日本商业银行的通行做法。这位前任主管实际上就是为主银行收集信息，并对公司主管实行严密监控，当对公司主管经理的经营业绩不满意时，就可以利用股东大会罢免这些经理人员。日本公司还通过定期举行的"经理俱乐部"会议对公司主管施加影响。尽管"经理俱乐部"会议是非正式的公司治理结构，但它实际上是银行和其他主要法人股东真正行

---

① 何家成：《公司治理结构、机制与效率》，《学习时报》2004年4月12日。

使权力的场所。在"经理俱乐部"会议上，包括银行和法人股东在内的负责人与公司经理一道讨论公司的投资项目、经理的人选以及重大的公司政策等。①

20世纪90年代，日本监事会协会认为，监事会很难发挥作用。1998年颁布的《日本公司治理原则》提出新的治理机构设置类型，不再同时设置董事会和监事会，而是取消监事会，通过强化以独立董事为主体的董事会来进行监督。2002年，索尼公司取消了监事会，2003年韩国电信公司也决定取消了监事会。20世纪80年代，日本企业取得巨大成功，创造了日本经济神话，说明当时公司治理模式是适应当时日本经济状况与世界经济状况的。90年代亚洲金融危机爆发，日本经济泡沫破灭，大批企业陷入困境，开始进入长期衰退，主要原因就是日本公司治理模式已不再适应经济全球化的要求。2003年《财富》世界500强中，日本88家，销售额平均为281亿美元，总体亏损28亿美元，而1995年日本有141家企业进入世界500强。②

（5）中国模式

在计划经济时期，我国国有企业实行党委领导下的厂长负责制。自1993年提出建立现代企业制度起，我国企业开始重视公司治理结构。由于我们过去没有现代市场经济的历史，也没有搞过现代企业制度，没有任何公司治理实践经验可循，因此当时发达国家成功企业的模式自然就成为我们学习模仿的榜样。20世纪80—90年代，由于日本企业处于最辉煌发展时期，许多国家包括美国都积极学习研究日本的经验，再加上日本文化与

---

① 李维安等：《公司治理》，南开大学出版社2001年版。

② 转引何家成·《公司治理结构、机制与效率》，《学习时报》2004年4月12日。

我国文化有着特殊关系，我们很自然地学习模仿日本。日本模式有几点对我们影响很大：一是企业与银行形成了紧密的共同利益关系。银行资金是我国国有企业资金的主要来源，银行主要是根据政府要求推行信贷业务，银行在企业经营过程中曾经发挥了一定的监督作用。二是企业经营者拥有控制权、经营权、监督权、处置权。我国国有企业，自己既是决策者，又是执行者，而且还是监督者。实践证明，我们学习到的日本经验多数是不合事宜的。

20世纪90年代后期，日本企业竞争力逐渐落后于美国。特别是亚洲金融危机爆发后，日本企业治理模式暴露出致命的弱点，美国企业治理模式显示出强大的竞争力，我们开始转向学习模仿美国模式。我国企业设置了董事会，希望理顺董事会与经理的关系，将决策权从经理班子转移到董事会，经理班子只拥有经营权。虽然我们建立类似美国企业的治理结构，但没有学习到美国企业的治理机制。在相当多的国有企业，董事会主要由内部人组成（类似日本模式），独揽了决策权和经营者，使自己成为经营管理班子。在部分国有企业，董事会成为一种摆设，被经理班子架空。后来，我们引进了美国模式的精华：独立董事制，但是我们企业的独立董事离"独立性、专业性、职业性"的要求还很远。

我们在引进美国模式的过程中，由于董事会机制没有建立起来，许多公司的董事会权力过大，其行为并没有符合委托人的利益要求，认为有必要建立一个机构监督董事会和经理班子。于是，我们从德国模式中吸收了"监事会"的做法，在治理结构中加上监事会。然而，监事会没有发挥应有的作用，有的更是形同虚设。原因主要是：一是监事会成员在企业里属于工薪人员，福利待遇掌握在董事会和总经理手中，行使监督职能受到很大干扰。二是职权不明确，没有授予进行监督的权利。比如，董事会和总经理的重大决策和经营活动不让监事会知道，财务状况不轻易让监事会检查，监事会监督的态度也不坚决。三是缺乏专业知识。监事会人员要么即将退休，要么专业知识和工作能力不够，较难发现经营管理中的问题，较难提出有效的改进措施，无法很好地承担起监督约束的责任。[①]

我国企业可以是公司治理模式的"大杂烩"，既有美国成分，也有日本成分，还有德国成分，更有中国特色，党委在我国公司治理结构中扮演了重要角色。客观来讲，各国公司治理模式都有优点，也存在不足，但我们似乎学到人家的形式，或者学到人家的不足，较少学到人家有效的治理机制。

2. 美国公司治理机制以及不足

美国企业经过多年的探索与实践，逐步形成了比较有效的公司治理机制，取得比较好的治理效率，极大地提高了企业竞争力，但也存在一些不足。学习与借鉴美国公司的治理机制，对于我国完善公司治理机制，具有重大意义。

（1）美国董事会的职责

许多国家的董事会承担不同的职责。董事会的重点职责是领导、决策，还是监督？过去美国企业董事会主要强调领导和决策，结果就是"经营者强、董事会弱"。针对这一问题，从20世纪90年代开始，美国企业董事会强调了主要职责是监督经营扳子。如何监督经营者？哈佛大学教授 J. W. Lorsch 认为，董

---

① 林祥：《构建全方位的国企经营者约束机制》，《特区理论与实践》2001年5月。

事会要沿三个方向监督 CEO：一是确保财务报告的真实性；二是对 CEO 的经营业绩进行严格的考核；三是审查和批准公司发展战略。[①]

全美公司董事会联合会蓝带委员会把董事会的主要职责概括为：①确定公司经营理念和使命；②审议和批准管理层的战略计划和业务计划；③监督战略计划和业务计划得到按时、按质、按预算地落实；④审议和批准公司财务目标、计划与行动，包括重大资本配置和开支；⑤审议和批准非经常业务的重要交易；⑥将公司业绩与战略计划和业务计划相比较进行监控；⑦选聘、监控、评估、奖励、替换 CEO；⑧确保道德行为及遵循法律、审计和会计准则以及公司自己的治理文件；⑨评估董事会、董事长和董事的业绩。[②]

对比美国董事会，我国企业董事会缺乏监督职能，而是将监督职能安排予监事会，但是监事会的监督职能由于缺乏职权无法履行。

（2）董事会设置委员会

董事会能否发挥作用，关键看是否建立各种专门委员会以及有效的运作机制。美国企业的董事会一般都设置了提名委员会、薪酬委员会、审计委员会。

①提名委员会。提名委员会、薪酬委员会、审计委员会是美国企业治理的三个关键委员会。[③] 提名委员会的基本作用，是

① 哈佛商业评论丛书：《公司治理比较》，台湾天下文化书坊 2002 年版。转引自何家成：《公司治理结构、机制与效率》，《学习时报》2004 年 5 月 10 日。

② 全美公司董事会联合会蓝带委员会：《董事的职业化和专业素质》，《公司治理结构：中国的实践与美国的经验》，中国人民大学出版社 2000 年版，第 206—207 页。

③ 美国投资者责任研究中心：《公司治理结构：中国的实践与美国的经验》，中国人民大学出版社 2000 年版，第 262 页。

挑选董事人选，研究提出董事薪酬安排的建议。主要职权：一是帮助董事会挑选董事人选；二是推荐董事会各专门委员会的成员、主席人选；三是检查董事的薪酬和福利，并向董事会提出建议。需要特别说明的是，美国公司的提名委员会，一般不负责经营班子的提名，但负责董事的薪酬安排。[①]

在标准普尔500家的企业中（1997），有提名委员会的比例逐年增长，1997年为86.7%，1996年为86.4%，1995年为85.0%。1997年独立董事平均是79.6%，1996年这一比例是78.9%，1995年为76.2%。[②] 在何家成（2004）研究的10家企业中（沃尔玛、波音、埃克森美孚石油、辉瑞制药、通用汽车、时代华纳、通用电气、美国电力、商用机器、福路工程），都设置了提名委员会。2002年，这10家企业提名委员会由4—8人组成。除4家未披露外，其余6家均由独立董事组成。[③]

②薪酬委员会。薪酬委员会独立性背后的逻辑非常清楚：CEO以及其他经理不应该确定付给自己多少钱。这一论证导致上市公司薪酬法规和交易规则要求设置独立的报酬委员会。薪酬委员会主要作用：一是向董事会推荐CEO及其他经营班子成员的人选；二是制定CEO的年度和长期经营目标，并据此考核评价CEO和其他经营班子成员的业绩；三是根据业绩考核，向董事会提出经营班子成员的薪酬安排建议。美国公司的薪酬委员会，往往不负责董事的薪酬安排，但负责CEO和经营班子成

---

① 何家成：《公司治理结构、机制与效率》，《学习时报》2004年5月10日。

② 美国投资者责任研究中心：《公司治理结构：中国的实践与美国的经验》，中国人民大学出版社2000年版，第278页。

③ 何家成：《公司治理结构、机制与效率》，《学习时报》2004年5月10日。

员的提名。① 在确定经营班子薪酬时可以聘请外部薪酬顾问，但薪酬顾问必须由薪酬委员会来聘请。

在标准普尔 500 家的企业中（1997），都设置了薪酬委员会。几乎所有的在标准普尔中型与小型企业中（1997），都设置了薪酬委员会。薪酬委员会成员平均是 3.7 人。独立董事在薪酬委员会中的比例，1997 年为 92.4%，1996 年为 90.0%，1995 年为 87.9%。②

③审计委员会。审计委员会的基本作用，是帮助董事会保证财务报表的真实性。主要职权：一是聘请独立审计人；二是决定独立审计人的报酬；三是检查独立审计人的工作。根据何家成（2004）对美国 10 家大企业的研究，2002 年，这 10 家企业都设置了审计委员会，审计委员会由 3—7 人组成，而且全部是独立董事。③

（3）董事会的独立性

美国企业的董事会最鲜明的特点就是独立性。独立性是保证董事会专门委员会实施有效监督的基本条件。董事会独立性主要体现为三方面：一是独立董事的严格定义；二是独立董事的数量及在专门委员会中的比例；三是董事长与 CEO 是否兼任。我们在前面介绍各个专门委员会时已经论述到，各个专门委员会均由独立董事组成是一个发展趋势。2002 年，我国上市公司董事会中有 98% 设立了独立董事，但独立董事的比例平均为

---

① 何家成：《公司治理结构、机制与效率》，《学习时报》2004 年 5 月 10 日。

② 美国投资者责任研究中心：《公司治理结构：中国的实践与美国的经验》，中国人民大学出版社 2000 年版，第 280—282 页。

③ 何家成：《公司治理结构、机制与效率》，《学习时报》2004 年 5 月 10 日。

23%，也就是说，每个上市公司的董事会平均有 2 名独立董事。[①]

　　①独立董事的定义。美国政府、美国法律协会、全美公司董事联合会、机构投资者委员会、《财富》500 强企业都对独立董事做了严格的定义。[②] 归纳它们所做定义的共同点，主要有如下方面：

　　第一，从未是该公司或其他子公司的雇员。

　　第二，并非公司任何雇员的亲戚。

　　第三，不向公司提供过任何有偿服务，如管理咨询服务、律师服务、会计服务、证券服务等。

　　第四，未受雇于向该公司提供主要服务的任何企业。

　　第五，未受雇于该公司主要的客户或者供应商。

　　第六，除了在公司领取董事薪酬外不领取任何其他报酬。

　　独立董事一般从如下渠道物色：其他公司现任或退休的董事或 CEO；董事长、董事和 CEO 的关系网、人力资源公司、行业领袖、律师、银行家、会计师、咨询顾问、股东、研究性资料。

　　②董事长与 CEO 是否兼任问题。美国仍有 70% 的企业是董事长兼任 CEO。董事长兼任 CEO，很可能影响到董事会的独立性，可能会削弱董事会的监督效率。不过，美国企业董事长的职权与我国企业有所不同，其角色主要是董事会的召集人。当前，理论界与企业界对董事长兼任 CEO 的做法，要求分开的呼声很高。许多企业在公司治理准则中规定，如果董事长兼任

---

　　①　何家成：《公司治理结构、机制与效率》，《学习时报》2004 年 5 月 3 日。

　　②　梁能主编：《公司治理结构：中国的实践与美国的经验》，中国人民大学出版社 2000 年版，第 259—260 页。

CEO, 就必须选举一名首席董事, 负责董事会的召集与组织工作。

(4) 美国公司治理存在的不足

美国"安然"事件暴露出美国公司治理机制存在不足。从结构看, 安然公司的董事会是美国的楷模, 持续高速增长, 进入美国 50 强。14 名董事中, 除了 CEO 兼任董事长外, 其他 13 人都是独立董事。为什么几乎都是独立董事的董事会没有保持独立性? 因为美国独立董事制度仍存在如下三个主要问题。

第一问题是独立董事的薪酬设计。首先, 独立董事薪酬比较低。20 世纪 90 年代末, 独立董事平均薪酬是 4 万美元, 到 2002 年, 《财富》美国 1000 强企业独立董事的薪酬平均达到 8.9 万美元。这样的薪酬与 CEO 年薪的差距很大, 也与他们付出的工作时间不相符合 (2002 年工作时间平均为 300 小时)。[①] 其次, 独立董事的薪酬不与企业业绩挂钩, 缺乏激励作用。美国企业正在改进独立董事薪酬制度。提高独立董事薪酬不是难题, 真正引起争议的是独立董事薪酬能否与企业业绩挂钩。如果挂钩, 虽然能提高独立董事的积极性, 但会削弱独立董事的独立性。从 20 世纪 90 年代起, 许多企业改进了薪酬结构, 聘请费与出席费增长慢, 且所占比例大幅下降, 股票期权增长很快, 所占比例大幅上升。股票期权主要是用于长期激励经营班子成员, 如果要用来激励独立董事, 需要解决独立董事的独立性问题。

第二个问题是独立董事的提名。尽管近半数在纽约股票交易所上市的公司设立了提名委员会, 但据 Korn/Ferry 公司进行的调查, 89% 的公司仍依董事会主席 (在许多公司中这一职务

---

① L, Rout, "Corporate Governance", *Wall Street Journal*, Oct. 27, 2003.

由 CEO 兼任）的推荐来挑选董事。① 寻找独立董事的工作是不能交付给 CEO 的。一些 CEO 会挑选他们"信得过的人"而不是能建设性地提出重大问题的人来担任董事。这些人不会对 CEO 提出建设性的建议、批评和业绩评价。由独立董事提供候选人名单是最优方案，当然也存在需要改进的程序问题。

第三个问题是董事会的独立性。影响董事会独立性因素除了独立董事的提名制度外，还有董事会的运作机制、董事长兼任 CEO 等因素。"安然"公司出问题，主要是由于审计委员会丧失了独立性。针对这一问题，《索克斯法案》的首要目标是确保财务报表的真实性，主要内容：一是规定对做假账的 CEO、CFO 处以 500 万美元罚款到 20 年徒刑的惩罚；二是规定审计委员会必须有 1 名财务专家；三是规定公司必须把雇佣、解雇和监督独立审计人的职权授给审计委员会，否则将取消上市资格。关于董事长兼任 CEO 问题，美国一直在争论。1992 年 Korn/Ferry 公司调查表明，约 20% 的人赞成 CEO 兼任董事长，20% 的人反对，60% 弃权。部分人认为 CEO 兼任董事长能够提高决策效率，部分人认为 CEO 兼任董事长不利于公正地评价 CEO 的业绩。2002 年，在《财富》美国 500 强的董事中进行的一项调查表明，有 70% 赞成 CEO 和董事长分设。② 可见，CEO 兼任董事长的弊端引起了关注。

二、股权结构

股权结构是指公司股东的构成，包括股东的类型及各类股

---

① 沃尔特·J. 萨蒙：《防范危机：如何完善董事会》，《公司治理》，中国人民大学出版社、哈佛商学院出版社 2001 年版，第 10 页。

② L. Rout, "Corporate Governance", *Wull Street Journal*, Oct. 27, 2003.

东持股所占比例、股票的集中或分散程度、股东的稳定性及高层管理者的持股比例等。股权结构对公司治理产生重大影响，它是公司治理结构的基础。

1. 德日股权结构模式与美英股权结构模式

德国公司与日本公司在股权结构和公司治理上有着共同之处，主要共同点是股权集中，企业资产主要来源于银行和其他非金融机构及其他法人。大公司之间交叉持股的现象很普遍。法人和包括银行等金融机构控制着公司股权。法人股东与机构投资者有本质不同：机构投资者是为了确保收益人的利益而持有公司股票，追求股票分红或者股票升值获利；法人股东则是法人企业为稳定交易伙伴之间的相互利益关系而持有某公司的股票，它持有公司股票的目的是要影响公司的决策。由于法人之间相互持股，使公司股权结构非常稳定，很难出现企业被兼并或收购。更重要的是，法人股东的权益行使是由法人企业经理人员实现的，这就造成了经营者主宰公司的现象。公司对银行信贷融资的依赖，使银行与企业形成更为紧密的关系。银行持有企业大量股票，形成了主银行制度，一方面，主银行通过财务状况的变动来监督公司的行为；另一方面，主银行也可能为了自己的利益与公司合谋欺骗。

美国公司与英国公司以股权分散和 CEO 持少量股份为特征，企业资产主要来源于个人与机构投资者。机构投资者主要是养老金、人寿保险、信托投资等非银行机构。由于股权分散，股东缺乏专门的知识与信息，难以对公司经营提出意见，而众多分散的股东要相互取得联系并达成一致协议来监督公司经营者，势必要付出高昂的监督成本。因此，一般股东没有能力直接监督和约束经营者，而是把兴趣放在股票收益率上。如果公司经营不佳，一般股东就在股票市场上抛售股票，造成股价大幅下跌，对公司经营造成压力。[①]

一些学者，比如 Franks（1995）、La Porta（1999），根据股权结构特征，将治理模型分为两类：一种是外部型，以美国、英国公司为典型，即股权高度分散，公司治理主要通过外部市场来实施。部分学者肯定了外部型治理模式的效果，比如 Fama（1980）、Jenson（1983）、Martin（1991）。他们认为，公司治理结构是不重要的，只要市场竞争激烈，就会迫使经营者选择效率最高的内部股权结构和治理结构。[②] 另一种是内部型，以欧洲企业和日本为典型。这种类型的特点是：公司上市不多，即使上市股票，股权也高度集中。比如，在法国和德国最大的170家上市公司中，80%的公司拥有一个股份超过25%的大股东。"欧洲公司治理协会"在20世纪90年代后期对主要国家的企业股权结构做了调查，结论证明了以上观点。

从统计资料看出，外部型只存在于美国和英国等少数国家，内部型不仅在欧洲，而且在全球都是主要形式。之所以出现这样的现象，一种解释是"绝大多数国家都缺乏像美国那样的有效保护小股东的法律"。我们发现，公司治理结构和治理机制，与股权结构以及外部市场监督机制有密切联系。美国企业董事会实施独立董事制度，而欧洲和日本企业无法实施独立董事制度，根本原因是美国企业股权高度分散，而欧洲和日本企业股权高度集中。在法律制度，特别是市场竞争监督机制方面，美

---

① 田银华、龙翠红：《股权结构与公司结构的相关分析及对我国的启示》，《工业经济管理》2004年第5期。

② Fama, Eugen, "Agency Problem and the Theory of Firm", *Journal of Politic Economy*, 1980（88）：288—307.

国比欧洲、日本更为完善和有效，这就有力地说明了为什么美国公司治理效率高于欧洲和日本企业。按照这一理论，我们不难理解为什么我国企业公司治理效率低下。我国企业治理效率不高的主要原因：一是我国企业股权结构类似欧洲模式和日本模式，股权高度集中，决定了难以推行独立董事制度，不可避免出现经营者控制企业的局面；二是我国没有建立起有效的经理竞争市场，没有推行真正的企业破产淘汰机制，没有形成接管收购的资本市场。

表7—1　10国大股东持股比例比较表

单位:%

国家	第一大股东	第二大股东	第三大股东
德国	57.0	0.0	0.0
比利时	56.0	6.3	4.7
意大利	54.5	5.0	2.7
奥地利	52.0	2.5	0.0
荷兰	43.5	7.7	0.0
瑞典	34.9	8.7	4.8
西班牙	34.5	8.9	1.8
法国	20.0	5.9	3.4
英国	9.9	6.6	5.2
美国	5.4	0.0	0.0

注：只保留小数点后一位。

资料来源：何家成：《公司治理结构、机制与效率》，《学习时报》2004年4月12日。

2. 股权集中度对治理效率的影响

1932 年，Berle 和 Means 提出股权分散程度与公司绩效呈反向关系。但 Demsetz 和 Lehn（1985）用 1980 年美国 511 家公司的会计利润率对各种股权集中度指标进行回归，没有发现显著的相关关系。Morck、Shleifer 和 Vishny（1988）通过对 1980 年《财富》500 强公司的 371 家管理层持股比例的分段线性回归表明：管理层持股比例与 Tobin's Q 成显著的非单调关系，在 0—5% 之间，Q 值上升；在 5%—25% 之间，Q 值下降；超过 25%，Q 值又上升，但用会计利润率衡量公司绩效时，此结果不成立。McConnell 和 Servaes（1990）对纽约证券交易所和美国证券交易所 1976 年 1173 家企业和 1986 年 1093 家企业 Tobin's Q 与股权结构的实证分析表明：Q 值与内部股东持股比例之间具有曲线关系，即在内部股东持股达到 40%—50% 以前，曲线向上倾斜，以后曲线缓慢向下倾斜；而且用会计利润率衡量公司绩效时，结论依然成立。我国学者许小年、王燕（1997）对 1993—1995 年沪深两市 300 多家上市公司的分析表明：股权集中度与公司绩效正相关，法人股比例与公司绩效正相关，国家股比例与公司绩效负相关，个人股比例对公司绩效无显著影响。吴淑琨（2002）对 1997—2000 年沪深股市的数据实证分析表明：股权集中度、内部持股比例与公司绩效（总资产收益率）呈显著倒 U 形关系。[①]

股权结构分为三种类型：一是股权高度集中，公司拥有一个控股股东，该股东对公司拥有绝对控制权；二是股权高度分

---

① 杜莹、刘立国：《股权结构与公司治理效率：中国上市公司实证分析》，《管理世界》2004 年第 11 期。该文还有其他研究文献综述，本书只择其中部分。

散，公司没有大股东，所有权与经营权基本完全分离；三是股权适度集中，公司拥有较大的相对控股股东，同时还有其他大股东。不同的股权集中度对公司治理机制具有正面或负面的影响，从而导致不同的治理效率。

（1）股权高度集中对治理效率的影响。在股权高度集中的情况下，一方面，处于绝对控股地位的股东能够有效地监督董事会和经营班子；另一方面，小股东没有积极性，也没有能力监督董事会和经营班子。这样的股权结构必然导致绝对控股股东操纵董事会和经营班子，通过干预和合谋以牺牲小股东利益为代价为自己谋取利益。股权高度集中，使得"公司接管市场机制"无法实施。因为潜在的接管者即使收购了股票市场全部股票，也无法达到控制地位。在股权高度集中的情况下，绝对控股股东操纵着经营成员的聘任，所推荐的 CEO 人选不大可能落选，CEO 即使帮助控股股东侵犯了其他股东利益，也不会被其他股东解雇。"经理竞争机制"对这样的公司不可能产生有效的制约作用。

（2）股权高度分散对治理效率的影响。在股权高度分散时，相当数量的股东持股相近，单个股东的作用有限，避免了有大股东操纵董事会和经营班子。但是，单个股东缺乏监督公司经营管理的积极性，因为股东监督公司带来的绩效改善是每个股东包括公司员工皆可分享的公共物品，而监督成本却由监督者本人全部承担。在这样的情况下，公司往往被经营者所控制，很可能出现严重的内部人控制问题。股权高度分散也有优点，即能够为公司接管创造了条件。广大分散股东当对公司绩效不满时，就在股票市场抛售股票，潜在接管者就能以较低价格收购足够的股份对公司进行接管。从这一意义讲，股权高度分散能够对经营者产生一定的制约作用。我们在前面已经分析到，美国企业股权结构高度分散，但治理效率比较高，原因是内部建立了比较完善的独立董事制度，外部受到完善的市场竞争机制的制约。因此我们认识到，股权高度分散的企业，其治理效率高低取决于内部董事会结构和外部竞争市场机制。

（3）股权适度集中对治理效率的影响。在有相对控股股东，同时还有其他大股东的股权适度集中的结构下，股东能够对经营者进行有效监督。由于其他股东持有相当数量的股份，他们进行监督所获得的收益往往大于监督成本，因而不会像小股东一样产生"搭便车"的动机，监督动力比较强烈。相对控股股东在其他股东有效制衡下，注重维护全体股东的利益。因此，股权适度集中，既可解决股权高度分散产生的"搭便车"问题，也可解决股权高度集中产生的"一言堂"局面。股权适度集中也有利于公司接管。非控股的股东已拥有一定的股份，只要以较低的成本再收购一定的股份，就能成为控股股东，达到接管的目的。这样的接管机制能够对控股股东以及经营者产生监督作用。股权适度集中可能是最有利于经营者在经营不佳的情况下被迅速更换股权结构。在股权适度集中情况下，大股东有动力也有能力发现经理经营中存在的问题，在改换经理人选问题上比较容易争取到其他股东的支持。由于大股东持股相近，相对大控股地位容易动摇，不大可能强行支持自己提名的原任经理。

综上所述，股权集中度与公司绩效呈显著的倒 U 形曲线关系。①

---

① 以上观点主要参考杜莹、刘立国：《股权结构与公司治理效率：中国上市公司实证分析》，《管理世界》2004 年第 11 期。

根据这一股权结构理论，我们应该改革我国上市公司的股权结构。第一，降低国有股以及法人股所占比例。上市公司应当修改公司章程或者公司治理准则，规定在位股东自觉将股份比例降低到一定水平，不允许绝对控股。第二，大力培育机构投资者。机构投资者能够集中小股东股票，降低监督成本，增强监督积极性，从外部对经营者施加压力。第三，加快建立和完善公司接管市场机制和经理竞争市场机制。只有建立了这样的机制，适度集中的股权结构才能发挥治理机制的作用。第四，加快建立和完善相关的法律。目前，我国《公司法》存在许多漏洞，许多法律条文过于抽象，不具有操作性，制约了股权结构对公司治理的决定作用。

第五节　我国企业经营者违法违规案件的对策性建议

我国企业自建立现代企业制度以来，意识到建立和完善激励监督制度的重大意义。激励监督制度设计实质是经营者与委托人在利益分配和责任承担方面的一种博弈。博弈的结果取决于双方拥有信息的不对称程度，以及法制环境。由于我国建立社会主义市场经济体制时间不长，法制建设比较滞后，加上国有企业遗留了许多计划经济体制的弊端，我国国有企业、上市企业，也包括民营企业，仍然没有建立起比较完善的激励监督机制，出现了许多违法违规问题。

一、原因分析

纵观这些案件，我们可以发现案发的原因有如下共同点。

第一是主要领导权力过于集中，未受到制衡。企业领导人不仅拥有决策权，而且还拥有执行权和监督权。三权合一，必然导致腐败。

第二是股东会、董事会、监事会、广大小股东没有履行监督的职能。许多企业的股东会和董事会被董事长（总裁）操纵，失去了监督作用。监事会往往是公司治理结构的一种摆设，形同虚设。以上企业都是上市公司，广大小股东没有能力，也没有积极性监督公司经营班子。

第三是公司内部虽然建立了治理结构，但没有建立有效的治理机制。这些企业都按照《公司法》建立了股东大会、董事会、监事会，甚至还建立了党委会、职工会，但这些机构都没有发挥监督作用。原因主要是他们没有制定出科学、可行的监督机制，比如，董事会由内部人组成，监事会失去了独立性，党委会与董事会重叠，几乎所有监督机构都在董事长或总经理控制之下。

第四是暗箱操作，缺乏透明度。以上企业许多重大事项决策，例如担保、投资、关联交易，往往是由第一把手，或者内部控制人秘密进行，其他圈外董事和经营人员都不知道。

第五是企业领导人追求控制权，即巨大的控制权收益是他们走向违法道路的主要驱动力。虽然企业主要领导都持有公司股份，自己的利益与企业的利益有一定挂钩，企业利益受损，自己利益也会相应受损。但是，巨大的控制权收益远远大于自己的股份损害，他们追求控制权收益的积极性也就超过追求股份收益。几乎所有出事的上市公司，都存在这一问题。

第六是违法行为往往采取合谋方式进行。众多违法违规企业，都不是某一人所为，而是一个利益小集体合谋所为。公司内部人不存在利益对立，都追求个人利益最大化。合谋能够使他们实现利益最大化。在合谋的诱惑下，主要领导的违法行为就更肆无忌惮了。

二、对策性建议

根据激励理论和监督理论，特提出以下对策建议。

第一，实行年薪奖金制和股票期权制，而且将年薪制与股票期权制结合起来。对于一般竞争性企业，年薪制应该以经营利润、销售额增量、利润增量、股东权益收益率作为计算依据。这样的年薪制比较充分地考虑到各种影响因素，符合公平、客观、科学的原则，具有激励作用。年薪制属于短期激励的制度，应当部分地转化为长期激励，就是与股票期权结合起来。股票期权的购买价格（行权价）不应低于当期的二级市场股票价格。将部分年薪奖金作为股票期权的保证金，激励经营者参与持股计划，而且要如约行权。垄断性行业的年薪制，应该实施目标责任适当奖励制度。

第二，尽可能取消保护企业的做法，推行企业破产制度。必须适量减少国有企业数量，使国有企业从竞争性行业中退出。适量减少国有企业，就等于减少政府对企业的不合理保护。政企分开，通过股份制改革，政府从企业拥有者转变为参股者，杜绝对股份企业的保护和支持，推行企业破产制度，使企业失败成为所有企业的真正威胁。

第三，造就大批职业经理队伍，建立有效的经营人才市场。培养大批合格的职业经理人，是建立经营人才市场的前提。经营人才市场的作用是通过竞争机制促使每位经理维护自己的职业声誉。经营人才市场的主要职能是建立经理业绩行为档案。

我们应该把经理业绩行为档案作为重点工作来抓。

第四，建立银行债权人监督机制。应当强化银行在企业清偿破产过程中所拥有的权利，让银行参与客户企业的资产重组。应当让商业银行更多地参与投资银行业务中来，提供证券咨询和股票托管业务，可以代理广大小股东行使投票权。银行适当地从事证券投资，一方面可以保护小股东的利益；另一方面可以集中小股东的股票发挥监督作用。

第五，改变目前企业董事会由内部人组成的状况，提高董事会的独立性。对于国有企业或国有控股企业，委托人属于全国人民，相当于全国人民是企业的股东，这样的股权结构类似于高度分散的美国模式。因此，应该学习美国公司董事会模式，董事会主要由独立董事组成。对于私人企业或私人机构控股企业，如果大股东持股相近，无法实施独立董事制度，但也应立法授权证券监督委员会委派独立董事。保证董事会各委员会运作的独立性，建立完善的信息披露制度。

第六，降低大股东的持股比例，推行适度持股制度。上市公司应当修改公司章程或者公司治理准则，规定在位股东自觉将股份比例降低到一定水平，不允许绝对控股。大力培育机构投资者，鼓励机构投资者集中小股东股票，增强监督上市公司的积极性。

第七，修改和完善相关的法律和规定，避免无章可循，堵塞法律漏洞，增强监督机制的可操作性。比如，如何召开股东大会，如何选举董事会，应当考虑周全；再比如，公司规章制度要制定实施细则，不能笼统，不仅要制定"禁令"，而且要制定及时纠正违反禁令行为的具体措施。

第八章　实证研究报告

报告一　深圳市企业经营者职业化市场化发展现状调研报告（2004）

一、前言

本次调查以深圳市的企业经营者为调查对象，主要采用问卷抽样调查方式，无记名（署名自便，绝大多数为无记名）填答后以邮寄回收。课题组于 2004 年 10 月下旬发放问卷 400 份，截至 12 月底共回收问卷 326 份，回收率为 81.5%。为了更感性、更深入地了解企业经营者们的实际情况，课题组还对 40 多名企业经营者进行了访谈式调研。通过对调查数据的比较分析，撰写出本报告。

1. 调查的背景、意义与方法

背景：随着我国市场经济的发展，人们日益认识到，企业家队伍的形成是建立现代企业制度的重要环节和保证，而企业家的发育成长及其环境状况对于建立优秀的企业家队伍又具有相当重要的影响。1993 年成立的中国企业家调查系统坚持每年在全国范围内对企业家进行问卷跟踪调查，10 年来，取得了大量的数据。这些数据记录了中国企业家队伍成长环境的历史变迁，见证了中国企业家队伍的成长与发展过程。对其分析所形成的研究成果，为政府部门的相关决策提供了重要的参考依据，为理论界的有关分析提供了大量的实证素材，引起了社会各方面的高度重视和关注。深圳是我国市场经济发展最早的城市之一，企业经营者成长的环境及企业家队伍的职业化、市场化相对而言应该走在全国的前面。至 2003 年底，深圳市共有各类企业 16 万家，形成了较大的企业规模，分布的行业也比较广泛，企业家群体的活动也很活跃，已具备了取样调查的成熟条件。

意义：我们认为，以中国企业家调查系统的成果为背景和基础，对深圳企业家进行类似的问卷调查，并据此分析深圳企业经营者的职业化市场化成长状况，通过深圳的个案数据与全国数据的分析，在特殊性与普遍性之间进行与同中求异，异中求同的比较，对于丰富我们对中国企业家成长过程的认识，探索如何更好建设企业家队伍有着积极的意义。

中国经济的发展是不平衡的，深圳的市场经济发育虽然比较繁荣，企业家职业化市场化的起步也比较早，但遗憾的是对这方面的实证调研材料很少。本次调查借鉴了中国企业家调查系统的调查模式和分享了调查成果，结合对深圳调查的结果进行分析，能够对深圳企业家职业化市场化的发展过程形成一个总体的认识和基本的判断。在此基础上可以积极地提出政策性的建议供地方党委和政府决策参考。

方法：在上述背景下，本课题组根据实际情况，在问卷的设计方面，按照所要分析的主题和内容选择了中国企业家调查系统的部分题目。它包括 32 个相关选择题、1 个判断题和 1 个建议题（见附录）。调查对象主要是在深圳市不同层次的企业经营者和职业经理人。在分析方法上，我们更多地运用了比较的方法，并且这种比较是从三个层面进行的。第一个层面是有关中国企业家的总体数据，该数据主要来自中国企业家调查系统的相关分析报告。第二个层面是深圳市企业经营者队伍中的董事长、总经理、厂长和党委书记。第三个层面是深圳市企业经营者队伍中的部门经理等其他人员。我们之所以将深圳市的调查样本分为两个层面，是因为在中国企业家调查系统的调查样本中，绝大部分的职务为董事长、总经理、厂长或党委书记。例如有关 2003 年中国企业经营者成长与发展的专题报告中，总经理层面的样本就占 97.9%，而其他职务的仅占 2.1%；而在我们的调查样本中，职务为董事长、总经理、厂长或党委书记的只占 26.7%，其他职务的占 73.3%。如果将我们的调查数据简单地与中国企业家的相关数据进行比较，固然能够说明一些问题，但由于调查样本存在着层面上的差异，其分析结论也会存在某种隐性误差。只有将我们的调查样本分为两个层面进行比较，使其中的总经理层面与中国企业家调查系统的相关数据进行比较，才能较好地克服这种隐性误差，从而更好地进行对比和分析。这种划分的另一个好处，是将部门经理这个层面独立出来进行考察，可以分析其与总经理层面的不同特点。这有利于把握住企业经营者的成长环境与状况的多样性和复杂性，为建设企业家队伍提出更好的对策性建议。

2. 调查的主题和内容

中国企业家调查系统经过 10 年的调查研究，得出的一个重要研究成果是：市场化、职业化和制度化是中国企业家队伍成长与发展过程中的三个关键。基于这种认识，本调查主题是：在中国企业家调查系统研究成果的基础上，通过对深圳市企业经营者的问卷调查，研究深圳市企业家队伍市场化、职业化和制度化的发育状况及其与全国总体状况的比较，考察深圳市企业家队伍职业化市场化成长的特点和发展模式。这种调查如果能够延续下去，那么，将有利于揭示深圳市企业家队伍的成长轨迹和规律，有利于提出切实可行的政策建议。

本报告的主要内容是：

第一，深圳市企业经营者的基本情况。

第二，深圳市企业经营者的职业化状况。

第三，深圳市企业经营者的市场化、制度化状况。

最后，以上面的内容为基础，通过总体评析，总结深圳市企业家在职业化、市场化和制度化方面的若干特点，同时指出存在的问题，并提出相关政策性建议。

二、深圳市企业经营者的基本情况

在回收的 326 份调查样本中，从职务上看，属于董事长、总经理、厂长和党委书记（即总经理层面）的 87 份，占总数的 26.7%，属于副职及部门经理等其他职务（即部门经理层面）的 239 份，占总数的 73.6%。而中国企业家调查系统的调查对象基本上是董事长、总经理、厂长和党委书记这个层面上的，其他职务所占的比重很小。该调查系统的《在变革中成长　在创新中发展——中国企业家队伍成长与发展十年调查总报告》中就指出，中国企业家调查系统 10 年来的调查问卷大多由企业法定代表人填答。比如在其 2003 年的调查报告中，属于总经理层面的调查对象就占 97.9%，而属于其他职务的只占 2.1%（见《中国企业家队伍成长现状与环境评价——2003 年中国企业经营者成长与发展专题调查报告》）。以下关于中国企业家调查系统的相关数据的引用，如无特别说明，均出自该报告）。上述比较情况见表8—1。

表8—1　企业经营者的层次比较（%）

	董事长	总经理	厂长	党委书记	其他
全国企业经营者	49.0	58.9	21.4	27.0	2.1
	97.9				
深圳企业经营者	3.5	20.1	1.5	1.8	73.3
	26.7				

由于存在职务兼任情况，因此现任职务比例合计大于100%。

表8—1说明，中国企业家调查系统的数据基本上是对中国企业中总经理层面的经营者而言的，因为其他职务所占比重很小（仅占2.1%），可忽略不计。而在我们的调查中，其他职务占的比重更大（为73.3%）。因此，有必要将我们的调查数据进行如下的处理和分析：一是深圳企业经营者的总体性的平均数据；二是对深圳企业经营者进行两个层面的划分，即将调查样本分为总经理层面和部门经理层面，从而得出两个层面的数据。其中，前者的数据，可与中国企业家调查系统的相应数据进行对比分析；而后者的数据，则可作为独立的层面与前者进行对比分析。应该说，这样进行分析有利于我们从另一个视角考察企业家队伍的具体情况，从而有可能得出新的认识。表8—1的数据是本调查报告在方法上对企业经营者进行层面划分和比较的重要依据。

通过对调查问卷的统计和分析，可以看出深圳市企业经营者队伍或企业的基本构成情况和若干特点。与对全国企业经营者调查的结果比较：

1. 深圳企业经营者的平均年龄轻，女性企业经营者的比重大

参加本次调查的企业经营者，从年龄结构上看，主要分布在 35 岁以下（占 43.6%）至 45 岁之间（36—45 岁的占 37.7%），平均年龄为 38 岁左右。其中，总经理层面的年龄构成为：35 岁以下的占 26.4%，36—45 岁的占 47.1%，平均年龄约为 42 岁；部门经理层面的年龄构成为：35 岁以下的占 49.8%，36—45 岁的占 34.3%，平均年龄约为 35 岁。而中国企业家调查系统的相关数据为：中国企业家（主要指总经理层面）的年龄主要分布在 36—55 岁之间，其中 36—45 岁和 46—55 岁的比重分别为 30% 和 49.8%，平均年龄为 48 岁。

本次调查的 326 名企业经营者中，男性为 230 名，占 70.6%，女性为 96 名，占 29.4%。其中，总经理层面的经营者 87 名，男性为 63 名，占 72.4%，女性为 24 名，占 27.6%；部门经理层面的经营者 239 名，男性为 167 名，占 69.9%，女性为 72 名，占 30.1%。而中国企业家调查系统的相关数据为：中国企业家（主要指总经理层面）的性别构成为男性占 96%，女性占 4%。

上述比较见表 8—2。

表 8—2　企业家的性别、年龄构成比较（%）

	男	女	35 岁以下	36—45 岁	46—55 岁	56 岁以上
全国企业经营者（总经理层面）	96.0	4.0	4.3	30.0	49.8	15.9

续表

	男	女	35 岁以下	36—45 岁	46—55 岁	56 岁以上
深圳企业经营者	70.6	29.4	43.6	37.7	16.6	2.1
深圳企业总经理层面	72.4	27.6	26.4	47.1	20.7	5.7
深圳企业部门经理层面	69.9	30.1	49.8	34.3	15.1	0.8

可见，在总经理层面上，与全国企业经营者相比，深圳的企业经营者显得更加年轻，这与深圳这座比较年轻化的城市是相适应的；另外，在企业老总的队伍中，女性所占的比重达到27.6%，大大高于全国4%的水平，这构成了深圳企业家队伍的又一特色。而在深圳的企业经营者中，与总经理层面相比，部门经理们又显得更加年轻；并且女性的比重几乎接近1/3，这意味着在该层次，女性经理人的才能在深圳得到更充分的发挥。

2. 深圳企业经营者的平均文化程度较高

从文化程度比较的角度看，按照企业经营者的总体平均数据、总经理层面数据和部门经理层面数据进行分析，可以看出三者在文化程度上，具有大专及以上学历的分别占95.4%、93.1%和96.2%；具有本科及以上学历的分别占58%、72.3%和52.7%。而中国企业家调查系统的相关数据说明，在全国企业家队伍中，具有大专及以上学历的占81.6%，具有本科及以上学历的占40.6%。具体的比较数据见表8—3。

表8—3 企业家文化程度的比较（%）

	高中及以下	大专	大学本科	研究生及硕士	博士
全国企业经营者（总经理层面）	18.4	41.0	28.6	11.5	0.5
深圳企业经营者	4.6	37.4	33.4	22.4	2.2
深圳企业总经理层面	6.9	20.8	33.3	33.3	5.7
深圳企业部门经理层面	3.8	43.5	33.5	18.4	0.8

表8—3说明，在总经理层面上，与全国企业经营者相比，深圳的老总们的文化程度更高。而在深圳企业经营者队伍中，在大专和大学本科及以下的层次上，部门经理的文化程度高于总经理，在研究生及硕士及以上的层次上，总经理层面的文化程度高于部门经理。而从总体上看，总经理层面的文化程度要高于部门经理层面。总之，文化程度相对较高构成了深圳企业家队伍的又一特色。

从所学专业来看，有如下进行比较的表格。

表8—4 企业家所学专业的比较（%）

	文史哲法律	经济管理	理工农医	其他
全国企业经营者（总经理层面）	7.7	82.9	26.5	3.5
深圳企业经营者	18.9	42.1	18.7	27.3
深圳企业总经理层面	17.1	52.4	16.6	21.8
深圳企业部门经理层面	19.2	41.1	21.9	29.3

由于存在跨专业的情况，因此所学专业比例合计大于100%。

表8—4 说明与全国企业家队伍相比，深圳企业经营者队伍中学经济管理和理工医农专业的比重较低，而学文史哲法律和其他专业的比重较高。

3. 深圳企业经营者来自高新科技行业和大型企业的比重较大

在中国企业调查系统中，调查样本主要分布在工业、建筑业、交通运输仓储及邮电通信业、批发零售贸易和餐饮业、房地产业和社会服务业等行业。上述行业的企业在所占比重分别为：67.9%、4%、2.9%、13.2%、2.1%和2.1%。从企业规模看，大、中、小型企业分别占19%、47%和34%（2003年调查数据）。而在我们的调查样本中，在行业构成中增设了高新科技类，分布在该行业的调查样本所占比重为16.7%。除此之外，主要分布于工业、建筑业、交通运输仓储及邮电通信业、批发零售贸易和餐饮业、房地产业和社会服务业等行业，其所占比重分别为：26.1%、4.3%、6.7%、11.0%、9.5%和7.4%。从企业规模看，大、中、小型企业分别占31.6%、45.7%和22.7%。与国家的相关数据相比，行业结构的比重顺序相近；明显不同的是，二者的比重顺序中，虽然工业行业都处在第一位，但深圳所占的比重却小得多，仅为26.1%，比全国67.9%的比重低了41.8个百分点。而深圳的高新科技行业（国家调查系统中未设置该行业，从而难以进行比较），企业所占比重排在第二位，为16.7%，比处于第三位的批发零售贸易和餐饮业（所占比重为11.0%）高出5.6个百分点。在国家调查系统中，批发零售贸易和餐饮业处于第二位，其比重为13.2%。可见，深圳企业经营者行业分布的一个重要特点是处于高新科技行业的比重较大。在企业规模上，本次调查样本分布的特点是大型企业的经营者较多，为31.6%，高于全国19%的水平。

4. 深圳企业中赢利企业的比重较大

在中国企业调查系统的数据中，企业的盈亏状况（2003年数据）是：赢利企业占61.7%，亏损企业占21.5%，持平企业占16.8%。在我们的调查数据中，有52个调查样本对此未作回答，剔除这些样本后，深圳企业的盈亏状况是：赢利企业占75.5%，亏损企业占2.2%，持平企业占22.3%。这说明按照调查样本进行比较，深圳的赢利企业所占的比重较大。

5. 深圳企业中非国有企业所占的比重较大

在中国企业调查系统的数据中，企业的经济类型的分布状况是（2003年数据）：国有企业占30.5%，其他类型企业占69.5%（其中，有限责任公司占30.9%，股份有限公司占13%，集体企业占6.9%、私营企业占6.6%，外商及港澳台投资企业占6.5%，股份合作企业占5.2%，其他内资企业占0.4%）。在我们的调查数据中，相同的企业的经济类型分布状况是：国有企业占16.6%，其他类型企业占83.4%（其中有限责任公司占12.9%，股份有限公司占18.4%，集体企业占2.8%、私营企业占28.2%，外商及港澳台投资企业占15.0%，股份合作企业占5.5%，其他内资企业占0.6%）。在总经理层面上，相同的经济类型的分布状况为：国有企业占11.5%，其他类型企业占88.5%（其中有限责任公司占18.4%，股份有限公司占16.1%，集体企业占6.9%、私营企业占31.0%，外商及港澳台投资企业占4.6%，股份合作企业占11.5%）。相比较而言，在总经理层面的队伍中，深圳企业中来自非国有企业的比重比全国的比重高出 19 个百分点。其中，最为突出的特点是，深圳的企业经营者队伍中，来自私营企业的人员比重最大。例如在总经理层面的队伍中，其比重为 31.0%，处于各种类型企业的首位；而在全国的总经理队伍中，其比重仅为 6.6%，处于各种类型企业的第五位。

6. 深圳企业经营者的平均收入比较高

调查数据表明，深圳企业经营者的收入明显高于全国企业经营者。中国企业家调查系统在问卷中对收入问题的设计分为三个档次，即 6 万元以下、6 万—20 万元和 20 万元以上。这种设计明显地不符合深圳的实际，因此，我们的问卷在这方面的设计分为五个档次，即：10 万元以下、10 万—20 万元、20 万—50 万元、50 万—100 万元和 100 万元以上。中国企业家调查系统的数据说明，在 2000 年，全国企业经营者中总经理层面的年收入在 6 万元以下的占大多数，为 66.1%，而我们的调查数据表明，在 2003 年，深圳企业经营者总经理层面的年收入在 10 万元以下的只占 12.6%。尽管这种比较存在着三年的时间差距，但中国企业家调查系统的相关数据表明，1997 年全国企业中总经理层面的经营者，年收入在 6 万元以下的占 83.8%（见中国企业家调查系统：《在变革中成长　在创新中发展——中国企业家队伍成长与发展十年调查总报告》），三年后的 2000 年该数据的比重下降为 66.1%，下降幅度为 21.1%。假定三年后仍按此幅度下降，则可推知在 2003 年该数据的比重应为 52.2%，仍远远高于 12.6%。相关的比较数据见表 8—5（表中全国企业经营者的数据引自《在变革中成长　在创新中发展——中国企业家队伍成长与发展十年调查总报告》，系 2000 年的数据）。

表8—5 企业经营者年收入的比较（%）

	6万元以下	6万—20万元	20万元以上	—	—
全国企业经营者（总经理层面）	66.1	25.2	8.7	—	—
	10万元以下	10万—20万元	20万—50万元	50万—100万元	100万元以上
深圳企业经营者	39.1	38.2	17.5	3.7	1.5
深圳企业总经理层面	12.6	36.8	36.8	9.2	4.6
深圳企业部门经理层面	48.7	38.7	10.5	16.8	0.4

这种比较相当明显地说明，不但深圳企业经营者中总经理层面的平均年收入远远高于全国企业总经理层面，甚至深圳企业经营者中部门经理层面的平均年收入也大大高于全国企业总经理层面。

三、深圳市企业经营者职业化状况

企业经营者职业化是建立企业家队伍的重要途径。企业家职业化所涉及的内容相当丰富。在我们的调查问卷中，涉及企业经营者职业化的问题共有20个，它们大致上可归纳为以下六个方面的内容：一是对企业家地位、作用（价值）和形象的认识；二是对企业家职业活动状态的感受；三是对企业家生活、身体状态的感受；四是对企业家角色认同方面的认识；五是对企业家应具备的素质、能力的认识；六是作为企业经营者对自身素质和能力的认识。

1. 企业家地位、作用和形象的认识

对企业家地位和作用的认识涉及如下问题，即如何评价企业家在"社会财富创造"、"企业制度改革"、"科学技术发展"、"所在社区的发展"和"社会文明建设"几方面的作用。它是人们对企业家形象认识的基础。将我们这次调查所得到的数据与中国企业家调查系统的数据（2003）进行比较，有如下五个表格。

表8—6　企业家对社会财富创造作用评价的比较（%）

	很大	比较大	一般	不太大	不大
全国企业经营者（总经理层面）	44.5	48.8	6.0	0.5	0.2
深圳企业经营者	32.0	52.9	13.3	1.5	0.3
深圳企业总经理层面	32.6	52.3	13.9	1.2	/
深圳企业部门经理层面	31.8	53.1	12.9	1.8	0.4

表8—7　企业家对企业制度改革作用评价的比较（%）

	很大	比较大	一般	不太大	不大
全国企业经营者（总经理层面）	39.4	48.5	9.0	2.5	0.6
深圳企业经营者	20.6	54.2	20.9	3.7	0.6
深圳企业总经理层面	20.2	52.4	21.4	6.0	/
深圳企业部门经理层面	21.1	55.0	20.1	3.0	0.8

表8—8　　企业家对所在社区发展作用评价的比较（％）

	很大	比较大	一般	不太大	不大
全国企业经营者（总经理层面）	24.5	46.0	23.4	4.9	1.2
深圳企业经营者	14.8	41.7	34.6	7.4	1.5
深圳企业总经理层面	15.1	41.9	34.9	8.1	/
深圳企业部门经理层面	14.7	41.5	34.5	7.2	2.1

表8—9　　企业家对科学技术发展作用评价的比较（％）

	很大	比较大	一般	不太大	不大
全国企业经营者（总经理层面）	19.6	52.1	24.8	2.9	0.6
深圳企业经营者	14.5	47.4	32.6	4.6	0.9
深圳企业总经理层面	16.3	55.8	25.6	2.3	/
深圳企业部门经理层面	13.8	44.4	35.1	5.4	1.3

表8—10　　企业家对社会文明建设作用评价的比较（％）

	很大	比较大	一般	不太大	不大
全国企业经营者（总经理层面）	16.7	50.4	29.2	3.2	0.5
深圳企业经营者	7.7	39.8	39.2	11.4	1.9
深圳企业总经理层面	8.1	51.2	30.2	9.3	1.2
深圳企业部门经理层面	7.6	35.7	42.4	12.2	2.1

　　上述表格说明，与全国企业经营者相同，深圳企业经营者
对企业家的地位和作用在总体上持积极肯定的评价，但肯定的
程度却低于全国企业经营者。其表现是，在最积极的评价上，
深圳企业经营者均低于全国平均比重；但在较积极的评价上，
深圳企业经营者大都高于全国平均比重。另一个有意思的特点

是，深圳企业总经理层面除了在社会文明建设的作用上对企业家有 1.2% 的最消极的评价外，在其他四个方面均不存在最消极评价。这意味着深圳企业的总经理层面与其他经营者相比，对最消极的评价在所持的态度较为慎重。

中国企业家调查系统的分析数据说明，全国企业经营者一方面在对企业家的地位和作用作出积极评价，一方面又对自身的经济地位、社会地位与政治地位满意程度给予不同的回答。例如，全国企业经营者对自身的社会地位、政治地位相对比较满意，选择满意的分别占 35.5% 和 35.1%，比选择不满意的分别多 17.1 和 16 个百分点；而对自身经济地位选择满意的占30.9%，比选择不满意的少 2.5 个百分点。可以看出企业经营者对自己社会地位和政治地位的满意程度高于经济地位。而深圳企业经营者在这方面的数据如下。

表8—11 深圳企业经营者对自己经济地位的满意程度（%）

	满意	不满意	满意率—不满意率
深圳企业经营者	36.8	19.3	17.5
深圳企业总经理层面	50.0	12.6	37.4
深圳企业部门经理层面	33.5	21.8	11.7

表8—12 深圳企业经营者对自己社会地位的满意程度（%）

	满意	不满意	满意率—不满意率
深圳企业经营者	33.1	17.5	15.6
深圳企业总经理层面	44.7	11.8	32.9
深圳企业部门经理层面	29.3	19.7	9.3

表8—13 深圳企业经营者对自己政治地位的满意程度（%）

	满意	不满意	满意率—不满意率
深圳企业经营者	32.9	17.1	15.8
深圳企业总经理层面	37.6	15.3	22.3
深圳企业部门经理层面	31.2	17.7	13.5

可见，与全国企业经营者相比，深圳企业经营者不但对自身的社会地位、政治地位相对比较满意，而且对自身经济地位也比较满意，甚至其满意程度更高。并且，总经理层面的经营者在上述各方面的满意程度均高于部门经理层面。这是深圳企业经营者不同于全国企业经营者的一个特点。它同时意味着，随着改革开放的深入和市场经济的发展，企业经营者在经济地位、社会地位和政治地位上的满意程度应该表现为提高的趋势。

在对我国企业家队伍的总体评价方面，全国企业家所给予的评价是：我国企业家队伍的整体水平与社会发展的实际要求之间还存在差距，多数企业经营者认为目前的企业家队伍需要扩大，素质需要进一步提高。调查结果显示，认为目前企业家队伍"数量充足"与"素质高"的分别只占13.3%与10.1%，而认为企业家队伍"数量缺乏"与"素质低"的分别占62%与40%。参照中国企业家调查系统的相关题目，我们在问卷调查中给出了如下问题：您对目前深圳市企业家队伍的总体评价。其结果显示，深圳市企业经营者认为深圳市企业家队伍"数量充足"与"素质高"的分别占41.3%与31.6%，而认为企业家队伍"数量缺乏"与"素质低"则分别占24.8%与14.0%。这说明深圳市企业经营者对本市企业家队伍的总体评价比较积极肯定的。这在一定程度上反映出深圳企业家队伍的数量和素质高于全国平均水平。

　　建立优秀的企业家队伍，不仅需要提高企业家的社会经济地位，而且需要提升企业家的职业声望，与职业声望关系密切的是职业群体的社会形象。中国企业家调查系统的调查结果显示，大多数企业经营者认为企业家群体的整体形象良好。比较企业经营者对几种形象的判断，调查结果显示，全国企业经营者对"在自己心目中的形象"、"在新闻媒体中的形象"、"在公众心目中的形象"和"在文艺作品中的形象"的判断，给予"很好"和"比较好"的评价比重分别为：59.7%、51.6%、47.2%和35.7%；给予"不太好"和"不好"的评价比重分别为：4.1%、8.3%、9.5%和17.6%。该调查系统指出，需要注意的是，有一些企业经营者（7.6%—15.4%）感到企业家群体的社会形象并不太好，有四成左右的企业经营者认为企业家群体的形象"一般"，这说明，企业家队伍的整体形象和职业声望还有待进一步提升。对深圳企业经营者这方面的调查数据表明，在相同的问题上，他们的答案是：给予"很好"和"比较好"的评价比重分别为：42.2%、52.3%、35.7%和32.9%；给予"不太好"和"不好"的评价比重分别为：7.4%、4.3%、10.8%和14.2%；给予"一般"的评价比重分别为50.5%、42.8%、52.6%和51.7%。这说明，深圳企业经营者在对企业家整体形象的判断上，虽然认为好的高于认为不好的，但其积极评价的程度却低于全国企业家的平均水平。特别值得关注的问题是：第一，深圳企业经营者对自我形象的肯定程度处于第二位，而全国企业经营者对自我形象的肯定程度处于第一位；第二，深圳企业经营者感到企业家群体的社会形象不太好的比重高于全国企业经营者；第三，深圳企业经营者有一半认为企业家群体的形象"一般"，其比重高出全国平均数据一成。应该说，这种观念的存在是不利于企业家队伍成长的。

上面的分析提醒人们，深圳企业经营者与全国企业经营者在对企业家地位、作用和形象上的判断存在着一些不同认识和判断的情形，甚至存在某种矛盾的现象（例如深圳企业经营者一方面对自己各方面的地位比较满意；另一方面又对自己的社会形象不够满意），这是值得关注和深入研究的。

2. 对企业家职业活动状态或工作的感受

中国企业家调查系统的调查结果显示，全国企业经营者对于企业家这一职业状态的认识是"压力很大"，有87.4%的企业经营者认同这一点。作为一种职业活动，全国企业经营者认为排在前三位的工作是：寻找新的发展机会（占30.5%）、强化企业内部管理（占24.2%）和市场营销（占24.0%）。而对深圳企业经营者总经理层面和部门经理层面的调查结果表明，认为企业家工作"压力很大"的比重分别为85.5%和84.1%，这说明压力大是企业经营者普遍的相同感受，并且总经理层面的经营者比部门经理的压力更大。至于作为一种职业活动，深圳经营者认为排在前三位的工作分别是：市场营销（占36.8%）、强化企业内部管理（占28.7%）和加强自身能力的学习（占19.5%。这一选择在中国企业家调查系统的问卷中未设置，因此难以比较。不过它可能意味着作为企业经营者，随着经济的发展，加强自身能力的学习会日益突出，甚至成为其职业活动的重要内容）。

3. 企业家生活、身体状态的感受

工作状态是影响生活和身体的重要因素，而生活和身体状态又从另一个方面反映了工作状态。中国企业家调查系统对全国企业经营者个人生活、身体方面的调查显示，企业经营者对自己家庭生活的满意程度较高，而我们对深圳企业经营者此方面的调查也显示出基本相同的结论。例如：

在婚姻生活方面，对全国企业经营者调查的统计数据是：感到满意的占 84.6%，感到不满意占 2.8%，感到一般的占 12.6%。而对深圳企业经营者相应的调查统计数据是：总经理层面和部门经理层面感到满意的分别占 80.9% 和 71.8%，感到不满意的分别占 6.0% 和 7.4%，感到一般的分别占 13.1% 和 20.8%。

在子女成长方面，对全国企业经营者调查的统计数据是：感到满意的占 75%，感到不满意的占 6.2%，感到一般的占 18.8%。而对深圳企业经营者相应的调查统计数据是：总经理层面和部门经理层面感到满意分别占 91.9% 和 80.7%，感到不满意分别占 4.1% 和 1.5%，感到一般的分别占 10.8% 和 17.8%。

在住房方面，对全国企业经营者调查的统计数据是：感到满意的占 58.4%，感到不满意的占 13.2%，感到一般的占 28.4%。而对深圳企业经营者相应的调查统计数据是：总经理层面和部门经理层面感到满意的分别占 65.5% 和 48.3%，感到不满意的分别占 4.8% 和 18.2%，感到一般的分别占 29.7% 和 33.5%。

在业余生活方面，对全国企业经营者调查的统计数据是：感到满意的占 38.5%，感到不满意的占 15.5%，感到一般的占 46%。其满意程度相对不高。而对深圳企业经营者相应的调查统计数据是：总经理层面和部门经理层面感到满意的分别占 59.5% 和 44.9%，感到不满意的分别占 8.3% 和 10.6%，感到一般的分别占 32.2% 和 44.5%。其满意程度高于全国平均水平。

在身体健康方面，对全国企业经营者调查的统计数据是：感到满意的占 58.1%，感到不满意的占 13.5%，感到一般的占 28.4%。而对深圳企业经营者相应的调查统计数据是：总经理层面和部门经理层面感到满意的分别占 76.2% 和 72.2%，感到不满意的分别占 6.0% 和 3.8%，感到一般的分别占 17.8% 和 24.0%。

从企业经营者填写问卷的情况来看，一些与工作紧张有关的慢性疾病在全国企业经营者和深圳企业经营者中的发病率的比较见表 8—14。

表 8—14　企业经营者患有慢性病情况的比较（%）

	神经衰弱	高血压	慢性胃炎	高血脂	冠心病	白内障	溃疡病	动脉硬化	糖尿病
全国企业总经理层面	24.4	21.3	29.2	25.1	7.9	1.8	7.0	6.3	5.8
深圳企业总经理层面	26.4	8.0	19.5	21.8	2.3	1.1	3.4	/	2.3
深圳企业部门经理层面	15.9	5.9	18.0	10.0	0.8	0.8	4.2	/	1.3

这说明，深圳企业经营者的发病率低于全国平均水平，而在深圳，部门经理层面的经营者的发病率又低于总经理层面。这应该与平均年龄的高低有关。

与身体健康密切相关的是情绪健康。调查结果显示，与工作压力大相关的一系列心理症状在不少企业经营者的身上出现，具体比较见表 8—15。

表8—15　企业经营者出现心理症状情况的比较（%）

	烦躁易怒	疲惫不堪	心情沮丧	疑虑重重	挫折感强	悲观失望
全国企业总经理层面	70.5	62.7	37.6	33.1	28.6	16.5
深圳企业总经理层面	57.5	63.2	46.0	48.3	36.8	32.2
深圳企业部门经理层面	57.3	71.1	49.8	38.1	37.2	25.1

　　这说明，深圳企业经营者心理症状的发病率高于全国平均水平。这一现象值得重视。

　　人无远虑，必有近忧。企业经营者对未来的担忧也是值得关注的问题。当问及"您退休以后最大的担忧是什么"时，企业经营者选择顺序的比较见表8—16。

表8—16　企业经营者退休以后最大的担忧的比较（%）

	全国企业总经理层面	深圳企业总经理层面	深圳企业部门经理层面
没有足够的社会保障	① 44.8	② 29.8	① 48.5
心理失落没有寄托	② 19.7	① 33.3	② 22.4
经济收入减少	③ 14.2	③ 13.1	③ 13.1
没有满意的社会地位	④ 9.2	④ 4.8	④ 5.1
没有便利的生活条件	⑤ 5.7	④ 4.8	⑤ 4.2

　　注：圆圈中的数为排序数。

　　表8—16的比较显示，深圳企业总经理层面最担忧的是心理失落，而是否有足够的社会保障问题只排在第二位。除此之外，其他的排序基本相同。不过，值得注意的是，无论是全国

的国有企业经营者，还是深圳国有企业的总经理层面，均将退休后"没有足够的社会保障"排在第一位，在这方面，全国的调查数据为55.6%，比其他类型企业高13个百分点以上；深圳的调查数据为50.0%，比其他类型企业高29个百分点，以上见表8—17。这说明社会保障体系有待改善。

表8—17　企业经营者对退休后社会保障问题担忧比重的比较（%）

	全国企业总经理层面	深圳企业总经理层面
国有企业	55.6	50.0
私营企业	27.6	22.0
股份有限公司	38.7	25.2
有限责任公司	42.1	31.0
外商及港澳台投资企业	30.8	25.0
集体企业	／	16.7
股份合作企业	／	30.1

4. 对企业家角色认同方面的认识

对所从事的事业拥有满意感是角色认同的重要基础。中国企业家调查系统的调查结果显示，在全国范围内，有64.2%的企业经营者对自己的事业感到满意，感到不满意的占10.8%，认为自己的事业"一般"的占25%。认为满意的比认为不满意的多53.4个百分点。而我们的调查结果显示，在深圳范围内，总经理层面的企业经营者有65.6%对自己的事业感到满意，感到不满意的占9.5%，认为自己的事业"一般"的占24.9%。认为满意的比认为不满意的多56.1个百分点。可见在这方面，深圳的企业老总与全国企业老总的感受基本一致。但深圳部门经理层面的经营者在这方面的满足感就低得多，具体数据为：感到满意的占 39.4%，感到不满意的占 20.3%，感到一般的占 40.3%。认为满意的比认为不满意的只多出 19.1 个百分点。相当多的部门经理对事业满足感选择了"一般"。

独立的角色意识是企业家职业化的重要基础。中国企业家调查系统在 1994 年的调查发现，大多数企业家开始形成企业家的角色意识，当时在全国范围内，有 62.3% 的人认同自己的企业家身份，在职业的选择上，有 62.5% 的人愿意继续做本行（见中国企业家调查系统：《在变革中成长 在创新中发展——中国企业家队伍成长与发展十年调查总报告》）。我们这次调查，为了了解深圳企业经营者这方面的意识，设置了一个类似的问题：

"如果让您重新选择职业，您的首选是，企业经营者、政府官员、教师或技术人员、文艺工作者、自由职业者和其他"

调查结果表明，深圳企业经营者独立角色意识比较强，但愿意继续做本行的选择则相对弱些。比如，在总经理层面上，有 52.3% 的人愿意继续做本行，比 1994 年全国范围企业经营者的选择比重（62.5%）还低 10.2 个百分点。但同时有 17.4% 的人选择自由职业，与选择企业经营者的比重相加，为 69.7%，比 62.5% 高出 7.2 个百分点。这说明深圳企业经营者的独立角色意识较强。对此问题的具体统计结果见表 8—18。

表 8—18　深圳企业经营者对重新选择职业的比较（%）

	企业总经理层面	企业部门经理层面
企业经营者	53.6	47.9
政府官员	16.7	15.6
教师或技术人员	9.5	11.9

续表

	企业总经理层面	企业部门经理层面
文艺工作者	2.4	1.3
自由职业者	17.8	17.8
其他	／	5.5

当问及"如果在企业投资者和职业经理人之间进行选择，您更愿意选择哪个职业"时，深圳企业总经理层面和部门经理层面的回答是：选择做企业投资者的分别是53.0%和41.4%，选择做职业经理人的分别是47.0%和58.6%。这说明，企业总经理层面中更多的人认同老板这个角色；而企业部门经理层面中更多的人认同职业经理人这个角色。

当问及"如果同样是做企业经营者，您更愿意在哪一类企业中任职"时，调查结果的比较见表8—19。

表8—19　企业经营者对在不同类型企业任职选择的比较（％）

	全国企业总经理层面	深圳企业总经理层面	深圳企业部门经理层面
国有企业	⑤7.9	⑤6.0	⑤6.4
私营企业	②25.1	②21.4	③10.1
股份有限公司	①27.1	①39.3	①41.8
有限责任公司	③21.1	④9.5	④7.6
外商及港澳台投资企业	④17.5	②21.4	②28.7
集体企业	⑥0.8	⑥2.4	⑦0.8
其他	⑦0.5	／	⑥4.6

注：圆圈中的数为排序数。

表8—19 显示，深圳企业经营者对任职企业的选择的次序与全国的有所不同。主要区别是其在外资企业任职的意愿更强烈些。

中国企业家调查系统的数据表明，企业经营者在国有企业任职的意愿不高，尤其是国有企业经营者愿意继续在国有企业中任职的只有15%；中国企业家调查系统的报告认为，这一情况值得关注。我们的调查表明，深圳在这方面的情形也不容乐观，调查结果显示：企业经营者总体在该方面的数据为14.8%，总经理层面的数据为20.0%，部门经理层面的数据为13.6%。

5. 对企业家应具备的素质、能力的认识

作为一种职业，企业家应该具备什么素质和技能，中国企业家调查系统按照国外学者提出的职业经理人应具备的16项技能让被调查者选出最需具备的五项进行排序。我们在调查中，将此16项技能压缩为9项（即决策能力、统筹协调能力、接受并传播新思想、善于与人沟通、愿意征求他人意见并愿意承认错误、有一技之长、形象好、有幽默感和其他），并让被调查者选出最需具备的前三项进行排序。调查结果见表8—20。

表8—20　企业经营者最需具备的素质或技能的比较（%）

	深圳企业总经理层面	深圳企业部门经理层面
决策能力	① 83.1	① 92.8
统筹协调能力	② 52.2	② 55.9
善于与人沟通	③ 30.2	③ 24.2
接受并传播新思想	④ 15.0	④ 17.7
愿意征求他人意见并愿意承认错误	⑤ 11.0	⑤ 11.0

	深圳企业总经理层面	深圳企业部门经理层面
有一技之长	⑥ 3.5	⑦ 1.7
形象好	⑦ 2.2	⑧ 0.7
有幽默感	⑧ 0.8	⑥ 2.5
其他	⑨ 0.7	⑨ 0.6

注：圆圈中的数为排序数。

该结果显示，深圳企业两个层面的经营者对企业家应具备的素质或技能的前三个选项没有区别，仅仅是在后四项上有很小的区别，与中国企业家调查系统对全国企业经营者相关一组调查数据相比（该组数据显示，在全国企业经营者的选择中，排在前五项的内容依次为："果断决策能力"占86.7%、"能够接受新思想"占63.3%、"统筹能力"占49.9%、"很有智慧"占41.8%、"理解他人能力"占39.8%），应该说也没有太大的区别。

在对企业家精神的理解上，深圳企业经营者与全国企业经营者的认识是相同的。他们都将"勇于创新"放在企业家精神的第一位。具体调查比较见表8—21（表中全国企业经营者的数据引自《在变革中成长　在创新中发展——中国企业家队伍成长与发展十年调查总报告》，系2000年的调查数据）。

表8—21　对企业家精神的理解之比较（%）

	全国企业总经理层面	深圳企业总经理层面
勇于创新	① 47.7	① 71.4

	全国企业总经理层面	深圳企业总经理层面
敬业	② 36.2	② 38.1
追求最大利润	③ 33.6	③ 33.0
实现自我价值	④ 31.5	⑤ 16.1
敢于承担风险	⑤ 20.8	④ 20.0
乐于奉献	⑥ 19.6	⑥ 5.1
吃苦耐劳	⑦ 2.7	⑦ 2.8
勤俭节约	⑧ 1.7	⑧ 2.0
其他	⑨ 0.4	⑨ 1.2

注：圆圈中的数为排序数。

不难发现，上述比较的数据中，尽管全国企业经营者的数据是 2000 年的统计结果，并且二者都将"勇于创新"的精神放在第一位，但深圳企业经营者对其的认可程度为 71.4%，比全国企业经营者对此的认可程度（47.7%）高出 23.7 个百分点。应该说，这个高出的百分点可以抵消时间的差距，它应该能够较好地表明深圳企业经营者对创新精神有更高的认可程度。并且从表中排序的变化也可以看出，在深圳企业经营者的理解中，"敢于承担风险"（20.0%）排在"实现自我价值"（16.1%）的前面，并高出后者近 4 个百分点。这进一步表明，与全国企业经营者相比，深圳企业经营者群体对创新和承担风险的认同程度更高，确实是将创新视为企业家的首要精神。

某种意义上，座右铭往往体现着人们对某种伦理道德的自觉遵循，它是人们自觉地约束自身行为的准则。在对备选的若干座右铭作出首选的选择中，两个层面被调查者的选择顺序完全相同，以企业总经理层面选择为例，其选择首选座右铭的排序依次是：诚实正直、守信承诺（48.8%），开拓进取、不断创新（17.9%），不断学习、自我提升（11.9%），谦虚知足、淡泊名利（8.3%），务实求真、艰苦奋斗（6.0%），敬业爱岗、奉献社会（4.7%），以身作则、严于律己（2.4%）。这就是说，有将近五成（48.8%）的企业总经理将"诚实正直、守信承诺"作为自己的首选座右铭，它比将排在第二位"开拓进取、不断创新"（17.9%）高出30.9个百分点。与此同时，在对有关职业伦理道德的观点的判断中，一些与诚信守法的反向观点受到了绝大多数被调查者的否定性评判，而正向观点则得到绝大多数企业经营者的肯定性的评判。比如，对于"若违规经营可以获得超额利润，守法经营就是吃亏"这一反向观点，在所有表明了态度的企业经营者中，持否定性态度的占75.3%，持肯定性态度的占24.7%；前者高出后者50.6个百分点。而对于"不管他人如何违规，自己始终会守法经营"这一正向观点，持肯定态度的占91.5%，持否定态度的占8.5%；前者更是高出后者83个百分点。所有这些，都在一定程度上说明"诚信守法"的观念已经成为相当多的企业经营者自觉遵循的职业伦理道德意识。

6. 对自身素质和能力及发挥程度的认识

为了了解企业经营者如何认识自身素质和能力，中国企业家调查系统设计了如下的问题："作为企业经营者，您认为自己最强和最弱的三项能力是什么？"并给出9个备选答案。调查结果显示，全国范围的企业经营者认为自己最强的三项能力依次是：决策能力（61.7%）、组织协调能力（61.6%）和创新能力

（33%）；最弱的三项能力依次是：公关能力（61.2%）、市场营销能力（32.4%）和表达能力（31.4%）。对此，我们在调查中的提问是："作为企业经营者，您认为自己的能力从强到弱的排序依次是什么？"并给出同样的 9 个备选答案。调查统计结果见表 8—22。

表 8—22　深圳企业经营者对自身能力从强到弱的排序

	深圳企业总经理层面	深圳企业部门经理层面
决策能力	①	①
组织协调能力	②	②
创新能力	③	③
知人善任能力	④	④
预见能力	⑤	⑤
公关能力	⑥	⑦
市场营销能力	⑦	⑧
学习能力	⑧	⑥
表达能力	⑨	⑨

可以看出，深圳两个层面的企业经营者对自己最强的三项能力的认知同全国企业经营者一样，但在对自己最弱的三项能力的认知则有所不同。中国企业家调查系统的有关报告曾指出，被企业经营者排在"弱项能力"前面的公关能力、市场营销能力和表达能力与企业的对外开拓和市场推广关系密切，而排在"强项能力"前面的决策能力、组织协调能力与企业的内部管理关系更密切。这反映了我国企业经营者能力结构的一些特征：内部管理能力强，对外开拓能力弱。在我国已经加入 WTO、市场竞争加剧的

环境下，企业经营者的对外开拓能力有待加强。表8—22的数据说明，对于深圳企业经营者而言，只是总经理层面在公关能力上有所提高，整体而言，其对外开拓能力仍有待加强。

经营企业成功的原因是多方面的。企业经营者对此是如何看的呢？中国企业家调查系统的调查结果显示，多数被调查者肯定个人素质和努力在事业成功中的作用，认为自己成功的主要原因是由于"自己非常努力"和"自己个人素质比较好"的分别占49.3%和33.7%。也有不少企业经营者认识到"企业员工的支持（24.8%）"、"领导班子的配合（19.9%）"、"赶上了好的机遇（19.4%）"和"国家政策好（10.5%）"对个人事业成功的重要作用。表8—23是深圳企业经营者与全国企业经营者在此问题上的比较（其中，"专业知识发挥了作用"这个因素是我们在调查中增设的）。

表8—23　企业经营者对自己成功主要原因看法的比较（%）

	自己非常努力	自己个人素质比较好	企业员工的支持	领导班子的支持配合	赶上了好的机遇	国家政策好	专业知识发挥了作用	有好的领导扶持	其他
全国企业总经理层面	49.3	33.7	24.8	19.9	19.4	10.5	/	5.7	0.3
深圳企业总经理层面	69.4	41.3	19.8	23.4	19.4	4.8	12.3	13.1	2.4
深圳企业部门经理层面	64.0	32.3	13.6	15.4	22.6	7.3	17.2	17.5	2.5

我们的调查结果显示，与全国的数据相比，深圳的企业经营者更加肯定个人素质和努力在事业成功中的作用，更加认为自己成功的主要原因是由于"自己非常努力"和"自己个人素质比较好"。除此之外，在其他原因的比较中，深圳企业总经理层面更看重"领导班子的支持配合（23.4%）"，而全国企业总经理层面更看重"企业员工的支持（24.8%）"。此外，有不少深圳企业经营者认为专业知识对个人事业成功有重要作用。

四、深圳市企业经营者队伍市场化、制度化状况

建立企业家队伍不仅需要企业经营者具备企业家职业化的观念和相应的内在素质，而且需要有良好的外部环境。外部环境的内容也相当丰富，诸如经济体制、法律环境、政策环境、政治体制、社会舆论、文化环境、市场环境甚至历史传统、风俗习惯等等都可归结为外部环境，而相关的制度安排又与这些环境密切相关。正如中国企业家调查系统所指出的那样，成长环境和相关的制度安排是企业家队伍发展壮大的关键。我们的调查，主要是想通过深圳企业经营者对这些问题的评价，从市场化和制度化角度了解深圳市外部环境对企业经营者的影响，并将分析的数据与全国企业经营者的评价及全国范围的外部环境进行比较。在调查问卷中，涉及这些内容的问题共有 12 个，它们大致上可归纳为以下三个方面的内容：一是对影响企业家成长的七大环境的评价；二是对企业家选拔途径、培训体系的评析；三是对激励和约束企业家制度的认识。

1. 影响企业家成长的七大环境的评价

中国企业家调查系统将影响企业家成长的环境分为经济体制、法律环境、政策环境、社会舆论、文化环境与市场环境等

六个主要方面（见中国企业家调查系统：《在变革中成长　在创新中发展——中国企业家队伍成长与发展十年调查总报告》）。我们在调查问卷的设置上，根据深圳的实际，将政策环境改为人事政策和人才市场，这样对深圳市外部环境的分析就有了七个方面的内容。

依据我们采集的调查数据进行统计，可以发现，从总体上说，深圳企业经营者队伍对影响其成长的外部环境的评价要高于全国企业经营者。下面的表8—24至表8—30是具体统计数据。

表8—24　企业经营者对市场环境的评价及比较（％）

	很有利	比较有利	一般	不大有利	很不利	均值	百分制
全国企业总经理层面	8.2	44.3	30.8	14.2	2.5	3.42	68.4
深圳企业总经理层面	14.1	62.4	21.1	2.4	/	3.88	77.6
深圳企业部门经理层面	17.1	56.8	24.2	1.5	0.4	3.89	77.7

注：表中第2列至第6列的数据为选择相应答案的比重。第7列为以5分制计算（很有利＝5，比较有利＝4，一般＝3，不大有利＝2，很不利＝1）所得的平均值。中间值为3。分值越大，代表越有利。第8列为第7列均值换算为百分制的数值。本部分后面相关表格中的均值和百分制均与此相同。

表8—25　企业经营者对经济体制的评价及比较（％）

	很有利	比较有利	一般	不大有利	很不利	均值	百分制
全国企业总经理层面	8.7	43.4	27.1	18.3	2.5	3.38	67.6
深圳企业总经理层面	4.7	61.2	29.4	3.5	1.2	3.65	72.9

续表

	很有利	比较有利	一般	不大有利	很不利	均值	百分制
深圳企业部门经理层面	13.5	60.0	22.4	3.7	0.4	3.83	76.5

表8—26　企业经营者对人事政策的评价及比较（%）

	很有利	比较有利	一般	不大有利	很不利	均值	百分制
全国企业总经理层面	5.7	28.5	45.3	18.1	2.4	3.17	63.4
深圳企业总经理层面	11.8	41.1	31.8	14.1	1.2	3.48	69.6
深圳企业部门经理层面	10.5	37.9	41.8	8.4	1.4	3.48	69.6

注：表中第2行是全国企业经营者对影响企业家成长的政策环境（全国范围）的评价数据，第3、4行是深圳企业经营者对影响企业家成长的人事政策环境（深圳范围）的评价。人事政策环境是政策环境的一部分。在进行比较中，应注意这种区别。

表8—27　深圳企业经营者对人才市场的评价及比较（%）

	很有利	比较有利	一般	不大有利	很不利	均值	百分制
深圳企业总经理层面	12.9	51.8	30.6	3.5	1.2	3.72	74.3
深圳企业部门经理层面	16.4	41.4	38.4	3.4	0.4	3.70	74.0

注：中国企业家调查系统未设置企业经营者对人才市场的评价，故该表没有全国企业经营者在这方面的数据。

表8—28 企业经营者对文化环境的评价及比较（%）

	很有利	比较有利	一般	不大有利	很不利	均值	百分制
全国企业总经理层面	2.8	25.1	57.6	13.2	1.3	3.15	63.0
深圳企业总经理层面	5.9	54.8	29.5	5.9	3.9	3.53	70.6
深圳企业部门经理层面	11.3	42.3	40.6	5.8	/	3.59	71.8

表8—29 企业经营者对社会舆论的评价及比较（%）

	很有利	比较有利	一般	不大有利	很不利	均值	百分制
全国企业总经理层面	3.8	27.0	47.3	18.6	3.3	3.09	61.8
深圳企业总经理层面	8.2	49.4	32.9	8.3	1.2	3.55	71.0
深圳企业部门经理层面	12.7	42.4	40.7	3.8	0.4	3.63	72.6

表8—30 企业经营者对法律环境的评价及比较（%）

	很有利	比较有利	一般	不大有利	很不利	均值	百分制
全国企业总经理层面	3.7	20.6	49.3	22.2	4.2	2.97	59.4
深圳企业总经理层面	3.5	43.5	42.4	9.4	1.2	3.39	67.7
深圳企业部门经理层面	10.2	37.3	46.1	4.7	1.7	3.49	69.9

上述数据说明，深圳企业经营者对深圳市影响企业家成长的外部环境在总体上给予了肯定的评价。在上述七个表格中，对相关外部环境的积极评价最低比重的也达到47.0%，以5分制计算，也高于中间值的3分，为3.39分，换算为百分制，为67.7%。

调查结果还显示，企业经营者一方面对七个方面的外部环境的评价存在差异；一方面总经理层面与部门经理层面的评价也存在差异。例如，积极评价最高的（"市场环境"约占77%）比最低的（"法律环境"约占67%）高出10个百分点。这说明深圳的法律环境的建设仍有待加强。又例如，尽管在对各个外部环境的总体评价上，总经理层面与部门经理层面的差别不大，但在具体的评价程度上二者却存在着比较明显的不同。可以看出，在"很有利"的评价方面，部门经理层面往往高于总经理层面（除极个别例外），而在"比较有利"的评价方面，总经理层面又往往高于部门经理层面。

上述七个表格显示，如果与全国企业经营者的相关数据进行比较分析，容易看出，对于每一个外部环境的评价，深圳经营者所给出的数据均高于全国的平均水平，从而在总体评价上，前者非常明显地高于后者。比如，在积极肯定的评价上，按百分制进行比较，二者最高评价之间（全国的数据为68.4%，深圳的数据为77.7%）相差9.3个百分点；二者最低评价之间（全国的数据为59.4%，深圳的数据为67.7%）相差15.3个百分点。这一比较结果表明，从总体上看，深圳的外部环境对企业家的成长要比全国的外部环境有利。应该说，这是深圳改革开放和市场经济建设先行一步的反映。不过，在另一方面，从总体上看，深圳企业经营者中仍有三到四成对本市的法律环境、社会舆论、文化环境、人才市场和人事政策等五个外部环境（占七大外部环境的71.4%）的建设只给予"一般"的评价；尤其是对法律环境的评价，给予"一般"评价的比重基本上与全国的平均数据接近，均为四成多（全国的平均比重为49.3%，深圳的平均比重为44.3%）。与此同时，同全国企业经营者一样，深圳企业经营者对"法律环境"的评价都是最低的。这说明，即使深圳的外部环境与全国相比对于企业家的成长更为有利，但要更好地促进企业家队伍的快速健康成长和发展，深圳的各种外部环境仍需进一步改善，尤其是法律环境的建立和健全仍然是外部环境建设中的重点。

2. 企业家选拔途径、培训体系的评析

企业家的选择途径、培训体系从一个方面反映了企业家队伍市场化、制度化的程度。在调查中我们选用了中国企业家调查系统关于企业经营者获取现任职位的途径和他们对培训体系的评价方面的题目。先看关于企业经营者当前职位获取的途径的调查结果及比较，见表8—31。

表8—31　经营者获得目前职位的途径及比较（%）

	组织任命	市场双向选择	组织选拔与市场选择相结合	自己创业	职工选举	其他
全国企业总经理层面	45.9	3.3	11.1	24.5	13.2	2.0
深圳企业总经理层面	15.1	29.1	21.0	29.1	3.5	2.2
深圳企业部门经理层面	26.5	37.8	21.4	5.1	0.4	8.8

注：全国平均数据为2002年的调查数据。

调查结果显示，深圳企业总经理层面的经营者获取目前职位比重的前三个途径，首先是"市场双向选择"和"自己创业"，二者均占29.1%；其次是"组织选拔与市场选择相结合"

（占 21.0%）；最后是"组织任命"的方式（占 15.1%）。而企业部门经理层面的获取目前职位途径排序的前三位则分别是："市场双向选择"（占 37.8%），"组织任命"（占 26.5%）和"组织选拔与市场选择相结合"（占 21.4%）。与全国企业总经理层面经营者获取职位的状况相比，深圳企业总经理层面在获取职位的途径中，"组织任命"的方式低 30.8 个百分点，"市场双向选择"的方式高 25.8 个百分点，"自己创业"的方式高 46 个百分点。这说明深圳企业总经理层面经营者职位获取的途径，市场化的程度高于全国的平均水平。

如果将国有企业独立出来进行考察，见表 8—32。

表 8—32　国有企业总经理层面获得目前职位的途径及比较（%）

	组织任命	市场双向选择	组织选拔与市场选择相结合	自己创业	职工选举	其他
全国企业总经理层面	90.0	0.3	6.3	0.7	2.5	0.2
深圳企业总经理层面	70.0	10.0	10.0	0.8	0.2	／

注：全国平均数据为 2002 年的调查数据。

比较表 8—31 和表 8—32 的相关数据，可以看出，深圳国有企业总经理在获取职位的比较中，通过"组织任命"方式获取职位者，仍高达 70.0%。该比重一方面比全国国有企业的平均数据低 20 个百分点；另一方面又比全国企业的平均数据高 24.1 个百分点，更比深圳企业的平均数据高 54.1 个百分点。而通过

"市场双向选择"和"组织选拔与市场选择相结合"方式获取职位者，一方面比全国国有企业分别高9.7和3.7个百分点，一方面又比深圳企业的平均数据分别低19.1和11个百分点。这说明，虽然深圳企业总经理在选拔途径方面市场化的程度比较高，但在不同经济类型的企业中是不平衡的，而深圳国有企业总经理选拔的主要途径仍然以组织任命为主，离市场化的要求仍有相当大的差距。它意味着深圳国有企业在这方面改革的任务仍很艰巨。

经营者对选拔制度的满意程度及比较见表8—33。

表8—33　经营者对选拔制度改革的满意程度及比较（％）

	很满意	比较满意	一般	不大满意	很不满意
全国企业总经理层面	2.3	23.8	42.9	26.1	4.9
深圳企业总经理层面	6.0	16.7	54.8	21.4	1.2
深圳国有企业总经理层面	／	10.0	50.0	38.2	1.8
深圳企业部门经理层面	1.6	19.8	54.5	22.4	1.7

对表8—33的分析可以看出，深圳企业经营者对选拔制度的不满意程度（总体平均数据为23.4）低于全国的平均数据（31%），而其满意程度（总体平均数据为22.1%）也低于全国的平均数据（26.1%）。我们对这种有点矛盾的双低于情形的看法是，不满意程度上的低于大致上反映了深圳在选拔制度的改革中走在全国前面的事实；而满意程度上的低于则应该是深圳企业经营者对选拔制度的改革存在着较高期望的反映。

为了了解深圳国有企业总经理层面对选拔制度满意状况的

评价，我们在上表中专门将其满意程度的相应数据列出进行比较。该表显示，深圳国有企业总经理层面的经营者在这方面的不满意程度为40%，这一数据不但高于本地的其他经营者的平均数据，也高于全国的平均数据；而他们在这方面的满意程度为10%（值得注意的是，该层面的经营者在"很满意"评价方面的数据为0），这一数据不但低于本地的经营者的平均数据，也低于全国的平均数据。应该说，这种比较从另一个方面反映或印证了上面对表8—32的分析，它进一步说明深圳国有企业总经理选拔制度改革的任务仍然相当艰巨。

对经营者进行教育和培训是提高其素质的重要手段，本次调查从经营者对教育培训体系和对自身学习进修两个方面的满意程度入手，了解他们的评价。这两方面的调查结果及比较见表8—34和表8—35。

表8—34　经营者对教育培训体系的满意程度及比较（%）

	很满意	比较满意	一般	不大满意	很不满意
全国企业总经理层面	2.4	26.4	47.9	21.4	1.9
深圳企业总经理层面	8.2	36.5	37.6	15.3	2.4
深圳企业部门经理层面	6.8	27.5	47.9	17.0	0.8

表8—35　经营者对自身学习进修的满意程度及比较（%）

	很满意	比较满意	一般	不大满意	很不满意
全国企业总经理层面	6.4	32.8	39.2	20.1	4.0

续表

	很满意	比较满意	一般	不大满意	很不满意
深圳企业总经理层面	4.7	46.4	41.7	6.0	1.2
深圳企业部门经理层面	2.1	41.2	43.4	10.6	2.7

调查数据显示，从总体上看，深圳企业经营者对教育培训体系的平均满意程度为 39.5%，高于全国 26.8% 的平均水平；平均不满意程度为 17.8%，低于全国 23.3% 的平均水平。从不同层面上看，总经理层面经营者的满意程度更高些。这一方面说明深圳企业经营者在总体上对教育培训体系仍不够满意；另一方面又反映出深圳的教育培训体系相对全国而言仍是较好的。

在自身学习进修方面，情况也大致相同，不过其满意程度更高些。调查结果显示：从总体上看，这方面深圳企业经营者的平均满意程度为 47.2%，高于全国 39.2% 的平均水平；不满意程度为 10.3%，低于全国 24.1% 的平均水平。从不同层面上看，总经理层面经营者的满意程度同样更高些。

在一定意义上，职业经理人市场的发育状况是对上述三种情形的综合反映。因此，企业经营者对职业经理人市场的满意程度对我们了解上述三个方面的问题有参考价值。

表8—36 经营者对职业经理人才市场培育的满意程度及比较（%）

	很满意	比较满意	一般	不大满意	很不满意
全国企业总经理层面	2.6	15.9	45.9	30.9	4.7

	很满意	比较满意	一般	不大满意	很不满意
深圳企业总经理层面	6.0	21.7	56.7	14.4	1.2
深圳企业部门经理层面	5.8	29.1	50.1	14.6	0.4

表8—36显示，从总体上看，深圳企业经营者对职业经理人才市场发育状况的平均满意程度为31.3%，高于全国18.5%的平均水平；平均不满意程度为15.3%，低于全国35.6%的平均水平。这一方面说明深圳企业经营者在总体上对职业经理人才市场仍不够满意；另一方面又反映出深圳的职业经理人才市场的发育相对全国而言还是较好的。

在选拔制度的改革方面，我们结合深圳的实际，出了一道选择题："深圳市对国有企业经营者在全球范围内公开招聘方式是可取的"，请被调查者对此分别作出肯定、否定或弃权的回答。

调查结果表明，总经理层面的经营者对此的回答分别是：肯定的占59.8%，否定的占27.6%，弃权的占12.6%。持肯定态度的比持否定态度的多出32.2个百分点。部门经理层面的经营者对此的回答分别是：肯定的占67.4%，否定的占20.9%，弃权的占11.7%。持肯定态度的比持否定态度的多出46.5个百分点。这说明深圳企业的经营者中，对此项举措持肯定态度的占大多数；并且部门经理层面的经营者对此的肯定程度又高于总经理层面的经营者。

3. 对激励和约束企业家制度的认识

企业家队伍成长的制度化涉及方方面面的制度安排。本部分分析的内容主要是有关建立激励制度和监督制度方面的问题。

有效的激励机制有利于充分调动企业经营者的积极性。中国企业家调查系统的调查结果显示，大多数企业经营者认为最有效的激励因素是"与业绩挂钩的高收入"，选择比重为74.3%，其他激励因素依次是"较高的社会地位（32.9%）"、"完善的社会福利保障制度（29%）"、"持有股票期权（20.9%）"以及"表彰与奖励（13.2%）"。深圳企业经营者的选择与此大同小异，具体比较见表8—37。

表8—37　企业经营者对最起作用的激励因素排序的比较

	全国企业总经理层面	深圳企业总经理层面	深圳企业部门经理层面
与业绩挂钩的高收入	①	①	①
较高的社会地位	②	③	④
完善的社会福利保障制度	③	④	②
持有股票期权	④	②	③
表彰与奖励	⑤	⑤	⑤
其他	⑥	⑥	⑥

表8—37显示，在对激励因素的排序的比较上，深圳企业经营者在第一、五、六位置上的排序与全国经营者的选择一致，但在第二、三、四位置上的排序则不相同。对于深圳企业总经理层面的经营者而言，选择"持有股票期权"的比重高于选择"较高的社会地位"和"完善的社会福利保障制度"；而对于深圳企业部门经理层面的经营者而言，选择"完善的社会福利保障制度"的比重高于选择"较高的社会地位"和"持有股票期权"。

对于期望的收入形式和实际的收入形式的调查及比较有见下两个表格。

表8—38　企业经营者期望的收入形式及比较（%）

	月薪	月薪加奖金	年薪制	风险抵押承包制	股息加红利	期权股份	其他
全国企业总经理层面	7.3	12.0	51.5	9.4	19.9	17.0	2.5
深圳企业总经理层面	10.7	22.6	41.7	7.1	17.9	16.7	1.2
深圳企业部门经理层面	2.9	35.6	30.1	6.8	19.5	11.9	3.0

注：由于存在重叠选择的情况（一般是选择月薪的往往还同时选择另外形式），因此各列比例合计大于100%。

表8—39　经营者实际的收入形式及比较（%）

	月薪	月薪加奖金	年薪制	风险抵押承包制	股息加红利	期权股份	其他
全国企业总经理层面	42.7	37.1	17.7	4.9	17.0	3.7	3.7
深圳企业总经理层面	24.0	36.5	24.7	5.9	5.9	5.9	4.7
深圳企业部门经理层面	27.8	59.9	9.3	0.4	0.8	0.8	0.7

注：由于存在重叠选择的情况（一般是选择月薪的往往还同时选择另外形式），因此各列比例合计大于100%。

表8—38显示，全国企业经营者不满足于"月薪"或"月薪加奖金"的收入方式，期望采用现代企业的一些薪酬制度。首先"年薪制"是最受推崇的收入方式，选择比重为51.5%；其次是"股息加红利"方式，比重为19.9%；最后是"期权股份"方式，比重为17%。而深圳企业经营者的期望与此有所不同。对于深圳总经理层面的经营者而言，"年薪制"虽然也是最受推崇的收入方式，但选择比重为41.7%，比全国水平约低10个百分点。其次是"月薪加奖金"，比重为22.6%；然后才是"股息加红利"和"期权股份"方式，比重分别为17.9%和16.7%。至于深圳总经理层面期望"月薪"方式的比重达到10.7%，必须加以说明的是，绝大部分填表者所期望的是"月薪"方式与"股息加红利"或"期权股份"等其他现代薪酬方式的结合。

表8—38还显示，深圳部门层面经营者所期望的收入方式又有自己的特点。对该层面而言，最受推崇的收入方式是"月薪加奖金"，其比重为35.6%，而作为现代薪酬制的"年薪制"、"股息加红利"和"期权股份"等方式依次排在其后，所占比重分别为30.1%、19.5%和11.9%。深圳企业经营者对收入形式的期望的这种不一般的现象值得进一步研究。

表8—39显示，在实际收入形式方面，实际采用现代企业分配方式的情形比较复杂。在深圳企业总经理层面，实行"年薪制"和"期权股份"的比重分别为24.7%和5.9%，高于全国的平均比重（分别只占17.7%和3.7%），而深圳企业总经理层面实行"股息加红利"的比重为5.9%，低于全国的平均比重（17%）。总体上看，企业经营者的主要收入形式仍然是"月薪"和"月薪加奖金"，而深圳企业部门经理层面经营者这方面的情形更加突出。在他们那里，这两种收入形式比重之和达到

87.7%，比深圳总经理层面的比重高 27.2 个百分点，比全国的平均比重高 7.9 个百分点。

比较表 8—38 和表 8—39 的相关数据，可以看出，在实行现代薪酬制方面，企业经营者期望的收入形式与实际的收入形式之间差距还是比较大的。以年薪制为例，表中三个层面的经营者的差距按百分点统计，分别是 34.4、17 和 20.8。

表 8—5 的数据已经说明，深圳企业经营者的平均年收入远远高于全国的平均水平。这一点，在回答"您认为自己的责任和风险是否已得到报酬"时有所体现（在中国企业家调查系统中，对这一问题设置了三个选项：全部得到报酬、部分得到报酬和基本没有得到报酬。在我们的调查问卷中，相关的问题是："您认为自己的才能、责任和风险与自己实际得到的报酬是否相符"，其下有五个选项：得到了超额报酬、得到了合理报酬、得到部分报酬、得到很少部分报酬和不清楚。这五个选项的中间三项与前者基本相同，可进行对应比较）。表 8—40 是对这一问题的统计数据及比较。

表 8—40　经营者认为自己的责任和风险等到报酬与否情况及比较（%）

—	—	全部得到报酬	部分得到报酬	基本没有得到报酬	—
—	得到超额报酬	得到合理报酬	得到部分报酬	得到很少报酬	不清楚
全国企业总经理层面	/	7.1	63.2	29.7	/
深圳企业总经理层面	2.3	46.5	41.9	9.3	/
深圳企业部门经理层面	0.4	42.4	47.5	9.2	0.5

表8—40 显示，全国大多数企业经营者（占92.9%）认为自己的责任与风险没有得到合理的报偿，只有7.1%的企业经营者认为自己的责任与风险"全部得到了报酬"。与这种比重悬殊的情形（二者的百分比相差达到85.8）不同的是，在深圳企业经营者的平均数据中，这两种比重极为接近：认为自己的责任与风险没有得到合理的报偿的占53.9%，认为得到合理报酬的占45.8%（二者的百分比相差仅为8.1）。

对激励机制建立的满意程度，企业经营者的回答结果及比较见表8—41。

表8—41　经营者对激励机制的满意程度及比较（%）

	很满意	比较满意	一般	不大满意	很不满意
全国企业总经理层面	3.7	24.4	33.8	31.3	6.8
深圳企业总经理层面	3.6	21.4	47.6	25.0	2.4
深圳企业部门经理层面	2.6	19.0	57.8	17.2	3.4

表8—41 显示，从总体上看，深圳企业经营者对激励机制的平均满意程度为23.3%，低于全国28.1%的平均水平；平均不满意程度为24.0%，也低于全国38.1%的平均水平。从满意程度和不满意程度的比较来看，全国企业经营者的不满意程度比满意程度高出10个百分点，而在深圳企业经营者那里，这两个数据仅仅相差0.7个百分点，是基本接近的。对激励机制表示"一般"的比重，深圳的数据为52.7%，比全国33.8%的数据高出18.9个百分点。这些数据说明，企业经营者对激励机制的状况并不是很满意，同时也反映深圳在建立新的富有活力的激励机制方面的工作仍处于全国的前列。如果对表8—5、表

8—40 和表 8—41 进行比较分析，不难看出，深圳企业经营者的相关数据反映出这样的情形：经营者收入的增加和在收入方面满意程度的提高，并不意味着他们对激励机制的满意程度必定会同时提高。它说明人们的收入达到一定的水平后，其他的一些因素会在较大程度上影响人们对激励机制满意程度的评价。它更反映出影响激励机制方面改革的因素相当复杂，说明这种改革仍有相当长的路要走。

激励机制的建立与薪酬制度的改革密切相关，它牵涉多方面的热点和难点，其中，"实行股票期权制"是一个重大的热点和难点。我们就中国企业家调查系统设置的相关问题向被调查者进行提问，得出如下表格。

表 8—42　企业经营者认为实行股票期权的难点及比较（%）

	企业改制不到位	公司上市困难	对经营者贡献的定量评价有难度	运作规则不清楚	对经营者的监督有难度	其他
全国企业总经理层面	48.3	33.3	32.9	30.3	16.9	1.0
深圳企业总经理层面	34.9	19.3	32.5	15.7	12.0	/
深圳企业部门经理层面	34.9	11.9	31.9	21.7	23.0	1.7

调查结果显示，三个层面的企业经营者对实行股票期难点的排序不完全一致，但其明显的共同点在于：大家都认为处于第一位的难点是"企业改制不到位"，其排序比重都是最大的。至于第二位难点，在全国企业经营者中，比重最大的是"公司

上市困难";而深圳企业经营者则认为"对经营者贡献的定量评价有难度"处于第二位。这一难点在全国企业经营者的排序比重中处于第三位;深圳企业总经理层面的经营者将"公司上市困难"排在第三位;深圳企业部门经理层面的经营者则将"对经营者的监督有难度"排在第三位。这种排序的多样化说明了薪酬改革的复杂性。

在薪酬制度的改革方面,我们结合相关实际给出两道选择题,即:"国有企业经营者与职工收入的平均差距达到 13 倍左右是合理的"和"TCL 主要领导人获得上亿股权的安排是正常的"。请被调查者对此作出肯定、否定或弃权的回答。

调查结果表明,对第一道问题,总经理层面的经营者对此的回答分别是:肯定的占 47.1%,否定的占 27.6%,弃权的占 25.3%。持肯定态度的比持否定态度的多出 19.5 个百分点。部门经理层面的经营者对此的回答分别是:肯定的占 44.4%,否定的占 33.1%,弃权的占 22.6%。持肯定态度的比持否定态度的多出 11.3 个百分点。这说明深圳企业的经营者中,对"企业经营者与职工收入的平均差距达到 13 倍左右是合理"的观点持肯定态度的比重较大;并且总经理层面的经营者对此的肯定程度高于部门经理层面的经营者。

调查结果还表明,对第二道问题,总经理层面的经营者对此的回答分别是:肯定的占 35.6%,否定的占 40.2%,弃权的占 24.2%。持肯定态度的比持否定态度的少 4.6 个百分点。部门经理层面的经营者对此的回答分别是:肯定的占 34.7%,否定的占 36.4%,弃权的占 28.9%。持肯定态度的比持否定态度的少 1.7 个百分点。这说明深圳企业的经营者中,对"TCL 主要领导人获得上亿股权的安排是正常的"的观点持否定态度的比重较大；并且总经理层面的经营者对此的否定程度高于部门经理层面的经营者。

建立有效的监督约束机制是保证企业家队伍健康成长的必要条件。改革开放以来，不少企业家甚至是赫赫有名的企业家由于各种原因纷纷落马。当问及"在您看来，企业经营者最容易出现的问题是什么"时，深圳企业两个层面的经营者与全国企业经营者一样，前两位的排序都是"决策失误"和"用人不当"（对此，全国企业经营者的平均数据分别是 57.7% 和 50.8%；深圳企业总经理层面经营者的平均数据分别是 83.7% 和 59.3%；深圳企业部门经理层面经营者的平均数据分别是 77.9% 和 65.1%）。这之后的排序略有不同。具体的调查统计数据及比较见表 8—43。

表 8—43　对经营者最容易出现的问题的判断及比较（%）

	经济问题	生活腐败	决策失误	政治问题	用人不当	独断专行	弄虚作假	其他
全国企业总经理层面	32.7	11.0	57.7	1.1	50.8	21.0	10.3	0.5
深圳企业总经理层面	40.7	23.3	83.7	8.1	59.3	48.8	17.4	4.7
深圳企业部门经理层面	42.5	20.4	77.9	4.3	65.1	53.1	24.3	5.5

通过对表 8—43 的分析比较，容易看出深圳企业经营者的选择比重有一个较为明显的特点：对每个容易出现的问题的选择，其选择比重都高于全国的平均数据。而从深圳企业两个层面经营者的选择来看，对最容易出现的问题，总经理层面的经

营者选择"生活腐败"、"决策失误"和"政治问题"的比重高于部门经理层面；而选择"经济问题"、"用人不当"、"独断专行"和"弄虚作假"的比重则低于部门经理层面。

关于对"企业经营者监督约束制度建立"状况的评价，有如下比较。

表8—44　经营者对监督约束制度的满意程度及比较（%）

	很满意	比较满意	一般	不大满意	很不满意
全国企业总经理层面	3.7	20.1	23.8	24.4	5.2
深圳企业总经理层面	3.6	18.1	57.8	19.3	1.2
深圳企业部门经理层面	2.5	13.1	54.2	25.0	5.1

可以看出，在企业经营者的监督约束机制的建立方面，企业经营者的满意程度不是太高。在全国平均数据中，选择"很满意"和"比较满意"的分别占3.7%和20.1%，而"不太满意"和"很不满意"的分别占24.4%和5.2%，表示"一般"的占46.6%，选择"满意"的比"不满意"的少5.8个百分点。而深圳平均数据是：选择"很满意"和"比较满意"的分别占3.1%和15.6%，而"不太满意"和"很不满意"的分别占22.2%和3.2%，表示"一般"的占56.0%，选择"满意"的比"不满意"的少6.7个百分点。可见，从总体上看，深圳企业经营者在这方面的不满意程度稍高些。

建立监督约束机制，必须考虑什么因素是最有效约束因素。中国企业家调查系统就此问题给出了如下九个选项：法律法规、自身修养、董事会及监事会、职工民主监督、消费者、社会舆论监督、政府有关部门、企业内党组织和其他。我们据此让被调查者进行选择。调查结果表明，对最有效的监督约束因素按选择比重的大小进行排序，在前三项和后两项的选择上，深圳企业经营者与全国企业经营者的排序是一致的。这其中，全国企业经营者对"自身修养"的选择比重高于深圳企业经营者，而深圳企业经营者对"法律法规"和"董事会及监事会"的比重高于全国企业经营者。而对其他相关约束因素，二者之间则存在着不尽相同的排序选择。

具体的分析表明，对中间四项因素的选择，全国企业经营者选择"职工民主监督"和"消费者"的比重高于深圳企业经营者，而深圳企业经营者选择"社会舆论监督"和"政府有关部门"的比重高于全国企业经营者。

下面是企业经营者对最有效约束因素的选择及排序的比较：

表8—45　企业经营者对最有效约束因素的选择及排序比较

	全国企业 总经理层面	深圳企业 总经理层面	深圳企业 部门经理层面
法律法规	① 78.6	① 80.2	① 82.1
自身修养	② 61.4	② 58.1	② 53.6
董事会及监事会	③ 36.6	③ 51.2	③ 50.2
职工民主监督	④ 34.2	⑥ 19.8	⑥ 23.4
消费者	⑤ 17.8	⑦ 19.8	⑦ 16.2
社会舆论监督	⑥ 16.1	④ 25.6	④ 35.7
政府有关部门	⑦ 13.4	⑤ 25.5	⑤ 26.4
企业内党组织	⑧ 7.8	⑧ 5.8	⑧ 4.3
其他	⑨ 0.4	⑨ 2.3	⑨ 3.4

注：圆圈中的数为排序数。

深圳企业经营者的选择在下述分组考察中具有一致性。国有企业总经理层面经营者选择"职工民主监督"和"企业内党组织"的（全国的比重分别为48.5%和12.7%，深圳的比重分别为30.0%和20.0%）均高于非国有企业（全国的比重分别为28%和5.6%，深圳的比重分别为18.2%和3.9%）。而后者选择"董事会及监事会"和"消费者"的（全国的比重分别为43.0%和20.3%，深圳的比重分别为50.6%和22.1%）比重高于国有企业（全国的比重分别为21.9%和11.9%，深圳的比重分别为50.0%和0.1%）。

了解企业经营者对最必要的监督制度的看法对于建立有效的监督约束机制具有重要参考意义。中国企业家调查系统对此问题给出了六个具体的选项。我们在调查问卷中，据此对被调查进行提问，结果表明，深圳企业两个层面的经营者的选择有所不同。一方面，深圳企业部门经理层面经营者的排序与全国企业经营者的完全一致，即对六个选项的选择比重的顺序依次是："企业经营者业绩考核制度"、"任期经济责任审计制度"、"决策失误个人责任追究制度"、"企业经营者信用记录制度"和"企业经营者任职资格制度"。另一方面，深圳企业总经理层面的经营者除了在第二、三位的排序上与全国企业经营者不同外（即深圳企业总经理层面与全国相应层面经营者的排序中，选择"决策失误个人责任追究制度"的比重分别为37.0%和35.4%，前者比后者的选择比重高1.6个百分点；选择"任期经济责任审计制度"的比重分别为29.6%和37.5%，前者比后者低7.9个百分点），而其他选项的选择比重排序完全相同。对此问题的具体调查数据及比较见表8—46。

表8—46　对企业经营者进行监督最必要的制度及排序比较（％）

	企业经营者业绩考核制度	任期经济责任审计制度	决策失误个人责任追究制度	企业经营者信用记录制度	企业经营者任职资格制度	其他
全国企业总经理层面	① 68.8	② 37.5	③ 35.4	④ 29.8	⑤ 8.9	⑥ 0.5
深圳企业总经理层面	① 56.8	③ 29.6	② 37.0	④ 21.0	⑤ 12.3	⑥ ／
深圳企业部门经理层面	① 47.2	② 37.8	③ 32.3	④ 20.9	⑤ 10.6	⑥ 2.1

注：圆圈中的数为排序数。

　　在我们的调查中，为了考察被调查者对相关社会问题思考的积极性和主动性，给出了一道建议题，请被调查者对企业家职业化、市场化提出自己的建议。调查结果表明，对此题作出回答和未作回答的比重状况是，总经理层面分别为43.7％和56.3％，部门经理层面分别为41.4％和58.6％。未提建议者的比重比提建议者的比重分别高12.6和17.2个百分点。该项数据说明深圳企业经营者关注社会问题的积极性和主动性有待提高。

　　对被调查者所提建议进行分类，结果显示，深圳企业经营者对实现企业家职业化和市场化所提的建议的比重排序是：经济体制改革方面的建议（60.7％）、政治体制改革方面的建议（37.0％）、建立培训体系方面的建议（29.6％）、法制建设方面的建议（28.1％）、舆论宣传方面的建议（17.0％）和文化体制方面改革的建议（14.8％）。

五、总体评析和建议

1. 总体评析

中国企业家调查系统在 2003 年关于中国企业经营者成长与发展的专题调研报告中，对中国企业家队伍成长现状环境给出了总体评价。本报告的数据分析说明，深圳企业经营者的状况及成长环境对此基本予以支持。另外，由于深圳经济特区的地位和其在改革开放中的窗口地位，使得深圳企业经营者在与全国企业经营者具有共同点的同时，又具有自身的特点。

深圳企业经营者的平均状况与全国企业经营者相比，具有更加年轻、更具有活力和创新精神、文化程度更高、收入水平更高、生活条件和身体条件更好等特点。从总体上看，深圳企业经营者的职业化意识、独立的角色意识和自信心更强，对自身的社会地位、政治地位和经济地位的满意程度更高，同时竞争带来的风险意识和心理压力也更强和更大，其应对竞争的整体素质也更高些；相应地，其对成长环境的要求也更高。

从对调查问卷的分析中可以看出，在影响企业家成长的环境因素中，深圳的市场环境、法律环境、制度环境等外部因素，相对于全国的平均水平而言也是比较好的，有些方面处于全国的先进水平。但即使如此，深圳的外部环境依然是有喜有忧，许多方面尤其是法律环境方面仍然有待进一步改进和完善。企业经营者的选拔制度、激励制度和监督制度方面虽然取得了一定的成绩，但与企业经营者们的要求和愿望相比，仍有较大差距。特别是国有企业的改革，表现得步履维艰，有的方面例如企业经营者的选拔任用制度的改革甚至落后于全国平均水平。这说明深圳国有企业的改革仍然任重道远。在访谈调查中，也发现企业经营者的一些问题：比如企业经营者的职业化意识不是很强烈；国企经营者既向往目前的经济待遇，又对官员行政等级的身份有浓厚的留恋意识；非企业主型的企业经营者普遍有浮躁心理，为个人留后路的意识比较严重，等等。

在对调研数据分析的基础上，提出如下对策性建议：

2. 对企业经营者的建议

第一，企业经营者应该增强社会责任感。在我们的调查问卷中，有一道建议题，对此题作出回答和未作回答的比重状况是，总经理层面分别为43.7%和56.3%，部门经理层面分别为41.4%和58.6%。未提建议者的比重比提建议者的比重分别高12.6和17.2个百分点。这说明深圳企业经营者队伍应进一步提升自己的社会参与度，增强社会责任感。

第二，企业经营者应进一步增加职业的自豪感和历史使命感。通过对调查数据的统计，我们发现，深圳企业经营者对自身形象的评价和对企业家的地位和作用的评价均低于全国企业经营者的评价，这种观念不利于企业家的成长。因此，企业经营者应该提升对企业家职业的认识，增强职业的自豪感和历史使命感。

第三，企业经营者应进一步强化"诚信守法"的价值观。虽然相关的调查数据表明，相当数量的企业经营者认同"诚信守法"的价值观，但也有另外一些调查数据表明，这种观念在大多数企业经营者心中牢固确立并付诸实践，仍需时日。作出这个建议的依据不仅是因为将"诚信守法"作为首选的企业经营者仍然未达到一半（占48.8%），更是因为对如下问题的回答中出现的肯定、否定和弃权比重。即在回答"如果不会被抓，很多人都会违规取得好处（比重分别为49.7%、36.5%和

13.8%。后二者之和超过50%)"、"很少人真正遵守自己表明的道德标准（比重分别为42.6%、42.6%和14.8%。后二者之和也超过50%)"和"如做生意完全守法，则赚钱的机会就会很少（比重分别为23.3%、66.9%和9.8%。后二者之和更是大大超过50%)"。这说明，"诚信守法"的价值观在实践中得到完全遵循还不是一日之功。所以，企业经营者应不断强化"诚信守法"价值观。

第四，企业经营者应进一步增强自身的对外开拓能力。调查数据表明，与全国企业经营者相比，深圳企业经营者中，只是总经理层面的公关能力略所提高，而同属对外开拓能力的表达能力和市场营销能力仍然是弱项。整体而言，其对外开拓能力仍有待加强。

3. 对政府和相关部门的建议

企业经营者对外部环境的评价，尤其是其不满意的方面，在某种意义上是进一步改革的切入点。根据对调查数据的分析对政府和相关部门的工作提出若干政策性建议。

第一，转变政府职能，推动制度创新，完善制度化体系。深圳应该在转变政府职能方面有开拓性的创举，进一步理顺政企关系，在制度创新的基础上，加快选拔制度、激励制度和约束监督制度的改革，拓展企业家队伍成长的空间。例如在颁布实行年薪制的基础上，注重检查其落实情况。

第二，在已有的市场体系框架上，进一步加速市场化进程。应该加快各类市场体系的建设，特别是人才评价和人才流动市场的建设；特别是要充分利用自己的立法资源，加强与市场建设有关的立法，促进市场的规范化，为企业家队伍的成长创造良好的市场环境和法律环境。

第三，发展社会支持保障体系，明确职业身份，拓展企业家职业化空间。要进一步明确企业家的职业身份，发展有关的社会支持体系，落实企业家的法定权利，规范企业家的职业行为，提高企业家的职业素质，加快企业家队伍职业化建设的进程。

第四，发挥政策引导和舆论宣传的作用，克服传统观念的束缚，大力宣传优秀企业经营者，营造有利于企业家队伍健康成长的文化氛围。

第五，加强对企业经营者队伍的培训体系，提升其整体素质和价值观，使优秀企业家队伍的成长具备良好的学习进修环境。

深圳市企业经营者职业化市场化调查问卷（2004）

尊敬的各位企业经营者，您好！

您对这次调查的支持是企业经营者走向职业化市场化的动力。请协助我们完成这次问卷调查，您的填答将使我们的研究成果更丰富和完美。为表示谢意，我们将承诺对每份有效问卷的填答者，在研究完成后与您分享这次研究成果。每位填答者只要来函索取即奉上。

请在与您情况相符的"□"内打"√"，除特别说明外，每题请选一项。

　　　　　调查单位：深圳市企业经营者职业化市场化课题组
　　　　　问卷调查时间：2004 年 10—12 月

1. 您的基本情况：

性　　别：□男　□女

年　　龄：□35 岁及以下　□36—45 岁　□46—55 岁
　　　　　□56 岁及以上

文化程度：□高中　□大专　□本科　□研究生硕士　□博士

所学专业：□文史哲法律　□经济管理　□理工医农　□其他

现任职务：□董事长　□总经理　□厂长　□党委书记
　　　　　□其他　□副董事长　□副总经理　□副厂长
　　　　　□党委副书记

政治面貌：□中共党员　□共青团员　□民主党派
　　　　　□无党派人士

年 收 入：□10 万元以下　□10 万—20 万元　□21 万—50 万元

□51 万—100 万元　□100 万元以上

2. 您所在企业的基本情况：

所属行业：□高新科技　□农林牧　□制造业　□能源、水

□交通运输　□建筑、设计　□仓储　□邮电通信

□批零贸易　□餐饮业　□金融、保险　□房地产

□社会服务　□文教体卫电　□科研技术服务

□其他

经济类型：□国有企业　□集体企业　□私营企业

□股份合作企业　□股份有限公司

□有限责任公司　□内资企业　□外资企业

规　　模：□特大型　□大型　□中型　□小型

盈　　亏：□赢利企业　□持平企业　□亏损企业

3. 您对自己目前经济地位的满意程度

□非常满意　□比较满意　□一般　□不大满意　□很不满意

4. 您对自己目前社会地位的满意程度

□非常满意　□比较满意　□一般　□不大满意　□很不满意

5. 您对自己目前政治地位的满意程度

□非常满意　□比较满意　□一般　□不大满意　□很不满意

6. 您对目前深圳市企业家队伍的总体评价

企业家数量：□非常充足　□比较充足　□一般　□比较缺乏

□非常缺乏

企业家素质：□非常高　□比较高　□一般　□比较低

□非常低

7. 您对企业家群体形象的感知

在您自己心中的形象：□很好　□比较好　□一般　□不大好
　　　　　　　　　　　□很不好

在新闻媒体中的形象：□很好　□比较好　□一般　□不大好
　　　　　　　　　　　□很不好

在公众心目中的形象：□很好　□比较好　□一般　□不大好
　　　　　　　　　　　□很不好

在文艺作品中的形象：□很好　□比较好　□一般　□不大好
　　　　　　　　　　　□很不好

8. 您对企业家在促进我国改革与发展中的作用的评价

对社会财富创造：□很大　□比较大　□一般　□不太大
　　　　　　　　□不大

对企业制度改革：□很大　□比较大　□一般　□不太大
　　　　　　　　□不大

对所在社区发展：□很大　□比较大　□一般　□不太大
　　　　　　　　□不大

对科学技术发展：□很大　□比较大　□一般　□不太大
　　　　　　　　□不大

对社会文明建设：□很大　□比较大　□一般　□不太大
　　　　　　　　□不大

9. 您对深圳市企业家队伍成长环境的评价

市场环境：□很有利　□比较有利　□一般　□不太有利

□很不利

经济体制：□很有利　□比较有利　□一般　□不太有利
　　　　　□很不利

政策环境：□很有利　□比较有利　□一般　□不太有利
　　　　　□很不利

文化环境：□很有利　□比较有利　□一般　□不太有利
　　　　　□很不利

社会舆论：□很有利　□比较有利　□一般　□不太有利
　　　　　□很不利

法律环境：□很有利　□比较有利　□一般　□不太有利
　　　　　□很不利

10. 您目前职位获得的途径是

□组织任命　□市场双向选择　□组织选拔与市场选择相结合
□自己创业　□职工选举　□其他

11. 对下列工作在促进企业家队伍建设方面的满意程度

企业家培训体系：□很满意　□比较满意　□一般
　　　　　　　　□不太满意　□很不满意

企业家选拔制度：□很满意　□比较满意　□一般
　　　　　　　　□不太满意　□很不满意

企业家监督机制：□很满意　□比较满意　□一般
　　　　　　　　□不太满意　□很不满意

企业家激励机制：□很满意　□比较满意　□一般
　　　　　　　　□不太满意　□很不满意

职业经理市场培育：□很满意　□比较满意　□一般

　　　　　　　　□不太满意　　□很不满意

12. 您认为对企业家最起作用的激励因素依次排序是
□　□　□　□　□　□

1 与业绩挂钩的高收入　2 较高的社会地位　3 社会福利保障制度
4 持有股票期权　　　　5 表彰与奖励　　　6 其他

13. 您所期望的收入形式与实际的收入形式

您期望的收入形式：□月薪　　□月薪加奖金　　□年薪制

　　　　　　　　　　□风险抵押承包制　　□股息加红利

　　　　　　　　　　□期权股份　□其他

您实际的收入形式：□月薪　　□月薪加奖金　　□年薪制

　　　　　　　　　　□风险抵押承包制　　□股息加红利

　　　　　　　　　　□期权股份　□其他

14. 您认为自己的责任、付出和风险与自己实际得到的报酬是否相符
□得到了超额报酬　□得到了合理报酬　□得到部分报酬
□得到很少部分报酬　□不清楚

15. 您认为实行股票期权的难点是
□企业改制不到位　□公司上市困难
□对经营者贡献的定量评价有难度　□具体运作规则不清楚
□对经营者的监督有难度　□其他

16. 您认为企业家最容易出现的问题是（选填三个）

☐经济问题　☐生活腐败　☐决策失误　☐政治问题
☐用人不当　☐独断专行　☐弄虚作假　☐其他

17. 您认为对企业经营者最起作用的约束因素（选填三个）
☐法律法规　☐自身修养　☐董事会及监事会
☐职工民主监督　☐消费者　☐社会舆论监管
☐政府有关部门　☐企业党组织　☐其他

18. 您认为对企业经营者进行监督最必要的制度是
☐经营者业绩考核　☐任期经济责任审计
☐决策失误责任追究　☐企业经营者信用记录
☐企业经营者任职资格　☐其他

19. 作为企业经营者，您认为自己的能力从强到弱的排序依次是
☐　☐　☐　☐　☐　☐　☐　☐　☐
1 决策能力　2 组织协调能力　3 创新能力　4 公关能力
5 预见能力　6 知人善任能力　6 市场营销能力　8 学习能力
9 表达能力

20. 您对自己若干方面情况的总体评价
您的事业：☐很满意　☐比较满意　☐一般　☐不太满意
　　　　　☐很不满意
您的婚姻：☐很满意　☐比较满意　☐一般　☐不太满意
　　　　　☐很不满意
您的子女：☐很满意　☐比较满意　☐一般　☐不太满意
　　　　　☐很不满意

您的身心健康：□很满意　□比较满意　□一般　□不太满意
　　　　　　　□很不满意

您的社会交往：□很满意　□比较满意　□一般　□不太满意
　　　　　　　□很不满意

您的住房：□很满意　□比较满意　□一般　□不太满意
　　　　　□很不满意

您的业余生活：□很满意　□比较满意　□一般　□不太满意
　　　　　　　□很不满意

您的学习进修：□很满意　□比较满意　□一般　□不太满意
　　　　　　　□很不满意

21. 您认为企业家最应具备的素质或技能的排序是
□　□　□　□　□　□　□　□　□

1 决策能力　2 统筹协调能力　3 接受并传播新思想
4 善于与人沟通　5 愿意征求他人意见并愿意承认错误
6 有一技之长　7 形象好　8 有幽默感　9 其他

22. 您认为自己成功主要原因的排序是
□　□　□　□　□　□　□　□　□

1 自己非常努力　2 自己个人素质比较高　3 企业员工的支持
4 企业班子的支持和配合　5 遇上了好的机遇　6 国家政策好
7 有好的领导扶持　8 专业知识发挥了作用　9 其他

23. 您在企业活动中投入精力最多的工作的排序是
□　□　□　□　□　□　□　□　□

1 市场营销　2 寻找自我新的发展机会　3 协调对外部门的关系

4 强化企业内部管理　5 基建或技术改造项目　6 员工队伍建设

7 注意与上级关系　8 加强自己能力的学习　9 其他

24. 如果让您重新选择职业，您的首选是

☐企业经营者　☐政府官员　☐教师或技术人员

☐文艺工作者　☐自由职业者☐其他

25. 如果同样是做企业经营者，您更愿意在哪一类企业中任职

☐股份有限公司　☐私营企业　☐国有企业　☐集体企业

☐有限责任公司　☐外资及港澳台商投资企业　☐其他

26. 您对退休后的最大担忧是

☐经济收入减少　☐心理失落、没有寄托　☐没有足够的社会保障

☐没有满意的社会地位　☐没有便利的生活条件　☐其他

27. 您目前的工作状态

工作强度：☐极度紧张　☐压力比较大　☐一般

　　　　　☐不紧张　　　☐压力不大

工作时间：☐每天 8 小时　☐每天不到 8 小时

　　　　　☐每天大于 8 小时　☐每天在 12 小时以上

　　　　　☐周末照常休假　☐周末经常加班

28. 您是否患有以下慢性疾病（多项选择）

☐神经衰弱　☐高血压　☐慢性胃炎　☐高血脂病　☐冠心病

☐白内障　☐溃疡病　☐动脉硬化　☐糖尿病　☐其他

29. 您的情绪状况（多项选择)

压力很大：□经常出现　□有时出现　□很少出现
　　　　　□从未出现

烦躁易怒：□经常出现　□有时出现　□很少出现
　　　　　□从未出现

疲惫不堪：□经常出现　□有时出现　□很少出现
　　　　　□从未出现

心情沮丧：□经常出现　□有时出现　□很少出现
　　　　　□从未出现

疑虑重重：□经常出现　□有时出现　□很少出现
　　　　　□从未出现

挫折感强：□经常出现　□有时出现　□很少出现
　　　　　□从未出现

悲观失望：□经常出现　□有时出现　□很少出现
　　　　　□从未出现

报告二 深圳市国有企业经营者年薪收入调研报告 （2002）

课题调研小组对深圳市属国有企业经营者年薪收入情况进行了有点有面的调研，重点调查了投资、建设、商贸和深业 4 家市属控股公司及其下属 9 家有代表性的公司，并通过印发有关问卷和登记表，全面普查市属国有一级企业 2000 年经营者的收入情况。还考察了上海、南京对国有企业经营者实行年薪制的情况和做法。

通过广泛深入的调研，我们认为，国有企业经营者年薪收入是一个政策性、利益性、复杂性较强的难题，必须要有相对统一的政策、规范的制度、有效的监管，形成科学合理、公开透明、统一规范、激励与约束相统一的运行机制。

一、经营者年薪收入的基本特点

1. 基本形成以多种年薪制为主要形式的经营者收入分配制度

深圳市于 1994 年开始进行经营者年薪制试点，1997 年市政府出台了《深圳市国有企业经营者年薪制暂行规定》（深府〔1997〕第 239 号）（以下简称《暂行规定》），之后，有 66.1% 的国有一级企业逐步实行多种形式的年薪制。如投资、商贸系统在基本年薪和增值年薪方面执行《暂行规定》，但在奖励方面，从 1999 年开始对原有年薪制作了调整，各自出台了一套年终考核奖励办法；建设系统自 2000 年开始实行由系统内部制定的《深圳市建设投资控股公司产权代表责任人年度薪酬管理办法》；深业集团系统没有实行经营者年薪制，在其下属企业中，驻香港的企业由集团总部统一管理，驻深圳的企业经营者年薪收入由企业自主决定。

从2000年的执行情况看，投资、商贸、建设三大控股公司中，总共41家一级企业实行了多种形式的经营者年薪制，占其所属一级企业总数62家的66.1%。其中，投资管理公司，实行年薪制并经市劳动局核准结算的企业17家，占25家全资、控股一级企业的68%；商贸控股公司10家实行年薪制，占19家所属一级企业中53%；建设控股公司14家企业实行产权代表责任人年度薪酬制度管理办法，占18家所属一级企业的77.8%。还有31家企业经营者的年薪收入由企业自主决定，占三大控股公司所属一级企业总数的33.9%。

2. 经营者年薪收入总体水平偏高

从这次普查情况来看，大多数企业经营者年薪收入在20万元至40万元之间。如市投资管理公司25户一级企业2000年度经营者平均年收入为36.92万元，其中年薪收入32.27万元，占全部收入的87.41%，年薪外收入为4.65万元，占全部收入的12.59%。建设控股公司18户一级企业2000年度经营者平均现金年收入为26.30万元，其中年薪收入23.77万元，占全部收入的90.38%，年薪外收入为2.53万元，占全部收入的9.62%，个别企业达到20%以上；其中14家实行年度薪酬制度企业的经营者平均现金年收入为28.34万元，平均期股奖励为14.55万元，平均年薪总收入为42.89万元。商贸控股公司18户一级企业2000年度经营者平均年收入为24.10万元，10家实行年薪制的一类、二类企业经营者的平均收入达33.60万元，其中年薪收入26.38万元，占全部收入的78.50%，年薪外收入为7.22

万元，占全部收入的 22.50%。

有些经营者年薪收入过高。据企业上报的有关资料显示，2000 年，投资管理公司系统经营者年薪最高的是能源、国投两家公司，分别为 68 万元和 72 万元；建设控股公司经营者年薪最高的是城建，为 81.38 万元（据了解该企业不是一次兑现，其中大部分是以期股的形式支付，和企业长期经营活动相联系，分多次兑现）；商贸控股下属企业烟草公司经营者年薪最高的为 64.2 万元；深业集团情况比较特殊，存在深港两种分配制度，在深企业的泰然公司经营者年薪收入为 70 多万元。

3. 经营者年薪收入与内部员工之间及内地其他城市之间的差距拉大

深圳市国有企业经营者年薪收入增长较快，与职工的差距拉大。2000 年，投资、建设、商贸三大控股公司经营者年薪收入水平比上年增长 34%，同期全市国内生产总值增长 14.1%，在职职工平均工资增长 12%。前者比后者分别高出 19.9 个百分点和 22 个百分点，经营者与员工的收入水平明显拉大。到 2000年，深圳市国有企业经营者年薪收入是员工的 14.5 倍。

深圳市国有企业经营者年薪收入水平大大高于上海、南京等地。2000 年深圳市经营者年薪收入平均为 30.1 万元，根据实地调查所掌握的情况，上海市政府没有制定统一的经营者年薪制，经营者年薪制在一些行业内部实行，经营者年薪收入水平近年才达到平均 10 万元左右，也有个别企业特别是上市公司高达 30 万元左右。据南京市劳动局提供的材料：南京市于 1998 年实行年薪制，2000 年实行年薪制的国有及国有控股公司共 206户，平均年薪收入 4.46 万元，最高 20 万元，最低 0.52 万元。

4. 经营者年薪水平高，一定程度反映了深圳市场经济发展水平及经济结构转变的客观要求，但也呈现出增长过快，脱离客观实际的趋势

深圳市国有企业经营者年薪高，在一定意义上是由深圳经济社会发展水平所决定的。

其一，深圳经济增长一直处于较高水平，市场经济较内地发达，在职职工平均工资在全国是最高的，2000 年人月平均 1920 元，全国大部分地区人月平均不足 1000 元。

其二，深圳已形成了混合所有制经济的格局，非国有经济所占比重较大，经济市场化程度较高，员工收入主要由市场机制决定，多种经济成分相互竞争，国有企业面临强大的竞争对手。在这种条件下经营者的年薪收入必然会受到各种因素的影响。

其三，深圳劳动力市场和经理人才市场较全国发达，国有企业员工进入与退出劳动力市场较为灵活，一定的收入差距能为社会所接受。因此，国有企业经营者获取较高的年薪收入所遇到的阻力比上海、南京等城市要小。

其四，深圳毗邻香港，而香港经营者及员工的收入水平对深圳社会各类人员的收入水平有较大的参照影响。

但是，也必须看到，深圳市国有企业经营者收入增长过快，个别企业经营者收入过高，脱离了客观实际。从几个指标和上海、南京比较：从人均国内生产总值来看，上海为 34560 万元，南京为 18743 万元，深圳为 39739 万元，深圳分别是上海和南京的 1.15 倍和 2.12 倍；从在岗职工人均工资总额来看，上海为 18531 万元，南京为 13912 万元，深圳为 23039 万元，深圳分别是上海和南京的 1.24 倍和 1.69 倍；深圳经营者的年薪收入是上

海和南京的 3 倍和 6 倍左右，显然，深圳与上海、南京经营者年薪收入的差距远远大于职工人均工资和人均国内生产总值的差距。

5. 经营者年薪制有一定的激励和约束作用

年薪制对经营者有一定的激励作用。经营者年薪制是根据企业的经济效益指标来确定经营者年薪的制度，有利于调动经营者积极性，使企业获得良好的效益。如果在支付方式上再引入期股、期权等与企业长期发展相联系的办法，能更好地激励经营者，有利于企业的长期稳定发展。有些企业做了尝试，如建设控股公司于 2000 年颁布并实行《产权代表责任人年度薪酬管理办法》，同年激励薪酬占薪酬总额的 41.3%，并以虚拟期股的方式根据未来年度盈亏情况分 5 年延期兑现经营者收入。

年薪制有利于规范经营者收入。有些国有企业经营者在实行年薪制以前享有名目繁多的补贴，实行年薪制后，这些企业相应取消了经营者的许多补贴，将其统一到经营者全部年薪收入中。实行年薪制的企业，其经营者年薪收入水平受到较大的约束，往往低于没有实行年薪制的企业，如投资管理公司实行年薪制企业的收入比没有实行年薪制企业的收入平均低 8.98 万元。国有企业实行年薪制后，在一定程度上，增加了国企经营者收入的透明度。

二、经营者年薪收入有待解决的重点难点问题

1. 现行统一的年薪制本身存在缺陷

1997 年市政府正式颁布了一个统一的国有企业经营者年薪制暂行办法，对年薪标准、考核指标、兑现办法做了具体的规定。该办法主要是通过利润增长率和净资产增长率这两个指标

作为考核经营者业绩和确定经营者效益年薪的依据。

深圳市三大国有企业控股公司所属企业各有行业特点：投资管理公司以工业和高技术企业、基础行业为主；建设控股以房地产和建筑施工为主；商贸控股以商贸旅游为主。由于企业所处的产业或行业以及规模的不同，其经营方式与经营特点也各异，企业所处不同的发展阶段其经营目标也不同，用一个过于具体和固定的公式来核算经营者年薪收入，存在很大缺陷，既不符合国际惯例，也难以适应市场经济发展的要求，企业难以操作执行。

另外，只用净利润和净资产考核经营业绩也容易导致经营者的短期行为。经营者为了完成年度利润计划，在日常的经营决策中，往往追求见效快的"短、平、快"投资项目，对于新产品开发、技术改造、品牌塑造等影响企业中长期发展的项目无暇顾及，不利于企业长期稳定的发展。

2. 对经营者年薪收入管理不到位

（1）企业执行年薪制随意性大

由于现行统一的经营者年薪制不完善，为企业突破市政府统一的经营者年薪制找到口实。有的企业对自己有利就执行，不利就不执行；有的企业有的年度执行，有的年度不执行；有的企业表面上年年申报执行年薪，而实际上是另搞一套，随意性较大。如市建设控股公司，在所属企业中，自行制定一套经营者年薪收入的办法。

（2）管理监督不力，处罚不严

在现行年薪制执行过程中，政府管理不到位，缺乏经常性的监督检查，劳动局和产权部门权责不明确不具体，导致谁都管，但谁都没有管到位。对不执行年薪制或执行不实的企业缺乏应有和明确的处罚措施，因而对违规者无人追究，没能进行应有的处罚，在一定程度上造成了管理的失控。

（3）经营者的部分年薪收入缺乏公开透明

目前在明处的只是统一的经营者年薪制规定的那一块，资产经营公司给的奖励部分相对透明，但是在投资、建设和商贸三家资产管理公司下属的62家一级企业中，几乎100%的企业存在年薪外收入。年薪外收入的发放名目很多，大部分是隐性收入，劳动部门和资产管理部门都无法掌握。

3. 现行国企人事制度制约了经营者人才市场的建立和经营者年薪收入的市场化

经营者人才市场的发育程度是决定经营者年薪收入水平合理性的基础，在发达与完善的职业化经营者市场中，真正的企业家只能经过市场的激烈竞争而产生，经营者的收入水平也是由市场决定，经营者年薪收入水平的高低能够反映经营者自身的价值。

由于国有企业领导管理体制及职业化经营者市场就业机制的不完善，深圳市国有企业经营者主要由上级有关部门或上级产权单位考核和任命，而不是通过市场竞争产生的，企业经营者往往扮演着政府官员的角色。

国有企业经营者的收入水平与经营者承担的风险也不对称。很多高收入经营者一旦经营失败还可能易地做官，或到另一国有企业做领导，经营的好坏往往不影响其收入水平和前途。

由于产权关系不顺，经营者和国有资产委托代理人不是真正的老板，经营者还可能在实际经营过程中通过各种手段，如通过提高自己的职务消费（如住房、公务用车、通信、各种招待、赴港出国旅游等），甚至通过做假账违规变相提高其灰色收入，侵害国有资产权益。

4. 经营者收入分配激励与约束相统一的机制尚未形成

（1）年薪制的激励作用不明显

部分实行年薪制的企业经营者平均年收入低于未实行年薪制的企业经营者平均年收入，年薪制的激励作用难以发挥。如市投资管理公司系统，实行年薪制的 17 家企业经营者平均年收入为 34.05 万元，而未实行年薪制的 8 家企业经营者平均年收入为 43.35 万元。

此外，年薪外收入降低了政府核定的年薪收入对经营者的激励作用。企业经营者除政府规定的年薪外，还以其他名目与形式获得年薪外现金收入。根据市属一级企业的自查报告显示，企业自行发放的年薪外收入平均占总收入的 15% 左右，高的达 20% 以上。

现行经营者年薪制的激励作用不显著，这当中既有现行年薪制本身不甚科学与合理的原因，如指标单一等，也有企业之间互相攀比的问题。

（2）经营者年薪收入的内部自我约束机制尚未真正形成

由于国有企业法人治理结构的不完善，企业尚未建立良好的自我激励和约束相结合的机制。股东会、董事会、监事会的职责权限不清或越权行事，往往容易形成内部人控制，它弱化了企业内部与外部监督部门的监督作用。企业搞好了是其功劳，搞差了可以找各种理由，责任一推了之；在位时堂堂皇皇领取高额年薪，离任时，一经审计，该企业以前的效益可能是假的。企业内部监督机制不完善造成经营者通过虚假效益来获得较高的年薪收入。如盐田港集团，1998 年前任领导班子通过账面处理虚增收入和卖地增加效益，浮夸利润，而新领导班子则挤去了以前的"泡沫"。

三、改革经营者年薪分配制度的总体思路和对策

1. 总体思路

国有企业经营者年薪分配制度改革的总体思路是：以市场化导向为基础，按照市场经济规律办事，深化国有企业改革市场化，经营者年薪分配制度市场化。这是市场经济发展的客观要求，特别防止严重亏损企业经营者不顾国家集体利益，年薪收入照拿不误。

（1）科学合理

建立由基本年薪、增值年薪、奖励年薪及期权期股四个部分组成的经营者年薪收入结构，建立科学的企业经营业绩考核体系和年薪支付体系，取消一切不合理的分配制度和隐性收入。

（2）公开透明

要将经营者年薪收入的组成结构、经营业绩的考核指标、内容、年薪支付的方式和数额在单位张榜公布，接受企业员工和社会监督。同时要建立内外监管相结合的约束机制，保证监督检查工作到位。

（3）分级分类规范管理

经营者年薪收入的管理按政府、资产经营公司、企业三个层次进行管理，基本年薪由市政府统一规定，增值年薪和奖励年薪办法由各资产经营管理公司制定。在政府统一规范与指导下，各资产经营公司对内部不同类型的企业经营者年薪收入，进行分类管理。

对专营性行业和垄断性行业的经营者的年薪收入应以同类同级企业的平均值作为参照系数，防止收入水平过高。

（4）激励与约束相统一

通过调整年薪收入结构、考核指标和支付方式，引进经营者年薪合同制及期权期股制度来增强对经营者的激励和自我约束能力。对政策性、技术性难以解决的问题，通过劳动、国资、纪检、监察、财政、审计、税务等部门的相互配合和协调，来增强企业的外部约束力，规范企业经营者年薪收入的分配行为。

2. 对策建议

（1）制定《深圳市国有企业经营者年薪收入指导意见》

《指导意见》原则上规定经营者年薪收入的各类标准、实施范围、对象、考核指标、考核主体和监管主体、管理程序、支付方式及法律责任等内容。成立由体改办牵头，劳动、国资、纪检、监察、审计及四家资产经营公司参加的工作小组，2002年4月份提交市政府审定。

（2）完善指标考核体系和考核办法

目前，深圳市对国有企业经营者年薪收入的考核指标只有两项：一是利润增长率，二是净资产增长率，这难以全面衡量经营者对企业经营发展的真实贡献。因此，需要设计一套全面考核经营者工作绩效和贡献大小的指标体系。要针对国有企业所在行业的特点、发展阶段、目标任务及经济周期各方面的不同，实施考核。深圳市四大国有企业控股公司所属企业各有行业特点，因此，要根据行业特点、经济性质及经营方式，由各资产经营公司制定适合本行业的具体考核指标、考核办法。

考核指标体系主要包括短期效益指标（如利润、资产保值增值率、总产值、销售收入、营业额、市场占有率、实现利税、人均创利税等）和长期发展指标（如研发费用及占销售收入的比例、新产品对销售收入及利润的贡献、技术进步对收入与利润的贡献率、股票的价格、技术改造与技术进步等）。在对企业经营者的考核中，短期指标和中长期指标并重，既有利于企业灵活决策，抓住商业机会实现短期的增长，又鼓励企业考虑中长期的发展战略布局。

（3）明确经营者收入的考核主体和监管主体，加强经营者年薪收入的规范管理

劳动局为经营者年薪收入的管理机构，国资办、监察局、纪检委、财政局及税务局协助配合。劳动局可指定会计师事务所对企业经营者年薪收入进行专项审计，监察局或纪检委发现经营者有年薪外隐性收入，做假账，虚报利润等违规嫌疑时，可对经营者调查取证，并对违规行为加以处罚，如果触犯刑律，则追究其法律责任。

国有资产经营公司是经营者年薪的考核主体，负责经济指标的考核及经营者年薪收入的兑现，经营者全部收入的具体情况，每年年底报劳动局核准与备案。各资产经营公司要切实加强对下属企业经济指标的审计工作，保证其数字的真实性。

为取消经营者不合理的隐性收入，要将经营者的所有收入纳入由基本年薪、增值年薪、奖励年薪及期权期股收入四个构成部分的规范管理中。对于职务消费，即可以货币化的消费内容，如住房，公务用车等，都应该与企业的经营效果挂钩；不能货币化的，如招待费等，也应与企业利润的比例控制。政府各有关部门应加强监督管理和服务，严肃纪律，切实做好企业经营者年薪收入规范化的监管工作。

（4）引入经营者期权期股制度，使经营者更加注重企业的长期发展

增值年薪和奖励年薪是根据经营者的经营业绩和企业的经

济效益而确定的非固定收入，具有激励性。根据国外的有关经验，这部分年薪一般由现金和延期兑现的期股期权两部分组成。前者小于后者，促使经营者既注重企业的短期增长，也注重企业的中长期发展。

在上市公司和高技术企业中推行经营者股票期权制度。经营者持股计划和股票期权，可以降低经营者的短期行为。经营者的持股计划，要求经营者购入公司的股票并持有到卸任。购股资金起到风险抵押金的作用。经营者持股后更注重加强经营者的风险意识，尽心为公司发展工作。

非上市公司的股权不能上市交易，可以推行股票回购制度。经营者的经营业绩无法通过公司股票市场价格变化来衡量，股权持有者也无法从股票市场上获取公司资产增值的好处。解决的办法是把年薪制与股票回购制度结合起来。

股票回购制度可以对经营者实现中长期的激励和较好的约束管理。如果把奖金中一部分转换为股权，由经营者直接持有或间接持有，既适当减少企业对经营者的现金支付，又让经营者的利益与企业捆绑在一起。在此基础上采取股权回购制度，即经营者在任期结束离开公司时，公司将股票从经营者那里回购，其价格可使用每股净资产来计算。经营者的现期收益体现在分红上，而中长期收益体现在回购过程中得到的公司资产增值的整体利益上。

（5）建立经营者年薪风险基金制度

对于不搞期权期股的企业，应建立风险基金制度。每年将经营者绩效年薪中提取一定比例转入风险基金，风险基金的发放视经营者离任审计情况而定。因经营决策失误或因经营不善给企业造成损失的，应按损失的一定比例扣减风险基金，以增强经营者的责任感和危机感。

（6）试行经营者年薪收入合同制

在一些国有企业试行合同制，参照市场有关的运作规则，经营者就年薪收入、经营目标和责任签订合同，规定经营者的收入，也明确经营者的责任和义务，为经营者收入市场化摸索经验。

（深圳市国有企业经营者年薪收入调研课题组）

报告三　深圳市国有企业经营者选拔机制问题研究报告（2000）

一、问题的提出

处于改革开放前沿阵地的深圳市国有企业同国内其他地区的地方国有企业相比，其整体效益水平实际上相当不错。1980年到2000年上半年，深圳市市属国有及国有控股企业总资产由1.6亿元增加到1629亿元，增加1000多倍。在衡量国有企业效益状况的总资产报酬率、净资产利润率、资本收益率、销售利润率、获利倍数等5项主要经济指标方面，深圳市从1995年到1999年连续5年在全国地方国有企业中名列第一。

之所以取得这样的成绩，深圳市国有企业相对优越的生存环境固然不可或缺，但深圳市市委、市政府关于国有企业所进行的不断推陈出新的改革举措却更为重要。

1987年，自深圳市在全国率先成立第一家国有资产经营公司以来，深圳市对于国有企业的改革实践就一直不断深入。取消企业行政级别，建立三层次的国有资产管理架构，实行公司制，改革政府审批制度，等等，现代企业制度在深圳逐渐生根发芽。然而，伴随着市场经济体制的日益规范和现代企业制度的不断完善，深圳市由传统国有企业领导人员管理方式与市场经济不相适应、党管干部与现代法人治理结构要求难以协调所引发的国有企业经营管理者选拔机制不适当问题日益突出。改革当然起自于问题的产生，但行动更溯源于深圳市市委、市政府高度的使命感，这也是深圳市为什么较早揭开了现代企业制度下国有企业经营管理者选拔机制改革序幕的缘由。

1993 年，深圳市率先取消企业的行政级别；

1994 年，深圳市率先取消企业的行政主管部门；

1996 年 6 月，深圳市成立了高级经理人才评价推荐中心，专司高级经理人才搜寻、评价、培训、推荐和咨询、顾问服务工作；

1996 年 11 月，深圳市制定了《深圳市市属国有企业领导人员管理暂行办法》，并相继出台了"五个暂行规定"，明确了董事会、经理、监事会、党组织、工会等各个机构的性质、地位、作用，构筑了权责明确的制衡机制；

1997 年 5 月，深圳市开始实行企业高级经理人才任职资格证书制度；

1997 年 8 月，深圳市颁发了《国有企业经营者年薪制暂行规定》，年薪制在深圳市全面推行；

1997 年 9 月，深圳市出台《国有企业内部员工持股试点暂行规定》；

1998 年，深圳市在全国率先进行了评估机构脱钩改制工作；

1999 年，深圳市根据中央有关精神，将 67 家市属和 6 家中直评估机构全部完成脱钩改制；

1999 年，深圳市先后研究制定了《关于市级资产经营公司董事局、经营班子职能分工的暂行规定》、《关于市属国有企业领导人员管理的若干规定》、《深圳市国有企业财务总监管理办法》、《关于进一步完善企业法人治理结构的补充意见》等规定，为国资委实施对资产经营公司的监管职能、资产经营公司内部各机构之间的协调、和谐运转提供了制度保证。

改革确实是步步推进，但深圳市国有企业的低效乃至国有资产的流失问题并未因此而告消亡。

事实上，同深圳市本身的外资及民营企业相比，深圳市的国有企业从整体上讲，无论在发展的速度还是效益方面都大为逊色。为什么会这样呢？其原因主要在于：外资及民营企业的经营管理者们十分清楚地知道，他们的命运与前途同他们的经营业绩荣辱与共；而国有企业的经营管理者们也异常理性地知悉，他们的前途与命运实际上同他们的经营业绩并不一定存在必然的联系。称职的优秀经营管理者并不一定获得与其成绩相适应的奖励或肯定，而不称职的甚至侵吞国有资产的经营管理者反而却可能逍遥自在甚至升迁提拔。显而易见，这种不健全的国有企业经营管理者选拔机制（既包括进入机制，也包括退出机制）是导致国有企业普遍低效的根源。

调研中，我们发现，虽然深圳市较早地意识到并实施了一些关于国有企业经营管理者选拔机制的改革举措，比如建立三个层次的国有资产管理体系，健全法人治理结构，引入经理评价推荐中心，实施年薪制，等等。但现行的深圳市国有企业经营管理者选拔机制中依然存在许多制约因素，主要表现在如下几个方面。

1. 政府部门对国有企业的产权关系没有充分理顺，国有产权的布局配置未能完全适应社会主义市场经济的高效、有序运转要求。按照党的十五届四中全会精神，国有产权应主要集中于涉及国家安全的行业、自然垄断的行业、提供重要公共产品和服务的行业及支柱产业和高新技术产业中的重要骨干企业。在这些行业中，要贯彻党管干部原则，要坚持各级党委对国有企业的经营管理者进行直接管理。但在这些行业之外的其他行业，国有产权则应该在保证控制能力的前提下逐步减少产权比重，相应地，对其经营管理者的管理就应该实施宏观管理，即主要是在政策法规方面进行间接管理。可是，调研中，本课题组发现，深圳市国有企业的产权关系并未充分理顺，一方面国有产权在一些对深圳市安全或国计民生并不重要的竞争性行业中分布过广；另一方面，在深圳市国民经济的支柱产业，比如高新技术产业中，国有产权几近于无。

2. 政府部门对所承担的管理职能履行不到位，使国有企业的运转无法适应市场经济和现代企业制度的要求。主要表现在：政出多门，比如关于财务总监应该进董事会还是监事会的问题，政府的不同部门给予了不同的规定；工作拖沓低效问题，比如对于所管理的公司副职经营管理者的备案批复工作常常久拖不批，对于缺位的企业经营管理者久空不补；不能严格执行规章制度问题，比如对于董事会依法选择聘任总经理制度执行不严格，"同纸任命"现象依然存在。

3. 政府部门对于资产经营公司的划分标准不尽科学，资产经营公司的管理权限超越现代企业制度的法律规定。首先，深圳市对于市属国有企业主要按照工业、建筑业和商贸业这个简单粗略的分类标准而划分为三家资产经营公司，这三家资产经营公司在统管全市的国有企业时，由于行业跨度过大、管理幅度过宽而导致管理的效率低下、监督的效力不足；其次，资产经营公司在行使国有产权的权力时，出现了越位现象。按照现代企业制度要求，作为国有产权所有者的资产经营公司只有权对其拥有产权的下属公司下派产权代表而不是所有的经营管理者。可是，调研中，不少企业反映资产经营公司不仅向它们下派产权代表，而且任命它们的总经理，同时还常常对它们公司中的副总和中层管理人员等职位的任免进行干预。

4. 政府部门对国有企业经营管理者的用人标准没有制定出一套科学、客观的分类指标体系。对董事长、总经理及监事会主席的任职标准缺乏一个全市统一的具体可操作且已量化的分类指标要求，尤其是缺乏针对经营业绩、经营能力进行考核的指标体系。正是这种科学、客观的量化指标体系的缺乏，不仅使组织部门及三家资产经营公司在选拔国企经营管理者时无据可依，更为那些不称职的人走上国企经营管理者的岗位大开了方便之门。比如，一些从没有企业工作经历的人被任命为国企的总经理，凭空掌管起企业上千万乃至上亿元的国有资产；一些缺乏必要的经营管理知识和市场竞争观念的人被授权为国有产权的产权代表，囿于能力、观念限制使原本处于竞争优势的国有大企业很快沦落到破产边缘；还有，不少企业的监事会主席事实上成为政府部门及资产经营公司安置与其相关人员的虚职闲位，不知何时，这支肩负重任的队伍已在不知不觉中演变为"老弱病残"的聚集地。

5. 政府部门选拔国有企业经营管理者的方法仍然沿用传统方式，从自身部门视野范围内的人选出发，将不同范围的谈话作为对被考核者进行考核考察的主要甚至唯一途径。这种以小范围选择、简单谈话为根据的考核考察，用之于业绩难以量化的行政部门也许还情有可原，但用之于以业绩论英雄的企业，其弊端显然无可怀疑。因为整个考察过程中，每一个环节的主观因素都非常大，考核者本身的素质、被考核者的选取及其言行一致的程度、与被考核者相关的被调查者抽取范围的客观性以及被调查者实事求是的可能程度，等等，都有可能因主观成分太大而与事实发生不同程度的偏离。比如，不少企业反映组织部门通过副手来考核一把手时，副手通常很难吐露真言。由是，经由传统的考核考察办法所选出的国企经营管理者的质量水平在客观真实性方面就难免会存在一定程度的偏差。

6. 政府部门对国有企业经营管理者任免的审批环节过多，导致一些理应立即解决的国企经营管理者任命问题久拖不决。比如，对于市属一类企业、一级企业中的上市公司的产权代表（董事长或总经理）的任命选拔，要依次经过企业本身、所属资产经营公司、市委组织部以及市国资委等多个部门。任免环节的过多，不但导致任免工作的低效率，而且使腐败有了更多的滋生机会。

7. 政府部门及资产经营公司对国有企业在位经营管理者的监督不力，造成国企经营管理者严重侵犯股东利益的现象屡屡发生。常常出现，企业经营管理者在任时，形势是一片大好；离任后，局面是惨不忍睹。调研中，不少员工质问：为什么政府非要等一个好好的企业处于破产甚至严重亏损的时候才会想到来关心这个企业，他们早干什么去了？

8. 政府部门对于国有企业经营管理者选拔机制中涉及的各个选拔主体没有建立相应配套的责任追究机制。正是由于这种责任追究机制的缺乏，才使得那些无能、无德或两者皆无的人有机会走上国有企业经营管理者的岗位。

9. 企业员工在国有企业经营管理者选拔机制中的作用没有得到充分发挥。社会主义市场经济下，作为与企业同呼吸共命运的利益相关者，企业员工有权利也有资格对自身所在企业的经营管理者选拔通过一定的方式来表达自己的意见。但调研中，一些企业反映它们的员工对于本企业经营管理者的任免除了被动接受外，缺乏能实质性表达意见的渠道。

10. 经理评价推荐中心的功能定位有待重新思考，主要表现在：经理评价推荐中心评、聘功能的合一，降低了其测评结果的可信度和说服力；经理评价推荐中心依附于组织部，独家经营，其工作的展开与其说是凭借了其自身的经营能力，不如说是凭借了组织部的政治权威；经理评价推荐中心评价企业经营管理者的标准与评价行政干部的标准本质区别不大，缺乏对"经营能力"的突出强调；经理评价推荐中心所建立的高级经理人才信息库的资料不完备，业绩档案缺乏动态信息，而人事档案又不在把握之中，从而造成所推荐人才的质量难以保证。

11. 会计事务所、资产评估机构等社会中介机构的工作质量缺乏严厉的监督约束机制，致使不少年度审计、任期审计尤其是离任审计合格的经营管理者离任后，发现企业已经亏损严重。

12. 企业家本身的退出机制尚未形成，即使已经出台的政策措施也由于执行的阻力太大而形同虚设。国企经营管理者能上不能下，搞跨一个企业可以再去另一个企业继续任职的易地为官现象十分普遍，这点几乎堪称为我国国有企业经营管理者选拔机制中的特色产品。比如，深圳市宝安区对区属国有企业总经理明文规定，任职期间致使企业连续亏损三年的一定免职。但实际操作中，非但一个未免，个别的还被"提升"。事实上，这种软的退出机制及其相伴随的松的惩罚机制危害极大。因为它在赋予业绩、品质差的经营管理者以辽远生存空间的同时，不仅将心灰意懒传染给了那些曾经或依旧在兢兢业业工作的国企经营管理者们，更为严重的是，它诱导了一大批党性不强者误入了侵吞国有资产的险途。

13. 企业经营管理者个人素质有待提高，主要表现在：一些经营管理者党性不强、品德恶劣，利用各种手段侵吞国有资产。比如深圳市商业银行的一支行行长将 8 个亿的巨额资金贷放出去后，一走了之；莱英达集团老总范惠民潜逃之后，贡献于企业及企业全体员工的竟是七八个亿的债务；还有，一些经营管理者业务素质不高，经营能力有限，管理经验缺乏，由于用人不当、决策失误等问题而给企业发展造成巨大损失，比如物资集团下属某企业被港商欺骗而使企业由赢利状态一下子跌入亏损的深渊，经年无法恢复；此外，还有一些经营管理者，在目前尚不太强的激励机制下，因为担心"企业经营好了，自己的位置也便不保了"，从而有意让企业处于一种不死不活、基本无利状态。

二、问题的分析

正如前文所述，深圳市国有企业经营管理者选拔机制中所存在的这众多的问题确实是纷繁复杂。不过，这些纷繁复杂的问题却向人们阐明了一个道理，即：国企的低效、国有资产的流失不应当只归罪于国有企业的经营管理者个人。事实上，对这些问题承担主要责任的应当是现行的国企经营管理者选拔机制。

众所周知，市场经济是一种利益驱动的经济。在市场经济下，理性的个人将按照利益最大化原则行事。虽然我国实行的是社会主义市场经济，倡导精神文明，但市场经济之所以有序运转的基础我们不应该也不能够漠视。因为历史早已以其无情的事实向我们昭示：违背经济规律，无一例外是要接受惩罚的。实际上，目前深圳市国有企业所存在的普遍低效问题、国有资产流失较为严重问题正是较为规范、发达的市场经济与尚未完全转变基本管理理念的政府国有企业经营管理者选拔机制之间矛盾冲突的产物。

眼见大量的国有资产随风飘逝，善良的人们扼腕叹息的同时，也心急如焚。时势使然，不仅中央政府，就连地方政府也切实意识到：改革确实是迫在眉睫。为了寻找能够遏制国有资产继续流失的有效办法，透析国企经营管理者选拔机制为什么会出现这些问题的机理当然是必由之路。不过，要想透析这一机理，撇开我国目前正在进行的市场经济改革这一宏观背景显然是难以说明问题的。

1. 问题产生的宏观背景

我国正在进行的经济体制改革是建立社会主义市场经济体制。而历史和实践都已证明，市场经济是一种相对来说高效率的经济。可是，这种高效率经济的基础事实上建立在经济生活中人都是"经济人"这个假设前提之下。在这个假设前提下，人人都在追求自身利益最大化：生产厂家追求企业利润最大化；消费者追求自身效用最大化。而两者的互动便造就了人类社会市场经济这种资源配置方式中效率优势的尽致发挥。正因为如此，我们说利益动机是市场经济效率的前提，同时亦是市场经济效率的保证。假设抽掉这一动机，人们能够想象，市场经济效率优势将同"无本之木"、"无源之水"一样失去生机。

改革开放以来，我国所进行的各项改革就是在一步步确立社会成员个人利益的合法性，并经由国家对个人利益的肯定与保护来激励社会成员为国家和社会创造更多、更大的财富。实际上，邓小平"鼓励一部分地区和个人先富起来"的伟大论断毋庸置疑地将社会成员对个人利益的追寻赋予了光明正大、名正言顺的色彩。由是，不仅企业经营管理者、企业员工等实业界人物开始致力于追求经济利益，就连政府官员与医生、教师等科研事业单位成员也因为国家一时无法将他们收入与付出之间的背离即刻调整到位而不同程度感染上以"通过各种非正常手段牟取经济利益"为特征的"转轨期躁动症"。正是在这样一个承认社会成员有权合法追求自身利益的宏观背景之下，出于对自身利益的关切，也出于对与自己同行的民营企业或外资企业经营管理者差距的比较，国企经营管理者有的基于党性、良心在苦心经营，有的基于得失忧患而虚掷光阴，更有少部分私欲熏心者致使大量国有资产流失、消逝。

从理论上说，按照纯粹市场经济原则，经济行为人千方百计追逐个人利益最大化本是其题中应有之义，能够制约经济行为人该种行为取向边界的主要合法途径应该是该行为所指向的成本与收益比较，这里的成本包括经济行为人违反规程将受到的惩罚。市场经济越发达的地区，该行为原则表现得越明显、突出。作为市场经济相对规范、发达的深圳经济特区，由于国有企业经营管理者选拔机制框定的经营管理者进入、退出机制目前尚不完善，故而，其国有企业的经营管理者不仅数目更多，而且程度更大地偏离了他们作为国企经营管理者所应该具备的职业要求，也使不足为奇了。

2. 问题出现的本质根源

究竟为什么我国国有企业经营管理者选拔机制会存在如此

多的问题？其实质原因在于市场经济对个人利益的凸显是不以人的意志为转移的客观规律，纵使我们实行的是社会主义市场经济，也无法改变这一事实。改革中，虽然我们已经意识到了这一点，并实施了一系列肯定、保护个人利益合法性的改革举措，但落脚到国有企业经营管理者选拔机制问题上，囿于问题本身的难度、我国的国情及可资借鉴经验的缺乏，我国国企经营管理者选拔机制中所存在的问题依然很多，而且造成的后果也很严重。

之所以出现这些问题，其根源主要是我们对国有企业经营管理者选拔机制的基本管理理念没有适应市场经济要求而进行相应地调整转变。实际上，现实生活中，我国国有企业经营管理者选拔机制的基本管理理念仍然建立在传统计划经济体制下社会成员的个人利益仅仅是组织利益的附属物。因此，每一个社会成员都或主动或被动地将组织利益放在第一位这样一个假设前提之下，而没有适时随着市场经济下个人利益已越来越独立于组织利益，并在越来越大的程度上超越组织利益上升为社会成员追求的首位利益这一事实进行相应地调整。即：没有将市场经济下，纵使是政府部门的官员，纵使是党教育多年的共产党员，更不必提其他社会成员，其行为的取向都将越来越以自身利益最大化为出发点这一事实，作为国有企业经营管理者选拔机制设计的基本管理理念。

由于我们对国有企业经营管理者选拔机制设计的基本管理理念没有随市场经济的实行而切实转变，因此，为了解决国企的普遍低效以及随市场经济改革深化而日趋严重的国有资产流失问题时，尽管我们对国有企业实行了普遍的公司制改造，但是，这种被西方发达国家私有企业、我国外资及部分已实施现代公司制的民营企业实践证明为高效并富有活力的现代企业制度，当运用于我国的国有企业改革时，便没有显示出它所应该或人们期望它所能够显示的效力。

现实的情况是，在建立了现代企业制度的国有企业中，国有企业的低效问题还是没有解决，而且个别企业问题甚至更加严重。之所以出现这一状况，原因主要有两个：一个是我国目前仍然延续的传统国有企业领导人员管理的基本管理理念与市场经济之间存在着不相适应的现象，这是当前我国国有企业经营管理者选拔机制中出现如此众多问题的主要原因；另一个是国有产权同现代法人治理结构的有序运转之间本身就存在着不相协调的弊端，主要表现为国有产权的代理人无法享有由国有产权所带来的完整意义上的剩余索取权或承担经营失误所造成的全部财产损失。

虽然说致使实施现代企业制度的国有企业普遍低效问题的原因主要表现为上述两个方面，但从本质上分析，上述两个方面所揭示的道理实际上却只有一个，即：社会主义市场经济下，个人利益最大化已成为越来越多社会成员的行为取向，而且市场经济越发达的地区，社会成员的该种行为取向表现得就越明显。具体到国有企业经营管理者选拔机制问题分析中，第一个原因实际上是告知我们，将社会成员仍然以组织利益为重作为假设前提而设计的国有企业经营管理者选拔机制的基本管理理念已不适应市场经济要求。现实中，一些国有企业的选拔、监督主体实际上在千方百计寻找制度漏洞以牟取私利。第二个原因事实上是警示我们，已经选拔出的国企经营管理者正是由于对其的激励不足、约束不够，才以前文详述过的各种方式自觉或不自觉地使自己的积极性和主观能动性受到限制。

总之,市场经济使"个人利益最大化"无可避免地成为社会成员行为的一个基本取向;但社会主义市场经济这一特殊性内在地又要求将国家利益和人民利益毋庸置疑地摆在第一重要的位置上。由是,如何平衡国家整体利益与社会成员个人利益之间的关系,以做到二者皆能兼顾,就成为目前我国国有企业经营管理者选拔机制设计改革的一个核心问题。

3. 问题分析的深层机理

既然个人利益最大化已经在越来越大的程度上成为我国社会成员行为的一个基本取向,那么,顺乎逻辑,要想深刻剖析我国国有企业经营管理者选拔机制为什么会出现问题,就不应该也不可能绕开选拔过程中所涉及的每一个利益主体的利益取向。事实上,在国有企业经营管理者选拔过程中,由于具有不同的利益取向,不同的利益主体对于国有企业经营管理者的选拔标准与要求不能说天壤相别至少也是参差不齐。而现实中,正是这种选拔标准的参差不齐酿就了目前我们所选出的相当一部分国企经营管理者的不称职。

总括起来,国有企业的利益主体主要有以下六个:国家、政府部门、资产经营公司、企业员工、相关社会中介组织以及经营管理者个人。这六个利益主体的利益显然是不一致的。

(1)国家利益。国家利益,实际上也就是全体人民的利益。在国有企业中,国有产权所代表的利益是国家利益,国家是国有产权的终极所有者。从国家利益出发,其最大目标显然是实现国有资产的不断保值与增值。而为了实现该目标,按照产权制度要求,作为终极所有者的国有产权拥有者,必然要为自己拥有产权的公司亲自选派有能力且有责任心的经营管理者。可见,从理论上讲,国家不仅应该而且必须管理国有企业的经营管理者事实上是产权逻辑的必然。

但是，由于国家毕竟不是一个人格化的主体，故此，它的利益需要由一个能代表它的主体来承担。这个重任责无旁贷地落在了"代表中国先进生产力的发展要求，代表中国先进文化前进方向，代表中国最广大人民的根本利益"的中国共产党身上。由是，在国有企业中，为了确保国有产权的最大利益，国家要管理国有企业的经营管理者顺理成章体现为实际操作中的"党管干部"原则。正因为如此，我们说，在国有企业中，主要是在国有独资和国有控股企业中，为了确保国有产权的权益，"党管干部"原则不能动摇。因为放弃这一原则，不仅违背产权安排的效率最大化要求，而且也意味着国有产权对自身权益的主动放弃。

既然坚持"党管干部"原则的实质是为了维护国家利益，也即是为了确保国有资产的保值与增值，那么，显而易见，"党管干部"原则的宗旨就只应当是为国有企业选拔出能体现其权益要求的有能力、善经营、责任心强且时刻以国家利益为重的德才兼备的经营管理者。这点是不言而喻的。

（2）政府部门利益。由于国有企业所体现的国家利益要由"党管干部"原则来实现，而"党管干部"原则又只能通过各级党委组织和相应的政府职能部门来落实，因此，国有企业经营管理者选拔机制中要涉及一些包括相应级别党委组织在内的政府部门。

一般说来，国有企业经营管理者选拔机制中涉及的政府部门利益，主要表现为与国有企业经营管理者任免、考察、考核及监督等管理职能相关的各个政府部门的利益。具体包括负责国有企业经营管理者人事任免责任的党委组织部门、承担国有资产保值增值责任的国有资产管理委员会以及未与党委组织部门脱钩的高级经理评价推荐中心等部门的利益。这些部门由于在不同层面、以不同程度影响着国有企业的运营与发展，尤其是担负着为国有企业选拔、评价、考核、监督、罢免经营管理者而在实际上成为决定国有企业效益好坏的不可小视的重要因素。

从理论上讲，政府部门的利益与它所体现意志的国家利益应当是一致的。但现实中，尤其是在社会主义市场经济体制确立的现实中，在国有产权无法人格化到相关政府部门的具体自然人前提下，对部门利益进而个人利益的越界追逐必然导致政府部门利益与国家利益之间产生背离。因此，政府部门基于自身利益考虑，希望拥有更多、更大且越直接越好的控制国有企业的权力，以便从中可以觅得相应的"租金"。正因为如此，落脚于国有企业的经营管理者选拔问题，一些政府主管部门的选人标准同党管干部原则所体现的标准发生了背离。具体表现为一些无能、无德或有能无德的人走上了国企经营管理者的岗位。

虽然说加强政府主管部门人员的党性教育与提高他们的素质水平不失为解决这些弊端的一条路径，但尽量减少乃至杜绝这些弊端的根本途径却无疑是尽可能消除他们犯错机会的制度性建设。其原则主要包括以下几个：缩减管理范围；降低管理力度；减少管理部门；加大管理的间接度以及建立健全管理失误的责任追究制度。

实际上，我国对国有企业改革的路径一直便是遵循这一思路的。在传统的计划经济体制下，由于不存在纯粹的市场主体，政府对于国有企业作为行政附属机构来进行管理，人、财、物、产、供、销全包；社会主义市场经济体制下，尤其是实施《公司法》、建立现代企业制度以来，国有企业渐渐成为独立的市场主体。虽然说作为国有产权终极所有者代理人的政府部门有权继续行使其应享的管人与管资产的权力，但管人与管资产的方式方法无疑必须适应新的宏观体制环境和微观企业组织形式而进行新的调整。

深圳市经过多年的国企改革之后，政府部门对于国有企业的管理目前处于如下的格局之中：市委组织部负责三家市级资产经营公司、金融企业等9家企业领导的选拔任免，并对由市级资产经营公司选拔任免但需市委组织部进行备案（包括任免前备案和任免后备案）的企业经营管理者进行管理；市国资委负责管理市属国有企业的国有资产并参与管理需进行任免前备案的国企经营管理者。在这种管理格局下，落脚在国有企业经营管理者的选拔问题上，我们发现其弊端依旧主要可归结为权力过多、过大、部门间职责交叉、管理的方式方法陈旧以及管理的间接度不够等。具体表现为市属国有企业所分布的行业布局不尽合理；政府部门的管理职能履行不到位、制定的个别规章制度与现代企业制度不相协调；组织部任免时的效率较低、方式方法陈旧，难以应付国有企业在扩张兼并或重组时所面临的经营管理者调整任免需要，而且组织部任免国企经营管理者时直接性过强、间接度不足。也就是说，经理评价推荐中心的作用发挥不充分，以及组织部与国资委的职责界限不清，导致政出多门，等等。

（3）资产经营公司利益。资产经营公司是为实现国有资产监管职能与国有资产经营职能分离而建立的。资产经营公司不是具体的生产经营单位，它与所属国有企业的关系不是上级与下级、领导与被领导的关系，而是国家出资人即股东与企业法人的产权关系。

根据现代企业制度及《公司法》规定，作为全资或控股股东的资产经营公司，对于所属或所控股国有企业的人事方面只有权下派产权代表，其余的人事任免权应该按照"下管一级"原则统统下放给企业。但调研中，不少企业反映资产经营公司在对所属企业的人事任免方面存在越位现象。虽然这种越位的出现，少部分是基于资产经营公司经营管理者的个人私心、大部分是基于资产经营公司经营管理者对所属或所控股企业的高度责任心，但二者中不论越位出自哪一种情况，都是应该进行改革的。因为前者违背了党管干部原则，后者违反了现代企业制度规定。

事实上，不仅越位现象不少，就是理应委派的产权代表，由于政府部门对于资产经营公司本身的制度约束不够健全及硬化，从而致使所派产权代表在德、能中的一方面或两方面皆不适应现代市场经济下企业经营发展要求的个案也不时出现。

（4）企业员工利益。此处的企业员工利益是一个狭义概念，特指某一具体国有企业的员工利益，而不是泛指所有国有企业员工的整体利益。

社会主义市场经济体制下，当国有企业日益作为独立的市场主体被推向市场时，员工利益与此同时也实现了由利益取决于企业之外的国家整体经济发展水平到直接取决于企业自身发展效益好坏的转变。尤其对于深圳市这种国有企业的社会化职能剥离较彻底的地区来说，企业员工利益更是直接与其所在的企业休戚与共。

在这种形势下，出于对自身利益的深切关注，在国有企业经营管理者选拔问题上，企业员工比以往任何时候都更期望他们的经营管理者不仅有能力、善经营、责任心强，而且能够切实关心员工利益。

虽然说，在通常情况下，由于利益的一致性，企业员工对他们的经营管理者的选拔标准与"党管干部"原则所要求的标准是一致的，其共性特征是有能力、善经营而且责任心强。但是，有必要提及的是，一旦出现国家利益与企业员工利益发生矛盾冲突（当然这种情形在目前的体制下比较少见但也并不是不存在）的情形，基于自身利益考虑，市场经济下的企业员工有可能希望他们的经营管理者能倾向于向企业的员工利益倾斜。事实上，也正是这种可能出现的选拔标准的不一致，再次向我们揭示了贯彻党管干部原则的必要性与重要性，因为只有以"三个代表"为己任的共产党员，才能完全彻底地以国家利益为重。

要求基本一致，而且由于企业员工相对来说比政府主管部门掌握更多关于企业运作和企业经营管理者情况的信息资料，因此他们在国有企业经营管理者的选拔过程中不仅可以而且能够发挥出相应的积极作用。比如在监督、评估企业现有经营管理者的业绩、品德与能力，选举、推荐企业员工认可、信任的经营管理者人选等方面，企业员工所拥有的发言权实际上绝不是政府主管部门或企业高级经理评价机构等组织所能完全替代的。可调研中，不少企业反映，它们的企业员工在政府任命或罢免其企业的经营管理者过程中能够获得实质性参与的渠道很少、程度很低。

（5）相关社会中介组织利益。相关社会中介组织主要指那些承担国有企业经营管理者年度审计、任期审计和离任审计工作的会计事务所、资产评估机构等社会中介机构。

社会主义市场经济体制初建时期，由于配套的法律体系不健全、制度漏洞太多，尤其是违规处罚太轻或执行不严格，以致大量的会计事务所和资产评估机构不断出于自身利益最大化考虑而出具假的审计报告书。实际上，这种出具假报告书的行为，后果极为严重。因为它不仅使得业绩或品德不良的国企经营管理者有了广阔的生存空间，更为严重的是它将令即使设计得完美无瑕的国有企业经营管理者退出机制也会由于实施过程中行之无据而沦落成有名无实的摆设。

（6）经营管理者个人利益。经营管理者个人利益是目前国有企业经营绩效好坏的关键性因素。因为利益驱动是市场经济动力的源泉、效率的保证。虽然我国所实行的是社会主义市场经济，但既然是市场经济，那么，市场经济所具备的本质特征就不可能改变，这点是不以人们的意志为转移的。当然，强调认可经营管理者的个人利益并不意味着我们要照搬照套西方资本主义国家对企业家的激励机制，要将国有企业经营管理者的个人报酬提高到像西方资本主义国家企业家那样的高度上（这种简单的报酬类比曾是不少国有企业经营管理者抱怨的焦点）。我国实行的毕竟是社会主义市场经济，国有企业所代表的国家利益毋庸置疑地要占第一位，而且我国国有企业的经营管理者所面临的失败风险也远低于西方企业家，低风险自然要相对于低报酬。但是，收益终归应当与所承担的责任相称。事实上，承担责任与所获收益的背离过大正是目前导致我国国有企业存在问题的直接原因。

正是因为这个原因，出于自身利益最大化考虑，市场经济下国企的经营管理者合乎理性的做法无非以下几种：在既定的激励约束机制下，或者尽量少干以实现既定报酬制度下的利益最大化；或者急功近利，以短期的绩效换取自身的超经济利益，比如仕途升迁，社会声誉等；或者为自己干，通过流失国有资产实现自身利益非法最大化，因为目前的制度下国企经营者损公肥私的成本非常小，易地为官的几率很大；或者弃国企入民营、外企，堂堂正正地实现付出与收获的相称相宜；或者凭党性、良心为国企的发展殚精竭虑，但是历史与现实、理论与实践都已昭示，这种建立在道德、良心等基础上的发展机制是不可能具有普遍与长远意义的。

三、问题的对策

既然问题的分析清楚地告诉我们，当前深圳市国有企业经营管理者选拔机制中之所以出现诸多弊端的实质根源，主要在于我们对国有企业经营管理者选拔机制设计的基本管理理念没有适应市场经济要求而进行相应地调整。因此，根据治根才能治表原则，若想真正使国企经营管理者选拔机制问题得到比较彻底的解决，也就必须先从转变我们对这一机制设计的基本管理理念着手。正如管理学所揭示，任何一个管理学学派的具体管理举措，都不过是其管理思想或管理理念的逻辑推演与外化。正因为如此，我们说若想真正解决或抑制调研中被我们发现的国有企业经营管理者选拔机制所外化出来的那众多弊端，亦应该遵循这一原则。

1. 解决问题的出发点

树立与市场经济相适应的新的国有企业经营管理者选拔机制设计的基本管理理念，显然是解决该问题的出发点。正如前文所分析，虽然伴随市场经济体制改革的深入与现代企业制度的建立，政府部门在选拔国有企业经营管理者过程中，已经对传统国有企业领导人员管理方式进行了一系列改革，但这些改革其实并不是基于政府部门的基本管理理念发生转变而产生的。事实上，它们只是政府部门传统的基本管理理念依然占主导地位下，具体管理方式的个别调整。改革的成效虽然有，但并不显著，而且随着市场经济的进一步发展与现代企业制度的不断普及，由传统基本管理理念支配的传统国有企业领导人员管理方式所表现出来的弊端越来越严重。

由是，国有企业经营管理者选拔机制设计的基本管理理念必须转变，也就是把社会成员的行为取向假设为以组织利益为重调整到假设为以个人利益最大化为前提。显然，由这两个基本管理理念所支配的国有企业经营管理者选拔机制的设计将是迥然不同的。对于传统管理理念，由于假设社会成员不谋私利，所以，赋予选拔主体直接、集中以及广泛的权力并没有什么不妥，而且还有节约成本的好处；但对于现代市场经济的管理理念，由于假设社会成员以个人利益最大化为行为准则，若再赋予选拔主体同样直接、集中且很广泛的权利，那么，我们收获的除了上文已经列举的诸多弊端之外就不会有别的。所以，基本管理理念的转变应当成为解决国有企业经营管理者选拔机制问题的出发点。

2. 解决问题的具体思路

虽然深圳市国有企业经营管理者选拔机制中，出现诸多弊端的实质根源，在于我们对国有企业经营管理者选拔机制设计的基本管理理念没有适应市场经济要求而进行相应地调整，但是，这种基本管理理念没有适应市场经济要求而进行相应调整的直接表现，却是我们没有正确处理好社会主义市场经济下，国有企业中国家的整体利益与社会成员的个人利益之间的利益平衡问题。实际上，社会主义制度下国有企业中国有产权所代表的国家利益必须要得到保证；与此同时，市场经济下社会成员的个人利益也绝不能再像计划经济下那样可以被人们所漠视。由是，从社会成员行为取向的个人利益最大化前提出发，按照兼顾国家整体利益和社会成员个人利益的原则要求，制定出一整套系统的国有企业经营管理者选拔机制改革方案便实属当务之急。由于国有企业经营管理者选拔机制中主要涉及六个利益主体，因此，改革便应该根据这六个利益主体不同的利益取向，而分别采取不同的制衡激励举措。具体说来，改革的具体思路应该是：

（1）对于国家。为了使国有企业所代表的国家利益得到保障，我们必须贯彻"党管干部"原则，从国家利益出发，积极采取一切可行的对策措施，力争将有能力、善经营、责任心强且时刻以国家利益为重的德才兼备的人才选拔到国有企业的经营管理者岗位上。比如，通过政府组织部门制定出国企经营管理者的基本任职标准、程序以体现"党管干部"原则；利用市场机制面向全国甚至全世界来选拔所需的经营管理者；批判性地吸收西方国家国有或非国有企业中经营管理者选拔机制中可资借鉴的经验教训；等等。

（2）对于政府部门。为了避免政府部门在国有企业经营管理者选拔过程中基于自身部门、个人利益或选拔人员素质水平局限，而有意或无意选拔出偏离"党管干部"原则所要求的国企经营管理者，对于政府部门的改革重点应落在调整管理范围，降低管理力度，减少管理环节，加大管理的间接度，以及建立健全管理失误的责任追究制度等几个方面。比如，加强对关系国计民生的垄断性行业中国企经营管理者的管理，同时弱化或下放对竞争性行业中国企经营管理者的管理；将经理评价推荐中心完全推向市场，并鼓励民间猎头公司的诞生，以推进政府部门管理方式间接化的进程；等等。

（3）对于资产经营公司。资产经营公司在国有企业经营管理者选拔过程中所存在的问题，主要表现在两个方面：其一是对所属或所控股企业的经营管理者任免越位，违背了现代企业制度规定；其二是对所属或所控股企业下派的产权代表品德、能力存在缺陷，且监督不力，从而背离了"党管干部"原则要求。解决的重点是针对上述问题采取如下两个措施：即严格按照现代企业制度和《公司法》规定，下放所收回的越位任免权力和加强组织部门对资产经营公司经营管理者的监督考核，硬化相应的责任追究制度。

（4）对于企业员工。企业员工在国有企业经营管理者选拔机制中所存在的问题主要表现为：他们在对于政府或资产经营公司任命或罢免其企业的经营管理者过程中，能够获得的实质性参与渠道不仅少，而且参与程度较低。因此，为了维护企业中全体员工的利益，并充分发挥企业员工参与的主观能动性，一些制度性的安排不可或缺。比如，实行员工持股制，将企业员工的利益与企业的利益捆绑到一起；对企业经营管理者实行"公示制"，允许员工对即将任命的经营管理者发表意见；在小型国有企业中对经营管理者实行直接选举制；加强工会的地位与作用；等等。

（5）对于相关社会中介组织。会计师事务所、资产评估机构等社会中介组织，在国有企业经营管理者选拔机制中存在的主要问题就是：基于自身利益考虑而出具虚假审计或资产评估报告书，因此解决的主要对策就是加大对这种舞弊行为的处罚力度，并严格执法。

（6）对于经营管理者个人。经营管理者所存在的问题主要是：激励不足、约束不够，因此，改革的重点应主要集中于加强这两个方面的工作。比如，进一步完善推广年薪制，试行期权制，总结并推行已由免税集团下属公司所实行的带资经营制度等。

3. 解决问题的具体措施

（1）进一步明确地方党委组织部门对国企领导者的宏观管理职能。要转变党管企业干部就是直接管理企业经营管理者任免的狭隘认识，今后，党委组织部门要逐步由过去的管人员直接任免向管用人的标准、选人的方法、定人的程序转变。主要是承担制定国有企业人事管理政策、对国有企业领导班子建设进行宏观指导、检查和监督等方面的重任。组织部门实现这样的职能转变，不仅不会削弱党管干部原则，相反，还能在更高的层次上将党的干部工作的路线、方针、政策贯彻到对企业经营管理者的管理之中，从而将党管干部原则真正落到实处。

（2）强化对产权代表的人事管理职能。要按照市场经济的一般要求，逐步完善以产权为纽带的企业经营管理者管理体制。国有资产应由资产经营公司、金融企业、深业集团、地铁公司等企业的产权代表按现代企业制度要求依法运作，以确保其实现保值增值。

（3）对不同类型的企业实行分类管理。对供水、供气、公共交通等自然垄断性国有企业及资产经营公司、金融企业和深业集团等少数重点企业，要加强对其党委书记、董事长和监事会主席等人员的直接管理。党委书记、董事长和监事会主席由产权单位直接委派，以便贯彻政府的政策意图，维护消费者的正当权益。对竞争性国有企业，要按照"干部下管一级"的原则，将对主要领导者管理的职能交给资产经营公司。

（4）加快实现资产经营性公司对下属企业的有效管理。要通过向大型企业集团授权经营国有资产等形式，建立更多的国有资产经营性公司。比如将市能源集团有限公司、市盐田港集团有限公司、市高速公路开发公司、市机场（集团）有限公司、市自来水（集团）有限公司、市国有免税商品（集团）有限公司、市燃气集团有限公司、市公共交通（集团）有限公司、市西部港航开发有限公司、市粮食集团有限公司及市地铁有限公司等基础设施和公用事业企业，从原属资产经营公司中划拨出来，组建新的资产经营公司或直接隶属国资办，以缩窄深圳市现有三家资产经营公司的管理幅度，从而更好地实现其对下属企业的有效管理。

（5）严格执行《公司法》。要按照《公司法》的规定，重视股东会的作用，切实落实董事会选择经理的职权。国资委和资产经营公司对下属企业领导者的选拔，主要是确定其党组织、董事会和监事会主要领导的人选，董事长和副董事长的最终产生，必须按照《公司法》进行，该由股东会或董事会选举的应当通过选举产生，该由授权的机构或部门委派的应当通过委派产生。而总经理的选择权必须交给董事会。只有这样，才能促进企业法人治理结构的有效运作。

（6）建立健全对企业领导人员的契约管理制度，全面推行对董事会、监事会和经理层成员的合同制管理。股东会与董事会、监事会之间，董事会与经理层之间，都要签订合同，明确双方的责权利关系，从而真正使对企业领导人员的管理脱离出党政干部管理的框框，营造职业化的企业领导人员队伍，同时强化对企业领导人员的合同约束。

（7）完善竞争机制，扩大选拔范围。国有企业领导者出现职位空缺，其选拔工作必须向外公布，一般都应通过竞争的方式进行。大企业可实行面向全社会公开招聘，中小企业可以实行个人自荐、群众举荐和员工直接选举。

（8）大力推进经营管理者人才的市场化配置。随着社会主义市场经济体制的日趋完善，经营管理者人才由组织配置向市场配置转变是大势所趋。为此，市高级经理人才评荐中心必须尽快摆脱与组织部门的依附关系，实现自身的企业化和市场化运作。同时，要积极培育多种形式的"猎头"机构，鼓励这些机构之间开展平等的竞争，以进一步活跃经营管理者人才市场。此外，要完善市场运行规范，对进入市场参与交易的经营管理者的资质条件、竞聘程序、后续管理等市场行为，以制度直至法律的形式加以约束，以保证市场的有效运行。

（9）改进考核办法，建立科学的企业领导者测评体系和业绩档案。考核要体现对企业领导者的素质要求，避免照搬党政领导干部的考核办法。要注重对经营能力和经营业绩的考核，并根据企业的不同岗位有所侧重。对企业领导者的评价是选拔的重要依据，必须加大对企业领导者测评技术的开发力度，加快建立科学的企业领导者测评体系的步伐。要建立企业领导者考核业绩档案，考核结果存入本人业绩档案。

（10）扩大民主，建立健全责任追究制度。国企领导者选拔的每个环节都要扩大群众参与，实行民主决策，并建立当事人的责任追究制度，坚决杜绝选人用人上的消极腐败现象。

（11）推行经营管理者带资经营。为加大对经营管理者的责任约束，确保国家利益与企业经营管理者利益趋向一致，今后企业主要领导人加入企业前，必须按企业净资产的一定比例向企业注资。一时无法提供出资的，可向银行或资产经营公司申请抵押贷款。对到好的企业工作的经营者，可实行缴纳风险抵押金和认购企业股份并行的办法。有了风险抵押金，产权部门可以按经营成果的增减实施奖罚。购买股份，可以按股分红，亏损责任自负。对到经营状况差的企业工作的，可以少交或不交风险抵押金，但要购买超过员工平均持有股份 10 倍以上的企业股份。对造成企业经营重大挫折的，不仅要换人，而且要视情节，按造成损失额定出比例，扣罚风险抵押金和过去获得的奖励股份的部分或全部，个别的还要追究法律责任。通过缴纳风险抵押金和持股上岗，要在企业经营管理者选拔方面构造一种自动退出的机制和风险约束机制，经营管理能力薄弱者主动放弃进入企业领导岗位的机会，从而提高企业经营管理者选拔机制的有效性。

（深圳市国有企业经营者选拔机制问题研究课题组）

参考文献

［1］《马克思恩格斯全集》第 25 卷，人民出版社 1974 年版。

［2］《全面建设小康社会 开创中国特色社会主义事业新局面》，中国共产党第十六次全国代表大会报告，2002 年。

［3］《中共中央关于国有企业改革和发展若干重大问题的决定》，中国共产党十五届四中全会公报，1999 年。

［4］《企业国有资产监督管理暂行条例》，国务院国资委，2003 年。

［5］中国企业家调查系统：《中国企业家队伍成长现状与环境评价（2003）——中国企业经营者成长与发展专题调查报告》，2004 年。

［6］中国企业家调查系统：《在变革中成长，在创新中发展：中国企业家队伍成长与发展十年调查总报告》，2004 年。

［7］中国企业家调查系统：《企业家价值取向：中国企业家成长与发展报告》，2004 年。

［8］庄子银：《南方模仿、企业家精神和长期增长》，《经济研究》2003 年第 1 期。

［9］吴敬琏：《对国资委成立后国有经济改革若干建议》，《中国经济时报》2003 年 7 月 24 日。

［10］李新春：《"企业家理论与企业成长国际研讨会"综

述》，《经济研究》2002 年第 1 期。

［11］李垣：《转型时期企业家机制论》，中国人民大学出版社 2002 年版。

［12］戴歌新：《中国国有企业制度创新研究》，西南财经大学出版社 1999 年版。

［13］钱德勒：《看得见的手——美国企业的管理革命》，商务印书馆 1987 年版。

［14］赵国良：《现代企业制度论》，西南财经大学出版社 1996 年版。

［15］阿尔钦、德姆塞茨：《生产、信息成本和经济组织》，上海三联书店 1994 年版。

［16］科斯等：《财产权利与制度变迁》，上海人民出版社 1994 年版。

［17］贾根良：《劳动分工、制度变迁与经济发展》，南开大学出版社 1999 年版。

［18］普特曼、克罗茨纳：《企业的经济性质》，上海财经大学出版社 2000 年版。

［19］丁栋虹：《企业家成长制度论》，上海财经大学出版社 2000 年版。

［20］亨利·帕利斯等：《西欧国有企业管理》，东北财经大学出版社 1991 年版。

［21］钱颖一：《企业的治理结构改革和融资结构改革》，《经济研究》1995 年第 1 期。

［22］沈荣华：《中国"经理革命"》，上海交通大学出版社 2000 年版。

［23］张军：《现代产权经济学》，上海三联书店 1991 年版。

[24] 范省伟、白永秀：《中国企业家发展的制约因素及化解对策》，《经济纵横》2004 年第 4 期。

[25] 北京师范大学经济学资源管理研究所：《2003 中国市场经济发展报告》，对外经济贸易出版社 2003 年版。

[26] 李俊江、何枭吟：《北欧国有企业的改革及对我国的启示》，《新长征》2003 年第 10 期。

[27] 郭才：《对北欧国有企业情况的考察与思考》，《经济纵横》1995 年第 8 期。

[28] 尹宏斌：《德国、瑞典、法国国有企业管理》，《现代企业》1994 年第 8 期。

[29] 李俊江、刘洋：《新加坡与韩国国有企业改革及管理体制的比较》，《东南亚论坛》2003 年第 5 期。

[30] 李经：《淡马锡进入国资委视线》，《上海国资》2004 年第 7 期。

[31] 小宫隆太郎：《现代中国经济——日中的比较分析》，商务印书馆 1993 年版。

[32] 陈郁编：《所有权、控制权与激励》，上海三联书店 1998 年版。

[33] 郭金林：《企业产权契约与公司治理结构》，经济管理出版社 2002 年版。

[34] 范黎波、李自杰：《企业理论与公司治理》，对外经济贸易大学出版社 2001 年版。

[35] 曹廷求：《公司治理与国企改革》，《华东经济管理》2002 年第 4 期。

[36] 赵凌云：《1979—1999 年间中国国有企业治理结构演变的历史分析》，《中南财经大学学报》1999 年第 6 期。

［37］李维安等：《现代公司治理研究》，中国人民大学出版社 2002 年版。

［38］李华民：《国企改革不能脱离国企性质》，《经济学家》1997 年第 3 期。

［39］亨利·帕利斯等：《西欧国有企业管理》，东北财经大学出版社 1991 年版。

［40］鲁桐主编：《公司治理改革：中国与世界》，经济管理出版社 2002 年版。

［41］王国成：《企业治理结构与企业家选择——博弈论在企业组织行为选择中的应用》，经济管理出版社 2002 年版。

［42］赵国良：《现代企业制度论》，西南财经大学出版社 1996 年版。

［43］郭金林：《企业产权契约与公司治理结构——演进与创新》，经济管理出版社 2002 年版。

［44］田志龙：《经营者监督与激励——公司治理的理论与实践》，中国发展出版社 1999 年版。

［45］吴淑锟、席酉民：《公司治理与中国企业改革》，机械工业出版社 2001 年版。

［46］曹凤岐：《股份制与现代企业制度》，企业管理出版社 1998 年版。

［47］朱羿锟：《公司控制权配置论——制度与效率分析》，经济管理出版社 2001 年版。

［48］黄建武：《法的实现——法的一种社会学分析》，中国人民大学出版社 1997 年版。

［49］谭安杰主编：《改革中的企业督导机制》，中国经济出版社 1997 年版。

［50］史忠健：《国有企业治理结构》，北京大学出版社2002 年版。

［51］张宇燕、何帆：《国有企业的性质》，《管理世界》1996 年第 5 期。

［52］杨励、刘美珣：《国有企业的特殊性与我国国有企业的布局定位》，《清华大学学报》（哲学社会科学版）2003 年第2 期。

［53］林德布洛姆：《政治与市场世界德政治—经济制度》，上海三联书店 1991 年版。

［54］王建民：《论国有企业经营者人力资本的收益权》，《北京师范大学学报》2004 年第 2 期。

［55］吴开胜：《建立中国的企业家制度》，《管理现代化》1996 年第 3 期。

［56］甘德安：《中国家族企业研究》，中国社会科学出版社2002 年版。

［57］赵秀峰：《论现代企业家与经营管理人员职业化的形成机制与发展趋势》，《经济问题探索》1995 年第 9 期。

［58］赵降英、吕一军：《中国民营企业制度变迁研究》，《社会主义研究》2004 年第 1 期。

［59］闫永海、高忠波：《论企业经营者职业化》，《河南职业技术师范学院学报》2002 年第 6 期。

［60］戴园晨、吴诗芬：《民营企业发展中的家族制问题》，《南方经济》2001 年第 11 期。

［61］吴航、刘光岭：《产权激励：民营企业持续发展的理性选择》，《武汉大学学报》（哲学社会科学版）2004 年第 3 期。

［62］深圳经济贸易局：《深圳中小企业年报》（2003—

2004 年）。

　　［63］安仁：《一"退"一"进"——构筑人才资源配置新格局》，《人力资源》2003 年第 3 期。

　　［64］刘钢、肖鸿晶、江晓斌：《职业化培训，市场化评荐——深圳市运用市场机制开发配置经理人才资源》，《江西行政学院学报》2002 年第 3 期。

　　［65］房毅：《企业家面临"持证上岗"》，《中国企业家》2000 年第 1 期。

　　［66］郭苏：《用深圳速度领跑民营经济——深圳市市长李鸿忠访谈录》，《中国民营科技与经济》2004 年第 6 期。

　　［67］金碚：《建立国有企业与市场经济相适应的机制》，《学习时报》1999 年 9 月 25 日。

　　［68］C. I. 巴纳德：《经理人员的职能》，中国社会科学出版社 1997 年版。

　　［69］张光：《对企业家职能认识的阶段划分及演进》，《中国企业家》第 3 期。

　　［70］亨利·明茨伯格：《经理工作的性质》，中国社会科学出版社 1986 年版。

　　［71］白勤虎：《造就中国企业家的环境与机制》，合肥工业大学出版社 2003 年版。

　　［72］苏姗：《企业家的素质》，北京工业大学出版社 2002 年版。

　　［73］熊彼特：《经济发展理论》，商务印书馆 1985 年版。

　　［74］徐吉征：《世界大企业家如是说》，吉林人民出版社 2001 年版。

　　［75］F. W. 泰勒：《科学管理原理》，中国社会科学出版社

1986 年版。

［76］胡又牧：《海外人才市场的基本构成》，《国际人才交流》2004 年第 8 期。

［77］聂生奎：《美国的人才流动与人才市场》，《中国人才》1994 年第 4 期。

［78］范素恒：《西方发达国家人才市场特征及趋势》，《中国人力资源开发》2003 年第 2 期。

［79］杨发民：《创新党管企业经营管理人才的方式》，《理论导刊》2004 年第 2 期。

［80］李新建：《政府在人才中介发展中的角色转换》，《中国人力资源开发》2004 年第 2 期。

［81］张维迎：《企业的企业家——契约理论》，上海三联书店、上海人民出版社 1995 年版。

［82］张维迎：《企业理论与中国企业改革》，北京大学出版社 1999 年版。

［83］张进：《年薪变革：现代企业管理层利益实现机制》，文汇出版社 2000 年版。

［84］段文斌：《分工、报酬递增和企业制度》，天津人民出版社 1998 年版。

［85］刘世锦：《经济体制效率分析导论》，上海人民出版社、上海三联书店 1994 年版。

［86］张进：《年薪变革：现代企业管理层利益实现机制》，文汇出版社 2000 年版。

［87］叶泽方：《西方企业高级管理人员奖励制度简析》，《长沙电力学院社会科学学报》1997 年第 1 期。

［88］高闯：《经理行为的显示、激励与监控理论述评》，

《社会科学辑刊》1998 年第 6 期。

［89］毛为：《中国经理职业化趋势——经理革命》，中国城市出版社 1998 年版。

［90］何家成：《公司治理结构、机制与效率》，《学习时报》2004 年 4 月 12 日。

［91］林祥：《我国实施股票期权制的理论与实践》，《探求》2002 年第 1 期。

［92］林祥：《构建全方位的国企经营者约束机制》，《特区理论与实践》2001 年第 5 期。

［93］于永臻、蓝庆新：《论国企改革中的不可信威胁、监督制衡与路径选择》，《中央财经大学学报》2004 年第 6 期。

［94］青木昌彦、钱颖一主编：《转轨经济中的公司治理结构》，中国经济出版社 1995 年版。

［95］李维安等：《公司治理》，南开大学出版社 2001 年版。

［96］梁能主编：《公司治理结构：中国的实践与美国的经验》，中国人民大学出版社 2000 年版。

［97］沃尔特·J. 萨蒙等：《公司治理》，中国人民大学出版社、哈佛商学院出版社 2001 年版。

［98］田银华、龙翠红：《股权结构与公司结构的相关分析及对我国的启示》，《工业经济管理》2004 年第 5 期。

［99］杜莹、刘立国：《股权结构与公司治理效率：中国上市公司实证分析》，《管理世界》2004 年第 11 期。

［100］朱红军、汪辉：《股权制衡可以改善公司治理吗?》，《管理世界》2004 年第 10 期。

［101］林祥：《企业核心资源理论与战略》，人民出版社 2004 年版。

[102] Aghion, Philippe and Patrick Bolton, 2003, "Incomplete Social Contracts", *Journal of the European Economic Association* 1.

[103] Newman, Peter and Murray Milgate, John Eatwall (ed.), 1992, *The New Palgrave Dictionary of Money & Finance*, London: The Macmillan Press Limited.

[104] Mayer, Colin, 1995, "Corporate Governance in Market and Transition Economics", for Presentation at International Conference on Chinese Corporate Governance, Shanghai, October.

[105] Weiying Zhang, Guang Hua, " China's SOE Reform: A Corporate Governance Perspective" , www. gsm. pku. edu. cn/ wuan1/EnglishPapers/SOEREF. rtf.

[106] Nee Victor, " Norms and Networks in Economic and Organization Performance ", *American Economics Review*, 1998, 88 (2).

[107] "A Survey of Corporate Governance", *The Journal of Finance*, Vol. LII, 1997 (2).

[108] Cochran P. and L. Wartick, 1988, "Corporate Governance: A Literature Review", USA: Financial Executives Research Foundation.

[109] Henry Hansmann , "The Viability of Worker Ownership", The Firm as a Nexus of Treaties.

[110] L. P. Jones, " Public Enterprise and Economic Development: The Korea Case", Korea Development Institute, 1975, 23.

[111] Fama, Eugen, 1980, "Agency Problem and the Theory of Firm", *Journal of Politic Economy*, 88.

[112] Charles Hampden-Turner & Alfons Trompenaars, 1995, *The Seven Cultures of Capitalism*, Triumph Publishing Co. Ltd..

[113] Rout, L., "Corporate Governance", *Wall Street Journal*. Oct. 27, 2003.

[114] Jensen, M. C., 1986, "Agency Costs of Free Cash, Corporate Finance and Takeovers", *American Economic Review*, 765.

[115] Grossman, S. and Hart, O., 1983, "An Analysis of the Principal Agent Problem", *Econometrica*, 51.

责任编辑:吴学金

封面设计:肖　辉

图书在版编目(CIP)数据

中国企业家的职业化市场化/杨朝仁 著.

　-北京:人民出版社,2012.1

ISBN 978－7－01－010554－3

Ⅰ.①中…　Ⅱ.①杨…　Ⅲ.①企业家-研究-中国

Ⅳ.①F279.2

中国版本图书馆 CIP 数据核字(2011)第 277073 号

中国企业家的职业化市场化

ZHONGGUO QIYEJIA DE ZHIYEHUA SHICHANGHUA

杨朝仁　著

人民出版社 出版发行

(100706　北京朝阳门内大街166号)

北京中科印刷有限公司印刷　新华书店经销

2012 年 1 月第 1 版　2012 年 1 月北京第 1 次印刷

开本:880 毫米×1230 毫米 1/32　印张:15.25

字数:340 千字　印数:0,001-3,000 册

ISBN 978－7－01－010554－3　定价:35.00 元

邮购地址 100706　北京朝阳门内大街 166 号

人民东方图书销售中心　电话 (010)65250042　65289539